羅光全書 冊十八

王船山形上學思想
歷史哲學

臺灣學生書局印行

冊十八 總目錄

十八之一 王船山形上學思想

十八之二 歷史哲學

下編 歷史哲學

羅光全書 冊十八之一

王船山形上學思想

臺灣學生書局印行

序

王船山先生生於明萬曆四十七年，公元一六一九年九月初一。卒於康熙三十一年，公元一六九二年正月初二。去年（民國八十一年）爲王船山逝世三百週年，中國哲學會擬召開「王船山哲學思想國際研討會」，大陸的船山學會也訂於去年十一月在船山的故鄉衡陽市召開同樣的學術會議，邀請台灣學者參加，爲避免海峽兩面唱對台戲，也在避免各方學者兩地跑，中國哲學會把船山學術會議改在今年六月初在故宮博物院舉行。

研究王船山學術思想的學人，在大陸頗多，在台灣很少。大陸學人以船山先生的學術思想，爲唯物辯證論思想，又以船山先生爲毛澤東的同省鄉親，大家都捧他，擎爲唯物辯證論的大師。

王船山的哲學思想，絕不是唯物辯證論。他一生排斥老莊和佛教，也批評墨子和法家，常以孔孟正統思想者自居。他的思想的深度和廣度，應該說是朱熹以後第一人。自居鄉村，不服清朝，他的著作不能外傳，終生名不傳於世。同省人曾國藩、曾國荃刊印了他的全集，所收集的作品不全，作品的文章古奧不易讀，讀的人不多。民國以來，研究船山思想的人，都專於他對《易經》和歷史的著作，對他的正蒙注，也有學者研究。我在中國哲學思想史的第八冊《清代篇》，頗詳細地述說他的哲學思想。

為更詳細說明船山先生的哲學，我就他的基本思想形上學，根據他的著作，系統地予以研究，予以解說。對於他的倫理、修身、政治和邏輯各方面的思想，因趕在六月學術會議前出版，時間倉卒，又因年老，精力已衰，都捨而不論。

船山先生去世以前，曾自題墓石說：「明遺民王夫之之墓。」自銘說：「抱劉越石之孤忠，而命無從致；希張橫渠之正學，而力不能企；幸全歸於茲丘，固銜恤以永世。」

船山先生的精神和學術，長留人間，供世人景仰。

中華民國八十二年四月十二日

衡陽羅光序於牧盧

王船山形上學思想

目錄

傳略

王船山，名夫之，字而農，號薑齋，湖南衡陽人。晚年居湘西蒸水左側石船山，自號船山老人，船山老農，船山病叟，學者稱為船山先生。生於明萬曆四十七年，公元一六一九年，卒於清康熙三十一年，公元一六九二年，享壽七十四歲。

王船山童年，從長兄和父親讀十三經，年二十四歲鄉試中舉人。那時李自成張獻忠興兵作亂，崇禎十六年，公元一六四三年張獻忠陷衡州，擒船山的父親作人質，索他和長兄，船山自己割面傷腕，托人抬往獻忠營，以傷不能行，乃和父兄都得回家。次年，李自成陷京師，崇禎帝自殺，清兵入關，定都北京。船山作悲憤詩百韻，數天不進食，矢志忠於明室。當福王和唐王遇害時，續寫悲憤詩各百韻。明永曆二年，公元一六四八年，船山年三十歲，在衡陽與管嗣裘舉兵衡山抗清，兵敗，奔往肇慶，以父喪不接受官職，永曆四年，在梧州就行人司行人介子職。後兩年，清兵逼桂林，船山走避永福，次年回衡陽，母喪，再不問政事。公元一六五二年，避李定國邀，從居耶薑山。一六五四年，年三十六歲，避兵禍，居零陵北釣竹源雲台山，冬徙居常寧西南鄉西莊源。一六五七年夏徙歸衡陽，居蓮花峰下續夢菴。一六六〇年，徙居湘西金蘭鄉高節里，築室於欒荑塘，名敗葉廬。一六六三年，桂王被執，船山再續悲憤詩百韻。一六六九年，構草庵，名觀生居，作爲居所。在這幾年，他研究《春秋》和《易經》，作《周易外傳》，《春秋家說》，《春秋世論》等書。一六七四年吳三桂反清，兵至衡州，招船山往投，船山往湘鄉、長沙、岳陽和江西萍鄉。次年九月回觀生居，於相去兩里許，築草堂，名湘西草堂，定居堂中。一六七八年，吳三桂在衡州稱帝，黨人以勸進表逼船山，船山逃入深山，次年，回湘西草堂，定居不出，教授門生，著書多種，有《六十自定稿》、《七十自定稿》、《周易內傳》、《讀通鑑論》、《宋論》等書，一六九二年，正月初二日病卒，年七十四歲。

王船山的民族正義感非常高，一生不接受清朝皇帝的徵召，潛居鄉間，有時窮得連稿紙都買不起，由親戚朋友送紙寫書。吳三桂反清，招他往投，他以三桂反明招清兵入關，乃國家罪人，再舉兵反清，又係叛亂，故逃往深山，絕不接受招呼。朋友方以智因聞他不仕，便勸他入佛學禪，他拒絕學佛，始終以老莊和佛學爲邪說，誠心服膺孔子和孟子和顧亭林、黃梨洲，主張實學，反對王陽明心學，批評爲空疏忘國之學，他一生讀書、寫書、教書。

王船山的著作很多，他在世時因反對清朝，沒有能夠刊印，等到曾國藩、曾國荃以同鄉之誼，才刻板印二百冊全書。民國十九年至廿二年，何鍵與譚延闓由太平洋書局出版全書精裝本八十冊。現在湖南長沙嶽麓書社出版船山全書，共十六冊，在十五冊中收有著作四十九種，十六冊則收有傳記年譜雜錄。這次的全書編輯，在搜集遺書和校訂上，都比以前的全書更好，讀者可以看到船山著作的全貌。

船山全集總目

船山全集十六冊總目：

第一章　周易內傳

一、易經哲理概論

王船山的易學，是他學術思想的最重要部份，也是中國《易經》哲學的代表。歷代研究《易經》的學者，在漢朝專門註解，建立象數；在宋朝零碎講解，沒有系統；在清朝從事考據，講述圖解。王船山則排除漢朝的象數，從哲學思想解釋全部《易經》和《易傳》，成立他的《易經》哲學。

王船山講解《易經》的著作，有：《周易內傳》、《周易大象解》、《周易稗疏》、《周易外傳》。這四本書現在合成嶽麓書社出版船山全書的第一冊，內附《周易內傳發例》，《周易考異》。這就是普通所稱的船山《周易》六書。廣文書局出版的船山易學，就收集了這六本書。

《易經》原爲占卜的書，古代春秋戰國時又盛行占卜，私人生活和國家大事常用占卜問吉凶，漢朝講《易經》的學者專門注重《易經》占卜之用，用戰國時代興起的陰陽五行和緯書神怪，建立象數的易學，宋代又演爲火珠林。宋邵雍依據漢儒以六十四卦配一年的日數、月數和季節氣候，作《皇極經世》，推算宇宙變化的年代，又創先天卦圖。近代研究《易經》的人，則把《易經》變爲百科全書，講《易經》的算命術，《易經》的病理學，《易經》的天文、代數、物理、化學，所沒有講到的，就是《易經》的哲學。

《易經》的占卜，不是專問神問鬼，而是依據宇宙變化原理，推演人事的吉凶。《易經》的卦由三爻合成，代表天地人三才。單卦三爻重疊成複卦六爻，仍舊是三才的代表，爻的變，就是代表宇宙的變化。爻的變，在《易經》裡有變化之理。這種變化之理，乃是《易經》的哲學。孔子講《易經》時，把宇宙變化之理，作爲人的生活之道。現今所有「易傳」中，包括孔子所講的《易經》倫理。漢儒沒有講倫理，也不講《易經》的宇宙變化原理，卻有陰陽五行和緯書神怪，構成占卜的占法，宋代理學家講論人性天理，以《易經》爲基礎，乃擯棄了漢易，直接回到孔子的易學，再用《易經》的宇宙之理，構成了形上學。王船山追承理學家的易學，發揮張載的思想。

張載的理學思想，以「氣」爲主。氣的本體爲太虛之氣，未分陰陽，充滿活力，沒有一定形象。太虛之氣分爲陰陽，理在氣中。王船山接納了「氣」的思想，但不接納太虛，以陰陽同時存有，陰陽變化而化生萬物。

《周易內傳》，上經乾坤，開始解釋「易」，說：

「易者，互相推移以摩盪之謂。周易之書，乾坤、並建以為首，易之體也。六十二卦錯綜乎三十四象而交列焉，易之用也。純乾純坤，未有易也。而相峙以並立，則易之道在，而立乎至足者為易之資。屯蒙以下，或錯而幽明易其位，或綜而往復易其幾，互相易於六位之中，則天道之變化，人事之通塞盡焉。而人之所以酬酢萬事，進退行藏，質文刑賞之道，即於是而在。」

開章明義，在這句開端的話，提要地標出《易經》的哲學思想。《易經》的意義，在於講論宇宙的變化，變化的成因，在於氣的推移摩盪。易的變化之道，則在於乾坤並建，相峙並立。乾坤爲陽陰，陽陰爲「二物而不可易者也；而陽變陰合，交相感以成天下之亹亹者，存乎相易之大用。」（同上）

陰陽相感以成變化，變化以成「易之大用」陰陽便是宇宙變化的主因。「易傳」則說：「易有太極，太極生兩儀，兩儀生四象，四象生八卦。」（繫辭上 第十一章）這是《易傳》的宇宙變化程序，程序的開端爲太極。王船山解釋說：「太極之名，始見於此，抑僅見先於此，聖人之所難言也。」但是歷代講《易經》的人，不能拋下「太極」不講。宋朝理學家周敦頤和張載都認真肯定「太極」的地位，周敦頤主張「無極而太極」，居在「太極圖」的頂點；張載主張太極爲太虛，爲氣的本體，還沒有分陰陽。王船山解釋太極說：「『太』者，極其大而無尚之辭；『極』，至也，語道至此而盡也，其實陰陽之渾合者而已，而不名之爲陰陽，則但贊其極至而無以加，曰太極。」（周易內傳　卷五下　繫辭上　第十一章）王船山認定太極爲宇宙變化的開端，爲氣的本體，然不是不分陰陽，而是陰陽的渾合，陰陽不向外顯明。這是他講《易經》的特點；他依據八卦以陽⚊陰⚋兩爻而成，陽陰兩爻同時存有，有陽必有陰，有陰必有陽，所以他主張「乾坤並建」。

整本《易經》就是講乾坤變化的書，乾坤變化以卦作代表，卦爲《易經》的內涵。卦由伏義所創，由文王所成。

「文王乃本伏義之畫，體三才之道，推性命之原，極物理人事之變，以明得吉失凶之故，而易作焉，易之道雖本於伏義，而實文王之德與聖學之所自著也」。（周易內傳　卷一上　上經　乾坤）

《易經》全書包含「三才之道」、「性命之原」、「物理人事之變」；三者構成《易經》的哲學，有形上的宇宙思想，有形上的本體思想，有人事的倫理思想。

二、形上宇宙思想

1. 天地

《易經》整體的思想，在於乾坤，乾坤即是陽陰，陽陰爲萬物的成因，宇宙也由陽陰而成。代表宇宙的陽陰爲天地。《易經》不提宇宙，而講天地，以天地代表宇宙。

《易經‧繫辭上》第一章，開端一段說明宇宙的思想：

> 「天尊地卑，乾坤定矣。卑高以陳，貴賤位矣。動靜有常，剛柔斷矣。方以類聚，物以群分，吉凶生矣。在天成象，在地成形，變化見矣。」

宇宙由天地而構成，天在上，地在下，天尊地卑。天爲陽，地爲陰。陽動，陰靜；陽變，陰化；陽剛，陰柔。

「動靜者，陰陽交感之幾也。動者，陰陽之動；靜者，陰陽之靜也。其謂動屬陽，靜屬陰者，以其性之所利而用之所著者言之爾。」（周易內傳 卷五上 繫辭上 第五章）

「乾坤並建」的原則雖以陰陽並立對峙，但不是互相排擠，互相衝突，而是互相完成，有陽必有陰，有陰必有陽，動中有靜，靜中有動。陰陽的特性相對而相成。

天地構成宇宙，還須有物，宇宙才爲完成的宇宙。萬物由天地交感而化生，即由陰陽的交感。王船山解釋泰卦「天地交而萬物通」說：

「天以清剛之氣，爲生物之神，而妙其變化，下入地中，以鼓動地之形質上蒸，而品物流行，無不暢遂。若「否」（卦）則神氣不流行於形質，而質且槁。」

六十四卦的家人卦和歸妹卦，都以男女正位爲天地之大義，因爲「天地不交而萬物不興。」（歸妹）

萬物興，宇宙才成全三才之道，乃有天地人，萬物興，爲天地好生之德。

> 「天地之大德曰生，統陰陽柔剛而言之。萬物之生，天之陰陽具而噓吸以通之，地之柔剛具而融結以成，陰以斂之而使固，陽以發之而使靈，剛以幹之而使立，柔以濡之而使動。天地之為德，即立天立地之本德，於其生見之矣。」（周易內傳 卷六上 繫辭下 第一章）

從天地之德，即從天地化生萬物之德，可見天地之心，朱熹曾說：「天地以生物爲心。」天地化生萬物，不是一次化生就停了，而是繼續不斷，《易傳》說明陰陽的變化繼續不斷，所以「復」卦，顯示天地之心。「復其見天地之心乎」！王船山解釋天地之心，說：

> 「天地之心不易見，於吾心之復幾見之爾。天地無心而成化，而資始資生於形氣方營之際，若有所必然而不容已者，擬之於人，則心也。乃異端執天地之體以為心，見其窅然而空、塊然而靜，謂之自然，謂之虛靜，

謂之常寂光，謂之大圓鏡，則是執一嗒然交喪，頑而不靈之體以為天地之心，而欲效法之。夫天清地寧，恒靜處其域而不動，人所目視耳聽而謂其固然者也。若其忽然而感，忽然而合，神非形而使有形，形非神而使有神，其靈警應機，鼓之盪之於無聲無臭之中，人不得而見也。乃因其耳目之官有所窨塞，遂不信其妙用之所自生，異端之愚，莫甚於此。」（周易內傳 卷二下 復卦）

王船山排擠道家佛教和儒家所講的天地虛靜和物質自然，天地之心乃是實，是動，是神，是靈，天地變化神秘莫測，不能祇是物質的變化，天地不是物質的天地，而是陰陽兩氣，兩氣不是物質，而是化生萬物的「力」。這種「力」，「鼓之盪之於無聲無臭之中」，不是唯物辯證的變。

《易經》卦辭中屢次說：「天地之情可見矣」，或「天地萬物之情可見矣。」例如咸卦、恆卦、大壯卦、萃卦的「彖曰」，都有這種文句，咸卦說，「觀其所感」；恆卦說：「觀其所恆」；大壯卦說：「正大而天地之情可見」；萃卦說：「觀其所聚。」從這些卦辭可見「正大」是天地之情；「天地感而萬物化生」和「恆久而不已」和「萃，聚也」，爲天地萬物之情。王船山解釋說：

「陽必聚於上，陰必聚於下，陰保陽以不散，陽正位而陰不離，理氣之必然，天地萬物莫能違也。」（周易內傳 卷三下 萃卦）

「天地之道所以恆久者，以其不已也。寒暑生殺，隨時合義，而各以其正，則利有攸往。」（周易內傳 卷三上 恆卦）

「感應以相與，謂隨感隨應，不必深相感而已應之。然而陽得位以止陰之濫，陰得位以飾陽而悅之，有此德，故其占能亨利貞，而為取女之吉」（同上 咸卦）

天地之情，在於陰陽得位；得位以變化，則變化正，萬物得以茂盛。

2. 生生

天地變化的目的，為化生萬物，《易經》全書的精神，在一個「生」字。王船山說：

「立天地之本德，於其生見之矣。」從「生」字可以見天地所以存在的宗旨。因此《易經》以乾坤代表天地，六十四卦的變化，都是乾坤兩卦的變化。乾稱爲「萬物資始」，坤稱爲「萬物資生」。

王船山說：「唯純乾之爲元，以太和清剛之氣，……入乎地中，出乎地上，發起生化之理，肇乎形，成乎性，以興起有爲而見乎德。」（周易內傳 卷一 乾卦彖曰）

「陰陽二氣絪縕於宇宙，融結於萬彙，不相離，不相勝，無有陽而無陰、有陰而無陽，無有地而無天，有天而無地。故周易並建乾坤為諸卦之統宗，不孤立也。然陽有獨運之神，陰有自立之體，天入地中，地函天化而抑各效其功能。……坤之德，『元亨』同於乾者，陽之始命以成性，陰之始性以成形，時無先後，為變化生成自無而有之初幾，而通乎萬類，會嘉美以無害悖，其德均也。」（同上 坤卦）

「乾者陽氣之舒，天之所以運行。坤者陰氣之凝，地之所以翕受。天地，一誠無妄之至德，生化之主宰也。」（周易內傳 卷五上 繫辭上 第一章）

「陰陽之外無太極，得失順逆不越於陰陽之推盪，則皆太極渾淪之固有，至不一而無不一者，此貞也。是以乾坤立本，而象爻交動以趨時，莫不出於其中也。」（周易內傳 卷六上 繫辭下 第一章）

「乾坤之生，廣大如此，故周易並建以為首，而之十二卦之錯綜以備物化，而天道盡於此矣。」（周易內傳 卷五上 繫辭上 第六章）

王船山的宇宙論，以陰陽爲本體，陰陽在太極內不顯於陰陽，出太極而成天地，天地交相感以化生萬物。

聖人畫卦作天地變化的圖象，圖象爲卦。卦以乾坤爲本，以進退爲變，由爻象徵變，爻在卦中進位退位，乃成六十四卦，代表天地萬物。

陰陽爲氣，陰陽的變即氣的變，氣變而化生萬物，生生不已，神妙莫測。

3. 卦位

《易經》講論宇宙變化，以陰陽兩氣的變化爲主，如同八卦之陰陽兩爻爲主，但是爲講變化的過程，則以八卦而成六十四卦，八卦在《易經》便是基本卦，是宇宙變的成素。在宇宙變化中，八卦乃是天地山澤雷風水火，各有各的位置。《易傳》說卦說：「天地定位，山澤通氣，雷風相薄，水火不相射，八卦相錯。」這八種成素分佈在宇宙內，是氣已成形的宇宙圖像。王船山解釋說：「此章序伏羲則河圖畫八卦之理，而言及相錯以成章也。」他認爲《易經》的卦位來自河圖，「天高地下，水左行而火右行，雷風動於外，山澤成於中，自然之體也。」（周易內傳 卷六下 說卦 第三章）

說卦又說：「雷以動之，風以散之，雨以潤之，日以晅之，艮以止之，兌以說之。乾以君之，坤以藏之。」王船山解釋說：「此立天子之大用，所以摩盪陰陽，互相節宜，而歸其本於乾坤也。」（同上 第五章）

王船山對於卦位，不主張一成不變，雖有次序，不能限制宇宙生生之理。「動物之自少至老，植物之自榮至枯，皆有出震而成言乎艮之條理焉，則此所言亦序也，非一定不移之位也。其循環相生之序，不以卦畫之升降消長爲次第，蓋以卦德之用言，而非因其體。天地絪

緼之化，變動而不可為典要，在天者即為理，不可以人為之漸次測度之也。」（同上 第六章）

三、形上本體思想

1. 命、性、形

萬物各為物體，由天地交感所生；生為化生，因氣化而成。每一物體，有性有形，王船山說：「陽之始命而成性，陰之始性以成形」。性屬於陽，形屬於陰；然而陰陽相交不相離，性和形同歸於陰陽。

《易傳》說：「一陰一陽之謂道，繼之者善也，成之者性也。」（繫辭上 第五章）王船山解釋說：「一陰一陽之謂道，推性之所自出而言之。……合之則為太極，分之則謂之陰陽。……然陰陽充滿乎兩間，而盈天地之間唯陰陽而已矣。……夫一陰一陽，易之全體大用也。」

《中庸》的開端第一句話，說：「天命之謂性」，性和天命結成一串。宋朝理學家，以性爲理，性和理結成一起，王船山對於性，接納「命」和「理」的說法。他說：「陽之始命而成性」，陽由命而成性，陰由性而成形。解釋〈繫辭上〉第五章時，他說：

「道統天地人物，善性則專就人而言也。一陰一陽之謂道，天地之自為體，人與萬物之所受命，莫不然也。而在天者即為理，不必其分劑之宜；在物者乘大化之偶然，而不能遇分劑之適得；則合一陰一陽之美以首出萬物而靈焉者，人也。……然則性也，命也，皆通極於道，為『一之一之』之神所漸化，而顯仁藏用者。道大而性小，性小而載道之大以無遺。道隱而性彰，性彰而所以能然者終隱。道外無性，而性乃道之所函。是一陰一陽之妙，以次而漸凝於人，而成乎人之性則全易之理不離乎性中。即性以推求之，易之蘊豈待他求象數哉。」（周易內傳 卷五上 繫辭上 第五章）

性爲人之理，理來自道，「道，謂天道也」，即「一陰一陽之謂道」。陰陽變化以成人性；陰陽的變化，按照天道而變；陰陽變化凝成一理，理即人性。理比道小，道爲天地之道，理爲這個人的性；理分享道，然而是有道的全體，「性小而載道之大以無遺。」陰陽變化時，爲什麽凝成這個人的理性？那是因爲天命。王船山講「性日生而命日降」。命字和神字要連結一起。

「神者，道之妙萬物者也。易之所可見者象也，可數者數也；而立於吉凶之先，無心於分而為兩之際，人謀之所不至，其動靜無端，莫之為而為者，神也。使陰陽有一成之則，升降消長，以漸而為序，以均而為適，則人可以私意測之，而無所謂神矣。」（同上）

陰陽變化，在將成物還有成物之際，乃有命，使「成之者性也。」命，是「人謀之所不至」，故神妙莫測，所以是「道之所以妙萬物者也。」道因有天命，「天命不常」，沒有定型，每個人的理性便不相同。人性的理固然相同，每個人的個性，則不相同，朱熹認爲因每個人所稟的氣在清濁上有差異，每個人的氣質性也有差異，但追根還是要歸到命。

2. 性爲仁

人性之理，在內容中是仁，發而爲義理智信四德。《易經》以乾坤代表陰陽，作爲宇宙變化的基礎，乾坤都稱爲元：

> 「在天謂之元，在人謂之仁。天無心，不可謂之仁；人繼天，不可謂之元；其實一也。故曰：元即仁也，天人之謂也。……嘗推論之：元在人為仁，然而人心之動，善惡之幾，皆由乎初念，豈元之定為仁哉！謂人之仁即元者，謂乾之元也。自然之動，不雜乎物欲，至剛也；足以興四端萬善而不傷於物者，至和也；此乃體乾以為初心者也。」（周易內傳　卷一　上　乾彖）

《易經》乾卦文言曰：「元者善之長也，亨者嘉之會也，利者義之和也，貞者事之幹也。」王船山解釋說：

「元、亨、利、貞，乾之德，天道也。君子則為仁義禮智信，人道也。理通而功用自殊，通其天則人道合天矣。善之長者，物生而後成性存焉，則萬物之精英皆其初始純備之氣，發於不容已也。嘉之會者，四時百物，互相濟以成其美，不害不悖，寒暑相為酬酢，靈蠢相為事使，無不通也。義之和者，生物各有其義而得其宜，物情各和順於適然之數，故利也。事，謂生物之事。事之幹者，成終成始，各正性命，如枝葉附幹之不遷也。此皆以天道言之。……仁義禮信，推行於萬物，無不大亨而利正，然皆德之散見者，中庸所謂小德也。所以行此四德，仁無不體，禮無不合，義無不和，信無不固，則有乎自疆不息之乾，以擴私去利，研精致密，統於清剛太和之心理，中庸所謂大德也。」（同上 乾卦文言）

乾，純陽，在天爲元，包括亨利貞，使萬物化生茂盛。仁，配乾，在人爲元，包含義禮信，故君子體仁，「以清剛至和之氣，無私而不容已，人以此爲生之理而不昧於心。」儒家從孔子以來，傳統地以仁爲眾德的總綱。乾卦文言以「夫大人者，與天地合其德。」和天地的德相合，就是仁。

3. 體用

王船山講《易經》，常講體用。《易經》在《易傳》裡屢次提到體和用，如「剛柔有體」，（繫辭下 第六章）「精義入神，以致用也。」（繫辭下 第五章）「顯諸仁，藏諸用。」（繫辭上 第五章）「是興神物，以前民用。」（繫辭上 第十一章）

王船山在《周易內傳》，開始解乾卦，就暗示了體用的思想。他以乾為「清剛之體，萬善之始也。」乾為體，為元，「以函育民物，而功亦莫侔其大矣。」天地交結化生萬物，都是乾元之用。「自其一元之用，充周洋溢，與地通徹無間，而於萬物無小不達者，則謂之亨。」（乾卦彖曰 周易內傳 卷一 上）「用」是動，是變化；「功」，則是動的果。普通說「功用」，即是有效果之動。「用者，動而見於行事之謂」（同上）王船山以動而表現在行事之上，稱為動。所謂行事，不僅指著人事，也指著天地萬物的事。

在《周易內傳》卷五上，王船山解釋〈繫辭上傳〉第五章「顯諸仁，藏諸用」時，明明指出體用：「此言一陰一陽之謂道，為易之全體，而於人性之中，為德業所自立，以見盡性之不可離也。性函於心，心之體，處於至靜而惻然有動者，仁也。性之能，麗於事物而不窮於其所施，用也。……用麗於事物，本著也，而所以用者卒不可得而見。……逮其用之已行，則又成乎體而非其用，故人所外著者皆體也，而用則隱於中也。」

在上段解釋文裡，王船山以天道，即一陰一陽之道，爲易之全體。王陽明曾以天體爲心的本體。（傳習錄 卷二十八）然而船山素常反對王陽明爲空疏，天理本爲抽象觀念，以抽象爲本體，就不免空疏。船山現在說天道爲易之本體，必定不是以抽象的天理爲易的本體，而是以一陰一陽爲易的本體。對於人性，王船山以仁爲本體，然而在人的生活中，所顯出來的常是仁道，「親親，仁民愛物」，都是仁。所以《易傳》說「顯諸仁」，王船山說「故人所外著者皆體也」。用不可見，是用之理不可見，用之理，則是「功」之理，王船山說「而得失之發不自知」，好比眼睛看物，「明昧之幾不可詰。」《易傳》乃說「藏諸用。」說到心之體，王船山又說出不贊成宋代理學家中一派所說「心的本體是靜」，以「喜怒哀樂之未發」爲心的本體，王船山特別指出，「心之體，處於至靜而惻然有動者，仁也」。心本體雖靜，然而有動。

從卦方面講，王船山以卦爲體，卦的性情功效爲用。他解釋〈繫辭下〉第六章「陰陽合德而剛柔有體」說：「體，卦已成之體也。陰陽合而成六十二卦，各有性情功效，而體因定焉。陽卦體剛，陰卦體柔，體立而用因以著也。」

體用，若按西洋哲學來解釋，體是本體，用是附體；本體乃是自立的實體，絕不能和附體相混。但是中國哲學的體用，不是從「本體論」去解釋，而是由「用」方面去解釋，凡發生用的，便是用的本體；例如眼睛看，看是用，眼睛是本體，所以朱熹說：「見在底，便是體，後來生的便是用。」」（朱子語類 卷六）但是中國哲學關於體用，也有「本體論」方面的問題，即是「體用合一」。儒家常以體由用而顯，體不可見，由用而見，見到用便見到體；然而在本體上是有分別的。佛教主張萬法爲空，所顯的都是用，用就是體，所以說「體用合一」。民國初年熊十力就主張「體用合一」；他的主張，以體爲絕對體即「真如」，絕對體生生不息，便是用。用就是體，體就是用。這是以佛教的思想解釋《易經》。王船山反對佛道的虛無觀，他主張體用有分別。

《易經》乾卦象曰：「用九，天德不可爲首也。」王船山解釋說：「天無自體，盡出其用以行四時，生百物，無體不用，無用非其體。六爻皆老陽，極乎九而用之，非天德其能如此哉。」陰陽之道爲宇宙之體，陰陽之道即天德。天無自體，天爲用，「盡出其用以行四時」。有體必有用，用必屬於體，「無體不用，無用非其體」然體用不同爲一。

「以化言之謂之天，以德言之謂之乾。乾以純健不息之德，御氣化而行乎四時百物，各循其軌道，則雖變化無方，皆以乾道為大正，而品物之性命，各成其物則。……以居其性，凝其命，宣其氣，藏其精……」（周易內傳 卷一 上 乾卦彖曰）

「天無自體」，「以化言之謂之天」，天屬於用，爲用之「本」，一切用都發自天。天發動一切的用，是「天氣行於太虛之中」，（同上）「易傳」說「雲行雨施，品物流行，乾道變化，各正性命，」人也由天氣流行而成，「居其性，凝其命」，理學家常以人性屬陽氣，命屬陰氣；所說的性命，即孟子所說性命，孟子在〈盡心章下〉說：「口之於味也，……性也，有命焉，君子不謂性也。仁之於父子也，……命也，有性焉，君子不謂命也。」孟子分人從天生所有的，屬於理的，稱爲性；屬於自然傾向，稱爲命。這種命，王船山說：「凝其命」，由天之陰氣所凝聚，所以稱爲命，完全由天命而決定，人不能改換；性雖也來自天命，也有自由，能夠不滅於人性。天氣流行爲乾，由天命而成人性，因氣中有理，「乾之以其性情，成其功效，統天始物，統一清剛，善動而不息，豈徒其氣爲之哉？理爲之也，合始終於一貫，理不息於氣之中也。」（同上）

乾之理以成人性，乾爲「純一清剛」，所成人性，應該是善。

四、人事倫理思想

1. 人道效法天道

孔子講《易經》，作成《易傳・十翼》。王船山深信《十翼》是孔子的思想。孔子講《易經》，把《易經》的天道，應用到人事上，天道成爲人事的倫理規律。古人卜卦，爲預先知道行事的吉凶，吉凶爲人事的賞罰，賞罰操在上天，上天絕對持守正義，行善必賞，行惡必罰。因此，行事不必卜卦預先知道吉凶，祇要自己行善避惡就可以知道吉凶。人爲行善，原則在法天，遵守天道。孔子在《十翼》裡，把天道應用到人事上，每一卦的「象曰」，常說君子按照天道去做，例如乾卦象曰「天行健，君子以自強不息」。因此，每一卦都包含人事的倫理。

乾，「元、亨、利、貞者，乾之德，天道也；君子則仁、義、禮、信，人道也。理通而功用自殊，通其理則人道合天矣。」（周易內傳 卷一上 乾卦 文言）

坤，「六二居中得正，敬德也；順而不違於天則，義行也：故爲坤道之盛，而君子立德

之本也。」（同上 坤卦 文言）

蒙，「君子之行成於勇決，而德資於涵養。勇決則危行而不恤利害，涵養則成章而上達天德。」（周易內傳 卷一 下 蒙卦 象象）

師，「君子用此道以撫眾民，以靜畜動，士藏於塾，農藏於畝，賈藏於市，智愚頑廉兼容並包，養之以不擾。」（同上 師卦 象象）

觀，「陽之僅存於位，而以俯臨乎陰；人君於民情紛起之際，君子於小人群起之日，中國當夷狄方張之時，皆唯自立矩範，不期感化，而自不敢異志。若其不然，競與相爭，褻與相暱，自失其可觀之德威，未有不反為其所凌者也，然豈徒位之足據哉！」（同上 卷二上 觀卦）

萃，「蓋太極之有兩儀也，在天則有陽而必有陰，在地則有剛而必有柔，在人則有君子而必有小人，有中國必有夷狄，唯淩雜而相干，斯為大咎。乃陰以養陽，柔以保剛，小人以擁戴君子，夷狄以藩衛中國，陰能安於其類聚，而陽自聚而於所當居之正位，交應而不雜，則陰雖盛而不為陽病。」（同上 卷三 下 萃卦）

豐者，「盛物於器，滿而溢於上之謂。此卦一陽載一陰於上，二陽載二陰於上。（☳☲）陰，有形質者也，得中而加於陽上，盛滿而溢於所載，故謂之豐。……以卦畫言之，則陽受蔽於陰，為重疊覆障之象。在陰則勢處其盛，在陽則載陰而大有事焉，已非易處之卦

也。……唯王者撫有天下而載萬民，富貴福澤，過量相益而不必辭。」（同上 卷四 上豐卦）

2. 由陰陽到人事以解釋卦辭

《周易內傳》對每一卦，王船山都有由天道而處人事的解釋，繼承了孔子講《易》的精神。尤其是他解釋卦爻時，不採漢易的解釋，而由陰陽的性情和人事倫理的解釋。例如：萃卦䷬（坤下兌上），「彖曰：萃，聚也。……觀其所聚，而天地萬物之情可見矣。」虞翻的解釋：「三四易位成離坎（䷦），坎月離日，日以見天，月以見地，故天地之情可見矣。」王船山解釋：「陽必聚於上，陰必聚於下，陰保陽以不散，陽正位而陰不離，理氣之必然，天地萬物莫能違也。非是，則雖聚而非情之所安。」

「象曰：澤上於地，萃，君子以除戎器，戒不虞。」虞翻解釋說：「君子謂五，除，脩戎兵也。……陽在三四爲脩，坤爲器，三四之正，離爲戎兵甲冑飛矢，坎爲弓弧，巽爲繩，艮爲石，……坎爲寇，坤爲亂，故戒不虞也。」

王船山解釋說：「君子不居無用之貨，唯戎器則除治之於安寧之日，以待不測之用，則聚而不嫌於不散。」

漢虞翻專以卦象作解釋。卦象在《易傳》的說卦篇中有六十二，爲解釋卦不夠用，漢朝易學者乃增訂八卦逸象，清惠棟的易漢學保留虞翻的八卦逸象共三百二十六，較比說卦的卦象多出五倍。王船山拋棄漢易的逸象，根據陰陽的性情去解釋，歸結到人事倫理上。

井䷯（巽下坎上）「九二，井谷射鮒，甕敝漏」。《周易集解纂疏》說：「巽坎，水半見于下，故爲谷。震陽爲龍，巽陰爲魚。郭璞云：魚者，震之廢氣也，故爲鮒，鮒，小魚也。王肅曰，小魚是也，鮒小近泥，二比于初，故有此象。二應五，互離，離爲大腹，外實中虛，互兌爲口，象甕，故爲甕，甕，瓶類也；二失位，無應，又互兌爲毀，折巽下盡斷，故甕毀缺。」

王船山解釋說：「水旁出口曰井谷。射，注也。鮒，鯽也，得少水則活。井底堅實，則水上涌而給於用，下空而漏入谷中，旁出涓涓，僅堪注潤鮒魚而已。此言小人下達，雖有小慧，不足用也。甕敝漏，亦水下洩也。汲之者非甚器，則不得水。此言用人者無引掖賢才之實，則有君子，亦不爲其用也。」（周易內傳 卷三下 井卦）

3. 人事倫理爲主

六十四卦的解釋，都和上面的例子一樣，顯示王船山對《易經》的意義，以人事倫理爲主。他很肯定地說：

「若夫文王，周公所繫之辭，皆人事也，即皆天道也；皆物變也，即皆聖學也；皆禍福也，即皆善惡也。其辭費，其旨隱，藏之於用，顯之以仁，通吉凶得失於一貫，而帝王經世，君子窮理以盡性命之道，率於此而上達其原。夫子慮學易者逐於占象而昧其所以然之理，故為之傳以發明之，即占也，即學也，即以知命而不憂，即以立命而不貳，其以喻斯人於人道之所自立，而貞乎死生休咎之大常，意深切矣。而傳易者或謂但為筮設，其因象立辭，不過如火珠林之卦影，為學者所不必學，則夫子作傳，又何為而加以象外之理乎？此通儒之蔽，不可不辨者也。」（周易內傳 卷五上 繫辭上 第一章）

王船山特別留心辨明《易經》的人事倫理意義。占卦，爲預知行事的吉凶，本爲規勸人行善避惡；但是後來人們占卦祇爲逃避得禍，「如焦贛，關朗之書，其私智窺測象數而爲之辭，以待占者，類有吉凶而無得失。下逮火珠林之小技。貪夫，淫女，訟魁，盜帥，皆得以猥鄙悖逆之謀，取決於易。」（同上）王船山痛惜這是完全違逆伏羲、文王、周公、孔子四聖作《周易》的理想，盡心將《易經》解爲由天道到人事的指南。

結語

王船山的《周易內傳》，包含他的全部易學思想。在解釋既濟卦時，簡賅地通盤托出，他說：

「周易乾坤並建，以統全易；陰陽之至足，健順之至純；太極本然之體也，而用行乎其間矣。乾以易而知險，坤以簡而知阻，陰陽不離，自絪緼以成化。天下之物，天下之事，天下之情，得失吉凶，賅而存焉，而不憂物變事機之或軼乎其外。乃就一時一事而言之，大化無心，而聽其適然之遇。……故自屯、蒙以降，錯之綜之，物之所以必有也，占之所以必遇也。君子觀象以達化，……然而造化之妙，以不測為神；陰陽之用，以雜而不離乎純者為正。……經之緯之，升之降之，合之離之，而陰陽之不以相間相雜，畫井分疆，為已然之成跡，則乾坤易簡之至德，固非人事排比位置之所能與矣。」（周易內傳 卷四下 既濟卦）

又在復卦的「復其見天地之心矣！」的解釋說：

「此推全體大用而言之，則作聖合天之功，於復而可見也。人之所以生者，非天地之心乎？見之而後可以知生。知生而復可以體天地之德，體德而後可以達化。知生者，知性者也。知性而後可以善用吾情；知用吾情，而後可以動物。故聖功雖謹於下學，而必以見天地之心為入德之門。天地之心不易見，於吾心之復幾見之爾。」（周易內傳 卷二下 復卦）

「造化之妙，以不測爲神」，這種神妙可以由我自己的心去推見，我的心在「復」所可推見的，是生化之幾；生化之幾，爲仁。《易經》的全部哲學思想，就是「在天爲生，在人爲仁。」

第二章　周易外傳

王船山的《易經》著作，以《周易外傳》作得最早。他在《周易內傳》發例的最後一節，述說他研究《易經》的經歷，他說「自隆武丙戌，始有志於讀易。」丙戌年爲順治三年，他那時二十七歲。「戊子，避戎於蓮花峰，益講求之。」戊子年爲順治五年，「初得觀卦之義，服膺其理，以出入於險阻而自靖，乃深有感於聖人畫象繫辭，爲精義安身之至道。」《周易外傳》應該是作於順治五年以後，《外傳》的主要思想應該是「安身之至道。」

《周易》內外兩傳的作法不相同，《內傳》是就六十四卦的結構和變化去解釋，就卦辭，象辭，爻辭，象曰，解釋明白，容易懂，因爲他是給弟子們講《易經》，以分析的方法去講。《外傳》則是就每卦顯示出來的思想，由天地之道講到人事之道，對於卦爻的變化，他祇點出而沒有深加說明。在王船山的心理上，《內傳》是就《周易》的內涵去講，《外傳》是就《周易》的外貌去講。但是在實際上，《周易外傳》也常深入《周易》的內涵思想，祇是常從大體方面去看。

《周易外傳》全書所呈現出來的，是《周易》的人事思想，即是修身、齊家、治國、平天下之道。這種人事之道，源自天地之道；天地之道，在每一卦中顯示一部份，這一部份就可以應用到人事上相應的部份。既是講天地變化之道，而且從大體上講，所以就非常難懂，也不容易捉摸中間的變化和關係。

一、道

《周易外傳》的綱要爲「道」，王船山在全書的開端就說：「道，體乎物之中以生天下之用者也。……道自然而弗藉於人，乘利用以觀德。」（周易外傳 乾一）

「非也，道者天地精粹之用，與天地並行而未有先後者也。使先天地以生，則有道而無天地之日矣，彼何寓哉？」（同上）

王船山的哲學思想，以道器同在，道是用器之道，沒有器就沒有道。同樣，道是天地精粹之用，有天地才同時有道。老子的道絕對實體，獨立存在，王船山的道，是物的理由，在物以內。《易經》的道，是天地之道，在天地以內。道在物中爲物體，由體而生用，體用不分。

「夫道之生天地者，則即天地之體道者是已。故天體道以為行，則健而乾，地體道以為勢，則順而坤，無有先之者矣，體道之全，而行與勢各有其德，無始混而後分矣。……夫老氏則烏足以語此哉！」（同上）

《周易》之道，爲陰陽相結，由陰陽有天地，有乾坤。天地爲道所寓，乾坤爲道之用。

「一陰一陽之謂道，無偏勝也。然當其一一而建之，定中和之交，亦秩然順承其大紀，非屑屑焉逐位授才而一一之也。此天地之所以為大，雖交不密，敘不察，而而損於道，則泰是已。若屑屑焉一一建之，因一一和以交之，此人事之有造，終不及天地之無憂矣。故濟者人事也。」（周易外傳　既濟卦）

天地之道，重在原則，原則出於自然；人事之道則多爲細則，天地之道能大能久，人事之道則常變。

「大哉易乎！乾坤並建，以為大始，以為永成，以統六子，以函五十六卦之變，道大而功高，德盛而與眾，故未有盛於周易者也。……嗚呼！道盛而不可復加者，其惟周易乎！周道尚純，體天地之全以備於己。純者至矣。」（周易外傳　繫辭上　第一章　三）

「陰陽與道為體，道建陰陽以居。相融相結而象生，相參相偶而數立。」（周易外傳　繫辭上　第二章）

「若夫道之於陰陽也，則心之於人也。」（周易外傳　繫辭上　第四章）

「天下無象外之道。何也？有外，則相與為兩，即甚親，而亦如父之於子也。無外，則相與為一，雖有異名，而亦若耳目之於聰明也。」（周易外傳　繫辭下　第三章）

「道之見於數者，奇偶而已矣。奇一偶二，奇偶合而三，故八卦之畫三，而數之分合具矣。……推德以及天下，因其自然而復為之合。三亦奇也，偶其所奇而六，故六十四卦之畫六，而天地之德合。」（周易外傳 繫辭下 第六章）

「道一成而三才備，卦一成而六位備。六位備而卦成，三才備而道成。……且天地之際，間不容髮，人與萬物，皆天地所淪肌浹髓以相涵者也。道所必動，生生者資二氣以蕃變之。」（周易外傳 繫辭下 第十章）

上面所引王船山《周易外傳》關於「道」的文據，我們可以綜合起來說：道是天地萬物之體，由體而生用；所謂體，爲體用之體；體用之體，爲用的根本，即是理由，即是規範。道在萬物之中，萬物在《易經》由天地作代表，天地之用，爲陰陽之用，陽爲天，陰爲地，所以說：「一陰一陽之謂道。」

道在天地之中，和天地同時存在，沒有先後。天地也同時存在，沒有無地之天，沒有無天之地；同樣也沒有無陽之陰，也沒有無陰之陽；王船山乃倡「乾坤並建」，即陰陽同時存在，而且在陰陽以先，沒有不分陰陽的太極。「是故乾純陽而非無陰，乾有太極也；坤純陰而非無陽，坤有太極也。剝不陽孤，夬不陰虛，姤不陰弱，復不陽寡，無所變而無太極

也。……故曰『易有太極』，不謂『太極有易』也。唯易有太極，故太極有易。」（周易外傳 繫辭上 第十一章）

道爲陰陽之體，陰陽相交結成象，即是卦的象，象是陰陽爻的變。陰陽的象有偶奇，陽爲奇，陰爲偶，故「相參相偶而數立」。卦的象和數，同是陰陽的變，也同是陰陽之道，故「天下無象外之道。」「道之見於數者，奇偶而已。」

陰陽之變爲陰陽之道，陰陽之道有自己的意義，剛柔，進退，就是陰陽之道的意義。剛柔進退的意義用之於人事，便是卦的人事意義。王船山解釋《周易》的卦，常從這種意義去解釋，以天道地道人道相合，「三才備而道成。」卦的意義應用到人事上，卦的意義才能成全。

例如《周易外傳》解釋乾卦說：

「天以不遠物為化，聖人以不遠物為德，故天仁愛而聖人忠恕。未有其德，不能無歉於物，有其德者，無所復歉於己。初之為潛，龍德成矣。龍德成而有絕類於愚賤之憂，則大而化者二之功，遍而察者將無為二之所不用也？雖然，彼龍者，豈離田以自伐其善哉！故曰見龍在田。

王道始於耕桑，君子慎於袺襘。尸愚賤之勞，文王所以服康田也。修愚賤之節，衛武所以勤酒掃也。故天下蒙其德施。」

倫理方面的道德和罪惡，政治方面的得失，常由陰陽之變去融會，三才之道乃得貫通。

二、生

《易經》之道，乃生生之道；陰陽的變化，爲化生萬物；《易傳》說：「生生之謂易。」（繫辭上 第五章）王船山在《周易外傳》各卦的解釋，重覆地說「生」，在繫辭裡多有發揮。

「夫一陰一陽之始，方繼乎善，初成乎性，天人授受往來之際，止此生理為之初始。」（周易外傳 乾卦三）

「且夫屯雖交而難生，然物生之始，則其固有而不得辭者矣。一陽動於下，地中之陽也。自是而出震入坎之交，物且留土而求達。乃離乎地中，出乎

地上者無幾也。」（周易外傳 屯卦二）

「當其為屯，不能自保其必生，故憂生方亟，求於陽者，草昧之造也；而有生以後，堅脆良楛，有不暇計者焉，逮其為蒙，能自保其生矣，則所憂者，成材致用之美惡，而求於陽者，養正之功也。」（周易外傳 蒙卦一）

屯卦䷂，爲一陽在下，王船山解爲地中之陽，地中陽動，即是種子將發芽，「但不能其必生。」蒙卦䷃則一陽在第二爻，陽已出土，即是新芽已經出生。《周易》蒙卦「彖曰：蒙以養正，聖功也。」王船山乃說「而求於陽者，養正之功也。」

「以臨䷒為道，故可得而治也。夫生殺者萬物之命，剛柔者萬物之性。必欲治之，異端所以訾聖人之強與於陰陽，而非然也。聖人者人之徒，人者生之徒。既已有是人矣，則不得不珍其生。生者，所以舒天地之氣而不病於盈也。生，於人為息，而於天地為消。消其所亢，息其所僅，三才胥受成於聖人，而理以流行。陰性柔而德殺，則既反乎其所以生，雖欲弗治，其將能乎？而何云『強與』邪！

……」（周易外傳 臨卦一）

臨卦四陰二陽，四陰都在上，「得數多而處位尊。」陰主殺、陽主生。既有二陽，則人已生，「則既有是人矣，則不得不珍其生」，珍惜或保存這種生命，則對陰予以治理，故曰：「臨，治也。咸，感也。治之用威，感之用恩。咸以爲臨，道固有異建而同功者乎？臨剛浸長，來以消往，初、二秉陽質爲兌體，貞悔殊地，上下異位，性情相近，母女合功，以卑治尊，以義制恩，勢固有不得而競者也。」（周易外傳 臨卦）

王船山在《周易內傳》解釋臨卦說：「臨卦，二陽之上一陰爲兌；（䷒）六三，兌之主也。臨以剛長治陰爲道，至於六三，變其所守，陰柔外比，以悅相靡，故爻言『甘臨無攸利』，方幸陽之升，而又以兌終，所爲凶也。」然所謂凶，不必有凶，六三爻曰：「既憂之無咎」。對於生，故能「珍其生。」王船山說：「生者，所以舒天地之氣而不病於盈也。」人由天地之氣以生，天地之氣盛盈乃能舒展於外而化生生命，人得生命，陽乃長，「於人爲息」；天地出陽，陰乃長，「於天地爲消。」

「今夫人之有生，天事惟父，地事惟母。……而陰陽無畔者謂之沖；……而同功無忤者謂之和。沖合者，行乎天地而天地俱有之，相會以廣所生，非離天地而別為一物也。……

人自未生以有生，自有生以盡乎生，其得陽少而內，得陰多而外，翕專闢動以為生始，蓋相若也，復道也。」（周易外傳 復卦）

復卦☷☳，一陽在下，即在內；五陰在上，即在外，「其餘陽少而內，得陰多而外。」王船山在同一節裡說：「乾任爲父，父施者少；坤任爲母，母養者多，以少化多，而人生焉。」一陽代表父，五陰代表母，在人的生命中，父所施的少，母所養的多。

「人之初生，與天俱生，以天具人之理也，人之方生，因天而生，以人資天之氣也。凝其初生之理而為復禮，善其方生之氣而為養氣。理者，天之貞常也，氣者天地之均用也。故曰『天開于子』，而『入生於寅』。開子者復，生寅者泰，為主于復者，陽少陰多，養陽治陰以保太和。」（同上）

人之生，受天地之氣以生，然以陽之理爲生理，因陽變而動，陰則凝而靜，足以養生，陽始動於復，到了泰，三陽三陰，「陰陽齊致以建大中」，人乃出生。

「受命者期肖其所生，報生者務推其所利。今夫天地以生為德者，水、火、木、金與人物而同生於天地。迨其已生，水、火、木、金不自養，天地養之；天地無以養人物，水、火、木、金相化以養之。生者所受也，養者所利也。水火木金相效以化，推養而施於人物，其以續天地之生，而效法其恩育，以為報稱者也。」（周易外傳 益卦）

受命者爲天地，天地受上天之命以生人物，故人物以天地之心爲心，以天地之德爲德。報生者爲五行，五行推廣報生之利，養育萬物。王船山後來在《周易內傳》，以及《內傳發例》和《大象解》，都反對漢易以五行造成氣數之易，批評「天一生水」，排除以五行配四方四季四卦，斥爲緯書的僞說，在外傳的益卦，卻講五行養化萬物，這是根據《易傳》說卦的思想。說卦第七章說：「神也者，妙萬物而爲言者也。動萬物者莫疾乎雷，撓萬物者莫疾乎風，燥萬物者莫熯乎火，說萬物者莫說乎澤，潤萬物者莫潤乎水，終萬物始萬物者莫盛乎艮，故水火相逮，雷風不相悖，山澤通氣，然後能變化，既成萬物也。」萬物由乾坤而生成，由其他六卦而養育。乾爲天，坤爲地，艮爲山，兌爲澤，震爲雷，巽爲風，離爲火，坎爲水，說卦第十一章又說巽爲木、爲風。王船山復主張水火木金相化以養人物。

另外一點，王船山在《周易內傳》和發例，極力攻擊漢易的八卦先天方位說，他採用說卦第六章所說的八卦方位說，說卦說：「萬物出乎震；震，東方也。齊乎巽；巽，東南也；齊也者，言萬物之潔齊也，離也者，明也，萬物皆相見，南方之卦也；……坤也者，地也，萬物皆致養焉，故曰致役于坤，兌，正秋也，萬物之所說也，故曰說言乎兌，戰乎乾；乾，西北之卦也，言陰陽相薄也。坎者水也，正北方之卦也，勞卦也，萬物之所歸也，故曰勞乎坎。艮東北之卦也，萬物之所成終而所成始也，故曰成言乎艮。」

王船山在《周易外傳》益卦說：

「是故五行相養以養群有，受養為壯，施養為老。震位乎寅卯，近水而受滋，木之壯者也。巽位乎巳，近火而施爇，木之老者也。由震而陽上行乎巽，木漸乎老，故無見於此者曰：『木王於卯，衰於辰，病於巳。』，其然，將怙養各施，苟全其形質以居繁富，而沮喪於功用以避菁華之竭，其亦鄙矣。故象曰：『利涉大川，木道乃行。』」

說卦的思想，必不是孔子的思想，乃是戰國漢初的思想。朱熹的《易經本義》書首所附的圖，稱說卦的圖爲文王卦位圖，實際上在考據上並不能證明這圖的來源。王船山後來在《周易內傳》注解說卦這一章，他說：

「前舉其目，而後釋之。或占者有此言，而夫子釋其義。乃『萬物出乎震』以下，文類公，穀及漢律志，則或前為夫子所錄之本文，而後儒加之訓詁也。本義云：『所推卦位之說多未詳』者，良是！而邵子以為文王之卦位，亦不知其所據。」

他不相信文王卦位爲文王所作，不願意接納，他在《周易外傳》的〈說卦傳〉，接受了說卦的卦位，但他加入了一個自創的思想，以「乾坤有神焉」，「則神且專有所主而爲之帝，帝則周流於八方，」他在《周易外傳》說卦傳第五節說：

「夫八卦有位焉，雖天地不能不與六子同乎有位也，昭著乎兩間者有然也。乾坤有神焉，則以六子效其神而不自以為功者也，體兩間之撰則實然也。位者其體也，神者其用也。……

乃麗乎萬物而致功，則神且專有所主而為之帝，帝則周流於八方，以有序而為始終，故易不可以一理求者也。……妙萬物而麗乎物者也，或動或撓、或燥或說、或潤或止者也。故六子之神，周流乎八卦，而天地則在位而為午貫之經，在神則為統同之主。妙矣哉！渾淪經緯，無所擬而不與道宜。故『神無方』者不可為之方，『易無體』者不可為之體。同別合離，體用動靜罔不賅存於道，而易妙之。惟然，則豈滯於方所者之所與知哉！」

王船山當時雖接納說卦的方位，他卻深信《易經》的天地化生萬物的變化，神妙莫測；天地化生萬物的功能爲神，神則周流八方，沒有方位可說，若拘守卦位以講《易經》，就不能知道天地變化之道。

三、爻位關係

《易傳・繫辭下》第九章，講一卦裡六爻位置的關係，標出解釋卦爻的原則。

「易之為書也，原始要終以為質也；六爻相雜，唯其時物也。其初（第一爻）難知，其上（第六爻）易知，本末也。（本義說爲初上二爻）初辭擬之，卒成之終。若夫雜物撰德，辨是與非，則非其中爻不備。……三與四同功而異位，其善不同，二多譽，四多懼，近也，柔之為道不利遠者。……三與五，同功而異位，三多凶，五多功，貴賤之等也。其柔危，其剛勝邪。」

按照說卦傳的爻位關係，初爻和第六爻相應，第二爻和第四爻相應，第三爻和第五爻相應。王船山對於爻位，以象爲卦之體，他在《周易外傳》解釋這一章說：「故爻倚象以利用，抑資於象以生而成體，吉凶悔吝之效，未有離象以別有指歸者他。有如曰：『易者意也，乘人心之偶動而無定則者也。』無定則以求吉凶之故，抑將索之位與應而止。比之初亦坤之初也，履之五亦乾之五矣，位齊應均，而情殊道異，則位豈有定，而應豈有準哉。」但爲讀《易》，爲能解釋每卦的彖辭和爻辭，則不能採用爻變的位和德，王船山在解釋卦爻卦彖時，無論《周易外傳》和《內傳》，都這樣解釋。

例如屯卦䷂，王船山在《周易外傳》解釋說：

「當屯之世，欲達其屯，則陰之聽命乎陽必矣。而誰與命之，將以其位，則五處天位，而初者（初爻）其所建之侯也。將以其才，則震之一陽，威任起物，而五處險中，藏固而不足以有為也。……嗚呼！聖人之以『得民』予初也，豈得已哉！五之剛健中正者，其位是也，其德是也，而時則非也。處泥中而犯宵露，酌名義以為去留，二雖正而違時，四雖吉而近利矣。……」

屯的第五爻爲陽，乃爲正位，爲人君之位，然居群陰之中，故謂處泥中，處危中。初爻爲陽，上面則有三陰，不能起作用。第二爻爲陰爻，爲正位，然不得時，因三四都是柔陰。第四爻近於第五陽爻，爲吉，但近於陽爻以求利，爲不德。若是從「生」去看，一陽象徵植物初生，得第二爻的陰雨，可以暢達。然而上面第三爻第四爻皆陰，又象徵迅風疾雨驟寒的摧殘，必藉第五爻的陽剛，才能生長。

《周易內傳》對屯卦的解釋和《周易外傳》的解釋相同，王船山說：

「屯者，艸茅穿土初出之名；陽氣動物，發生而未遂之象也。此卦初九一陽，生於三陰之下，為震動之主。三陰亦坤體也，九五出於其上，有出地之勢，上六一陰復冒其上，而不得遂，故為屯。冬春之交，氣動地中，而生達地上，於時復有風雨凝寒未盡之雪霜，過之而不得暢，天地始交，理數之自然者也。」

卦的意義，按爻的陰陽和位置去解釋，陽剛陰柔，陽光陰暗，爲陰陽的特性，由特性的關係，解釋卦爻的結果。

王船山曾說自己開始研究《易經》，因觀卦而得到深刻的感想，「夫之自隆武丙戌，始有志於讀易。戊子，避戎於蓮花峰，益講求之。初得觀卦之義，服膺其理，以出入於險阻而自靖，」（周易內傳 發例二五）

在《周易外傳》王船山解釋觀卦，影射自己的處境。

「觀䷓。積治之世，富有者不易居也；積亂之幾，僅留者不易存也。觀承否䷋之後，固已亂積而不合揜矣。而位未去，而中未亡。位未去，聖人為正其名；中未亡，聖人為善其救。」

觀卦和否卦相比，否的上卦爲三陽之乾，到了觀卦，上卦變成了二陽一陰，失掉了一陽爻，變成下面四陰，上面二陽。所以是積亂已經不可掩蔽；然而第五爻的陽居在中正之位，第二爻的陰也在中正之位，所以是「位未去」，「中未亡」。象徵明末清初，明朝已失去了江山，僅存雲南；然而桂王仍舊是正式的皇帝，居於中正之位，賢人志士力圖「正其名」，「善其救」，船山自己曾力勸王室：

「正其名者何也？來者既主，往者既賓，主者挾朋類以收厚實，賓者擁天步而僅虛名。百姓改心，君臣貿勢，然而其名存焉。名者天之經也，人之紀也，義夫志士所生死爭焉者也。」（同上）

「來者既主」，指著清朝；「往者既賓」指著明末桂王。主者清朝挾朋類以厚實自己的勢力，賓者明桂王擁天步僅有虛名。虛名是「正位天子」，名雖是虛，然而是天綱人紀，義夫賢士故以生死爭保這種「正名天子」的名。

「夫陰逼陽遷而虛擁天位，救之也不容不夙，而尤懼其不善也。善其救者，因其時也。觀之為時，陰富而陽貧，生衰而殺王，上陵而下固，邪盈而正虛，人耗而鬼靈。……

聖人固不得已而用觀，然彼得已而不已者，其後竟如之何也？可以鑒矣！

……然且有承極重難反之勢，褻用其明威而不戒其瞻聽，使潰敗起於一旦而莫之救，徒令銜恤于後者，悲憤塡膺而無所控洩，哀哉！」（同上）

王船山隱述了桂王的失敗，自己悲憤塡膺，無所控洩，心中很爲悲哀。他從觀卦「乃深有感於聖人畫象繫辭，爲精義安身之至道，告於易簡以知險阻，非異端竊盈虛消長之機，爲翕張雌黑之術，所得與於學易之旨者也。」（周易內傳發例 第二十五節）他從《易經》的宇宙變化之道，知道歷史消長之機，以評論史事的得失。

再舉例以解釋爻位的關係。

萃䷬「無咎者，有咎者也，……而爻動以其時，僅然而免，故六爻而皆起『無咎』之辭焉。

故二之應五，未必其孚也。……初之應四，孚且不終也，弗獲已而求合，有笑之者矣。三與上則既不我合，而抑不我應，弱植散處於淫威孔福之旁，漠然無所於交，……積悲歎而不敢言，『不虞』之戒，勿謂三與上之柔不足憂矣。」（周易外傳 萃卦）

「中孚䷼，是故三、四位散，二、五位正，中孚之奠陰陽於所麗者，既截然以分其貴賤之區，然兌、巽皆陰，二、五得中而非其世，則權終不盛；三、四為兌、巽之主，宅散而不得正，則位非所安，而中孚之交，盡於情理者，二、五積陽於初、上，固得輔以自強；三、四連陰於異體，樂處內以益親。得輔以強，陽有留中而不替；處內益親，陰且外比而不憂。揆之理，絜之情，存大正而授物以安，疑貳之消，不得合于介紹矣。」（周易外傳 中孚卦）

萃卦，為有咎的卦，因為二、五相應不孚合；初、四相應不終久，三、六更不相合應。因為兩陽夾在四陰之中，不能上，不能下。但是陽在五，是在正位，因此「剛居五而四輔之，履天步之安，得心膂之寄；……雖然，而勢亦危矣。」（周易外傳 萃卦）但是在《周易內傳》萃卦的解釋，王船山以萃為吉卦，因為是聚陰而輔陽。

中孚卦為吉卦，四陽分在上下，兩陰居中央，二、五兩陽得中位而有初、上兩陽以為輔而自張，兩陰居於中央互相親以為樂，較之巽☴、兌☱兩卦都好，因為「二、五得中而非其世，則權終不盛；三、四為兌，巽之主，宅散而不得正，則位非所安。」（周易外傳 中孚卦）

解䷧「是故解四之以解為己任：而奮擊以解之也，二則其朋也，而不相應；五、上則其長也，而不相協；初、三則其敵也，而固不相謀。不諒於二，朋友以為疏己矣；不合於

五、上，君長以爲偪己矣；不格於初、三，異類以爲傷己矣。驚百里而破群幽，得免而喜，乍免而疑，將驅除之績未終，戈矛之釁內起，我將爲四危之矣。而四以得孚者，何也？……天位無苟覬之心，將伯無助予之望。是故三陰之『狐』，六五之『黃矢』，以歸『獲』於二；……而後遠二之處險而二不以爲疏，臨五、上之陰陽而五、上不以爲偪。無不自信則疑去矣，處不綦高則忌忘矣，功不期有則謗消矣。」（周易外傳　解卦　二）

解卦的四爲陽爻，爲卦的主變，五、六、三爻都是陰；二爲陽，初爲陰爻。二陽爻居中，可爲卦的中心，是故三、五、上的三陰，都歸於二，四爻雖名主變，不覬覦天位，因此，避免疑忌誹謗，仍可與二爲朋，乃有「朋至」之「孚」。

王船山在《周易外傳》乾卦的第四節說：

「易之有位也，有同異而後有貴賤，有感應而後有從違，……惟既已成乎卦也，則亦有其序也。不名之為貴賤，而名之曰先後。先後者，時也，故曰『六位時成』。君子之安其序也，必因其時，先時不爭，後時不失，盡道時中以俟命也。」

卦的爻，代表卦的變；爻的變，由爻的位而成；爻的位代表時。變化是在時以內，時的意義在《易經》裡很重要。所謂感應，也是時的關係。但是位，也代表空間，代表貴賤次序。因此爻的位，就也代表地位，代表人物。王船山解釋卦爻時，在《周易外傳》裡常講到時機、地方和歷史人物，說明卦變的實際意義。

四、易經與歷史

王船山研究歷史，專心尋找歷史事件的消長理由。他接納孔子《春秋》的歷史倫理思想，以倫理原則評判史事；但對於史事的關係，則援用《易經》的宇宙變化原理。《易經》的宇宙變化以陰陽兩氣爲根本；宇宙的氣變在人事歷史和倫理相結合，便顯出《易經》和歷史的關係。王船山在《周易外傳》解釋六十四卦，幾乎每卦都和歷史有關，多次還引述史事以佐證。

《周易外傳》的乾卦解釋，較比其他各卦的解釋都長，共有八節，說乾道和說人事倫理，辯駁佛教和老子的主張；第五節和第六節則論斷歷史史事。

「天以不遠物為化，聖人以不遠物為德，故天仁愛而聖人忠恕。……王道始於耕桑，君子慎於袺襘。尸愚賤之勞，文王所以服康田也，修愚賤之節，衛武所以勤酒掃也。……位正中而體居下，龍于其時，有此德矣。」

（第五節）

「九四之躍，時勸之也；九五之飛，時叶之也；上九之亢，時窮之也。……時窮之，窮則災矣。然而先天而勿違，則有以消其窮；後天而奉時者，則有以善其災。……朱、均之不肖，堯、舜之窮也；桀、紂之喪師，禹湯之窮也。堯、舜不待其窮，而先傳之賢以消其窮，災不得而犯焉。禹湯之持其窮也，建親賢，崇忠質。不能使天下無湯、武，而非湯武，則夏、商不亡，終不喪於夷狄、盜賊之手。景亳之命，宗周之步，猶禹湯晉諸廷而授之矣。

三代以下，忌窮而悔，所以處『亢』者失其正也。而莫災於秦、宋之季。秦祚短而再傳，宋實淪於非類。……嗚呼！龍德成矣，而不能不亢，亢而不能不災。君子於乾之終，知姤之始，亦勿俾嬴豕之蹢躅交於中國哉！」（第六節）

乾卦的上爻九六，亢龍有悔，龍德窮而衰。聖賢知道先加防備，後作警戒，可以免禍。堯、舜、湯、武都有聖賢的明智，秦始皇和宋末的皇帝則不知預防而災，尤其宋朝亡於夷狄，王船山很爲痛心。

大壯䷡，「處非所據之位，能因勢之不留而去之，猶足以補過乎！

「紀侯大去其國，傳曰：『與其不爭而去』，非也。紀侯之國，紀侯之據也，非大壯之五也。其猶稱紀侯，猶晉執虞公，著其位，閔其亡之易而甚其無悔之劣也。」（周易外傳 大壯二）

在《周易內傳》，解釋大壯六五爻，王船山說：「既壯以其貞，則雖未得天位而陰據之，亦可無悔也。」但他對於紀侯則以他據位而無德，又無悔，故祇能去國以補過。

明夷䷣「陽進而上三，陰退而下二。進而上者志在外，退而下者志在內，皆絕群之爻也。明夷之象，二順服事而三用逆取，五貞自靖而四出迎師，則君臣內外之勢，其亦變矣。……

宋襄之愚也，卻子魚之謀，而荊蠻氣盛。固不如鄢陵之役，賁皇在側，而一矢壯中原之勢矣。……是故西周之滅也，犬羊蹂乎鎬京，幽王死於賊手。秦于是時，進不能匡王國以靖臣義，退不能翦豺狼以請天命，苟安竊取，偃臥西陲。數十世之後，乃始詐紿毒劉，爭帝於戈鋋之下。失正統者三十餘年，際殺運者四百餘歲，幾失事非，混一而名終不正，再傳而天下瓦解，豈徒在攻守異勢之末流乎！」（周易外傳 明夷卦）

明夷卦爲利艱貞，在彖辭中說「內文明而外柔順，以蒙大難，文王以之，利艱貞，晦其明也，內難而能正其志，箕子以之。」這一卦原本又和歷史史事相應，王船山在《周易外傳》明夷卦的解釋，在上一段之後，接著說：

「雖然，極明夷之變，序『南狩』之績者，周公也。文王之當此，則曰『利艱貞』而已。……商容之閭雖式，雒邑之頑民，公亦不得視飛廉之罰以翦除之。初九之義，公之所不得廢也。『南狩』之世，無『于飛』之君子，君臣之義熄矣，義者，制事以裁理也。王逢處晉之世，而效明夷之飛，人之稱此以『不食』也，何義乎！」

王船山解釋卦的卦辭、彖辭、爻辭，都按陰陽本性在卦變的意義，應用到人事歷史，陰陽的變化爲氣的變化，由陰陽兩氣的本性和倫理善惡相配，以評論人事歷史。他在《周易外傳》的頤卦第一節，暢論陰陽的特性：

「夫聖人深察於陰陽，以辨養道之正，則有道矣。養萬物者陰陽也，養陰者陽也。陽在天而成象，陰在地而成形。天包地外而入于地中，無形而成用；地處天中而受天之持，有形而結體。……陰靜善取，陽動善變。取盈不積，資所厚繼，陽動不停，推陳致新。……若其養萬物者，陽不專功，取材於陰，然而大化之行，啓不言之利，則亦終歸於陽也。……

聖人之『養萬民』，法陽之富；君子之『節飲食』，法陰之清，有養大而舍小，法陽貴而陰賤；有捐養而成仁，法陽剛而陰柔。如是則陰聽養于陽，道固宜爾。……嗚呼！鄙夫之動於欲者，不足道已。霸者以養道市民而挾刑心，異端以沖用養生而逆生理，皆陰教也，知陰之無成，陽之任養，於虛而得實，賤順欲而樂靜正，尙其庶乎！」（周易外傳 頤卦二）

王船山在頤卦的解釋裡，說明《易經》的哲理。《易經》以卦和辭，顯示天地變化之理，天地變化之理爲生理，即萬物化生之理。萬物由陰陽化生而養育，陽剛陰柔，陽動陰順，各按序位，人事歷史的變遷，也按天地變化之道而進行，順天地之道則興盛，逆天地之道則衰亡，故以信爲要。在五行中，信爲土，居中央，水居北，和土相近，水乃能長久而有恆。王船山在坎卦的解釋說：

「故木、火與金，皆有所憑藉以生。而水無所藉，無所藉者，藉於天之始化也。有藉而生者，有時而殺。故木時萎，火時滅，金時蝕，而水不時窮。

升降相資，波流相續，所藉者眞，所生者常，不藉彼以盛，不嬗彼而減，則水居恆而不閒矣。不亂不閒，水之以信為體也。……故信，土德也，而水與土相依而不暫舍，以土制水，水樂受其制以自存。制而信存，不制而信失。未審乎此，而欲不凝滯而與物推移，顧別求『甚眞』之信於『窈冥』之中，其居德不亦險乎！故君子於德行則常之，於教事則習之，而終不法其不盈，斯以不惑於水之貌，而取其柔而無質者以為上善也。」（周易外傳 坎卦）

第三章　王船山周易大象解

一、「象」在周易的意義

孔子曾經研究《周易》，曾經給弟子們講授《周易》，大家對這一點歷史事實，都有共識，不加否認；至於孔子作《易傳十翼》，則學者意見不同，而且大部份學者予以否定。我不是從事考據的人，不能從考據方面去評判《十翼》作者問題；但是從《十翼》內容方面去研究，我認爲《十翼》原本是孔子給弟子們講授《易經》時，弟子們所寫的筆記，後來流傳到漢代，內容裡夾雜了漢代的學術思想，在基本思想上，《十翼》的思想是孔子的思想，《易經》有《周易》的「象」，特別注意到「君子」，「君子」這個名詞，在孔子以前，用爲代表政府首長，用爲代表丈夫，孔子則用爲人格的標準，代表有道德的人。《周易》的「象」，常說明「君子」的善德。這一點《周易》的「象」，和《論語》的君子思想很相合，到了《中庸》時代，已經有了「君子之道」。

《周易》的象，代表孔子的《易》學思想。《周易》原爲占卜用的，爲人事件的吉凶，由宇宙的變易之道，推算人事的順逆。孔子以宇宙變易之道，爲自然法則，也是人類生活的天理，「聖人法天」，以天理爲人生活之道。人生活的善惡，將得到上天的賞罰，賞爲吉，罰爲凶。人事的吉凶，不必從占卜去追求，從自己行爲的善惡就可以知道。孔子作《十翼》，即是在《十翼》所講的，便在於以宇宙變易之道作人生活之道。這種思想，特別在《周易》的「象」中表現得很清楚。

王船山非常重視《周易》的「象」，作了一卷《周易大象解》，還寫了一篇序。序裡說：

> 「大象之與象，爻，自別為一義。……蓋筮者，知天之事也。知天者，以俟命而立命也。……若夫學易者，盡人之事也。盡人而求合乎天德，則在天者即為理，天下無窮之變，陰陽雜用之幾，察乎至小，至險，至逆，而皆天道之所必察。苟精其義，窮其理，但為一陰一陽所繼而成象者，君子無不可用之以為靜存動察，修己治人，撥亂反正之道。……大象，聖人之所以學易也。」（周易 大象解序）

《周易大象解》，作於康熙十五年（公元一六七六年），王船山時年五十七歲，在作《周易外傳》後的二十一年，在作《周易內傳》的前九年，《周易內傳》的大象解釋部份，都用這本書的基本解釋。

《周易》大象的意義，王船山認爲是「盡人而求合乎天德」，從天道的陰陽變化所成的象，求得義理，「君子無不可用之以爲靜存動察，修己治人，撥亂反正之道。」《周易》大象，可以說是代表孔子的倫理觀。王船山在《周易內傳》開端，解釋乾卦，對於「象曰：天行健，君子以自彊不息。」他說：

「此所謂大象也。孔子就伏羲所畫之卦，因其象以體其德，蓋為學易者示擇善於陰陽，而斟酌以求肖，遠其所不足，而效法其所優也。數之積也，畫已成而見為象，則內貞外悔，分為二象，合為一象，象於此立，德於此著焉。」

在解釋坤卦的「象曰」，他說：

「六十四卦之變動，皆人生所必有之事，抑人心所必有之幾；特用之不得其宜，則為惡。故雖乾坤之大德，而以剛健治物，則物之性違；柔順處己，則己之道廢。唯以乾自彊，以坤治人，而內聖外王之道備矣。餘卦之德，皆以此為統宗，所謂『易簡而天下之理得』矣。」

大象的意義，在於由六十四卦的變動，得知人事之原則，按照原則去做，則順；否，則逆。人事的順逆，成爲人事的吉凶福禍。因此，研究《易經》的人，必須懂得這種義理。孔子所以作大象，指示人因象以明理，用理以修己治人。孔子說六十二卦的德，都以乾坤兩卦的德爲統宗，乾坤兩卦的德，代表內聖外王之道。王船山解釋大象，常立腳在內聖和外王兩點上；而且更注重外王治國之道。

孔子曾經說：「政者，正也，子帥以正，孰敢不正。」（論語 顏淵）儒家素來主張德治，執政的人修身積德，才可以治人，《大學》也說得很清楚，修身、齊家、治國、平天下，互相連貫。王船山便以內聖外王相連，在大象解裡，表現得非常明顯，學者也說王船山在《大象解》裡沒有忘懷自己對明朝的情感。「我們讀了此書之後，最覺突出的一點是作者的深刻的故國之思和濃厚經世之志。他作此書時，明亡已久，永曆帝被執而死亦已有十有五年，但他在書中仍然有觸即發，對過去的悲痛歷史，慨乎言之。」（王孝魚寫於周易大象解

後的編者識）

二、大象的解釋法

大象的解釋，和彖、爻不同，王船山說：「大象之與彖爻，自別爲一義。取大象以釋彖、爻，必齟齬不合，而強欲合之，此易學之所繇晦也。」（周易大象解序）

大象的解釋，以象去解釋，象是說卦所標的天地雷風水火山澤，也是六十四卦的「象曰」所標的象。王船山說：「君子觀於天地之間而無非學，所謂希天也。故異於彖，而專以天地雷風水火山澤之相襲者示義焉。」（周易內傳　卷一上　乾卦象曰）

《周易》說卦，還標出許多的卦象，例如：「乾爲天，爲圜，爲君，爲父，爲玉，爲金，爲寒，爲冰，爲大赤，爲良馬，爲老馬，爲瘠馬，爲駁馬，爲木果。坤爲地，爲母，爲布……」（說卦　第十一章）漢易爲象數易，以象解釋象和爻的變，《左傳》書裡多有這種象說的例。

「閔公元年，傳：初畢萬筮於官，遇屯䷂之比䷇。辛廖占之，曰：吉，屯固比入，吉孰大焉？其必蕃昌。震為土，車從馬，足居之，兄長之，母覆之，眾歸之，六體不易，合而能固，安而能殺，公侯之卦也。公侯之子孫，必復其始。」

屯卦的下卦爲震卦，上卦爲坎卦；比卦的下卦爲坤卦，上卦爲坎卦。震的象，爲土，爲馬足，爲長男；坎的象，爲中男，爲車輛；坤的象，爲母，爲眾。把所有的象合起來，乃有「震爲土，車從馬，足居之，兄長之，母覆之，眾歸之。」

漢朝易學者，嫌說卦的象太少，不夠卜筮的用，就自己造了許多象，稱爲「逸象」。清朝惠棟的《易漢學》書裡，記載了虞翻的八卦逸象，共三百二十六。

王船山反對這種以象解釋彖和爻，爲解釋彖、爻，他用陰陽剛柔。例如屯卦，䷂，上卦爲坎，下卦爲震，王船山注說：

『難生』謂九五陷於二陰中，爲上六所覆蔽，有相爭不寧之道焉。陽之交陰，本以和陰而普成其用。」（周易內傳 卷一下）「彖曰：比吉也，比輔也，下順從也。」王船山注說：

「比，䷇（坎下，坤下）陽資始而後陰成能化，德位永定，而無可違。九

五剛中，有可親比之道，本所當筮擇為主者，故無咎。」（同上）

象，祇爲解釋《周易》的「象曰」，所用的象，爲《周易》的根本象，即天地雷風水火山澤，（水常象為雲，為泉）

「屯，雲雷屯，君子以經綸」（䷂坎上，震下）

「雲上而凝，雷動而奮，躊躇滿志而果於為之象也。經綸者，君子開物創治之大業也。不凝如雲，不足以行。不奮如雷，不足以斷。未為之光，無綢繆深厚之心，方為之際，無震迅發起之氣，無以取不秩不敘之天下分合而使之就理。」

王船山解釋「象曰」常用象，且用根本的象。解釋各爻的象也用根本的象，不用別的象，和漢朝易學家的解釋不同，例如屯卦的爻：

「象曰：六二之難，乘剛也，十年乃字，反常也。」

王船山注解說：「屯之所以爲『難生』者，二拚初，上拚五，使不得升也。陰陽交以成生物之功，常也。女子之貞，非以不字爲貞，乘剛不相，下陰志之變也。上應九五，乃反乎常，故雖晚而猶不失其正，『十年』數之極也，天道十年而一改。」（周易內傳 卷一下）

漢朝虞翻注解說：

「屯邅，盤桓，謂初也；震為馬作足，二乘初，故乘馬；班，蹎也，馬不進，故班如矣。匪，非常也，寇謂五，坎為寇盜，應在坎，故匪寇；陰陽得正，故婚媾；字，妊娠也。三失位變復，體離，離為女子，為大腹，故稱字，今失位為坤，離象不見，故女子貞不字。坤數十，三動失正，離女大腹，故十字與常乃字，謂成濟也。」

「案：屯卦䷂，內卦為震，外卦為坎，二至四體坤，三變則成既濟定也，而內卦為離，蓋六二陰在初九陽剛之上，故有屯邅之象。震為馬作足，故有乘馬班蹎之象；應於九五，坎為盜寇，然六二比於六三，六三變陽，陰陽德正，故婚媾；婚媾九五，故匪寇。復，返也，三失位而反於正則內卦為離，離為中女大腹，三不變則體坤，離象不見矣，故女子貞不字。坤為

十，十乃變而為離，故十年返常乃字。」（易經集注　頁十四　龍泉出版社）

虞翻的注解，不僅用象注爻，而且用漢易的升降法，互體法。「三失位變復」，這是互體，屯䷂，第五爻本是陽爻，變成陰爻，乃成䷗復卦。「體離」，是第三爻本是陰爻，變爲陽爻，乃成䷾既濟卦，下卦爲離，☲。「今失位爲坤」，則是第二爻、第三爻、第四爻合成一卦，乃成☷坤卦。虞翻便合用這些卦的象解釋屯卦「六二」的「象曰」。

「象曰：六二之難，乘剛也。」王船山解釋爲「二揜初，上揜五，使不得升也。」即是初六爲陽，第二爻爲陰，所以是陰掩陽；第五爻爲陽，第六爻爲陰，也是陰掩陽，他是以陰陽爻去解釋，非常簡單清楚。

虞翻的解釋，「震爲馬作足，二乘初，故乘馬；班，蹞也，馬不進，故班如矣。」這些話是爻辭，不是「象曰」，虞翻併在「象曰」以內。

「象曰：……十年乃字，反常也。」王船山解釋爲「陰陽交以成生物之功，常也，女子之貞，非以不字爲貞；乘不相下，陰志之變也。上應九五，乃反乎常，故雖晚而猶不失其正。十年，數之極也，天道十年而一變。」

虞翻的解釋：「今失位爲坤，離象不見，故女子貞不守；坤數十，三動反正，離女大腹，故十年反常乃字，謂成既濟定也。」非常複雜，使用了互體法的象，解釋「六二」爻。

對於這種注解法，王船山聲明反對。

又如這個屯卦的第三爻，「六三」，爻辭說：「即鹿無虞，唯入于林中。君子幾，不如舍，往吝。」

王船山解釋說：「君獵，虞人翼獸以待射；無虞，鹿不可必得也，林，車絓馬阻之地。吝，止也。六三當震體之成，而爲進爻，上六窮陰不相應，坎險在前，往無所獲，而有所礙，故有此象。三柔而無銳往之象，類知幾而能止者，故可勉以君子之道。然體震而躁進，不保其能舍，而有往吝之憂，窮於己之謂吝。」王船山絕對不用象去作解釋，祇就陰陽爻的進退之道去作解。

虞翻的解釋：「即，就也。虞謂虞人，掌禽獸者。艮爲山，山足稱鹿，鹿，林也。三變體坎，坎爲聚木，山下故稱林中。坤，爲兕虎；震爲麋鹿，又爲驚走，艮爲狐狼。三變禽走入于林中，故曰即鹿與虞，惟入于林中矣，君子謂陽已正位。幾，近，舍，置；吝，疵也。三應於上之應，歷險（坎）不可以往，動如失位，故不如舍之，往必吝窮矣。又：鹿謂五，三妄動而求五也。」虞翻使用坎卦，故卦爲這卦的上卦；又使用艮卦，☶是用䷂屯卦的互體法，由第三爻第四爻第五爻組成。還用了坤卦☷，這是互體第二、三、四爻組成。從此可以看到漢朝易學者爲解釋卦爻，都使用卦象，而且使用的卦，還不是本卦，是使用升降法、互體法、半象、反對法、旁通法，所成的卦。王船山不採納這些變易法，一概捨棄不用，使易卦的解釋簡單明瞭，這種解釋法，在〈大象解〉裡完全一致，在《周易內傳》各卦的「象曰」，也常是一樣。我們再看一個例證。

「比䷇坤下坎上，地上有水。比，先王以建萬國，親諸侯。」這是《易傳》比卦的「象曰」。

王船山的解釋：「比非交道之正也，唯開代之王者能用之。用之以建萬國，親諸侯，歸附而不流，大小相涵而不紊者也。德難光王，事非封建，而違道以徇人，樹援以固黨，其敢於用比乎？」

比卦的初爻，《易傳》說：「象曰：比之初六，有他吉也。」王船山解釋說：「四非能與初以吉者。孚於四而得比於上，非初自能得之，因他而至也。」

比的初六，《易傳》的爻辭：「初六，有孚，比之無咎。」王船山解釋說：「比有以相近而相親者，二之於初，三、四之於上是也。有以相應而相合者，初之於四，二之於五，三之於上是也。初六遠處於下，不相親於九五，宜有咎也；而六、四密近於五，初柔順之德，與四相合而相孚。」因此，在解釋初六的「象曰」乃說：四不能給初六以吉，「孚於四而得比於上」，四和五相親，四爲陰爻，五爲陽爻，四以柔順而親於五。初六爲陰爻，和第四爻的陰爻，柔順相合，便因四和五相親而得吉。所得吉，「因他而至也。」

來知德釋釋爻辭和「象曰」，則常用象。「初六，有孚者誠信也。缶，瓦器也。坤土中虛，缶象。缶者，滿也，初變成屯。屯者盈也。水流盈缶之象。」（易經集註 龍泉出版社）所謂初變屯，乃是旁通，䷇比，䷂屯，比的初六，變爲屯的初陽，再用坎、坤、屯卦的象。因此，可以了解王船山在《周易大象解》的序文裡所說：「取大象以釋彖爻，必齟齬不合，而強欲合之，此易學之所繇晦也。」

三、周易大象解的倫理思想

王船山很重視《周易》的象，在「象曰」，他看到孔子的易學，由天地的變化之道，引伸出「修己治人，撥亂反正之道」，他集《大象解》爲一卷，結集孔子的倫理道德思想，指示出儒家修身治國的善德，他所以說：「因象以成德」。「天地有此象，則有此道，君子以此道而應此理，各體其宜，而後同歸一致。」（周易大象解　乾卦）

他以六十二卦的象皆從乾坤兩卦的象而出，乾坤兩卦的象所表之德，則爲六十二卦象所表之德的綱領，他說：「自彊不息非一德，厚德載物非一功。以自彊不息爲修己之綱，以厚德載物爲治人之本。故曰：『乾坤者，其易之門戶，道從此而出，德從此而入也。』」（同上）這一點也肯定他的「乾坤並建」的主張。

1. 以自彊不息修己

「蒙，君子以果行育德。」

王船山解釋說：「君子體斯爲養蒙，爲發蒙，果育相資，行成而德不匱，則善用蒙者也。」這是有恆的意思。在恆卦：「君子以立不易方」，王船山注說：「恆者，不隨順於物而自守之道也。……君子之守以之，受物以咸，自立以恆，道斯兩得矣。」咸卦：「君子以虛受人。」王船山注說：「虛者，君子所以受人也。君子於己皆實，受物則虛，善用虛實矣。若宅心皆虛，不盡其實，則是不誠無物，惡足以受天下哉！老莊之詭於易也以此。」

「訟，君子以作事謀始。」

王船山注說：「人與己違則訟人，道與欲違則自訟。君子之用訟也，不以訟人而以自訟，善於訟矣。」

「大畜，君子以多識前言往行，以畜其德。」

王船山注說：「凡畜，惡其盛也，積而能散，安而能遷，君子無固畜焉，其唯前言往行乎。……多畜而德弘，乃以無執一之害。」

「頤，君子以慎言語，節飲食。」

王船山注說：「蓋嘗論之，言語之慎、飲食之節，若細行也，而人欲之流止，天理之存亡莫甚焉，君子小人之大閑，此心之存去，皆於此決矣，……物不能引我以非道，則大勇浩然之氣可養，我不輕隨物以妄流，則淵深不測之神可凝。」

「大過，君子以獨立不懼，遯世無悶。」

王船山注說：「唯夫獨立不懼者，有可懼者也；遯世無悶者，有可悶者也，履凶游濁，守貞篤志，正已而不與俱汩，斯大過焉可矣。」

「大壯，君子以非禮弗履。」

王船山注說：「君子進德，從容馴至而勿助長。唯克己之功，則可用壯。而壯在秉禮，不在戰勝，抑非若異端之亟絕倫物以爲猛也。」

「家人，君子以言有物而行有恆。」

王船山注說：「言不蘄盡古今之變，但適事物之宜；行不蘄備經緯之能，但保初終之素。」

「蹇，君子以反身修德。」

王船山注說：「事不求成，功不求立，名不求達，實不求遂，其言訥，其行樸，約如不敢，遲如不欲。……君子之自修，從容抑畏而無馳驅之心，乃以不疾。」

「損，君子以懲忿窒欲。」

王船山注說：「夫損者，損情而已矣。若道，則不可得而損也。樂而不以爲淫，怒而不以爲戾，和平欣暢之心，大勇浩然之氣，非欲非忿，而欲損之，釋氏所爲戕性殘形以趨涅槃，老氏所爲致柔守錞以保嬰兒，皆不知損而戕道以戕性也。」

「益，君子以見善則遷，有過則改。」

王船山注說：「損以治情，益以進道，知所損益，可與人德矣。用損者靜以止，悅以安，……用益者如風之烈，如雷之迅，其事不疑，……終日孳孳，無懷安之情，君子求益之功歟！」

「升，君子以順德，積小以高大。」

王船山注說：「君子之升，所爲異於進銳退速，貪大而忽小者也。小德之積，以善養心，德既在我，義類必充。馴至其極，下學而上達，蓋因心理漸開之自然也。若老氏以至柔馳騁天下之至剛，是謂逆理。」

「困，君子以致命遂志。」

王船山注說：「君子之於危亂，非無君可事，無民可使，軀必不可保，妻子必不可全也，不受福澤，自致於困也。困其身，而復身不辱；困其心，而後志不降。匪石之堅，不求轉也；無道之愚，以棄智也，非困則志不可得而遂矣。……惟悴枯槁以行乎憂患而保其忠厚，知困而已，豈知亨哉。」這一段，乃船山寫自己的心境。

「歸妹，君子以永終知敝。」

王船山注說:「知父母之疾不可起,而必藥必禱;知國之亡不可興,而必出必,以得所歸爲悅。」這也是他講明自己的境遇。

「兌,君子以朋友講習。」

王船山注說:「言迭出而不窮,道異趨而同歸,朋友講習,以此爲得。若夫以分交,以情交,以事交而用此道,不失之諂,則失之瀆,君子慎之。」

「小過,君子以行過乎恭,喪過乎哀,用過乎儉。」

王船山注說:「君子或過於小,寧出於此,無溺於怠,無靡於欲也。動有止,高山之雷不迅,雖過,不憂其泆矣。」

上面所引《周易大象解》的十七個卦的解釋,可見王船山關於修身,謹守「自彊不息」的原則。關於自彊,他不主張急迫追求速效,常要求順其自然,積小德以養心,「從容抑畏而無馳騁之心。」然而必定要「守貞篤志」,「以行乎憂患而保其忠厚」「終日孳孳,無懷安之心。」攻擊佛教的絕慾爲戕性殘形，反擊老子的至柔的逆理。

2. 以厚德載物以治人

「屯，君子以經綸。」

王船山注說：「經綸者，君子開物創治之大業也，不凝如雲，不足以行。不奮如雷，不足以斷。未爲之先，無綢繆深厚之心，方爲之際，無震迅發起之氣，無以取不秩不敘之天下分合而使之就理。」他惋惜明末桂王不能有這種經綸之才。

「師，君子以容民畜眾。」

王船山注說：「君子有民，無見民也。君子觀於地之容水，以靜畜動，而得撫民之道焉，士安於塾，農安於畝，彊者弱者，因其固然，不爭不擾而使之自輯。」

「需，君子以飲食宴樂。」

王船山注說：「後天下以樂，而後鼓樂田獵，民皆欣欣以相告，是君子以之特異於小人。」

「小畜，君子以懿文德。」

王船山注說：「君子體此以修明於上，無所加於民，而移風易俗，不知其然而自化。」

「履，君子以辨上下，定民志。」

王船山注說：「君子之於民，達志通欲，不如是之間隔，唯正名定分，別嫌明微，則秩然畫一。」

「泰，天地交泰，后以裁成天地之道，輔相天地之宜，以左右民。」

王船山注說：「天道下濟，以成地之能；地道上升，以相天之德。體其道以施於民，君通民之志欲，而民喻君之教化，乃以左右匡提而成大治。其道至大，非君天下者，不足與於斯。」

「否，君子以儉德辟難，不可榮以祿。」

王船山注說：「功非已立，民非已援，德既可儉，奚有與祿？辭祿絕交，守其塞焉可矣。」

「同人，君子以類族辨物。」

王船山注說：「類族辨物，井然不昧於中，而明不外發，無遏揚之事，百族與處，賢不肖各安其所，萬物並興，美惡各從其實。」

「大有，君子以遏惡揚善，順天休命。」

王船山注說：「明有所必發，……明有所必涵，……觀於同人，大有，而君子所以用易者，經緯張弛之妙，類可推矣。」同人，火在天中，所以不揭發善惡；大有，火在天上，便遏惡揚善；兩者，乘乎時位，互相爲用。

「謙，君子以裒多益寡，稱物平施。」

王船山注說：「君子用此，唯用之於施。施者，君子所以惠小人也。君子而交君子，以貞以諒，無所用謙焉，凡施之道，益其寡者。」

「蠱，君子以振民育德。」

王船山注說：「動物無吝，振起頑懦，而養之成德，君子新民之道也。」

「臨，君子以教思無窮，容保民無疆。」

王船山注說：「君子之臨民，不尙威而尙德，有如此。然兌不以悅民而以教，亦必異於違道干譽之小惠歟！」

「觀，先王以省方觀民設教。」

王船山注說：「小畜以端本立極，觀以因時廣化。而設教者，必審民俗之剛柔樸巧而順導之，故非行地不爲功。」

「噬嗑，先王以明罰敕法。」

王船山注說：「求情以明，勤其審察，知周乎下情，然後從而斷之。」

「賁，君子以明庶政，無敢折獄。」

王船山注說：「君子立法創制，必詳必析，小物細事，無所忽忘，無有疑似，使愚賤利用，經久可行。」

「復，先王以至日閉關。」

王船山注說：「復之道大矣。……唯聖人在天子之位，以法天而調人物，故有所休息，以俟人物之定，於至日昭其義焉，然亦不廢其理而已矣。」

「無妄，先王以茂對時，育萬物。」

王船山注說：「先王應民物之氣機，誠動於中，而功即加於物，不必如後世月令之書，附會擬似。」

「坎，君子以常德行，習教事。」

王船山注說：「德行之常，必非一德，教事之習，非僅一教。有本而出，源源不舍，則德日以盛，教日以深，斯君子用坎之益也。」

「離，大人以繼明照于四方。」

王船山注說：「明之已甚，君子所懼也。雖居天位者，四方待照，則明患其不至，不憂其盛矣。有用晦者，有繼明者。用晦以養其體，繼明以大其用，不偏廢也。老氏一以悶悶孩天下，申韓一以察察矜私智，惡足以稱大人之事哉！」

「遯，君子以遠小人，不惡而嚴。」

王船山注說：「君子之遯，遯以己，不遯以物，居上而不流，嚴者其本也。不惡者，不屑惡而自遠也。」

「晉，君子以自昭明德。」

王船山注說：「故君子之昭，自昭者也，庸人之昭，昭人者也。夫明德之藏，非揭竿建鼓以使天下知者。」

「明夷，君子以蒞眾，用晦而明。」

王船山注說：「用晦而明，雖傷其明，何傷乎！小人自謂能欺君子，而卒以成君子之大智。」

「睽，君子以同而異。」

王船山注說：「君子之用睽，用之於所同者，以各成其用也。同而異，則為和；同而同，則爲黨；異而異，則爲爭，各成其用，無所爭矣。」

「夬，君子以施祿及天下，居德則忌。」

王船山注說：「君子頒祿，無疑無吝。唯用此道，乃盡天下之才。」

「姤，后以施命誥四方。」

王船山注說：「君子議道自己，有不能喻之愚賤者，必暢達而廣諭，則用姤。」

「萃，君子以除戎器，戒不虞。」

王船山注說：「夫君子有國，財散無所事萃，其萃聚者唯戎器，則上非貨殖，而國無弱道斯可耳。」

「井，君子以勞民勸相。」

王船山注說：「養民則勞，自養則否，易地皆然。孔、禹之所以爲聖也。」

「革，君子以治曆明時。」

王船山注說：「革者，非常者也。……君子之愼用革，而但用之於此，合天變也。因此知守一定之法，以強天從己者，其於曆遠矣。」

「豐，君子以折獄致刑。」

王船山注說：「法簡民安，不傷於猛，用此道爲宜。」

「旅，君子以明愼用刑，而不留獄。」

王船山注說：「既明以慎，用刑之道盡矣。」

「巽，君子以申命行事。」

王船山注說：「用民力，成民務，先事戒之，當事申之，先後相隨無異風，終始相告無異命，民乃易從而事不廢。」

「節，君子以制數度，議德行。」

王船山注說：「節者，養有餘之道也，而鄙夫以吝當之，天地懸隔。」

「既濟，君子以思患而豫防之。」

王船山注說：「故君子不憂天下之患，而得其所以防之，……道豫立，則載而濟矣。」

「未濟，君子以慎辨物居方。」

王船山注說：「故天之所生，地之所長，物之所成，事之所起，無非未相爲濟者。慎辨其分，而後可合，愼奠其居，而後可移。」關於治人，上面引用了王船山《周易大象解》的三十四卦的注釋。原書所有的卦解，有關帝王的卦，沒有引用。從三十四卦的注釋，可以看到治人的基本原則，是坤卦所有的「以厚德載物。」即是孔子所主張的責己嚴，待人寬。對於人，要順人情，不用老莊和申韓的方法，就是用刑罰，也要明愼。

在這一大段，我抄錄了《周易大象解》的原文，雖然每卦的注解，或祇節錄了最重要的一段，但是讀者還會嫌過長。不過，我所以這樣做，有兩層理由：第一，讓讀者見到原文，不僅看我的解釋；第二，讀者未必都有王船山的書，我多引原文，讀者可以稍窺王船山的眞面目。

《周易大象解》，祇有一卷，每卦祇注解了卦辭，對於爻象都沒有加注；但在《周易內傳》裡則都有注解。王船山特別作了一卷《周易大象解》，表明他對《周易》的看法。他以爲《周易》的目的，不僅是爲卜筮吉凶，而最重要的目的，是在說明人事合於天道，人知道修身治人，也就是孔子以倫理的善惡，代替事件的吉凶。這種思想在「象曰」，特別顯明。至於把《周易》用到天人地理，醫學術數，算命看相各方面，王船山一概不接受。所以他在這卷書的序文裡說：「若夫學易者，盡人之事也，盡人而求合乎天德。」

第四章　周易內傳發例

一、乾坤並建

《周易內傳發例》，可以說是王船山講論《易》學的最後一本著作。他署名「丙寅仲秋月癸丑朔畢」；丙寅年爲康熙二十五年，公元一六八六，船山逝世於一六九二年，這本書是在他去世以前六年寫的。他在發例的最後一節，述說了他研究《易經》的經歷，也說明了他對《周易》一書的主張。

> 「夫之自隆武丙戌，始有志於讀《易》。戊子，避戎於蓮花峰，益講求之。」（周易內傳發例　第二五節）

丙戌年，爲清順治三年，公元一六四六年，戊子年，爲順治五年，公元一六四八年，王船山在順治三年，年二十七歲，開始讀《易經》，兩年以後，專心研究，從觀卦了解人生的處境。

「初得觀卦之義，服膺其理，以出入於險阻而自靖，乃深有感於聖人畫象繫辭，為精義安身之至道。」（同上）

觀卦，下面四爻是陰爻，上面兩爻是陽爻，象徵國家由小人掌握，君主要正位居高，以德臨下，彖辭說「中正以觀天下」。對於私人生活，則是「君子之處亂世，陰邪方長，未嘗不欲相忮害，而靜正剛嚴，使且無從施其干犯而瞻仰之，……德威在己不在物，存仁存禮，而不憂橫逆之至，率其素履，非以避禍而邀福，而遠恥遠辱之道存焉矣。」（周易內傳觀卦）

上面解釋觀卦的話，就是船山自己一生的生活原則，避居窮鄉，絕不接受清朝皇帝的徵召。

「乙未，於晉寧山寺，始為外傳，丙辰始為大象傳。……歲在乙丑，從游諸生求為解說。形枯氣索，暢論為難，於是乃於病中勉為作傳。」（周乙未歲，爲順治十二年，公元一六五五年，船山作《周易外傳》。丙辰年，爲康熙十五年，公元一六七六年，船山作《大象傳》。乙丑年，爲康熙二十四年，公元一六八五年，船山作《周易內傳》，次年作《內傳發例》。從順治三年，開始治《易》，到康熙二十五年，經過四十年。雖不能說他四十年都研究《周易》，但是他自己說「亡國孤臣，寄身於穢上，志無可酬，業無可廣，唯易之爲道則未嘗旦夕敢忘於心，而擬議之難，又未敢輕言也。」（同上）四十年來，他常心中記著《周易》，而《周易內傳》和《發例》，乃是他一生讀《易》之全部心得。

他對於《周易》的主張，

「大略以乾坤並建為宗，錯綜合一為象，彖文一致，四聖一揆為釋，占學一理，得失吉凶一道為義；占義不占利，勸戒君子，不瀆告小人為用；畏文周孔子之正訓，闢京房陳摶日者黃冠之圖說為防。……易之精蘊，非繫辭不闡。觀於繫傳，而王安石屏易於三經之外，朱子等易於火珠林之列，其異於孔子甚矣。」（同上）

「伏羲氏始畫卦，而天人之理盡在其中矣。……文王起於數千年之後，以『不顯亦臨，無射亦保』之心得，即卦象而體之，乃繫之以彖辭，以發明卦象得失吉凶之所繇。周公又即文王之彖，達其變於爻，以研時位之幾而精其義。孔子又即文、周彖爻之辭，贊其所以然之理，而為文言與彖象之傳，又以其義例之貫通與其變動者，為繫辭、說卦、雜卦，使占者學者得其指歸以通其殊致。……四聖同揆，後聖以達先聖之意，而未嘗有損益也，明矣。」（周易內傳發例 第一節）

在這兩節裡，王船山說明了他對《周易》的意見。第一，《周易》是伏羲、文王、周公、孔子的著作，伏羲畫卦，文王作彖辭，周公作爻辭，孔子作文言、彖傳、爻傳、繫辭、說卦、雜卦。後者解釋前者，四聖的思想相貫通，王船山認爲《周易》有宗，有象，有釋，有義，有用，有防，他從這幾方面去講《周易》。

《周易》的宗，即根本思想，爲乾坤並建，這是王船山本人的主張。乾坤即陽陰，在陽陰以上，沒有不分陰陽的本體之氣。太極不是張載所說的太虛，而是陰陽不顯的太極。《周易》的義，即《周易》的意義，《周易》的目標，在於由占得知吉凶，而明白人生之道。所以《周易》的用，在於勸告君子行善避惡。文王、周公和孔子，都是注重《周易》的倫理意義。這種意義，由宇宙變化之道，以卦象表示出來。《周易》的關鍵在於變。

二、時位的變

「易」，就是變。《周易》的變，由卦象而顯；卦象的變，是爻的變；爻的變，是時位的變。周公作爻辭，「達其變於爻，以研時位之幾而精其義。」孔子作傳，也是「以其義例之貫通與其變動者，……使占者學者得其指歸以通其殊致」。

爻的解釋，以「彖曰」爲根據，以「爻象」作解釋，爻爲陽爻陰爻；爻的變，即陽陰的變；爻變在卦象所表現的，爲時位的變換，位是空間，空間在變化上，爲一種成份，變化的本身，則是在時間上。《易經》所以多次說，「時之義大矣哉。」

王船山說：

「卦變者，因彖傳往來上下進行內外之旨，推而見其所自變也。夫子作彖傳，於卦畫已定，卦象已備，卦德已見於彖辭之後，而得其理焉，明此卦之所以異於彼卦者，以其爻與位之有變易也。」（周易內傳發例 第十

節）

爻的變，在一變裡爲陽爻陰爻的上下位置。在兩卦變動時，後一卦的陽爻或陰爻由前一卦而變，便有陰陽來往的上下內外。

「彖傳之以卦變言者十五；隨曰：剛來而下柔。蠱曰：剛上而柔下。噬嗑曰：柔得中而上行。賁曰：柔來而文剛，分剛上而文柔。咸曰：柔上而剛下。恆曰：剛上而柔下。損曰：其道上行。益曰：自上下下。漸曰：柔得位。渙曰：剛來而不窮。皆三陰三陽之卦，故古注以為自否、泰而變，而先儒非之，謂乾坤合而為否泰，豈有否泰復為他卦之理。然此二說相兢，以名之異，而非實之有異也。……從三畫而言則謂之乾坤，從六畫而言則為否泰，其實一也。」（同上）

我們先看一看彖傳所說的卦變：

「隨，剛來而下柔」。䷐，震下兌上。王船山在《周易內傳》解釋說：「卦以下爲方生之爻，故在下曰來。此卦自否變，上九之陽，來而居次，以處柔下。」

否，䷋

隨，䷐「自否變」，否卦的初爻爲陰爻，變到隨卦爲初爻陽爻，否卦的最上爻爲陽爻，變到隨的最上爻爲陰爻。但看變，看下卦的變，故說「剛來而下柔」，初爻陽爻來，處在兩陰爻之下，便是「剛來而下柔。」

「蠱，剛上而柔下」，王船山在《周易內傳》解釋說：「以卦變言，泰上之陰，來居於初。泰者上下交，爲治道之自開，而蠱則陰受陽交，而承陽以自養，治之成也，」

泰，䷊

蠱，䷑，「泰上之陰，來居於初」，泰卦的初爻陽爻，變爲蠱的初爻陰爻，泰卦的最上一爻陰爻，變爲蠱卦最上陽爻，所以是「剛上而柔下」。

「噬嗑，柔得中而上行，雖不當位，利用獄也。」王船山在《周易內傳》解釋說：「不當位，謂六五也，變否塞之道，柔自初而上行以得中，炤其妄而治以刑，合於義矣。」又解釋卦說「一陽入於三陰之中，而失其位，不與陰相合也，三陰欲連類，而爲一陽所間，不能合也。」䷔，二三五爻都爲陰爻，四爲陽爻，所以是「一陽入於三陰之中」。

卦的變，是「以其爻與位之有變易也」。同節中又說：「變者，象變也。象不成乎否，泰，即其變，非謂既泰既否而又變爲他卦也。」

在《周易本義》裡，有卦變圖，朱熹解釋說：「彖傳或以卦變爲說，今作圖以明之，蓋易中之一義，非畫卦作易之本指也。」朱熹不贊成彖傳的卦變，王船山在《周易內傳•發例》的這一節中（第十節）批評說：「乃朱子謂一卦而六十三卦皆可變，其說來自焦贛。贛之爲術，博衍蓍策，九、六變動而爲四千九十六之占辭，繁冗重複。」「焦贛所演者，夏、商日者之《易》也。論文、周、孔子之易，而以日者之術亂之，奚可哉。」

《周易本義》之卦變圖說，凡一陰一陽之卦各六，皆從復姤而來。凡二陰三陽之卦各十有五，皆自臨遯而來。凡三陰三陽之卦各二十，皆自泰否而來。凡四陰四陽之卦各十有五，皆自大壯觀而來。凡五陰五陽之卦各六，皆自夬剝而來。合起來，共一百二十四卦，每項重覆，如一陰一陽和五陰五陽便是重覆。

王船山在《周易內傳》卷六繫辭下第一章作有重卦圖。他說：「若以伏羲畫卦及筮者積次上生而成六爻者言之，則非內三畫而遽成乎八卦，而別起外三畫以層絫之。故傳言參三才而兩之，合二爻而爲一位。重者，一爻立而又重一爻也。故此於八卦言象，於重卦言爻，而屯、蒙以下之卦，皆性情功效之動幾，非象也，則非一象列，而又增三畫爲一象。今遵夫子參兩因重之義，爲重卦圖如右。」重卦圖以八卦的每一卦爲本，每一本有七重卦，共八卦，這樣八八成六十四卦。（卦圖見附錄）

「初、三、五，八卦之本位，二、四、上，其重也。所重之次，陽卦先陽，而陰自下變；陰卦先陰，而陽自下變，故交錯而成列。重卦次序，於義不必有取。坎重艮，離重兌，艮重坎，兌重離，皆陰陽偶合之條理，自然之變化，不可以意為推求。蓋象成而後義見，此方在經營成象之初，未嘗先立一義以命爻。易之所以以天治人，而非以人測天也。」（周易內傳 卷六 繫辭下 第一章）

王船山不採納舊說，「舊說以三畫之上復加三畫爲重」（同上），而以「合二（爻）而爲一位，重者，一爻立而又重一爻也」，例如因乾☰而重，同人䷌第二爻變了；小畜䷈，第四爻變了；䷪夬，第六爻變了；家人䷤，第二和第四爻變了；革䷰，第二和第六爻變了；需䷄，第四第六爻變了；既濟䷾第二第四第六爻都變了。其他七組重卦，都是這樣變。「初、三、五之本位，二、四、上，其重也。」

在一卦之中，有一爻爲主，「則卦各有主，或專主一爻行乎眾爻之中，則卦象、卦名、卦德及爻之所占，皆依所主之爻而立義。或貞悔兩體相應，或因卦變而剛柔互相往來，則即以相應，相往來者爲主。或卦象中，而中四象六升降異位，或初、上之爲功異道，則即以升降剛柔之用爻爲主。非在此一卦，而六爻皆有其一德也。一爻行乎衆爻之間，如履䷉唯六三爲柔履剛，……復卦䷗唯初九爲能復，大有䷍唯六五爲有乎大。姤、同人、豫、小畜之類，其義皆然。二爻相往來者，而以所往來者爲主，如損䷨之損四而益上，益䷩之損四而益初，則唯所損所益之兩爻爲主。……以相應不相應爲主者，中四爻之合離有得失之異，如中孚䷼之二五得中，相合而孚其類，以感三、四，故三、四，非能孚者，初、上則尤不與於孚者也。……舊說概云當某卦之世則皆有某卦之道，主輔不分，施受不別，遇履則皆履物，遇畜則皆畜彼，至於說不可伸，則旁立一義。……篇內疏其滯，會其通，非求異於先倫，庶弋獲於三聖耳。」（周易內傳發例 第十一節）

王船山解釋重卦的意義，不採納舊說以內外兩卦相重，而以《易傳》所說「兼三才而兩之」以「一爻立而又重一爻也。」這根爻，是卦的主，給卦一種意義和名稱。

三、卦圖

「本義繪邵子諸圖於卷首，不為之而釋盡去之，何也？曰：周流六虛，不可為典要；易之道，易之所以神也，不行而至也，陰陽不測者也。邵子方圓二圖，典要也，非周流也。……易自下生，而邵子之圖自上變。自下生者，立本以趣時者也；自上變者，趣時而忘本者也。……而挾古聖以抑三聖，曰伏羲之易，美其名以臨之，曰先天。伏羲何授？邵子何受？不能以告人也。先天者，黃冠祖烝之說也。」（周易內傳發例 第十三節）

「至宋之中葉，忽於杳不知歲年之後，無所授受，而有所謂先天之學者，或曰邵堯夫得之江休復之家，……或曰陳搏以授穆修，修以授李之才，之才以授堯夫。……嗚呼！使搏與堯夫有見於道，則何弗自立一說？即不盡合於天，猶可如揚雄之所為，奚必假伏羲之名於文字不傳之邃古哉？其經營砌列各方圓圖者，明與孔子『不可為典要』之語相背。」（周易內傳發例 第二節）

王船山很不贊成邵雍的先天圖說，易象仿天地的變化，天地的變化神妙不可測，邵雍的先天圖排列整齊，以爲「天地萬物生殺興廢，有一定之象數，莫能踰於大方至圓之理，充其說，則君可以不仁，臣可以不忠，父可以不盡教，子可以不盡養，端坐以俟禍福之至。嗚呼！」（同上）

清朝雍正初，鄗南魏荔彤撰《大易通論》，這部書收在《四庫全書》經部。魏荔彤在卷首《易經通論》裡說：「後之君子儒者，不於聖傳中求經，乃從宋賢諸說中求經，是驅策聖傳以俯就宋賢之說耳。願天下學者，以宋賢之說求經，豈若求經於傳爲確，不必以聖傳傅會宋賢之說也。蓋邵子之說，乃引傳以明其橫圖也，非以橫圖解天地定位一章聖傳也；朱子引橫圖以解此章，故邵子生卦之序與伏羲定卦之位必不能合。」

對於邵雍的先天易學，清朝考據家胡渭作《易圖明辨》加以駁斥，「按康節先天八卦，伊川不用，以爲聖人始畫八卦，每卦便是三畫，其復精通邵學者莫如漢上，而集傳釋兩儀四象八卦，亦不從康節，意可知矣。」（易圖明辨 卷六）

「嗟乎！仲尼沒而微言絕，七十子喪而大義乖，漢世崇尚黃老，至謂老子兩篇過於五經。子雲擬易，所以墮其元中也。魏晉諸人，皆以老易混稱，歷唐宋而未艾，伊川始闢異端，專宗十翼，易道昌明，如日月之中天矣。而希夷之徒，以象數自鳴，復從而亂之。蓋自孔子贊易之後二千年間，其不以老氏之易為聖人之易者，無幾，迨宋末元初，啓蒙之說盛行以至於今，則反謂周公孔子之易，非伏義之易，而老列希夷康節之易，乃眞伏義之易矣。晦盲否塞五百餘年，非屏絕先天諸圖，而專宗程氏，易不得而明也」。（同上）又說：「李剛主學易，曰：先天圖杜撰乾一兌二離三震四巽五坎六艮七坤八之數，毛河右闢之，是矣。」（同上）

上面所引清朝學者的話，他們都生在王船山以後，都沒有看到船山的著作，然都反對邵雍的先天圖，認爲他是老子道家的《易學》，這一點從考據方面和《易經》思想方面都可以證明的。

《易‧繫辭》說：「河出圖，洛出書，聖人則之。」（繫辭上第十一章）王船山根據這一點，主張八卦的卦圖由河圖而來，「而河圖者，聖人作《易》畫卦之所取則，孔子明言之矣。則八卦之奇偶配合，必即河圖之象，聖人會其通，盡其變，以紀天地之化理也，明矣。乃說河圖者但以配五行，而不以配八卦，不知曠數千年而無有思及此者，何也？……其以五行配河圖者，蓋即劉牧易雒書爲河圖之說所自出。易中並無五行之象與辭，五行特洪

範九疇中之一疇，且不足以盡雒書，而況於河圖」。（周易內傳發例 第六節）

王船山在《周易內傳》卷五第九章，解釋〈繫辭上〉第九章，詳細講述易卦則效河圖。但對於這一點，問題卻不簡單，第一，伏羲畫卦，是不是根據一個圖象？

「伏羲畫卦是否本於河圖，朱子亦未有確論。繫辭傳聖人則之一語，亦孔聖推論，未嘗專指畫卦。其玄，仰觀俯察，近取遠取，不盡指言河圖也。故河圖與八畫方位，祇可謂理相通，即是則之之義矣。夫神物，聖人所與，非義帝有聖德與神物，河圖雖出，亦不知其神也。」（魏荔彤大易通解卷首 易經總論）

胡渭在《易圖明辨書》裡，也反對，萬斯同在這書的序文裡說：「予嘗謂河圖洛書先天後天，羲文卦位，六十四卦方圓諸圖，乃邵子一家之言，以此爲邵子之易，則可。直以爲羲文之易，則大不可。乃朱子恪遵之，反若羲文作易，本此諸圖，不亦異乎。夫河圖見於顧命、繫辭、論語，古固有之，而後世亡之矣。今之自一至十之圖，本出陳希夷，古人未嘗語及，非真河圖也。載九履一之圖，今之所謂洛書者，見於漢張衡傳，乃緯書乾鑿度，乃太乙下行九宮圖，非洛書也。……天地定位一節，不過言八卦之相錯耳，何曾有東西南北之說，而欲以是爲先天卦位乎！此不特先天二字可去，即後天二字，亦必不可存。蓋卦位止一而無二，不得妄爲穿鑿也。」

王船山雖說八卦以河圖爲本，所注意的在於數，「聖人始因河圖之象而數其數，乃因其數之合而相得，以成三爻之位者著其象，故八卦畫而易之體立焉。」（周易內傳 卷五下 繫辭上傳 第九章）

但在這第九章末後加注說：「此章繇河圖以著卦象，繇大衍以詳筮法，而終歎其神，以見卦與筮之深義，而不但倚於數。今所釋經意，有全置舊說不采者，非敢好異先儒，以矜獨得，實以術數所言，濫及五行、律歷、支干、星命之說，殊爲不經，聖門之所不道，不可徇俗而亂真。君子之道簡而文，天人性道，大正而無邪。故曰：『潔淨精微，易教也。』乃一亂於京房，再亂於邵子，而道士丹竈，醫人運氣，日者生克之邪說，充塞蔽蠹，故不容不力辯也。」（周易內傳 卷五下 繫辭上傳 第九章）於此可見王船山對於易圖絕不拘泥古說，胡渭在《易圖明辨》卷一，說明天地之數，不得爲河圖，又論五行生成、非河圖並非大衍。「然而天地之數，終不得爲河圖者，則以大傳無明文，而五十有五，但可以生蓍而不可以畫卦也。毛公唯知數不得爲圖，而不知大衍之數與天地之數，不可混而爲一；唯知衍不得爲畫，而不知鄭注乃劉氏洪範五行之數，非伏羲大衍四營之數也。長夜始旦，明尚未融，此余之所以不能無辨也。」

王船山則以《繫辭傳》所說：「河出圖，洛出書，聖人則之」，為仿效河圖作卦，胡渭則以為「聖人則之」，並沒有明白說為畫卦，再者，所謂河圖，乃為偽作。這兩點，在《易》學者上，歷代學者各有意見，但就考據上說，今日之河圖洛書，大家認為偽造。

四、天地變化

易，為變；易的變，是天地的變化，天地的變化，《易傳》常稱為神秘莫測，易卦也不能代表天地的一切變化。王船山說：

「唯易不可為典要，故玩象、爻之辭者，亦不可執一以求之。有即爻之得失而象占在者，……有爻中之象占，有爻外之象占。……蓋讀書者一句而求一句之義，則句義必忒；況於易之為學，以求知天人之全體不用，於一爻而求一爻之義，則爻義必不可知。……通其變而不倦於玩，君子之所以行乎亹亹也。」（周易內傳發例 第十四節）

又說：

「易之難知者，三陰三陽相雜之卦，此所謂險阻也。……蓋陰陽相半，以遞相乘，乃天化之流行於物理人事者，不能皆如泰、否之秩然成章；而聖人觀其變與象以窮萬物之理，自非可以論易簡之道論險阻也。」（周易內傳發例 第十八節）

研究易學，便要「通其變而不倦於玩」。《易》有法有理：法，是筮占之法，理，是人事倫常之理，兩者不得偏廢，王船山說：

「以易為學者問道之書而略筮占之法，自王弼始。嗣是言易者不一家，雖各有所偏倚，而隨事以見得失之幾，要未大遠於易理。唯是專於言理，廢筮占之法於不講，聽其授受於筮人，則以筮玩占之道，不能得先聖人謀鬼謀、百姓與能之要。至朱子作啓蒙，始詳焉。乃朱子之法，一本之沙隨程氏，……而沙隨程氏以臆見為占法，則固未足信也。」（周易內傳發例 第二十一節）

王船山的占法，「唯本卦動爻之辭，且概取本卦一爻爲占，未必其筮皆一爻動而五爻不動，意古之占法，動爻雖不一，但因事令所取象、位之相當者，一爻以爲主而略其餘。」（同上）

「易為君子謀，不為小人謀，君子之謀於易，非欲知吉凶而已，所以知憂，知懼，而知所以擇執也。……元亨利貞，分言之則四德，合言之則二理。復禮為仁，禮者，仁之秩敘；信必近義，信者，義之始終。文王合四德而順言之，孔子分四德而合言之，義固兩存。不可謂孔子之言非文王之意也。」（周易內傳發例 第十六章）

占卦的人，想知道事情的吉凶；君子學《易》，在求倫理的得失，擇善以固執。文王周公的卦辭和爻辭，講吉凶，孔子的傳，則講君子應擇執的善，例如：「乾，元亨利貞」「文言曰：元者，善之長也；亨者，嘉之會也；利者，義之和也；貞者，事之幹也。君子體仁足以長人，嘉會足以合禮，利物足以和義，貞固足以幹事，君子行此四德者，故曰乾，元亨利貞。」（乾卦）王船山在《周易大象解》，詳細說明這種易理，「盡人而求合乎天德。」

（周易大象解　序）

漢朝易學者，專重占，創立許多象數說以擴充占術。王弼注《易》排除占術，祇重義理。宋朝理學家追隨王弼，朱熹則提出占術。王船山論易卦的變，有占以求知吉凶，有義理以明人事倫理；但以朱熹的占術不是古代筮法，他自己在《周易內傳》解釋〈繫辭上〉第九章時，說明占術，同時在大象解釋裡，詳細說明《周易》的人事倫理。《易經》的變，為天道的變，筮占由天道的變以知吉凶，君子由天道以知人事的道德。《易經》的變，「為一陰一陽所繼而成象者，君子無不可用之以為靜存動察，修已治人，撥亂反正之道。」（同上）這一點，為王船山《易》學的優點。

附錄一、重卦圖

周易內傳卷六　繫辭下第一章，重卦圖

因乾☰而重

䷀乾　䷌同人　䷈小畜　䷪夬

䷤家人　䷰革　䷄需　䷾既濟

因坤☷而重

䷁坤　䷆師　䷏豫　䷖剝

䷧解　䷃蒙　䷢晉　䷿未濟

因震☳而重

䷥睽　䷔噬嗑　䷨損　䷵歸妹

䷚頤　䷲震　䷒臨　䷗復

因巽☴而重

䷦蹇　䷯井　䷞咸　䷴漸

䷛大過　䷸巽　䷠遯　䷫姤

因坎☵而重

䷱鼎　䷷旅　䷑蠱　䷟恆

䷳艮　䷽小過　䷭升　䷎謙

因離☲而重

䷂屯　䷻節　䷐隨　䷩益

䷹兌　䷼中孚　䷘妄　䷉履

因艮☶而重

䷅訟　䷋否　䷺渙　䷮困

䷓觀　䷬萃　䷜坎　䷇比

因兌☱而重

䷣明夷　䷊泰　䷶豐　䷕賁

䷡大壯　䷙大畜　䷝離　䷍大有

附錄二、河圖，大衍

周易內傳卷五，繫辭上，第九章

繇河圖以成象，繇大衍以詳筮法

天一、地二，天三、地四，天五、地六，天七、地八，天九、地十。天數五，地數五，五位相得而各有合。天數二十有五，地數三十，凡天地之數五十有五。此所以成變化而行鬼神也。

「天一」至「地十」二十字，鄭氏本在第十章之首，本義定爲錯簡，序之於此。班固

《律歷志》及衛元嵩元包運蓍篇，皆在「天數五」之上。以文義求之，是也。此言八卦之畫肇於河圖，而下言蓍策之法出於大衍，體相因而用有殊，天地之變化用其全，而人之合天者有裁成之節也。

五十有五，河圖垂象之數也。陽曰天，陰曰地。奇數，陽也；偶數，陰也。天無心而成化，非有所吝留、有所豐予，斟酌而量用之，乃屈伸時行而變化見，則成乎象而因以得數，有如此者。陰陽之絪縕，時有聚散，故其象不一，而數之可數者以殊焉。以陰陽之本體而言之，一、二而已矣。專而直者，可命爲一；翕而闢者，可命爲二。陽盈而陰虛，陽一函三，而陰得其二。虛者清而得境全，濁者凝而得境約，此法象之昭然可見者也。「成變化而行鬼神」者，其用也，用則散矣。陽即散，而必專直以行乎陰之中，故陰散而爲四、六、八、十而陽恆彌縫其中虛，以爲三、五、七、九。一非少也，十非多也，聚之甚則一、二，散之甚則九、十也。「成變化而行鬼神」者，以不測而神，人固不能測也。故其聚而一、二，散而九、十者，非人智力之所及知，而陰陽之聚散實有之。一、二數之，而所包者厚，漸散以至於九、十，而氣亦殺矣。「成變化而行鬼神」者，天、地、雷、風、水、火、山、澤之用也。其或一以至或十，以時爲聚散而可見；其數之多寡，有不可得而見者焉；莫測其何以一而九、何以二而十也。

天垂象於河圖，人乃見其數之有五十有五：陽二十五而陰三十，各以類聚而分五位。聖人乃以知陰陽聚散之用，雖無心於斟酌，而分合之妙，必定於五位之類聚，不溢不缺以不亂；遂於其相得而有合者，以類相從，以幾相應，而知其爲天、地、雷、風、水、火、山、澤之象，則八卦之畫興焉。因七、五、一而畫乾，因六、十、二而畫坤。天道下施，爲五、爲七以行於地中；地道上行，爲十、爲六以交於天位。乾止於一，不至於極北；坤止於二，不至於極南：上下之分，所謂「天地定位」也。陽氣散布於上，至下而聚，所謂「其動也直」也；陰氣聚於上，方與陽交於中而極其散，所謂「其動也闢」也。因左八、三、十而畫坎，因右九、四、五而畫離。離位乎東，不至乎西；坎位乎西，不至於東：五與十相函以止，而不相踰，所謂「水火不相射」也。因一、三、二而畫爲兌，因二、四、一而畫爲艮。一、二互用，參三、四而成艮、兌，所謂「山澤通氣」也。山澤者，於天地之中最爲聚而見少者也。少者，少也，甫散而非其氣之周布者也。少者在內，雷、風、水、火之所保也。因九、六、八而畫爲震，因八、七、九而畫爲巽。八、九互用，參六、七而成震、巽，所謂「雷風相薄」也，馳逐於外也。雷風者，陰陽之氣，動極而欲散者也，故因其散而見多也。多者，老也，氣之不復聚而且散以無餘者也。老者居外，以周營於天地之間也。八卦畫而六十四卦皆繇此以配合焉。其陰陽之互相用以成象者，變化也。其一屈一伸，爲聚爲散，或見盈而或見絀者，鬼神也。此天地之所以行其大用而妙於不測也。

聖人始因河圖之象而數其數，乃因其數之合而相得，以成三爻之位者著其象，故八卦畫而易之體立焉。陰陽自相類聚者爲合，陰與陽應、陽與陰感爲相得。聖人比其合，通其相得，分之爲八卦，而五位五十有五之各著其用於屈伸推盪之中，天道備而人事存乎其間。然則河圖者，八卦之所自出，燦然眉列：易有明文，圖有顯象。乃自漢以後，皆以五位五十有五爲五行生成之序者，舍八卦而別言五行，既與易相叛離；其云「天一生水而地六成，地二生火而天七成，天三生木而地八成，地四生金而天九成，天五生土而地十成」，不知其多少相配之何所徵，一生一成之何所驗？圖無其理，易無其象，六經之所不及，聖人之所不語，說不知其所出，而蔓延於二千餘年者，人莫敢以爲非。夫天生地成，自然之理，乾知始而坤成物，易著其一定之義。今以火、金爲地生而天成，亂乾坤之德，逆倡隨之分，而不知火與金之生獨不繇天也。何道使然，雖欲不謂之邪說也可乎！

且五行之目，始見於《洪範》。洪範者，大法也；人事也，非天道也，故謂之疇。行，用也，謂民生所必用之資，水、火、木、金、土缺一而民用不行也。故尚書或又加穀，而爲六府。若以天化言，則金者砂也，礦也，皆土也，人汰之煉之而始成金，亦泥之可陶而爲瓦、石之可煆而爲灰類耳，土生之，人成之，何能與木、水、火、土相匹也？四時之氣，春木、夏火、冬水仿佛似之矣，秋氣爲金，亦不知其何說。若以肅殺之氣言金，則金爲刃，而殺者人也，與梃無別也，金氣何嘗殺而應秋乎？五行非天之行，於河圖奚取焉其「一六生水」云云，乃戰國技術之士私智穿鑿之所爲，而以加諸成變化、行鬼神之大用，其爲邪說，決矣。河圖著其象，聖人紀其數，八卦因其合，六十四卦窮其變，要以著一陰一陽之妙用，而天化物理人事之消長屈伸、順逆得失，皆有固然一定之則，所謂「卦之德方以知」也。而筮策之事，以人迓天之用，繇此而起矣。

大衍之數五十，其用四十有九。

自此以下，皆言筮策之數與其制數之理，蓋以人求合於天之道也。「衍」者，流行之謂。「大衍」者，盡天下之理事，皆其所流行而起用者也。天下之物與事莫非一陰一陽交錯所成，受乾坤六子之撰以爲形象，而以其德與位之宜不宜爲理事之得失。凡五十有五，成變化而行鬼神者，皆流行之大用也。然天地不與聖人同憂，故其用廣，而無踰量之疑。聖人能合天地以爲德，而不能全肖天地無擇之大用，是以其於筮也，於五位之中各虛其一，聽之不可測，而立五十以爲人用之全體。天道有餘，而人用不足，行法以俟命者，非可窮造化之藏也。

第五章 周易稗疏

《周易稗疏》爲周易的一冊小詞典，分四卷，衹四十九頁，可以說是一種技術性的作品，不代表王船山的易學思想；然而讀者若稍加注意，就可以看到稗疏的解釋裡，含有許多王船山對《周易》的主張。這些主張，雖說在《周易內傳》和《周易內傳發例》，都提出來，但沒有這樣清楚。因此，我單獨寫一篇文章，說明王船山的主張中最重要的一二點。

王船山對《易經》注釋，反對漢朝鄭玄等的注釋，反對邵雍的解釋，也不讚成朱熹和本義的注解。他接納王弼的易注，但不接受王弼的思想。他自己的注釋常根據《易經》的基本思想，以乾坤並建，陰陽互變爲原則，再以《周易》的象，而不用《漢易》的象去解釋。講到人事時，多用普通人事環境去注解，使人事一片自然。

一、以普通人事環境作解釋

在稗疏裡可以舉出：「西南得朋，東北喪朋」，不能以卦位去解釋，應該解釋爲「此據文王演易之地而言。岐周之西南乃隴蜀，接西番之地，崇山疊嶂，地氣博厚，故曰得朋；東北爲關東豫兗之野，平池而屬於海，地氣已薄，故曰喪朋，喪朋，則不怙其積厚之勢，而和衍以受天施，故曰：乃終有慶。」

「王用亨于西山。」王船山說：「本義又云文王郊祀于岐山，筮得此爻，尤爲曲說。當殷命未訖之日而郊祀，曹操劉裕之所不敢爲，而文王爲之乎？……謂西山爲岐山者，亦非也。文王治岐，岐山在其境內，不得云西。言西者，中國之山，唯西爲高，王，有天下者之通稱，謂九五；西山居至高之地，謂上六也。卦以陽隨陰爲義，上處天位之上，人無足以當之者，其唯鬼神乎？而上六體陰，山本地類，五以陽剛履中位，而曲意盡誠以隨上六，故其象如此。」

就上面兩例，王船山注釋卦爻辭，盡量避免牽強，以求合於人情，裨疏中類似的例還很多。但是他也很注意卦的本義，根據每卦的象，以陰陽變化去解釋。

二、以卦象去解釋

「盤桓，……」一陽在下，堅立以載群陰，上承九五，故有磐石，桓木安員建立之象。」這是屯卦的「象曰，雖盤桓，志行正也。」屯卦為䷂，所以說一陽載群陰而上承九五，乃有這象。王船山又說：「舊說以為躊躇不進之象，非也。」

「不速之客，……」速客之速當作『宿』，見儀禮，需卦本坎延乾進之象，何云不速之客？」需卦為䷄坎上乾下，易經說「上六，入于六，有不速之客三人來，散之終吉。」王船山說「世俗以醮客之晨，再請曰『速』，乃似驅使迫促之辭，不恭莫甚焉，蓋讀易不審而誤耳。」

「帝乙歸妹，舊說謂帝乙為紂父，而本義云帝乙歸妹之時亦筮得此爻，而後獲祉。」王船山駁棄舊說，以帝乙不是指紂王的父親。「其云歸妹者，乃陽下於陰之辭。二為帝，五為妹，陽反居中於內，陰反正位於外，男來就女之象。」歸妹卦為䷵，第二爻為陽，第五爻為陰，王船山解釋《易經》「六五，帝乙歸妹，」為第五爻和第二爻的關係。

「殷薦之上帝以配祖考。殷，舊釋為盛。乃連薦為文，不之作盛樂，而云盛薦，於文義不安。……殷，中也。郊以日至，乃冬氣之中。祖考之祭，亦在四仲之月，故曰段。……以配祖考，舊說以祖考配帝，亦非是。郊之配唯祖，而考不得與。且祖配帝，非帝配祖，當云配以祖考，薦之上帝，不應云『以配祖考』。蓋配之爲言合也，樂以象徵，所以象祖考之德，感其志氣而合漠，故曰『以配』。凡此類皆順文求之，斯得其解，不可屈文義以就己說，則無不可通矣。」

「順文求文」，爲一最適當又最科學的原則。

「七日來復。舊說自姤而來，歷遯，否，觀，剝，坤，至復爲七日。此以卦變徇卦氣而言之也。……復卦以自二以上，本純坤之體，唯初爻得陽。則來復者，自坤而言也。坤一變而即得復，故曰「不遠復」，不遠，則非歷七卦明矣。」復卦䷗，上爲坤，下爲震，坤變用六，由上六到初九是七變，故曰七日來復。日，爲日夜，代表晝夜繼續，有復的意思。

「蹇利西南，不利東北。先儒以臆度而爲之釋曰：西南平易，東北險阻，以實考之，域中之名山大川，其險皆在西南，山則崑崙，蔥嶺，峨嵋，點蒼，水則弱水，流沙，三峽，盤江，皆西南也。東北青兗，平衍千里，何得云兩南平易，東北險阻哉！」蹇卦䷦上卦爲坎，下卦爲艮。王船山認爲初六和六二，都是陰柔，濡滯不行，九三爲陽，爲險，象徵西南多山，這種濡滯可有利。若通過九三，上面爲陰，象徵平衍，若仍濡滯則不利。王船山說：「以卦義及事理推之，知舊說之非也。」「井，改邑不改井，無喪無得。」井卦䷯上爲坎，下為巽，「象曰：木上有水，君子以勞民勸相」，本義解釋卦辭，「井者，六出水之處，以巽木入乎坎水之下，而上出其水，故為井。」王船山注說：「井之為字，篆本作丼，其外四畫相交而成九區，田之畛域也。其中一點，穴地以達泉也。」

解釋井，為井田制，以居中之井永為標準。

「東鄰殺牛不如西鄰之禴祭。本義謂此乃文王與紂之事。按文王在殷，盡服事之忱，受鈇鉞之賜，不得與殷相伍而稱鄰。周公豈以掩文王之至德而亢言之？……足知本義之疏矣。」王船山以既濟卦䷾，所謂鄰為「九五之鄰，上六其東鄰，六四其西鄰。上六已濟而驕，六四求濟而慎，故五之福之，獨施於四。……禴祭為四時之正祭，雖不如蒸嘗之備物，而抑必用太牢，則禴未嘗無牛。獨言殺牛者，特牛之祭郊也。上六躋于至高之位，僭行郊禮，故神不享而福不降，禴祭以慎受福，亦非以儉而勝豐也。以禮文考之，以文王之德思之，則本義之不當從，明矣。」

這類的解釋，在《周易內傳》裡很多，稗疏祇舉出幾項最明顯的例子。王船山為解釋卦、彖、爻、象，常從通常的解釋法，不用漢朝易學者和朱熹的方法，這班人常執著緯書、五行、卦氣，象數的思想，把易卦的解釋弄得非常複雜，也非常勉強。

王船山的易學，還注意兩個問題：一個是卦的方位，一個是卦的數。他在《周易內傳》的繫辭和說卦裡，都詳細說明，在稗疏裡又簡要提出。

三、卦位

稗疏解釋繫辭上第九章，「天一地二，……所以成變化而行鬼神也，」根據河圖的形和數，述說八卦的畫作歷程。

王船山說：合一、五、七，成乾卦，因爲三數都是陽☰。合二、十、六，成坤卦，因爲三數都是陰☷。合三、十、八，成坎卦，因第一數爲陽在中，二和三爲陰，在上在下，成☵。合四、五、九成離，因爲四爲陰在中，五和九爲陽在上在下，成☲。合一、三、二，爲兌，因爲二爲陰在上，一和三爲陽在下，成☱。合二、四、一，爲艮☶。合九、六、八，爲震☳。合八、七、九，爲巽☴。「因其合之象而定其位，通其氣，相薄不相射，以成變化，而天地所以吉凶生死乎萬物者行焉。此聖人所以因河圖而畫八卦」，說卦傳曰「天地定位，山澤通氣，雷風相薄，水火不相射」。

王船山反對用五行去解釋五行，五行的學說起於漢朝，在周易的時代，沒有五行的思想。他又反對用天干地支去配卦爻，這些都是漢朝易學的卦氣說，道教鍊丹便是使用這種思想，他說：「自京房始承緯書邪說，而以五行混入八卦之中。……乖謬無倫，尤爲可哂。……凡此類皆同兒戲，徒亂聖經，京房背焦贛之師說以崇纖緯，邵康節陰用陳搏之小道而做丹經，……是釋經之大蠹，言道之荊棘也，不容不詳辯之」。

王船山所下的評語，非常嚴厲，可見他對漢易的卦氣方位，絕對排斥。他在《周易內傳》（繫辭上 第九章）詳細說明了說卦的定位、通氣、相薄、相射，最後他說：「河圖著其象，聖人紀其數，八卦因其合，六十四卦窮其變，要以著一陰一陽之妙用，而天化物理人事之消長屈伸，順逆得失，皆有固然一定之則，所謂卦之德方以知也。」

但是我在前面說過，據河圖畫卦，不能有歷史的記載，河圖的象也是在周易以後，當然五行和天干地支和周易原先根本沒有關係。王船山所批評的很對。所以他在稗疏說：「天一生水，地六成之」云云者，不知其出何人，亦不知其何所取義。」

四、卦數

（繫辭上 第九章）談大衍之數，「大衍之數五十，其用四十有九，……乾之策，二百一十有六，坤之策，百四十有四，凡三百有六十，當期之日。二篇之策，萬有一千五百二十，當萬物之數也。」

王船山在《周易內傳》（繫辭上 第九章），解釋說：「自此以下，皆言筮策之數與其制數之理，蓋以人求合於天之道也。」在稗疏說：「策數以二老起算，實則二少亦同。本義云：『少陽未極於盈，少陰未極於虛。』非也，少陰之過揲三十二，六之為一百九十二；少陽之過揲二十八，六之為一百六十八，合之亦三百六十。二篇之策，萬一千五百二十，二老之數既然，少陰之積，得六千一百四十四，少陽之積，得五千三百七十六，亦萬一千五百二十。蓋起於九、六、七、八、九、六合為十五；七、八亦合為十五，則從此乘之積之，無不合也。本義疏矣。」

在《周易內傳·繫辭上·第九章》的解釋稍為詳細，解釋中說：「此老陽老陰過揲之數也。易言九、六，不言七、八，故以二老紀數，過揲者所用也。……故六乘三十六、二十四，而數定焉。抑以二少積之，少陽過揲二十八，六乘之為百六十有八；少陰過揲三十二，六乘之為百九十有二，亦三百六十，『當期之日』，去其氣盛，補其朔虛，亦大略也。」

我在《中國哲學史》第一冊，講易經的數，以三和二作根基，三代表陽，二代表陰，每年十二月，陽的數為三十六，陰的數為二十四。三十六和二十四。六十四卦的爻代表一年的數目。六十四卦的陰陽各一半，各為一百九十二。陽的一九二爻，以三十六乘，得六千九百一十二。陰的一九二爻以二十四乘，得四千六百零八。把六千九百一十二加四千六百四十八，合得一萬一千五百二十。少陽過揲為二十八，少陰過揲為三十二。把二十八乘一九二爻，得五千三百七十六；把三十二乘一九二爻，得六千一百四十四，合計得一萬一千五百二十。老陽老陰和少陰少陰的策數，都彼此相等。易經本義的解釋，以奇偶爲類，相得相合，冉以五行參加變化。王船山評爲「本義疏矣」。

〈繫辭上〉第十一章：「是故易有太極，是生兩儀，兩儀生四象，四象生八卦」。本義解釋爲自然之理：「兩儀者，始爲一畫以分陰陽；四象者，以爲二畫以分太少；八卦者，以爲三畫而三才始備。此數言者，實聖人作易自然之次第，自不假絲毫智力而成者。」王船山解釋說：「四象者，通之象二，乾坤也；變之象二，陰陽六錯，震、坎、艮、一象也，巽、離兌一象也。故又曰『易有四象。』若以二畫之象爲四象，則易所本無，不得言有矣。」他又批評邵雍的解釋。「邵子執加一倍之小數，立一二畫之象，一純陽，純陰，一陽上陰下，一陰上陽下，謂之四象；更加一畫，而其數倍爲八卦；遂畫四畫之象十六，五畫之象三十二，無名無義，但以八生十六，十六生三十二，三十二生六十四，教童稚知相乘之法則可，而於天人之理數毫無所取。」

對於兩儀、四象、八卦，傳統講法，是以陰陽相變的次序而成，陰陽兩爻爲兩儀，兩爻上下變爲四象，三爻上下爲八卦。不可作四爻、五爻，因爲卦象徵天地人三才。六爻的爻，是重卦，即兩單純卦相結合而成，六爻上下變爲六十四卦。王船山解釋四象爲通象和變象，通象即單純的陰陽兩象，變象「陰陽六錯，震坎艮一象也，巽離兌一象也。」這兩種變象，震☳坎☵艮☶三卦爲兩陰一陽。巽☴離☲兌☱三卦爲兩陽一陰。王船山不承認有兩畫的四象，只承認有三畫的四象。他以聖人畫卦，祇有三畫代表天地人的卦，六畫的卦是三畫卦的重卦，這是順天地變化之理，不能以數學的變化去畫卦，數學的變化爲呆板的方式，天地的變化乃是神妙莫測。他的這種打破傳統的解釋，具有深刻的理由。他說：「要而言之，太極即兩儀，兩儀即四象，四象即八卦，猶人面即耳目口鼻，特於其上所生而固有者分言之，則爲兩，爲四，爲八耳。邵子之術，繁冗而實淺，固其不足從，以經常考自見。故讓易者以不用先天圖說爲正，以其雜用京房、魏伯陽、呂巖、陳搏之說也。」

第六章 張子正蒙注

王船山的哲學思想，受張載的影響很大；又以張載的《正蒙》一書，對船山的基本哲學深有影響。他寫了《正蒙注》，在序裡說：「正蒙特揭陰陽之固有，屈伸之必然，以立中道，而至當百順之大經，皆率此以成。……而張子言無非易，立天立地立人，反經研幾，精義存神，以綱維三才，貞生而安死；則往聖之傳，非張子其孰與歸。」

王船山解釋《正蒙》，爲「養蒙以聖功之正也，聖功久矣，大矣，而正之惟其始。蒙者，知之始也。孟子曰：『始條理者，智之事。』其始不正，未有能成章而達者也。」（同上）《正蒙》是教學的啓蒙書，好像四書的《大學》。但是後代以辭章取士，思想界又有老莊浮屠的邪說，故宋代爲教學啓蒙，乃由《易經》開始，周敦頤作《太極圖說》，二程加以發揮，「朱子以格物窮理爲始教，而檠括學者於顯道之中。」，後來學者流於訓詁，陳白沙流於疏放，「遂啓姚江王氏陽儒陰釋誣聖之邪說。」故張載立說以正，以效天地之正。船山以「張子之學，無非《易》也，即無非《詩》之志，《書》之事，《禮》之節，《樂》之和，《春秋》之大法也，《論孟》聖之要歸也。」（同上）他自認雖不能學到張子的正道，

但是志向不可不有，「雖力之未逮，養之未熟，見爲登天之難不可企及，而志於是則可至焉，不至於是未有能至者也。」（同上）

一、太和

《正蒙》的第一篇爲〈太和篇〉，王船山注說：「此篇首明道之所自出，物之所自生，性之所自受，而作聖之功，下學之事，必達於此，而後不爲異端所惑，蓋即《太極圖說》之旨，而發其所函之蘊也。」

周敦頤的「太極圖」，表繪宇宙萬物生化的歷程，採納《易經》和《漢易》的主張，以太極爲最高根源，太極生陰陽，陰陽生五行，五行生男女，男女生萬物，周敦頤沒有解釋太極的意義，祇說「無極而太極」，朱熹說無極是太極的解釋，陸象山則以無極在太極以上，反對周子的圖說。

張載雖採納「太極圖」的生化歷程，但避免用太極的名辭，改用太和。以太和爲太虛，爲氣之本體。氣之本體爲未分陰陽之氣，「太虛無形，氣之本體，」本體之氣沒有一定的形象，具有內動的性，「中涵浮沈、升降、動相感之性」，且本體非常活動，「不如野馬絪縕，不足謂之太和。」

王船山對於氣之本體，沒有接受張載的主張，不以太和或太虛爲不分陰陽之氣，而主張太虛爲陰陽未顯之氣，太虛之氣已經爲陰陽之氣，但還沒有顯明，還是隱藏；所以他祇用隱顯名詞。在注釋〈太和篇〉，沒有明白說出太虛的陰陽之氣，但已經用隱和顯。張載也說氣有隱顯，隱無形，顯有氣，「知虛空即氣，則有無、隱顯、神化、性命通一無二，顧聚散、出入、形不形，能推本所從來，則深於易者也。」王船山注釋這一段話說：「蓋陰陽者，氣之二體；動靜者，氣之二幾，體同而用異，則相感而動，動而成象則靜，動靜之幾，聚散、出入、形不形縱來也。」

太虛不能解爲無極，虛不是無，虛是氣，不能說虛生氣，否則爲老子所說有生於無，「不識所謂有無混一之常」，王船山注解這一段說：

> 「有無混一者，可見謂之有，不可見遂謂之無，其實動靜有時而陰陽常在，有無無異也。誤解太極圖說者，謂太極本未有陰陽，因動而始生陽，靜而始生陰，不知動靜所生之陰陽固有之縕，為寒暑、潤燥、男女之情質，其絪縕充滿在動靜之先。動靜者，即此陰陽之動靜，動則陰變於陽，靜則陽凝於陰。……本無二氣，由動靜而生，如老氏之說也。」

王船山主張陰陽不由動靜而生，陰陽本來就隱在太和中，太和就是陰陽的氣，因著動靜而顯。動靜所成的，是陰陽的用，用成物的情質。

張載繼續說「若謂萬物爲太虛中所見之物，則物與虛不相資……陷於浮屠以山河大地爲見病之說。」王船山注釋說：

「若謂太極本無陰陽，乃動靜所顯之影象，則性本清空，稟於太極，形有消長，生於變化，性中增形，形外有性。人不資氣而生而於氣外求理，則形為妄而性為真，陷於其（浮屠）邪說矣。」

王船山認爲若太極本沒有陰陽，祇是氣之本體，陰陽則是動靜所生；動靜所生的陰陽，則是外形，祇是影象，因此，物性稟於太極，便是虛空，陰陽成物形，物形因陰陽變化常有消長，陰陽在物性以外，物性以外陰陽有之形，氣和理相分離，理是真，氣是妄，那不是佛教所說萬物皆是虛空，祇有萬物的真性，即是佛性爲真嗎！王船山主張理在氣內，或理在器內，理氣不能相離。太極所以是陰陽之氣，陰陽進入物性以內，物性由陰陽而成，《易經》說「一陰一陽之謂道，繼之者善也，成之者性也。」（繫辭上 第五章）

太和本體是動，動而不顯，稱爲絪縕，張載說：「升降飛揚未嘗止息，易所謂『絪縕』，莊生所謂『生物以息相吹』『野馬』者與，此虛實、動靜之機，陰陽、剛柔之始。」王船山注說：

> 「虛者，太虛之量；實者，氣之充周也。升降飛揚而無閒隙，則有動者以流行，則有靜者以凝止。於是而靜者以陰為性，雖陽之靜亦陰也。動者以陽為性，雖陰之動亦陽也。陰陽分象而剛柔分形。……就象而言之，分陰分陽；就形而言之，分柔分剛；就性而言之，分仁分義；分言之則辨其異，合體之則會其通。」

張載明明說太極的絪縕，是陰陽剛柔之始。陰陽剛柔是太極或太和的絪縕而來，在這以前沒有陰陽，絪縕常動而生陰陽。王船山則以張載所說陰陽是氣的象，剛柔是氣的形，象形乃外面的顯露，並不是本體的化生，祇是「形象之所由生也。」

〈太和篇〉說：「一陰一陽，陰陽不測。」王船山注說：

> 「繫傳云『一陰一陽之謂道。』一一者，參伍相雜合而有辨也。卦或五陽

一陰，或五陰一陽，乃至純乾純坤，而陰陽並建以為易之蘊，亦一陰一陽也。則陰陽不以屈伸而息則明矣。」

王船山明明標出乾坤並建，陰陽同時存在，沒有不分陰陽的本體氣。太和爲氣，爲有陰陽之氣。太和的絪緼就是陰陽的動能。

〈太和篇〉又說：「氣本之虛則湛，無形，感而生則聚而有象。」王船山注說：

「湛，澂澂而靜正也，感而生，游氣交感而人資以生也。言太和絪緼為太虛，以有禮無形為性，可以資廣生大生而無所倚，道之本體也。二氣之動，交感而生，凝聚而成物我之象，雖即太和不容已之大用，而與本體之虛湛異矣。」

王船山以太和本體爲虛，無形，然而有體。太和本體的性，有絪緼之能，因陰陽交感而動，動是必然之動，是本性之動，爲太和不容已之大用。必然之動是自動，不倚賴別的力和因，「可以資廣生大生而無所倚。」

宇宙萬物的根源為太和，太和為氣的本體，氣的本體已是陰陽之氣，祇是陰陽的分別隱而不顯。氣的本體無形，虛為太虛，然有常動，稱為絪縕。絪縕以交感而顯陰陽之象，凝聚成形，廣生萬物。

二、氣

張載主張氣成萬物，理在氣內；朱熹則主張理和氣以成物，理和氣相分。王船山接受張載的主張。

在可狀篇下，張載說：「太虛者，氣之體。」

王船山注說：

「太虛之為體，氣也。氣未成象，人見其虛，充周無間者皆氣也。」

氣的本體為太虛，也就是太和。本體的氣，沒有成象，人不可見，稱為虛，然而不是虛無，而是實有，充滿一切，變化成物。

張載說：「氣有陰陽」。王船山注說：

「此動靜之先，陰陽之本體也。」

陰陽不由動靜而生，陰陽乃是氣的本體。動靜是陰陽的動靜，陰陽在動靜之先。由動靜而成象，有象，陰陽乃顯明。

張載在（神化篇）也說：「氣有陰陽」。王船山注說：

「陰陽之實，情才各異，故其致用，功效亦殊。若其以動靜、屈伸、聚散分陰陽為言者，又此陰陽二氣之合而因時以效動，……非氣本無陰陽，因動靜屈伸聚散而始有也。故直言氣有陰陽，以明太虛之中雖無形之可執，而溫肅、生殺、清濁之體性俱有於一氣之中，同為固有之實也。」

王船山乾坤並建，陰陽並有，是一貫的思想。氣的本體是陰陽，在太虛中無形不顯。

〈可狀篇下〉，張載說：「凡可狀，皆有也；凡有，皆象也；凡象，皆氣也，氣之性本虛而神。」

王船山注說：

「實有其體，故可狀。天地之間所有者，形質雖殊而各肖其所生，皆天之所垂象者也。使之各成其象者，皆氣所聚也，故有陰有陽，有柔有剛，而聲色、臭味、性情、功效之象著焉。

性，謂其自然之良能，未聚則虛，虛而能有，故神。虛則入萬象之中而不礙，神則生萬變之質而不窮。」

張載繼續說：「則神與性乃氣所固有。」

王船山注說：

「自其變化不測則謂之神；自其化之各成而有其條理，以定志趣而效功能者則謂之性，氣既神矣，神成理而成乎性矣，則氣之所至，神必行焉，性必凝焉，故物莫不含神而具性，人得其秀而最靈者爾。」

大陸講王船山思想的學人，常以王船山爲唯物論者，以船山主張唯物之氣。在這裡王船山明明接納張載所說氣固有神和性，萬物因著氣而都是有神和性。神，不能由唯物去解釋。張載對「神」字的意義，有下列各項：「天之不測謂神，神而有常謂天。」（天道篇），「神，天德；化，天道；德其體，道其用，一於氣而已。」（神化篇）「神無方，易無體，大且一而已爾。」（同上）「氣有陰陽，推行有漸爲化，合一不測爲神。」（神化）王船山注解上面張載的話，以神爲氣的神，氣絪緼化生萬物而不可測，故是神。他說：

「氣，其所有之實也。其絪緼而含健順之性，以升降屈伸，條理必信者，神也。神之所為聚而成象成形以生萬變者，化也。故神，氣之神；化，氣之化也。」（神化篇註）

張載又說：

「氣、清則通，昏則壅，清極則神。」（太和）

「太虛為清，清則無礙，無礙故神，反清為濁，濁則礙，礙則形。」（太和）

「氣之性，本虛而神。」（乾稱篇下）

上面所引的幾條文據，明白顯出張載對氣的主張，他主張氣的本體爲虛，無形，清而神，所以是形而上。朱熹反對這種主張，以氣常有形，爲形而下，理則是形而上。王船山採納張載的主張，他注「氣之性，本虛而神」說：

「性，謂其自然之良能，未聚則虛，虛而能有，故神。虛則入萬象之中而不礙，神則生萬變之質而不窮。」氣之本性爲虛，虛爲無形，無形則不能爲純物質。朱熹講氣，分清濁，清爲神，濁爲礙；然而清濁之分，不是單一的分法，而是程度的分，濁漸爲清，或又好說清漸凝聚爲濁。中國哲學對於精神和物質之分，就不是單一的分，而是程度之分。儒家常以心爲清爲虛爲靈，心靈所以不是物質。

氣的本體是一，本性也是一，張載所以看重一，他說：

「一物兩體，氣也，一故神，兩故化，此天之所以參也。」（參兩）

「神，天德；化，天道；德其體，道其用，一於氣而已。」（神化）

「不能為一，非盡性也。」（乾稱篇下）

「二端，故有感；本一，故能合。」（同上）

「惟屈伸動靜終始之能一也。」（同上）

「陰陽之氣，散則萬殊，人莫知其一也。」（同上）

氣的本性是一，氣的用則有陰陽，以體用合一，故說氣有兩體，「一物兩體，氣也。」王船山注說：「絪縕太和，合於一氣，而陰陽之體，具於中矣。」氣有陰陽，乃有變化，起變化，乃生萬物。王船山注「兩故化」說：「自太和一氣而推之，陰陽之化自此而分，陰中有陽，陽中有陰，原本於太極之一。」張載說：「語其推行，故曰道；語其不測，故曰神；語其生生，故曰易；其實一物，指事異名爾。」（乾稱篇下）

一和通，是莊子思想中的重要概念，莊子以氣成萬物，氣爲一氣，故萬物在本質上彼此相通。儒家因《易經》講陰陽，少講「一」。王船山更講乾坤並建，陰陽並立；大陸學人便大肆宣揚王船山講矛盾對立。究其實，《易經》講陰陽，常講陰陽的調協，孔子乃講《中庸》。王船山講《易經》，也特別注意陰陽的調協。在注《正蒙》時，更明白採納張載論「一」的思想。陰陽不能對立，因爲陰中常有陽，陽中常有陰。張載在〈乾稱篇〉下說：「以萬物本一，故一能合異，以其能合異，故謂之感；若非有異，則無合。」王船山在注釋裡說：

「天下之物，皆天命所流行，太和所屈伸之化，既有形而又各成其陰陽剛柔之體，故一而異。惟其本一，故能合，惟其異，故必須相成而有合。」

陰陽本爲一氣，具有陰陽的兩種德能，陰陽德能因動而顯，所成的物乃不同。陰陽不是互相矛盾對立，而是「必須相成而有合。」陰陽要相合才能成物。因此，王船山和張載都主張陽中有陰，陰中有陽，天下沒有祇有陽之物，也沒有祇有陰的物。

氣有陰陽，氣又有清濁。朱熹特別講清濁，清濁的關係且較比陰陽還更重要；因爲他講「理一而分殊。」理的殊，來自氣的清濁。張載也講清濁：「太虛爲清，清則無礙，無礙故神。反清爲濁，濁則礙，礙故形。」（太和）王船山注釋說：

「氣之未聚於太虛，希微而不可見，故清；清則有形有象者皆可入於中，而抑可入於形象之中。不行而至，神也。反者，屈伸聚散相對之謂氣，聚於太虛之中則重而濁，物不能入，不能入物，物礙於一而不相通，形之凝滯然也。」

氣不凝聚爲清，凝聚爲濁。氣清無形，通於萬物；濁則有形，不能相通。清氣便是精神性，濁氣乃是物質性。朱熹也是這種思想。

三、人

《易經》講宇宙，常講天地人，天代表天象，地代表地的特性，人則代表萬物；中國哲學以人具有萬物之理，萬物各得理的一部份，人則得理之全，即得全部的理。中國哲學便祇講人，不講萬物；有時也講，祇是附帶性地講。

王船山在上面所引的一段注釋《正蒙・太和篇》「太虛爲清」的話以後，繼續說：

「其在於人，太虛者，心涵神也；濁而礙者，耳目口體之各成其形也，礙而不能相通，故嗜欲止於其所便利，而人已不栢為謀；官骸不相易，而目不取聲，耳不取色；物我不相知，則利其所利，私其所私；聰明不相及，則執其所見，疑其所罔。聖人知氣之聚散無恆而神通於一，故存神以盡性，復健順之本體，同於太虛，知週萬物而仁覆天下矣。」

從這一段話裡，可以知道王船山講人哲學的大綱。人由氣而成，清氣成人心，濁氣成人身體。身體爲物質，礙而不通，身體的變化爲嗜欲，嗜欲止於所向的便利，便利爲一己的私利。心淸爲神，神則相通，心神通於萬物，則爲仁覆天下。

張載在〈太和篇〉說：「由太虛，有天之名；由氣化，有道之名；合虛與氣，有性之名；合性與知覺，有心之名。」

王船山對這段話的注解頗長，但很重要。

「名者，言道者分析而名；言之各有所指，故一理而多為之名，其實一也。太虛即氣，絪緼之本體，陰陽合於太和，雖其實氣也，而未可名之為氣；其升降飛揚，莫之為而為萬物之資始者，於此言之則謂之天。氣化者，氣之化也，陰陽具於太虛絪縕之中，其一陰一陽，或動或靜，相與摩盪，乘其時位以著其功能，五行萬物之融結流止，飛潛動植各自成其條理而不妄，……於此言之，則謂之道。此二句兼人物言之，下言性心，則專言人矣。……秉太虛和氣健順相涵之實，而合五行之秀以成乎人之秉彝，此人之所以有性也。原於天而順乎道，凝於形氣，而五常百行之理無不可知，無不可能，於此言之則謂之性。人之有性，函之於心而感物以通，象著而數陳，名立而義起，習其故而心喻之，形也，神也，物也，三相遇而知覺乃發。故由性生知，以知知性，交涵於聚而有閒之中統於一心，由此言之則謂之心。順而言之，則惟天有道，以道成性，性發知道；逆而推之，則以心盡性，以性合道，以道事天。……聖學所以天人合一，而非異端之所可溷也。」

天，代表自然之道使萬物能夠開始化生。氣化生萬物而有條不亂，稱爲道。人具五行之秀，所秉賦的氣健順相涵的理，乃是人性。人性具有人心，人心感於物而通於知覺，含有性和知。關於這幾點：性、心、知、情、才，我再加以解釋。

關於性，張載在〈誠明篇〉說：「天所命者，通極於性。」「天性在人，正猶水性之在冰，凝釋雖異，爲物一也。」王船山注釋說：

「未生，則此理氣在太虛為天之體性，已生，則此理氣聚於形中為人之性，死則此理氣仍返於太虛，形有凝釋，氣不損益，理亦不雜，此所謂通極於道也。」

王船山以人性之理是太虛的理，因爲他和張載都主張理在氣中，太虛之氣爲天之體性，即太虛自然的理，太虛之氣凝聚成人性，含有人之理。氣凝聚時含有五行，人性便含有五行。《中庸》說：「天命之謂性。」王船山就主張太虛的自然天理，凝聚成人性，太虛氣的凝聚便是天命。王船山在《四書訓義》卷二，解釋《中庸》的「天命之謂性」說：

「『命』，猶令也。『性』，即理也。天以陰陽五行化生萬物，氣以成形，而理亦賦焉，猶命令也。於是人物之生，因各得其所賦之理，以為健順五常之德，所謂性也。」

王船山以太虛之氣凝聚而成形，成形是按理而成；太虛之氣凝聚成形，是自然運行，這種自然運行，可以稱爲天命，王船山又以氣的流行，常繼續不停，氣凝聚成物以後，在物體以內，氣仍運行；因此他在讀《四書大全說》卷一和卷十提出「命日降而性日生」的主張。

「愚於周易尚書傳義中，說生初有天命，而後日日皆有天命，天命之謂性，則亦日日成之為性，其說似與先儒意見不合。今讀《朱子》『無時而不發現於日用之間』一語，幸先得吾心之所然。」（讀四書大全說 卷一 頁七）

「愚嘗謂命日受，性日生，竊疑先儒之有異。今以孟子所言「平旦之氣」思之，乃幸此理之合符也。」（讀四書大全說 卷十 孟子 告子上）

其實王船山的這種主張是獨創的，孟子和朱子都沒有這種思想；但是他有所根據，根據《易經》所說「一陰一陽之謂道，繼之者善也，成之者性也。」又根據《中庸》第二十二章所說盡性；而且他的主張和中國傳統哲學所講「生命」相符合。

心，張載說「合性與知覺，有心之名」（太和篇）王船山註釋說：

「人之有性，函之於心而感物以通，象著而數陳，名立而義起，習其故而心喻之，形也，神也，物也，三相遇而知覺乃發。故由性生知，以知知性，交涵於聚，而有閒之中統於一心，由此言之則謂之心。」

心，常由知覺去看，性是心之理，心由理而知理。知覺之成，由心感於物，和心神相通，相通乃有知，張載在〈太和篇〉又說：「心所以萬殊者，感於外物爲不一也。」心爲神，爲靈，不是虛無，不是靜止，且涵有仁義之德。心動而有情，故又說：「心統性情。」（尚書引義　大禹謨）

四、人倫綱要

張載《正蒙》共九卷，中間有七篇特別講論人倫道德，提出儒家倫理的綱要。所提的綱要，有「誠」、「中正」、「仁」爲最重要。王船山接受了張載的思想，非常看重這三種善德，而且在讀《四書大全說》和《四書訓義》裡，屢次講說。

誠，張載在〈誠明篇〉說：「天人異用，不足以言誠。」「誠有是物，則有終有始。」王船山註釋說：

「理，天也；意欲，人也。理不行於意欲之中，意欲有時而踰乎理，天人異用也。」

「天道然也。生之必成之，四時序而百物成。」

誠，誠於天道。人在言行中，常按天理，即是誠。天道或天理在人性，率性便是誠。性無不誠，意欲則能蔽塞天理，故必須「誠之」。王船山在《讀四書大全說》卷三，《中庸》第六節說：

「『誠』，為仁義禮之樞，『誠之』為知仁勇之樞，而後分言『誠者天之道』、『誠之者人之道』，須知天之道，在人之天道，要皆敏政之人道爾。」

在《四書訓義》卷三，《中庸》二，注釋《中庸》第二十章說：

> 「此承上文誠身而言。『誠』者，臏實無妄之謂，天理之本然也。『誠』之者，未能眞實無妄，而欲其眞實無妄之謂，人事之當然也。」

誠，即順乎天理；常人有意欲之蔽，必須擇善固執以「誠之」。人性具有健順之理和五常之用，人能誠於人性，必能正心以修身。誠於人性，則知人性，張載在〈誠明篇〉說：「誠明所知，乃天德良知，非聞見小知而已。……『自明誠』，由窮理而盡性也；『自誠明』，由盡性而窮理也。」王船山在《四書訓義》卷四，《中庸》三，《中庸》第三十一章的訓義說：

> 「夫自其所執者而言則曰誠，自其能擇者而言則曰明。德之所以知行，道之所以明行，雖相因，而亦各有其實矣。……夫性則何如也？惟天實有此健順五常之理以命之人，故人得有虛靈不昧者而知此理焉。實有之而實知之，此性之固然者也，天道也。」

性之理在心以內，心實知之，故聖人明知天理，自然而誠，稱爲「誠者」。君子人，不能明知天理，勉力求知，又擇善固執，稱爲「誠之者」。

王船山在《四書訓義》卷四，對於《中庸》第二十四章和第二十五章的訓義說：

「至誠與天通理，又可即其合德於神明者而見之。夫至誠，自明誠者也。其誠，天之誠也；其明，即天之明也。人事之吉凶自天命之，而其司化者為神。唯神司吉凶之權，故人不及知，而神有其一定之理，乃至誠之知之，則神之不爽者，即至誠之不昧，至知蓋前知矣。」

「誠者有是實心則有是實理，有是理則是有物。故近吾身之形形色色，遠而萬物之生生化化，萬事之原原本本，皆誠以成之者也。唯其誠故能成，及其誠而無不成也。」

在西洋士林哲學的形上學講「有」，以「有」爲真美善；凡是「有」，必有自性的一切，因此本體是真；本性的一切，次序明顯，所以是美；本性的次序一切合理，所以是善，王船山以《中庸》所說的至誠是物本性的實全的理自己明顯，便含士林哲理的「有」的真美善，似乎相合。

中正，《正蒙》有〈中正篇〉。王船山注說：「此篇博引論語、孟子之言以著作聖之功，而終以教者善誘之道。其云中道者，即堯舜以來相傳之極致，大學所謂至善也。學者下學立心之始，即以此爲知此之要而求得焉，不可疑存神精義爲不可企及而自小其志量也。」

中正的思想來自《易經》。《易經》的卦以第二爻和第五爻爲中，以第二爻爲陰第五爻爲陽乃正；這樣的卦爲中正卦。卦的中正，表示陰陽的運行符合時位。符合時位，不過不及爲中。中的思想來自《書經》，《書經・洪範》的皇極，就講中道。孔子的中正爲《中庸》，作爲修身的大原則，在《中庸》書裡說：「中庸其至矣乎！民鮮能久矣。」王船山乃說中道，爲堯舜相傳之道，爲《大學》所講的至善。張載在〈中正篇〉說：「中正，然後貫天下之道」王船山注說：

「不倚之謂中，得其理而守之，不為物遷之謂正。中正，則奉天下之大本以臨事物，大經審而物不能外，天下之道貫於一矣。」

張載說：「蓋得正則得所止，得所止則可以弘而至於大。」

王船山注釋說：「所止者，至善也；事物所以然之實，成乎當然之則者也。以健順之大常爲五常之大經，擴之則萬事萬物皆效法焉，而至於大矣。」

張載又說：「極其大而後中可求，止其中而後大可有。」

王船山注釋說：

「大者，中之撰也；中者，大之實也。盡體天地萬物之化理，而後得大本以隨時而處中，得中道而不遷，則萬化皆由之以弘，而用無不備矣。」

張載把中、大、止互相關連。中，是人修身的止點，到了止點，人的精神貫通萬物乃成大。王船山解釋了三者中的關係。

王船山在《四書訓義》卷二，《中庸》第一章的訓義說：

「古之聖人，本其性之至善者而盡存養省察之功，為內治密藏之極致，乃以發為日用之所常為者，皆得夫大中至正之道，而無過不及，存之為誠，成之為知仁勇，發之為言行動，施之為禮樂刑政。於是功化之極，與天地合德，而民物受治焉。其內外合一之至德，名之曰中庸。」

「右第二章。此下十章，皆論中庸以釋首章之義。文雖不屬，而意實相承也。變『和』言『庸』者，游氏曰：『以性情言之，則曰中和，以德行言之，則曰中庸』是也。然中庸之『中』，實兼『中和』之義。」

至此王船山在《中庸》的訓義裡，非常重視《中庸》，稱爲至德，和他在《正蒙注釋》中所說中正爲《大學》的至善相同。因爲《中庸》「得夫大中至正之道」。他在《四書訓義》卷二，對《中庸》第九章，有訓義說：

「夫中庸之德，必智如舜，仁如顏子，而後能體中庸以盡君子之責，再無過不及之差。乃學者智未能如舜，仁未能如顏子，而欲自勉於知行，則必有奮發自強之力，以決擇於理欲公私之交而執行之，則在乎勇矣。……而苟成乎智仁勇之一德，遂足以體中庸乎？而尚未也。夫子嘗言之矣，曰，中庸之德，非智不知，非仁不守，非勇不能果於行。」

中庸和「仁」並重，中庸乃是「仁」的表現，也可以說是「仁」的規範。

仁，張載在講中正時，講到仁，在〈中正篇〉說：「中心安仁，無欲而好仁，無畏而惡不仁，天下一人而已，惟責己一身當然爾。」「徒好仁而不惡不仁，則習不察，行不著。」「以愛己之心愛人則善仁，所謂施諸己而不顧亦勿施於人者也。」這幾點沒有特別處，孔孟早已講過。但是張載講仁有他的特點，特點在于〈大心篇〉和〈乾稱篇上〉（西銘）兩篇裡。在這兩篇裡，張載發揚孟子的「親親，仁民，愛物」的思想，開啓了王陽明的一體之仁。宇宙生命爲一體，人的仁心也要和宇宙萬物相連。張載在〈大心篇〉說：「大其心，則能體天下之物；物有未體，則心爲有外，世人之心，止於聞見之狹；聖人盡性，不以見聞梏其心，其視天下，無一物非我，天大無外，故有外之心，不足以合天心。」在〈乾稱篇〉上（西銘）說：「乾稱父，坤稱母；予茲藐焉，乃混然中處。故天地之塞，吾其體；天地之帥，吾其性。民，吾同胞；物，吾與也。」

王船山在〈乾稱篇上〉作卷頭語，語中說：

「竊嘗沈潛體玩而見其立義之精。其曰『乾稱父，坤稱母』，初不曰『天吾父，坤吾母』也：從其大者而言之，則乾坤為父母，人物之胥生，生於天地之德也固然矣；從其切者而言之，則別無所謂乾，父即生我之乾，別無所謂坤，母即成我之坤，惟生我者其德統天以流形，故稱曰父，惟成我者其德順天而厚載，故稱之曰母。……盡敬以事父，則可以事天者在是；盡愛以事母，則可以事地者在是；守身以事親，則所以存心養性而事天者在是；……張子此篇，補周子天人相繼之理，以孝道盡窮神知化之致，使學者不舍閨庭之愛敬，而盡致中和以位天地，育萬物之大用，誠本理之至一者以立言，而闢佛、老之邪迷，挽人心之橫流，真孟子以後所未有也。」

王船山認爲張載的《西銘》，繼孟子的「親親，仁民，愛物」，發揮仁道，他說：「所以體地而仁民愛物者在是。」「由吾同胞之必友愛，交與之必信睦，則於民必仁，於物必愛之理，亦生心而不容已矣。」

王船山特別提出孝字，怕讀書的人以爲張子主張人爲天地所生「則人皆天地所生，而父母特其所禪之幾，則人可以不父其父而父天，不母其母而母地，與六經語孟之言相爲蹠盭，而與釋氏真如緣起之說雖異而同。」人應該「推仁孝而有兄弟之恩，夫婦之義，君臣之道，朋友之交，則所以體天地而仁民愛物者在是。」

孝以行仁，乃儒家的傳統思想；以天地萬物爲一體，也是儒家的傳統。王船山在〈乾稱篇上〉注釋結尾說：「此章切言君子修身立命存心養性之功，皆吾生所不容已之事，而即心以體之，則莫切於事親，故曰：『仁之實，事親是也。』事親之中，天德存焉，則精義以存誠，誠有不容自諉者。若其負父母之生我，即負天地之大德。學者誠服膺焉，非徒擴其量之弘，而日乾夕惕之心，常有父母以臨之，惟恐或蔽於私，以悖德而賊仁，則成身之功，不待警而自篤矣。程朱二子發明其體之至大，而未極其用之至切，蓋欲使學者自求之，而非可以論說窮其蘊也。」

張載這種思想，曾有人疑和墨子泛愛相似，程頤和朱熹乃加以解釋，從天地人物的理一而分殊去講。王船山接受程朱的思想說：「人之與天，理氣一也」。但是他強調天的理氣，由父母以成於我，「父母之生我，使我有形色以具天性者也。」因此他以事父母而事天，以孝行仁。

第七章 春秋思想

一、春秋家說

今天我們講中國歷史哲學，祇可以找到幾本書是講歷史哲學的：第一本是《春秋》，第二本是王船夫的《春秋之說》，《宋論》和《讀通鑑論》；其他如唐朝劉知幾的《史通》，清朝章學誠的《文史通義》，則是論歷史方法的書，但兩人的書中也含有歷史哲學的思想。

孔子作《春秋》，用紀述史事的方式，表達他的倫理歷史哲學的思想，將倫理原則應用在歷史史事上。在孔子以前，《書經》的歷史原則，爲天命史觀；《易經》的人事原則，爲氣運思想。孔子作《春秋》，接納了《書經》的天命史觀，但更加運用了《周禮》的倫理原則，建立了倫理史觀。王船山則承繼《春秋》的倫理史觀，加上了易經的氣運人事思想，建立倫理氣運的歷史哲學。

王船山爲研究《易經》，費了許多工夫，寫了五本研究《易經》的書；爲研究歷史，費的時間也不多，寫了《春秋三說》，《讀通鑑論》和《宋論》。

《春秋三說》：第一是《春秋家說》，第二是《春秋世論》，第三是《春秋稗疏》。《續春秋左氏傳博議》也可算在內。在這三本書裡，要以《春秋家說》和《世論》爲表達歷史哲學的書，《稗疏》爲考據性的著作，《博議》和《世論》性質相近，所論史事範圍不廣。

《春秋家說》有〈敘〉一篇，王船山敘述從父親王武夷學《春秋》大義，書中所講，認爲自己家中的傳述，「府君永逝，迄今三十有二載，夫之行年五十，悼手口之澤空存，念菌蟪之生無幾，恐將佚墜，敬加詮次，稍有引伸，尚多疏忘。」《四庫全書、總目、經部、春秋類》存有一短文，評論《春秋家說》：「以私情害大義，其他亦多詞勝於意，全如論體，非經說之正軌。」

王船山寫《春秋家說》和《春秋世論》，本來就不是解釋《春秋》，而是用《春秋》的大義和思想，評論歷史的史事。他書中所論的史事不僅是春秋時代的史事，中國後代的史事，他也舉出，予以評論。

1. 紀　年

王船山在《春秋家說》開端就說：

「春秋有大義，有微言。義也者，以治事也；言也者，以顯義也。非事無義，非義無顯。斯以文成數萬而無餘辭。若夫言可立義，而義非事有，而義非事有則，以意生言而附之以事，強天下以傳心，心亦終不可得而傳；蓋說春秋者之所附也。」

解說《春秋》的人，都以「大義」和「微言」，作爲目標，好似一個相框，把事裝進框子裡去。又把「大義」「微言」，強加解釋，使相框成了一個塑膠框子，可伸可縮，隨事而定。王船山反對這種說經法。他說明「義以治事，……非事無義。」他也曾主張：道和器不相分離，有器而後有道。舟車之道，要有舟車，才有舟車之道。例如今天有了汽車和飛機，才有駕駛汽車和飛機之道。評論史事，就史事而評論，用原則到實事上，就事論事，不能自己先立了原則把史事往原則上去測量。結果，王船山說：「嗚呼，爲此說者，強言立義，而強義附事，夫君子不如其已之也。」他立一例，「春秋書之元年，非有義也，事不足以載義，義亦不得而強附之。」《春秋》書元年，祇記事，這事沒有特別意義，說《春秋》的人，卻硬要加上一些微言大義。

桓公元年，王船山論及人君改元，宜建年號：

「然而天子為天下王，夷其編年無殊于諸侯，其猶未之備邪，夫年以紀時，時以綴事，事以立程，編年而建之號，豈徒文哉。黜陟之所課，出納之所要，要質之所劑，功罪之所積，刑名之所折，覆按之所稽，皆繫所矣……故編年以資用，莫如建號之宜簡而文也。不知者以為文，知其得失者以為質也。號建而前之千歲，後之千歲，日月之所繫，事之所起止，源流之因革，若髮就櫛，一彼一此不紛矣，若珠就貫，一上一下相承矣。」

（春秋家說 卷一 桓公）

編年建號，爲歷史的編年法，不在《春秋》微言大義以內，王船山提出自己的主張，以便於研究歷史者有條不紊。所以不能以數目去求人事之理，如漢易的氣數說，因著氣數說而有感應說。王船山說：

「理不紀數，數不足以該理；化以成象，象不足以知化。統其一原而聽其萬變，君子之道之所以異於異端也。數之不齊而有偶齊，象之無定而人可以私意定之。夫苟從其私意以徵於偶然，於是儒之疵者執為感應之說，以與釋氏之報應相亂，而君子之道隱。……說春秋者，惡桓宣之弒，曰：宜得夫水旱凶災之應。惡晉侯之殺世嫡，曰：宜得奚齊卓子駢首受刃之報。」（春秋家說 卷二 成公 末段）

王船山反對漢朝天人感應之說，又反對佛教的報應信仰。他認爲吉凶爲人事的遭遇，含有上天的賞罰。在《春秋家說》卷三，「昭公」裡說：

「故曰：天之示人，顯道惟彰，君子不謀吉而吉無不利，無己，抑凶而不咎，天祐之矣。」

2. 春秋的原意

《四庫全書總目》在《春秋家說》所寫的評語中，說「如此之類，皆以私情害大義；其他亦多詞勝於意，全如論體，非說經之正軌。」（春秋家說 卷一 首頁）評語中所舉的例：「如文姜之與於弒夫之謂不討，則不免於忘父，討之則不免於殺母。為莊公者惟有一死，而別立桓公之庶子，可以申文姜之誅。不知子固無殺母之理，即桓之庶子，亦豈有殺嫡母之理，視生母為母，而視嫡母為非理？此事俗至薄之見，可以引以斷經義乎！閔公之殺，夫之謂當歸獄於慶父，不當歸獄於哀姜。哀姜以母戕子，與文姜不同，不得以人爵壓天倫。此亦牽於俗情，以常人立論。」

王船山評論上面史事，在《春秋家說》卷一〈莊王〉一章內，詳為解說：在章的開端就說：

「處非常之變，行非常之事，不揆其本，欲正其末，與于與而已矣。藉令以唐中宗之為君，張柬之之為相，遽以廢武后而推之刃，尚得有人理哉！春秋書夫人孫于齊，聽其奔馬，聖人不得已之辭也。」

文姜殺君，奔走齊國，莊公爲子，不敢爲父討賊，賊乃是自己的母親。孔子在《春秋》裡也不加罪莊公，「不得已而聽其奔，章其去而若不返，春秋之爲莊公計者止此矣。」這是「聖人不得已之辭也。」假使要追究下去，「逸賊之罪，不子之誅，魯莊公以身蹈之而無可辭矣。」在這種情況下，魯莊公假使自求一死，魯人另立他的庶兄弟，庶兄弟以國法誅文姜，「春秋亦且不聽其奔矣。母弒其君，而已立其位，以成乎保姦逸賊之道，則弒拒者非姜父而實子同也。故莊公之義惟死焉耳。」這樣作法，王船山說是「不揆其本，欲正其來。」王船山在《春秋家說》裡多以辯明《春秋》的原意，指出說《春秋》者的誤解。如：卷一〈僖公章〉：

> 「仁非博愛之謂也。微言絕大義隱，以博愛言仁，而儒亂于墨。墨氏之仁，婦姑之仁也。于是宋銒惠施之徒，衒之而為止攻春秋之說，以狐媚愚氓而益其亂。說春秋者曰，凡書救者，未有不善之也，安得此墨之被辭而亟稱之哉。」

例如：卷二，〈文公章〉：

「求春秋之例，而以意例之，傳春秋者之失也。」

例如：卷二，〈文公章〉：

「善治春秋者，先大義，後微言。求諸大義而不得，於是求之微言，求之大義而得矣，抑舍而求之於微言，則大義蝕而黨人之邪說進，故大義已昭，信聖人焉足矣，黨人之言勿庸也。三傳者，皆習於黨人以蝕義者也。」

例如卷三，〈襄公章〉：

「春秋天下之公史，王道之大綱也，以事存人，而不以人存事。事繫於人，以事為刑賞，而使人因事。人繫於事，不以人為進退，而使事因人。人之臧否也微，事之治亂也大。故天下之公史，王道之大綱，不以人為進退。劉絢氏以不施殊詞于吳札，疑于貶札，非篤道矣。」

又例如同一章：

「故君子之治春秋，考同則知異，覩異則知同，同異之間，微顯以別，正天下之功罪，無出入之失，不苟求深以矜異而傷仁義，故子曰索隱行怪，後世有述焉，吾弗為之矣。」

又例如卷三，〈詔公章〉：

「奚以知貶毫毛之惡，揚纖芥之善，非春秋之通旨邪。貶毫毛之惡，為無惡者言也，既可無惡而猶有毫毛之慝，君子之所惜，故貶。揚纖芥之善，為無善者言也，不望其善而猶有纖芥之美，君子之所矜，故揚。齊桓帥諸侯之師以侵陳，貶毫毛也。楚子殺陳夏徵舒，揚纖芥也。」

又例如在同一章的另三段內：

「春秋以名準實，以利準名實，刑準名實，而兔不得逸，雉不徒陷。春秋所以撥詩之亂而反之正也。聖人沒，大義隱，傳者矜明強斷，出賊而入良。……聖人作春秋，據名實定誅賞，詘曲以伸直，實有者不故出，實無者不故入。」

王船山遵循孔子寫《春秋》的精神，評論史事；歷代講論《春秋》大義和書法的人，常以私意曲解孔子的思想，王船山乃屢次加以辯正，標出《春秋》的原本思想，以凸顯孔子傳繼先王的倫理之道。他在《春秋家說》最末的一節說：

「獲者，不善之辭也。公羊氏云：西狩獲麟，孔子曰吾道窮矣。子曰：鳳鳥不至，河不出圖，吾已矣夫！非惟仲尼之已也，堯舜文王百王之道已也。……故夫聖人道窮之歎，難獨謂一聖人之道也，先之前古之法，後之萬年之人，而無有不窮也。道不窮，聖人不置，故前乎獲麟。而聖人猶憂天下，猶欲有為焉。故春秋修王道，立盡人以俟天。君子之學乎春秋，學是焉耳矣。」

王船山慨歎王道窮於戰國，幸而孔子作了《春秋》，傳承了先王之道，讀《春秋》的人，應從這方面去研究，以讀《春秋》而識先王之道。

二、春秋世論

春秋之世，有周朝天子，有七國諸侯，三代的傳統王道已經衰微，霸道逐漸興張。孔子稟承王道的傳統，書寫春秋的史事。王船山相信孔子對於春秋之世的紛亂原則可以應用於後世，他在《春秋世論》的序文裡說：

「王道之基，得其意者通之也；邪説之害，棄其利者遠之也；兵略之詭，從其正者常之也；地無異形，國無兩異，故曰不知春秋之義者，守經事而不知宜，遭事變而不知權，知其義，酌其理，綱之以天道，即之以人心，揣其所以失，達其所以異，正之以人禽之辨，防之以君臣之制，策之以補救之宜，世論者，非直一世之論也。……即今日以印合乎春秋之世而不疑。」

春秋之世，周王和諸侯的關係，由稱霸的諸侯所領導。

「春秋之始，王跡息，乘其乏而首亂者，鄭宋魯也。」（卷二 僖公）

「孟子曰：霸必有大國。故齊之霸，肇於襄；晉之霸，始於獻。齊得紀而始大，桓資以興；晉得虞虢而始大，文資以起；食乎近，以搖動乎遠，肘腋無憂而甲賦倍，霸勢成矣。」（卷二 僖公）

孟子的話，就現實政治上說，不讚美霸者的勢力，也不議誚吞併小國。「故晉文之事，《春秋》有恕詞焉。擬諸湯文則德衰矣。」（同上）沒有霸的資產而想逞強，則必亂亡，例如鄭宋魯衛，乘機逞強，結果「君殪於外，弒尋於內，爭奪瓦解，以鄰於亡。」（卷二 僖公）

國家求強，要憑自己的實力，若倚仗他國，或仗一時的時勢，終必敗亡。

「自疆者無倚，能不倚者，去自疆不遠矣。為君之末，謀國之不臧，未有甚於倚人者也。起葦君，振孱國，卒無以疆之。則先奪其倚，倚之既奪，存

則無恃，忘則必恤而後」（卷二 僖公）

魯僖公常倚恃齊國，齊國喪，仍舊不知振作，「齊桓沒宋襄弱，天將奪魯所倚以新之，而魯倚人之情，靡靡淫淫，左右望而求所附焉，則廉恥裂而魯之爲魯末矣。」（卷二 僖公）「泰誓曰：天視自我民視，天聽自我民聽，二代之季，東遷之前，民之視聽猶與天爲用，與天爲用者，用夫理而已。……嗚呼！逮春秋之季，而民之視聽熒矣！視聽熒，無適求，則欲莫而不得。……故詩曰：天之方難，無然憲憲。憲憲以數說民之莫也無日矣。無王而不得不戴霸，天之難也。戴霸而不適所戴，民之憲憲也。」（卷三 宣公）在春秋群雄稱霸的時期，魯齊楚衛的民，都不知道究竟誰是正義的人君。「自是以降，熒於仕，則背公而各死甚黨，熒於學，則背道而各專其師，熒於性，而謂他人父謂他人母，奉盜賊以爲君矣。天之聰明僅留於一二君子之視聽，而民無與焉。爲君之者猶莫之保，則人道其喪矣夫。」（卷三 宣公）春秋的時候，社會制度壞了，禮規毀了，天道人道都不存了。天道人道既廢，人自己鬥智。王船山說：

「道愈降，智愈出，始用以為智者遂成乎道，於是而有非道之道，雖聖人起不能廢之矣。」（卷四 襄公）

用兵之術，春秋諸侯用險用詐，遂成一種兵法之道「兵不厭詐」，戰爭爭險據險。「自是而三代用兵之制，不能行於天下。亂人之智，孰爲開之，俾至此極也！意者，其亦天乎！《詩》曰：天實爲之，謂之何哉？言乎難道之道已成，而無能廢之也。」（同上）

「有道而恃有道者，安；不能有道而恃有道者，弱；無道而恃無道者，必於亡。無道而不恃無道者，僅以存。故恃人者不如恃己，恃己之韌雖無道而不亡，況有道乎。」（卷五 定公）

鄭國的存在，就是這種道理。先恃無道之楚以反晉，後來叛楚以鉗天下之口，鄭乃能自行所欲。歷百年而後滅於韓。

「當春秋之世，橫議遽興。橫議者，流俗之所執也。流俗之識，趨時所重以為從違；唯其從違以為毀譽，而人心蠱，大亂作矣。舍流俗之毀譽，而後可以稽亂原，定戎首。」（卷二 文公）

晉國的亂，由趙盾開始，由陽父完成，「撥其初終，邪正定矣。乃趙氏之旣興，晉人翕附以爲死黨，唯其好惡以爲定論。定論立於黨人，橫議淫於天下，雖游聖人之門以傳春秋者，且舍所學而從之。置盾於法外，委責於射姑，以任事獎處父，以漏言責襄公，成之爲得，退之爲失；將曹操賢而孔融姦，劉裕忠而長民賊，獎大逆以殄孤臣，不亦慘乎！」（同上）橫議爲害，顛倒是非，以成敗論是非。爲亂世的輿論，以非道變爲有道，賢者也不能免。

「春秋之末，齊魯司吳之合離，不可詰矣。三千乘之國相與合離，國以之安危，吏士以之生死，至於不可詰，是殆乎非人理之可求者也」。（卷五 哀公）

「國與國交，不按通常之理，鬥智而不是智，用巧而不是巧，當時魯不南啓，吳無北志，魯不西介，晉惡東交，介晉吳之會，俾吳得以下晉而長諸侯，且將以新垣衍之事秦者事吳，而不忌天下之咎，惟吳欲也。」（同上）

春秋開始以霸業開始，霸業還有政治上的道理，尊周王，會諸侯，社會少安。春秋末期，周王不存，列國相爭，造成戰國的局面，社會和政府都不守天道，也喪失人道，秦國乃以刑法統治天下。

三、歷史哲理

王船山解釋《春秋》，除《家說》和《世論》兩書以外，還有《春秋稗疏》，《續春秋左氏傳博議》。《春秋稗疏》注重考據，《左氏傳博議》則爲短篇論說，評述一項史事。我不作單篇介紹，在論歷史哲學時，對有關理論，將詳引爲資料。

王船山的歷史哲學思想，我講完他的史學重要著作後，將綜合研究，現在祇就從《春秋家說》，《春秋世論》，《續春秋左氏傳博議》三書中，所有歷史哲理原則，簡要加以述說。

王船山的歷史哲學，承繼《春秋》的思想，以天命史觀和倫理史觀爲主。在三書中，對史事的評論常按這種標準，不以成敗論事，而以倫理原則作判。但是王船山深究《易經》，又接納張載的哲學思想，以氣成萬物，氣按《易經》的變化之道而變，人事的歷史也要循氣運的原則而進行，因此，他乃創氣運史觀。氣運史觀可以說在漢朝已經開端，漢朝的「五德終始」和「天人感應」兩種思想就是氣運歷史觀。然而王船山反對這兩種學說，斥爲讖緯元流的邪說；他的氣運思想則以《易經》作根據。

甲、大勝不以力，大力不以爭，大爭不以遽，
故曰小不惡則亂大亂。

《易傳》說：「夫乾，其靜也專，其動也直，是以大生焉。夫坤，其靜也翕，其動也闢，是以廣生焉。廣大配天地，變通配四時，陰陽之義配日月：易簡之善配至德。」（繫辭上第六章）天地以陰陽而變易，化生萬物，化生萬物的功程，神妙莫測，《易經》稱爲「簡易」，配合至德。人世的大事，軍家的大勝，不是用力氣去爭，而是以精神的號召而起感化。感化不能一天就成，須漸漸以進。王船山舉例「齊桓公存三亡國皆不以遽，故《春秋》謹書其節目，樂其成也。……乃立僖而慶父必逸，遷刑衛而夷狄不敢再加之兵，則桓之力悍矣。如建千石之鐘于岑樓，而三尺之童莫能以莛扣也。故曰大力不爭，從容於落始之盟，繼遺輕車之使，徐侯其衣服之贈，翺翔版築之閒，視國賊之與狡夷如蚊蚋也。故曰大勝不以力。」（春秋家說 卷一 閔公）

乙、理有必順，勢有必均，偏有必傾，咎有必悔。

《易經》講天地之道，常以陰陽的特性，定時位的關係，重在順理，貴在中庸，故苟有偏，必有凶有失；苟有吝，必有悔。王船山根據這種原則，舉例說：「襄王不子，惟大位之是求，倚齊以制其君父，桓公歆于名之正，爭之成，而不恤理之逆，勢之欹也。故上激而惠王宰孔挾楚晉以蠱鄭，下濫而襄王經以不孝開內釁，以幾傾其國，桓公蓋未幾而悔矣。……然而《春秋》原誅鄭以伸桓，而不正首其正之責，何也？不以文王之道責桓公，聖人之刑書也。」（春秋家說 卷一 僖公）

丙、天下之勢，極則變，已變則因。

《易經》的天地變易之道，極則變，乾卦的上九爻，爲「亢龍有悔。」坤卦的上六爻，爲「龍戰于野，其血玄黃」，《周易正義》注「上九」說：「陽極於上，動必有悔。」注「上六」說：「陰盛之極，至於陽爭，兩敗俱傷。」《易經》的復卦，爲一個關鍵卦。卦辭說：「復亨，出入無疾，朋來無咎，反復其道，七日來復，利有攸往。」王船山《周易內傳》注「七日來復」說：「天之運行恆半隱半現，日過一度，周而復出於地，於此可想陰陽具足，屈伸於幽明，而非有無也。『七日』者，數極則反之大概。舊說謂自姤至復，於易卦，天數俱不合，今不復之。」所說舊說爲《周易正義》。又說：「天下之勢，極則變，已變則因，」（春秋世論 卷一 桓公）在卷四，他

王船山乃說：「天下之勢，循則極，極則反，極而無憂，反而不陂者，尟矣。」（卷四 襄公）王船山舉例：「春秋之始，齊宋魯鄭之用兵亟矣，齊桓反之，故北杏之後二十五年，而後爲陘之師，民懷其惠，諸侯倚其安矣。極而變之道也。齊之合諸侯也，十年兵爭之變爲信好，已定矣，晉文因之，故不假會盟即爲城濮之師，仍天下之后，奮用其氣已變則因之道也。」（春秋世論 卷一 桓公）但在春秋末期，晉國齊國則因勢極而反，「故晉不能不憂之亟，相循之久，極以敝而必憂。……先乎重邱之講而權，故後乎重邱之講而幸焉。爲邪說者，介其懼且幸之閒，與數世經營之局，陂以傾於不振。五霸之所以終，春秋之所以季，爭此一日焉耳。故曰天之所敗，不可支也。」（春秋世論 卷四 哀公）

丁、內賊亂國，夷狄必內侵

王船山說：「道在天子，四裔不爭；權在諸侯，爭之四裔；政在大夫，莫能與四裔爭矣。《易》曰：履霜堅冰至，霜，陰之微也；冰，陰之著也。履於此，至於彼，同聲相應，同氣相求，亦各從其類也。……曹操竊漢而匈奴鮮卑入居於河朔；林甫弄唐而奚胡起禍於幽并；敬瑭盜位而契丹南面於汴京；似道陷宋，而蒙古一統於九州。室多鼠者檐多蝠，陽精

耗者寒亟中之，一致之理也。」（春秋世論 卷四 哀公）王船山一定想說李自成滅明，漢清乃入關，但當時不能說。

戊、太上治時，其次先時，其次因時，最下亟違乎時，亟違乎時，忘之疾矣。

王船山說：「治時者，時然而弗然消息乎，己以匡時者也。先時者，時時然而導之，先時之所宗者也。因時者，時然而不得不然，從乎時以自免而亦免矣。亟違時者，時未爲得而我更加失焉，或託之美名以自文，適自捐也。」（春秋世論 卷五 昭公）

王船山舉魯國爲例，說明晉昭公既不能治時，又不能先時，也不能因時。時爲時勢，爲氣運的趨向。治時者，使時勢按照理則運行，相反的勢力自然消息。先時者，以自己的理想爲標準，使將變動的時勢趨向自己的理想。因時者，時勢已成，因著時勢而作計劃以求自保。違時者，反背已成的時勢，時勢的力量越來越大，反時勢的人必很快遭時勢所摧毀。

己、及時及位

「易之為道，周流六虛而不可為典要，無他，時與位而已矣。不及乎時不乎位。雖及之，猶不及也。過乎時過乎位，雖寡過焉，猶過也。君子安其位以求其志，乘其位以修其道，而德乃不窮，過不及之失，鮮矣。」（續春秋左氏傳博議 卷上 宋共姬待姆）

天地變易，不拘泥於一定形式，但求適合時和位。時間的時和空間的位，常不相同，追求適合時位，便是中庸。因此，古代所定禮規，在實踐上應和時位相宜；但有時或過或不及，祇要誠心守禮，過和不及都可以免過。王船山評論：「晏平仲執親之喪，而當時譏其以大夫而行士之禮；宋共姬待姆不至逮於火而死，左氏譏其以婦而行女之道。……罔極之悲，捐脰割肝之下，天地且將避其誠，而何用此曲繁分析之禮文爲邪！」（同上）

7、善不可以性域

「一陰一陽之謂道，道不可以善名也。成之者性也，善不可以性域也。善者天人之際也。故曰：繼之者善也。然則道大而善小乎，善大而性小乎，非性有不善，而性不足以載善也。」（續春秋左氏傳博議 卷下 莒庚輿以人試劍）莒庚輿鑄劍，必拿人去試劍的銳利，這等的惡事究竟原因在那裡？主張性惡的人，說是莒庚輿的惡來自性，不得不這樣做，但是莒庚輿若想做善事，還可不可以？王船山說：「善有體焉，有用焉；繼之者善之體，營而生用也。成之者性，用凝而成體也。善之體有四：仁義禮智也，繼天之元亨利貞，而以開人之用者也。善之用有三：智仁勇也，變合乎四德之幾而以生人之動也。」（同上）若用過於體，則情才不可約束而行惡。

以上七條，是王船山引用《易經》思想評論史事，顯示他的氣運歷史觀。這種思想，在《宋論》和《讀通鑑事》更有發展。

第八章　讀通鑑論

一、歷史的時代意義

王船山的著作，最爲世人所知道的，要算他的《讀通鑑論》，又在他的史論中最重要的著作。中國研究歷史的人，大概都讀了這部書和另一部《宋論》。從這兩部書裡，可以知道王船山的歷史哲學思想，也可以明瞭歷代史事在歷史中的意義。

《讀通鑑論》共三十一卷，九百一十二論，自秦始皇起，到五代末，以《資治通鑑》所載史事爲對象，加以評論。有時對司馬光的「臣光曰」和司馬光所引其他史家的論贊予以評析。全書是讀史的感言，不是一部系統的著作。

在全書的卷末，載有〈敘論〉四篇，表明他寫這部史論書的幾項原則，也是他對中國歷史的幾種觀念。

〈敘論四〉的第二論，釋〈資治通鑑論〉，王船山說明歷史的意義，歷史的意義本是「仰古以治今」，所以稱爲「資治」，但是歷史的事實有它的時代環境。

「夫治之所資，法之所著也。善於彼者；未必善於此也。……然則治之所資者，一心而已矣。以心馭政，則凡政皆可以宜民，莫匪治之資；而善取資者，變通以成乎可久。……得可資，失亦可資也；同可資，異亦可資也。故資之所資，惟在一心，而史特其鑑也。鑑者，能別人之妍媸，而整衣冠。尊瞻視者，可就正焉……故論鑑者，於其得也，而必推其所以得；於其失也，而必推其所以失。其得也，必思易其跡而何以亦得；其失也，必思就其偏而何以救失；乃可為治之資。」

歷史史事可以爲治之資，可以爲治之鑑，都在於一心，不能僅按客觀的事件去抄襲。讀史的人，要用心去體驗史事在當時的情形，爲何有得有失。以體驗所得，再參驗目前的情形，研究如何可得，如何不失。故曰「抑豈曰此所論者立一成之例，而終古不易也哉！」

因此，他反對鄒衍的五德終始說，「若鄒衍五德之說，尤妖妄而不經，君子闢之，斷斷如也。」（敍論一）五德終始在宇宙變化的原則裡，不合陰陽變化的流動不居的原則，又訂立一呆板的原則，千古一律，更不合人事的變遷。

他又反對邵雍的《皇極經世》所說的「元會運世」方式，以堯的時代爲最盛的時代，以後則逐漸下降，下降到底，則將隨一元而再升。他說：

「邵子分古今為道、德、功、力之四會，帝王何促而霸統何長，霸之後又將奚若耶？泥古過高而菲薄方今以蔑生人之性，其說行而刑名威力之術進矣。」（讀通鑑論 卷二十 魏徵淳澆之論）

他舉例說春秋時代的百姓，較比三代時候的百姓，並不在以下。南北朝時代，百姓固然不好，但經過唐朝「以太宗爲君，魏徵爲相，聊修仁義之文，而天下已帖然受治，施及四夷，解辮歸誠，不待堯舜湯武也，垂之十餘世而雖亂不亡，事半功倍，孰謂後世之天下難與言仁義哉。」（同上）

王船山主張歷史雖有循環，然而是進化的，不能把古代的制度強而行於後代。

「董仲舒請使列侯郡守歲貢士二人，賢者賞，所貢不肖者有罰，以是為三代鄉舉里選之遺法也，若無遺議焉，夫為政之患，聞古人之效而悦之，不察其精意，不揆其時會，姑欲試之，而不合，則為之法以制之，於是法亂弊滋，而古道終絕於世。」（讀通鑑論 卷三 漢武帝 封建貢士）

三代封建貢士之法不可行於郡縣之世，董仲舒強制以行，徒增政亂。封建制度在三代可行，在漢已不可行，漢武帝以主父偃的計劃而削弱列侯。

「高帝之大封同姓，成周之餘波也。武帝之眾建王侯而小之，唐宋之先聲也。一主父偃安能為哉！天假之，人習之，浸衰浸微以盡泯。治天下者，以天下之祿位公天下之賢者，何遽非先王之遺意乎？司馬氏懲曹魏之孤，欲反古而召五胡之亂，豈其智不如偃哉？不明於時故也。」（讀通鑑論 卷三 漢武帝 賈誼之策）

歷史有時代性，爲政要明白自己的時代，隋開皇十四年，詔給公卿以下職田，王船山評斷爲不可行，「意且謂三代之法，可行無弊者，而豈其然哉？」三代時代，幅員小，仕者不出於百里之外，卿大夫的子孫恆爲士，有世祿，守世田，乃能耕田務農。隋朝的時代，官無定分，職無常守，調動很多，給他們以田，他們交給下面胥隸去耕種。胥隸不單不耕，且在鄉里橫行，「閱數十年而農非其農，田非其田，徒取沃田而分裂之，不足以養士，而徒重困乎民也。故職田者，三代以下必不可行之法也」。（讀通鑑論 卷十九 隋文帝 職田之法）

但是歷史的時代性本身具有連續性，社會制度和政治設施，不能一切都是新造的，和前一時代無關，而是在以往的制度和設施上，按時代的需要予以改進，所以不是一切古法都要廢。王船山論唐德宗時代，陸敬輿修辭立誠以安唐室，因爲陸敬輿向德宗所上言，「合於往古之經，而於今允協，究極於中藏之密，而於事該徵，其於辭也，無閒然矣。……六經邈矣，卮言日進，欲以辭言誠，而匡主安民，撥亂反正，三代以下，一人而已矣。」（讀通鑑論 卷二十四 唐德宗陸敬輿修辭立誠）

對陸敬輿召募屯田戍卒，他曰：「就今日而必法堯舜也，即有娓娓長言爲委曲因時之論者，不可聽也，誠不容不易也。則三代之所仁，今日之所暴，三代之所利，今日之所害，必因時而取宜於國民，雖有抗古道以相難者，不足聽也。」（同上 召募屯田）

中國歷史以朝代爲綱紀，互相連貫，朝代的相連，代表歷史的相連。王船山對於「代」，以爲具有歷史相連的意義。他說：

> 「代者，相承而相易之謂，統相承，道相繼，創制顯庸相易，故湯武革命，統一天下，因其亂而損益之，謂之三代。」（讀通鑑論 卷二十八 五代不足稱代）

他反對五代稱「代」；「代」在中國歷史上有自己的意義，須能承繼道統和政治的一統。歷史的時間也稱爲「時代」，歷史的時間也該能夠「統相承，道相繼，創制顯庸相易。」後一時代對前一時代，「因其亂而損益之」，而不是死守舊日傳統，也不是驟造新制。歷史的興革，非常艱難。「故欲行商周之制，伸孝子之情，定天下之志，體先王之精神而無有弊，非窮理盡性以適時措之宜者，未易言也。」（讀通鑑論 卷二 漢文帝）

二、歷史為天理人道的歷史

我們當代的歷史哲學，分成理論和事實兩大派：理論派多講歷史的哲理，事實派則專講史事知識的評論。但是大家都要承認歷史是人類獨有的歷史，人類是一個，同有一個人性，歷史的根據應該是人性。

中國傳統哲學，稱人性對人生的原則，爲「人道」；又以人和天地合成一個宇宙，人爲宇宙的一部份，「人道」和「天道」「地道」相連，《易傳》說：「易之爲書也，廣大悉備，有天道焉，有人道焉，有地道焉。兼三才而兩之，故六。六者非他也，三才之道也。」（繫辭下 第十章）天地的道，就是宇宙的自然法則，人道效法天地之道，中國古人稱爲天理，天理或簡稱理，便是人的生活之道，也就是歷史的原則。王船山的歷史哲學遵守這種原則。

「吉凶之消長在天，動靜之得失在人。天者，人之所可待，而人者天之所必應也。物長而窮則必消，人靜而審則必動。……若文帝者，可與知時矣。可與知時，殆知乎天矣。知天者，知天之幾也。夫天有貞一之理焉，有相乘之幾焉。知天之理者，善動以化物；知天之幾者，居靜以不傷物，而物亦不能傷之。以理司化者，君子之德也。」（讀通鑑論 卷二 漢文帝之籌七國）

這裡所說的天，爲自然之天；天的表現則爲天理，即宇宙之氣的運行規則，氣運的思想爲王船山歷史哲學的基本點，因此他對於歷史很注意氣運的機和化。

「善言天者驗於人，未聞善言人者驗於天也。宜於事謂之理，順于物謂之化。理化，天也；事物，人也。無以知天，于事物知之爾。知事物者，心也；心者，性之靈，天之則也。」（讀通鑑論 卷七 漢和帝 有司因日

食）

王船山批評當時的朝廷儒者，妄推日食的原因，以爲當時兄弟諸王留居京師的不祥兆應。「當和帝時，宗支削，外戚張，此正所謂陰逼天位，……而顧責之天子僅有之兄弟。讀和帝之詔，有人之心者，不禁其潸然泣下矣。」（同上）

天理應用到人事上，稱爲義，義是宜，宜是適合人和時位。儒家的倫理常講仁義，仁爲人心的一切表現，義爲人生的規律；孟子曾經說：「仁，人心也；義，人路也。」王船山對於歷史的事實，常按義去評判，義就是實際上代表天理。

王船山評范增立楚王說：

「於是而知君臣之非獨以名為義也，天之所秩，性之所安，情之所順，非是則不能以終日。范增立楚之說，董公縞素之謀，不足與於興亡久矣。」（讀通鑑論 卷一 范增立楚王）

義不是人爲的規律，而是要以天理人性爲基礎，人爲則在於「情之所順」，適宜於人和時位。

「魯兩生責叔孫通興禮樂於死者未葬，傷者未起之時，非也。將以為休息生養而後興禮樂焉，則抑管子『衣食足而後禮義興』之邪說也。子曰：『自古民皆有死，民無信不立』。信者，禮之幹也；禮者，信之資也。有一日之生，立一日之國，唯此大禮之序，大樂之和，不容息而已。……故晏子曰：『唯禮可以已亂』。然則立國之始，所以順民之氣而勸之修養者，非禮樂何以哉？譬之樹然，生養休息者，枝葉之榮也；有序而和者，根本之潤也。」（讀通鑑論 卷二 漢高帝 魯兩生）

禮樂爲義的成文，又是義的培育。有禮樂的教育，人才能明禮知義。

「經天下而歸於一正，必同條而共貫，雜則雖矩範先王而迷其眞。惟同條而共貫，統天下而經之，則必乘時以精義，而大業以成。仲舒之對策曰：『不在六藝之科，孔子之術者，皆絕其道』，此非三代之法也，然而三代之精義存矣。」（讀通鑑論 卷三 漢武帝董仲舒專以六藝之科）

義不完全在於形式，形式可以不合於義，內容則含有義的精神，則是義的精氣存在。王船山說：「習其讀，粗知其義，雖甚小人，且以爲是夜氣之雨露，教亦深矣。」（同上）專以六藝教人，也可以爲善政。

王船山專究《易經》，且以《易》的哲理講歷史；但對漢朝京房的象數，則非常反對。因此他也批評京房考課的法，不合義理：

「蓋房之為術，以小智立一成之象數，天地之化，且受其割裂，聖人之教，且恣其削補。道無不圓也，而房無不方，大亂之道也，侮五行而椓二儀者也，鄭弘、周堪從而善之，元帝欲試行之。蓋其補綴排設之淫詞有以熒之爾。取天地人物，古今王霸，學術治功，斷其長，擢其短，令整齊瓜分如弈者之局，廚人之飣也，此愚所以聞邵子之言而疑也，而況房哉。」（讀通鑑論 卷四 漢元帝京房考課）

漢朝易學以象數解釋宇宙的變化，是以人的小智限制天理，不能施用於政治。邵雍曾以六十四卦的三百六十爻，解釋歷史的輪迴，明似乎佛教的小劫大劫，王船山說「聞邵子之言而疑也。」

「嗚呼！師道之難也，於蒙（卦）之象見之。人心之險，莫險於利祿之得失；惟以艮（卦）止之德，遏欲以靜正，不獲其身，不見其人，而後夏楚收威，行於胄子。身教立，誠心喻，德威著，塞蒙心之貪戾，而相沐以仁讓。故曰『蒙以養正，聖功也』。身之不正，何以養人哉。榮與佚區區抱一經以自潤，欲以動太子之誠信，俾忘勢讓善而宜人，詎可得乎？」（讀通鑑論　卷六　後漢光武帝　張佚桓榮不是稱師儒之選）

王船山從《易經》蒙卦以求師道，〈蒙卦象〉曰：「蒙，君子以果行育德」，爲師的人，理當自身有德，自身正才可以正人。如果沒有品德，就不可接受作人的教師。〈蒙卦象〉曰：『山下有險，險而止。』張佚桓榮都沒有作太子老師的品德，但他不單不止，反以受命爲少傅自炫於人，王船山嚴予指責。

「傳曰：『為人君而不知春秋之義，前有讒而不見，後有賊而不知。』春秋之義何義也？適庶明，長幼序，尊卑別，刑賞定，重農抑末，進賢遠姦，貴義賤利，端本清源，自治而物正之義也。知此，則讒賊不足以逞，而違此者之為讒賊，不待摘發而如觀火。舍是，乃求之告訐以知之，告讒告賊，而不知告者之為讒賊也。宜其迷惑失守，延讒賊於肘腋，而以自危亡也。」（讀通鑑論 卷二十 唐太宗罷上封事者）

上封事告訐的人，就像現在寫匿名信的人，名為告訐，實則常乘機陷害好人，將以唐太宗說：「朕開直言之路，以利國也。上封事者，訐人細事，當以讒人罪之。」王船山認為得於理。

「天下之變多端矣，而無不止於其數。狐，吾知其赤；烏，吾知其黑；虎，吾知其搏；……故程子之答邵堯夫曰：『吾知雷之從起處起也。』天地之變，可坐而定，況區區讒賊之情態乎。獻密言以效小忠者，即非讒賊，亦讒賊之所乘也，況乎不保其不為讒賊也，知此者，可以全恩，可以立義，可以得眾，可以已亂，夫是謂之大智。」（讀通鑑論 卷二十 唐德宗鄴侯入抱暉軍中）

這則評論和前一則同理，待人誠，靜以觀事，不宜取巧道理。王船山認爲在時局危險，事勢在反側不安的時際，要「明者持之以靜」，則可以使忠逆自然暴露。

王船山評論唐太宗命直書殺兄刃弟，不必掩飾，乃是以大惡以標示天下，導天下於不仁。

「史者，垂於來今以作則者也，導天下以不仁，而太宗之不仁，蔑以加矣！萬世之下，豈無君子哉？無厭然之心，惻隱羞惡，兩俱灰燼，功利殺奪橫行於人類，乃至求一掩惡飾僞之小人而不易得也，悲夫！」（讀通鑑論 卷二十 唐太宗 太宗命直書）

唐太宗殺兄殺弟，不合於天理，不宜直書以表示於心無愧，王船山說：「無所畏，無所掩，而後惡流於天下，延及後世，而心喪以無餘！」（同上）

唐朝從太宗開始，不管制宦官，寵任后妃，造成武后竊據天下，宦官權勢滔天。王船山說這是老子所說的以柔制剛。

「老氏曰：『天下之至柔，馳騁天下之至剛。』此女子小人滔天之惡，所挾以為藏身之固者也。」

唐之宦官，其勢十倍於漢宋。李輔國驅四十年御世之天下如逸豚而苙之。」（讀通鑑論卷二十六 唐武宗 仇士良等）

唐憲宗，敬宗，太子永，絳王悟，安王溶，陳王成美，都被宦官害死。唐文宗自知無法可救，自己鬱鬱飲酒，成疢而崩。王船山批評這些皇帝日間和朝臣謀去宦官，夜間則和宦官歡笑作樂，朝臣中誰不「緘口息機，聽其孤危而莫恤者也。」（同上）這是理所當然；「然而知之者鮮，能之者尤百不得一也，是以難也。」（同上）

五代時，徐溫大破錢鏐，知誥請乘勝東取蘇州。徐溫想戰爭使百姓受苦已久，應該息兵，使百姓暫得安息。王船山評論說：

「嗚呼！習氣之動也，得意則驕以益盈，失勢則激而妄逞。仰不見有天，俯不見有地，外不知有人，內不知有己。《易》曰『迷復，凶。』唯其迷，是以不復。有能復者，然後知其迷也。『十年不克』，『七日而反』，存乎一人一念而已哉。當乾坤流血之日，而溫有是言，以留東南千里之生命於二十餘年，雖一隅也，其所施及者廣矣！獨立以導天下於惻隱羞惡之中，勿憂其孤也，將有繼起而成之者，故行密之後，必有徐溫。此天地之心也，不可息焉者也。」（讀通鑑論 卷二十八 五代上 據長江之揚行密）

天地之心以生物爲心，愛惜百姓的生命，楊行密和徐溫能息兵安民，乃符合天地之心，可以稱爲仁道，合於天理。

三、歷史以民為本

天地之心，愛惜人民。人在宇宙中爲最貴，《禮記》書裡就說到。孔子因此講論政治，以政治爲正人心，教民爲善。孟子更明白指出國家以民爲本，所以「民爲貴，社稷次之，君爲輕」。王船山評論歷史常抱定這個原則，人君所爲，是求人民的福利。

「仁者，有生之類所必函也。生者，上天之仁所自榮也。故曰：『本立而道生』。仁動於天，厚植於心，以保其天性之親，於是仁民愛物之德，流行於天下；人道之生也，於是而傳世永久之福，垂及於百世；天道之生也，於吳越錢氏有足深取者。」（讀通鑑論 卷二十九 五代中 錢氏孝友傳家）

吳越錢鏐從盜賊起身，爭奪逞志，然能以忠孝傳家，他死後，「位方未定，而元瓘與兄弟同幄行喪，無所猜忌，……其於元璙也，相讓以誠，相對而泣，……故仁風扇而天性行。」因此「而延及宋世，受爵王廷，保世滋永，垂及於今，猶爲華族，子孫蕃衍，遍及江東，夫亦何道而致然哉？仁莫大於親親，非私之之謂也。平夷其心，視天下之生，皆與同條共貫，亦奚必我父兄子弟之必爲加厚哉？此固不可深求於物理，而但還驗其心之所存，與所必發者而已。」（同上）

存著這種仁心，才可以治國；但是能存仁心的君主，則史不多見，尤其在五代和南北朝大亂的時代。

「唐亡以後，不知始於何日，禁民造麴，官造賣之以收息。既自號帝王，而所行若此，陋無以加矣。又有甚者，禁民鑄鐵，官鑄農器，強市於民，則尤不仁之甚者也。雖然，尤未猶也。李嗣源天成三年，聽民造麴，而於秋收畝收五錢。又三年，聽民鑄農器，於夏秋稅二畝收農具三錢，自謂寬政，而不知其賊民之益甚也。」（讀通鑑論　卷二十九　五代中　聽民造麴）

耕田的農夫，不都知道造麴鑄鐵，卻要他們代造麴和鑄鐵的人輸稅，「哀此貧農，輟餐褫衣以博一器，而又為治人代稅，二者橫征，而後農民之苦日積而月深矣。」（同上）

「天子以天下為藏者也，知天下之皆其藏，則無待於盈餘而不憂其不足，……開創之主，既挾勝國之財為其私橐，愚昧之子孫，規規然曰：此吾之所世守也。以天子而僅有此，則天下皆非其天下。……漢唐之富，富以其無也；宋之貧，貧以其有也。國亡身戮，更留此以為後起敗忘之媒，哀哉！」（同上　崇韜滅蜀）

孟子曾經向梁惠王說：不要貪利，貪利則上下交貪利，國家就危險了。若有仁義，則

「未有仁而遺其親者也，未有義而後其君者也。」

評論西漢恢復肉刑，王船山評為不合時宜，不和於當時人民的教養。

「肉政之不可復，易知也。如必曰古先聖王之大法，以止天下之惡，未可泯也；則亦君果至仁，吏果至恕，井田復，封建定，學校興，禮三王而樂六代，然後復肉刑之辟未晏也。不然，徒取愚賤之小民，折割殘毁，以唯吾制是行，而曰古先聖王之大法也，則自欺以誣天下，憯孰甚焉。抑使教養道盡，禮樂復興，一如帝王之也，而肉刑猶未可復也。何也？民之仁也，期以百年必世，而猶必三代遺風未斬之日也。風未移，俗未易，犯者繁有，而毁支折體之人積焉，天之所不祐也。」（讀通鑑論　卷二　漢文帝　肉刑不可復）

王船山反對嚴刑竣法，民須加以教養，使不輕於犯法。不教而以嚴刑，犯法者必多，民受刑更苦，等於不教而殺。

「夫法之立也有限，而人之犯也無方，以有限之法，盡無方之慝，是誠有所不能該矣。……抑先王之將納民於軌物而弭其無方之姦頑者，尤自有教化以先之，愛養以成之而不專恃乎此。」（讀通鑑論 卷四 漢宣帝 緩刑不如定律）

律不能包括一切案件，於是律外有例，例外更有奏準之令，名目繁多。執行刑法的人，使人於彼此皆可坐法；雖漢宣帝下寬大的詔書，「卒無以勝一獄吏之姦，而脫無辜於阱。」（同上）

「墾田之不足為守令功，不待再思而知也。……張墾田而民愈不敢墾，欺天罔人，毒流原野而田終以蕪，國終以貧，此孝宣之世，竊循吏之名者，禍之所延，而貪君利之，糾以罰而害其弭乎。

若夫戶口之增，其為欺謾也尤甚。……讀延平之詔，知章和之世，守令之賊民以邀賞者多矣。張伯路之援棘矜而起，非一朝一夕之故也。」（讀通鑑論 卷七 後漢安帝 糾多張墾田）

地方守吏，謀向皇帝報功，奏報墾田多少，戶口增加多少，王船山說：「郡縣之天下，生齒止於其數，人非茂草灌木，蹶然而生」。戶口怎麼可以一朝一夕就增多了。戶口不增多，墾田的人工也不能驟增，又怎麼可以一朝一夕墾更多的田。延平的詔令乃糾正：「『郡縣欲獲豐穰之譽，多張墾田，競增戶口，不畏於天，不愧於人；自今以後，將糾其罪。』庶幾乎仁者之怒矣。」（同上）

「今之律，其大略皆隋裴政之所定也。政之澤遠矣。……政為隋定律，判死刑以二：曰絞曰斬，改鞭為杖，改杖為笞，非謀反不逆無族刑，垂至於今，所承用者，皆政之制也。」（讀通鑑論 卷十九 隋文帝 裴政定律）

刑罰為防惡，為懲惡；至於死刑，是不得已時才用。除惡用死刑，已經除了惡根，何必要用殘暴的死刑，炮烙、凌遲、磔、轘等等酷刑！「徒使罪人之子孫，或有能知仁孝者，無以自容於天地之間。一怒之伸，慘至於斯，無裨於風化，而祇令腥聞上徹於天，……隋一天下，蠲索虜鮮卑之虐，以啓唐二百餘年承平之運，非苟而已也。」（同上）

「聖人之大寶曰位，非仙承天以理民之謂，天下之民，非恃此而無以生，聖人之所甚貴者，民之生也，故曰大寶也。……民不可一日而無君，天佑下民，作之君，作之師，僞者愈於無，況崛起於厭亂之餘以乂安四海者哉！」（讀通鑑論　卷十九　隋煬帝　大業之亂）

在漢朝王莽末年，赤眉，尤來，銅馬作亂，殘殺人民。隋末，盜賊蜂起，不敢稱王，徒徒淫掠屠割，大業十二年，林士弘始稱帝於江南，後來有竇建德和李密，人民乃稍苟延喘息，「唐乃起而收之，人始知得主之爲安，而天下以漸而定矣。」（同上）

「易曰：『湯武革命，應乎天而順乎人。』聖人知天而盡人之理，詩書所載，有不可得而詳者，千世而下，亦無從而知其深矣。乃自後世觀之，承天之佑，受人之歸，一六字而定數百年之基者，必有適當其可之幾，蓋亦可以知天，可以知人焉。得天之時則不逆，應人以其時則志定。時者，聖人之所不能違也。唐之取天下，遲回以起，若不足以爭天下之先，而天時人事適與之應以底於成，高祖意念之深，誠不可及也。」（讀

通鑑論 卷二十 唐高祖 高祖不遽取天下）

唐高祖為隋煬帝的臣下，隋煬帝雖暴，他卻不願起兵得篡奪的罪名，乃鎮守關中，關中以外，隋朝的土地都被起兵滅隋所分佔，唐高祖仍舊不動，宇文化及殺煬帝，唐高祖乃「名正義順，蕩夷群雄，以拯百姓於凶危，而人得主以寧其婦子。……故解楊廣之虐政者，群盜也，而益之深熱；救群盜之殺掠者，唐也，而予以宴安。」（同上）能夠把人民從兵亂水火中救出，奠定三百年的基業。

「經國之遠圖，存乎通識。通識者，通乎事之所由始，弊之所生，害之所由去，利之所由成，可以廣恩，可以制宜，可以止姦，可以裕國，而咸無不允。於是乎而有獨斷。有通識而成其獨斷，一旦毅然行之，大駭乎流俗，而庸主具臣規目刖之損益者，則固莫測其所為，而見為重有損，如宋璟發太府粟及府縣粟十萬石糶之，斂民間惡錢送少府銷毀是已。」（讀通鑑論卷二十二 唐玄宗 發糶太府）

政府藏有數十萬名穀不糶，就要腐壞；人民卻忍飢不能有得飽，「散數十萬之粟於待食之人，不費之惠也。……惡錢公行於天下，姦民與國爭利。」（同上）收集惡錢，加以銷毀。以惡錢換數十萬石穀，又銷毀惡錢，私鑄錢的人知道朝廷有決心予以取締，「惡錢不行則國幣重，國幣重則鼓鑄日興，姦民不足逞，而利權歸一，行之十年，其利百倍十萬粟之資，賠償之而贏餘無算，又豈非富國之永圖乎。」（同上）

王船山批論政策，常以人民利益為基本。他承接《書經》天命的思想，皇帝受上天的任命，以保民養民。朝廷的政策，以便民為目標。「故曰：『財散則民聚』。散者，非但百姓之各有之也，抑使都邑之各有之也。『財聚則民散』，聚者，既不使之在民，又不使之給用，積之於一帑，而以有用者為無用也。……以有用為無用，人怨之府，天之所怒也，況有天下者乎！」（讀通鑑論 卷二十七 唐懿宗 宣宗攬天下）

《讀通鑑論》三十卷，九百一十二論，從哲理、政治、經濟、軍事、倫理、民族思想各方面評論從秦始皇到五代末的史事，表明他對歷史的見解。大陸已有專書研究《讀通鑑論》，如雲南人民出版社一九九一年出版宋小莊的《讀讀通鑑論》。我這篇文章，我祇就歷史哲學思想去研究，簡單地說明篇中的三個觀念：時代意義，天理人道，民為本。

第九章 宋論

王船山的《宋論》共十五卷，每一卷評論宋朝一位皇帝，第十五卷則評論度宗、恭宗、端宗、祥興帝。每卷有論文數篇，每篇評論一項史事，援引經史，氣概弘偉，目光遠大，標示他的歷史哲學思想。

一、天命史觀

讀《書經》的人，必定飽受「天命」觀念的衝擊。《書經》的每一篇幾乎都提出天命觀念，人君的執位，乃受上天之命；人君的行政，須遵守上天的誡命；人君的廢棄，也是上天的旨意。《書經》的天命，流行在孔子的《春秋》裡。王船山接受了這種思想，在他的《春秋家說》、《春秋世論》和《讀通鑑論》，都常用這種思想作歷史的根據；在他的《宋論》裡，更明顯地標出作為宋代政權的基礎，在第一篇開端就加以說明：

「宋興統一天下，民用寧，政用乂，文教用興，於是而益知天命矣。天曰難諶，匪徒人之不可狃，天無可狃之故常也。命曰不易，匪徒人之不易承也，天之因化，推移斟酌而曲成以制命，人無可代其工而相佑者特勤也。帝王之受命，其上以德，商周是已。其次以功，漢唐是已。……乃若宋，非監觀於下，見可授而授之者也。何也，趙氏起身什伍，兩世為裨將，……以德無積也如彼，而功之僅成也如此，……乃乘如狂之亂，卒控扶以起，弋獲大寶以保世滋大，而天下胥蒙其安。嗚呼，天之所以曲佑下民，於無可付託之中，而行其權於受命之後，天自諶也，非人所得而豫諶也。而天之命之也亦勞矣。」（宋論 卷一 太祖 第一節）

商周的湯王武王受天命爲王，先已有德；漢唐的高祖受天命爲王，先已有功。宋太祖受天命爲王，先無德無功，是當時時勢已可以臨御天下，天授以命，啓發他的愛民之心。太祖也能心生畏懼，朝乾夕惕，乃能得天之祐。

「兵不血刃而三方夷，刑不始試而悍將服，無舊學之甘盤而文教興，染掠殺之餘風而寬仁布，是豈所望於兵權乍擲守一長著之都點檢哉！啓之，牖之，鼓之，舞之，俾其耳目心思之牖，如披雲霧而見青霄者，孰為之邪，非殷勤佑啓於形聲之表者，日勤上帝之提撕而遽能然邪？佑之者天也，承其佑者人也。……夫宋祖受非常之命，而終以一統天下，底于大定，垂及百年，世稱盛治者，何也？惟其懼也。」（同上）

懼，常怕害民禍國，有違天意。這種心情，也是上天震動他的心；他能夠保留這種心，算是有德。「故承天之佑，戰戰慄慄持志於中而不自溢……而天可行其鄭重仁民之德以眷命之，其直爲天下之君也，抑必然矣。」（同上）

上天授命的根據，是爲仁民，宋太祖戰戰慄慄，「民懼以生慎，慎以生儉，儉以生慈，慈以生和，和以生文，而自唐光啓以來，百年囂陵噬搏之氣，寖衰寖微，以消釋于無形。」（同上）

太祖又勒石「鎮置殿中，使嗣君即位，入而跪讀。其戒有三：一保全柴氏子孫；二不殺士大夫；三不加農田之賦。」（宋論 卷一 太祖 第三節）王船山推崇宋太祖能求諸己以安天下，「宋有求己之道三焉，軼漢唐而幾於商周，傳世百年，歷五帝而天下以安，太祖之心爲之也。」（同上）自慶曆以後，皇帝漸失太祖的仁心，舍己求人，「而後太祖之德意漸以

泯。」（同上）

朝代的繼承，以立嫡子爲正，乃是中國傳統的皇位繼承法。這種傳承也是以天命爲基礎。王船山論仁宗首卷英宗於宮中，預備繼承帝位。王船山說：

「夫適長之不容變置，為百王之成憲，而賢不肖非所謀耳。無子而授之同產之弟與從子之長，古未有法，道無可執，則天既授我以選賢而建立之權，如之何不自化裁可，諉諸後以任臣僚之叛立邪。……然則心苟無私，變通在我，居天位之尊，承皇天之命，仰先祖之靈，奉名義之正，無志不可行，無謀不可定，何畏乎命異，何憂乎事變哉。」（宋論 卷四 仁宗 第五節）

仁宗不是嫡子，爲後宮季父之子，在宮中撫養，由漢后劉氏立爲太子，十二歲即位，在位四十一年。仁宗無子，養堂弟允讓的兒子爲子，即位爲英宗。王船山說這種傳承雖然沒有古法，但皇帝有天所授選賢的權，因此，這種傳承也就是天命。

宋朝滅亡，亡於蒙古，王船山不認爲乃是天意，而是宋朝末葉君庸臣奸，加以唐朝安史之亂，北方胡族已常作亂，宋朝沒有邊疆大吏以守土，祇知委屈求全。

「宋之亡，亡於屈而已。澶淵一屈矣，東京再屈矣，秦檜請和而三屈矣。至於此而屈至於無可屈，以哀鳴望瓦全，弗救於亡，而徒為萬世羞。」（宋論 卷十五 恭宗 第一節）

「漢唐之亡，皆自亡也。宋亡，則舉黃帝堯舜以來，道統相傳天下而亡之也。……嗚呼！天不可問誰為為之，而令至此極乎！……天地之氣，五百餘年而必復，周亡而天下一，宋興而割據絕，後有起者，監於斯以文國，庶有待乎。平其情，公其志，立其義，以奠其維，斯則繼軒轅大禹而允為天地之肖子也夫！」（同上 第二節）

用這一段話，王船山結束了《宋論》；在這一段話裡，他涵蓄了許多要說的話，因爲他那時是滿清的時代，和蒙古以外夷霸佔中國的情形一樣。他不承認外夷爲中國道統的繼承者，蒙古和滿清的帝王，不是軒轅大禹的承繼人，不稱爲天地的肖子，沒有能夠接獲上天的使命。但是蒙古和滿清已經穩定了中國，人民也相安，則上天也和宋朝開始時，認定已有的局勢，而授皇帝以治國的使命。他們的皇帝下詔書時也說：「奉天承運。」

二、氣運史觀

在上一段所引王船山結束《宋論》的話裡，有「天地之氣，五百餘年而必復。」王船山的哲學思想，以《易經》爲根據。《易經》雖不講氣運，然而講宇宙變易，循環不已。人事和宇宙相連，人事也有循環；歷史便有循環的原則，盛衰相繼續，分合相繼續。孟子曾明明說：「五百年必有王者興，其間必有名世者，由周而來，七百有餘歲矣，以其數則過矣，以其時考之則可矣。夫天未欲平治天下也？如欲平治天下，當今之世，捨我其誰哉！吾何爲不豫哉！（公孫丑下）又在全書結尾說：「由堯舜至於湯，五百有餘歲，若禹皐陶則見而知之，若湯則聞而知之。由湯至於文王，五百有餘歲，若伊尹萊朱，則見而知之，若文王則聞而知之。由文王至於孔子，五百有餘歲，若大公望散宜生，則見而知之，若孔子則聞而知之。由孔子而來至於今，百有餘歲，去聖人之世，若此其未遠也，近聖人之居，若此其甚也；然而無有乎爾！則亦無有乎爾！」（盡心下）

孟子的「五百年必有王者興」，必定不是他一個人的信念，也必定不是那時才出現的主張，應該是從古代傳下來的信念，但是我們在別的經書裡，卻沒有見到同樣的思想。戰國時鄒衍倡「五德終始」說，以五行之氣或相生或相剋，作朝代變換的氣運。王船山不接納鄒衍的五德終始說，然對於氣運的變化，則運用到歷史上。

氣的變化，似乎一種運動，有本身的規律。運動將發時，有發生之「機」，好比竹筍將出生時，地面的土發生裂痕。氣運發生以後，由漸而盛，盛而成勢，勢大不可擋，盛而後則衰，以至於銷息。

王船山最看重「機」，大的政治家有見機的能力，知道防亂於未然。他在《春秋世論》裡說：「太上治時，其次先時，其次因時，最下亟違乎時；亟違乎時，亡之疾矣。」所謂時，即氣運的表現。「太上治時」，是能按照治國的理想，使氣運的變化按照理想或生或不生；次一層，是看到將動的機，主動導引變動，不顯露痕跡。再次一層，是時機已經發生變動了，而且已成為勢，便順著時勢，力求避免亂動。最下一層，則是反抗時勢，必被時勢摧毀。

對於氣運的生滅，王船山在歷史上有他的看法，在《春秋世論》裡，他說：「天下之勢，極則變，已變則因。」在《宋論》第七卷說：

「極重之勢，其末必輕，輕則反之也易，此勢之必然者也。順必然之勢者

，理也。理之自然者，天也。君子順乎理而善因天，人固不可與天爭，久矣。」（宋論 卷七 哲宗 第一節）

王安石實行新政，勢力極大，「兩朝順命之老且引退而不能盡言，通國敢言之士，但一鳴而即逢貶竄，群小揣意指而進者，喧不可息也，此勢之極重者也。」（同上）但是安石變法沒有成功，新政都收了負面成果，於是極重之勢到了末梢，力量很輕，「則哲宗立，……三年之中，如秋葉之日向於凋，坐而待其隕矣。」（同上）但是當時呂申和司馬溫公等人不知順天，反而和安石的後流相對立。「天方授我，而我不知，力與天爭，而天且去之矣。……此之不察，乃曰天祚社稷，必無此慮。天非不祚宋也，謀國者失之於天，而欲強之於人，以居功樹德者為之也。」（同上）

「勢極於不可止，必大反而後有所定。故易曰傾否，先否後喜。否之已極，消之不得也。傾之而後喜，惜其傾而善保其終，則否不傾而已自傾。」（宋論 卷八 徽宗 第四節）

宋朝到了徽宗，已經是必亡的形勢，雖然「宇文虛中進罪己之言，吳敏孝綱定內禪之策，不可謂非消災之道也」（同上）然而都不足以救危亡，因「勢巳傾者不傾，而否亦不傾也。」（同上）

「扶危定傾有道，於其危而扶之，不可得而安也；於其傾而定之，不可得而正也。傾危者，事勢之委也，所以致傾危者，本也。循其所以危，反之而可以安，矯其所以傾，持之而可以正；故扶危定傾者，其道必出於此。雖然本之與末，有發端而漸啓者，有切近而相因者，則正本之圖，有疏有親，有緩有急，必審其時而善持之。」（宋論 卷九 欽宗 第一節）

靖康之亂，禍害的本，在於蔡京童貫，「則當日所用爲國除姦者，惟昌言京貫之爲禍本，以斥其黨類，則國本正，而可進群賢，以決扶危定傾之大計，唯此而可以爲知本矣。」但是當時謀國的人，沒有這種智慧，乃攻擊王安石變法爲亂之本，「所本者非本矣。」

「勢無所藉，幾無所乘，一念猝興，圖廣天下而期必為天子者，自古迄今

，未之或有。帝王之興也，無心干祿，而天命自歸，先儒言之詳矣，非虛加之也。」（宋論 卷十 高宗 第十二節）

秦檜有心篡位，沒有憑藉之勢，也沒有可乘之機，祇在培養自己的勢力，然天命不歸，則仍取滅亡。

「以勢震人者，其傾必速，震之而不震者，其守必堅。其閒必有非望之禍與之相乘，非望之福與之相就，非一幸而一不幸也，理之所必有，勢之所必至也。」（宋論 卷十 高宗 第十三節）

王船山引「乾谿夫差之於黃池，苻堅之於淝水，完顏之於瓜步，傾之速也有合符焉。其恃威以震人者，均故其速傾，均也。」（同上）因爲恃威以震人，常以大軍，軍多而士氣不堅，乃是浮動之氣。「氣者，一浮而無乎不動者也。合數十萬人而動其浮氣，則一夫蹶起，而九軍之情皆蕩，而況其不恤其內之已空而浮於外，授人以餘地，使無憚以生其心，有不可坐而待其斃者乎。」（同上）受震的人，軍少而志堅，氣靜而心專，以小制多，以一敵眾，

坐待來震者自傾，「姤之危也，始於嬴家，剝之孤也，終以得盧，守其大常以御其至變，貞勝者，勝之以貞而已。」（同上）

三、君子史觀

中國傳統的政治哲學，從《書經》開始，由孔子結成政綱標出「政者，正也」的原則；爲政的人，先正自己然後可以正人。正身的人，孔子稱之爲君子。君子在儒家的傳統裡，代表遵守倫理而修德的人。孔子說：「爲政以德，譬如北辰，居其所而眾星共之，」（為政）王船山的《宋論》，便以君子爲治國的標準人物，和君子相反的，爲小人，小人則是亂國亡國的原因。宋朝先期的政府，多由君子柄政，國家安泰；王安石以小人心理從事變法，又引用小人，開宋朝紛亂的端，宋朝後期，小人握權，更以朋黨之名，打擊君子，國家乃至滅亡。

君子的人格，孔子肯定爲「好義」：在行事和執政上，君子的人格，表現「誠」、「仁」、「寬」、「公」。王船山的《宋論》，幾乎每篇都提到君子，常以君子的人格和政治行動，評論歷史的事實，又有幾篇專講君子之道，評論一事或一人。

「紀曰：禮從其朔，朔者，事之始也，從之者不敢以後之嗜欲狎鬼神也。又曰：禮，時為大。時者，情之順也。大之者，不忍於嗜欲之已開而為鬼神棄之也。」（宋論 卷一 第十節）

王船山評論宋太祖爲祭祖，先撤古傳祭具，用當時的通常器皿，後又以爲不好，再復用古器，宋太祖都不離禮儀的大道，因爲都是出自誠心以求合於禮；誠敬乃禮儀的基本，「然其（太祖）易之之情，復之之心，則固誠有於中，憬然而容抑者存也。」（同上）

「將欲公而不私其子乎，則亦惟己之無私，而他非所謀也，將欲立長君託賢者，以保其國祚乎，則亦惟己之所知所授，而固不能為後之更授何人者謀也。」（宋論 卷一 宋太祖 第十四節）

君子祇求行爲以「公」爲標準，皇帝傳位可以不傳子而傳賢；宋太祖乃傳位於太宗，但不能先定第二傳和第三傳，以致他們後來自相戕而人倫滅。「以己意期人，雖公而私，觀之

不達，雖智而愚，乃以不保其子弟，不亦悲乎。」（同上）

「人之可信者，不貪不可居之名；言之可信者，不傳不可為之事。……君子以敦實行傳信史，正人心，原風俗者，誠而已矣。」（宋論 卷二 宋太宗 第五節）

陳兢九世同居，太宗賜粟。但是史書傳說陳兢一家，長幼七百口，沒有閒言爭吵，家中狗百隻，共食一牢，一隻狗不到，群狗不食。王船山評論這是作僞，「兢敢居之爲美，人且傳之爲異，史且載之爲真，率天下以僞，君子之所惡。夫亂德之言，非此言哉！」（同上）

「太宗謂秦王曰：人君當淡然無欲，勿使嗜好見於外，殆乎知道者之言也，……耳目口體於天下之物，相待而各有合，欲之所自興，亦天也，匪徒小人之所依，抑君子之所不能去也，然而相得者，期終得而止其合也。」（宋論 卷二 第七節）

《中庸》說，「喜怒哀樂之未發，謂之中，發而皆中節，謂之和。」人是有感情的，感情是欲，「抑君子之所不能去也。」君子爲人，在於欲動時能中節，知道有所止，「止其合」。

「咸平四年，詔賜九經於聚徒講誦之所與州縣學校等，此書院之始也。嗣是而孫明復胡安定起，師道立，學者興，以成乎周程張朱之盛」（宋論 第三卷 真宗 第一節）

書院的興起，廣播儒學的精神，培養君子人的氣節，韓侂冑卻以學在官府，京師有太學，郡邑有儒學，何用於茅草私人設學聚徒，「使支離之異學，雌黃之游士，熒天下之耳目，而蕩其心。」王船山責斥韓侂冑的政策，因禁止講學，就是小人怕君子。在廣大的國家裡，朝廷所設學校，不能盡收求學之人，官吏辦學，常有求名求位的惡習，「雖有修業之堂，釋菜之禮，而跡襲誠亡，名存實去，士且以先聖之宮牆，爲干祿之捷徑。」（同上）若能有君子或方外之士，教授弟子，「爲君子者又何愧焉，教行化美，不居可紀之功，造士成材，初無邀榮之志，身先作範，……其行聖王淑世之大用，得失相差，不已遠乎！」（同上）

「功名之際難言之已！蔑論小人也，為君子者……而於此有不能忘者焉，非其寵祿之謂也。出而思有為於當世，……退處於無能有為之地，則悁悁之情一動而不可按抑，於是而於友不純乎信，於居不純乎忠；於氣不純乎和，於品而不純乎正，皆功名之念為之也。故君子貴道德而賤功名，然後坦然以交於上下，而永保其貞，嗚呼，難言之也。」（宋論 卷四 仁宗 第十二節）

王船山評論宋朝兩大臣韓琦富弼兩人，對於兩人的晚年，不能信守友誼，評爲功名所誤。「夫韓公不以功名之志期富，其待之也厚矣，惜乎富之未喻也。」（同上）

「集思廣益，而功不必自己立，大臣之道也。而抑有不盡然者，非光大宅心而忠忱不渝者，其孰能知之。」（宋論 卷五 英宗 第一節）

王船山評論韓魏公在仁宗立皇嗣的事上，敢於見機立斷，「無樂取人善虛衷，不足以經庶務，無獨行其志之定識，不足以任大謀。」（同上）王船山認爲就是「文富諸君子，且不難推而置之局外」，韓琦乃能獨任職責，「其志之真，盟於夢昧；其道之正，積於平生；其情之定，忘乎生死；其力之大，發以精神，功何必不自己成，名何必不自己立。而初無居功立名之心，可揭日月以告之天下。易曰或從王事，知光大也，知光大者之獨行而無所恤，乃可以從王事，臣道之極也。」（同上）有這種不自私之心，乃能斷非常事。

「君子之道，有必不為無必為，小人之道，有必為無必不為，執之以察其所守，覩其所行，而君子小人之大辨，昭矣。」（宋論 卷六 神宗 第二節）

王船山評論王安石爲小人，因安石在開始時，尙自勉自束，有所不爲。但是後來變法，以爲是必爲，爲能有成，乃「無必不爲」，「於是大不韙之事，其夙昔之所不忍與其所不屑者，苟可以濟所爲，而無不用，於是而其獲疚於天人者，昭著而莫能揜，故王安石之允爲小人，無可辭也。」（同上）

「小人蠱君以害善類，所患無辭而為之名曰朋黨，以鉗網天下而有餘，漢唐以降，人亡邦瘁者，皆此之由也。而宋之季世，則尤有異焉，……而又

為之名曰偽學。」（宋論 卷十三 寧宗 第二節）

王船山評論宋末朋黨之興，源於蘇軾父子兄弟，因爲蘇氏父子標名立異，使君臣朝野，互相排擠。「引秦觀李薦無行之少年，爲之羽翼，雜浮屠黃冠近似之危言，爲之談助，左妖童，右遊妓，猖狂於花月之下，而測大易之言，掠論語之膚，以性命之影跡，沿道之偏端，文其耽酒嗜色佚遊宴樂之私，軒然曰此君子之直道而行者也。」（同上）蘇氏所標行儒學，服儒服，皆是僞的。「僞之名自此而生矣。」船山自己刻己苦身，甘願困居家鄉，對於蘇軾遭貶後的生活，因此大加責難。

「文信國之言曰：父母病知其不可起，無不下藥之理，悲哉！身履其時為其事，同其無成，而後知其言之切也。」（宋論 卷十五 恭宗 端宗 祥興帝 第一節）

父母病有希望可活時，不能也不敢亂下藥，到了病無法可治時，則凡可以有點希望的藥，即使有害，也盡力下藥，雖然自知生死有天命，但是兒子要自心以盡一切方法而得安。王船山說宋末遭蒙古兵侵奪，已到必定滅之的時候，做臣子的祇能以不可有效的方法救圖，或者守城與城共亡，或者奉君出走，不成，則死於荒原。宋末的朝臣卻不這樣做，卻向蒙古求降，「以堂堂十五葉中國之天子，匍伏丐尺土於他族，生不如死，存不如亡久矣，信國自處，以君子而以細人之道愛其君乎！且夫爲降附稱臣之說，其愚甚矣。……宋之亡，亡於屈而已，澶淵一屈矣，東京再屈矣，秦檜三屈矣，至於此而屈至無可屈，以哀鳴望瓦全，弗教於己，而徒爲萬世羞。」（同上）王船山寫這段文章時，一定想到他自己的所爲和處境，明朝被滿清入關而亡，明末臣子奉明朝皇子奔走，建朝稱張，明知不能有成，然決不向滿清稱臣。王船山在明朝桂王已被殺，明朝已完全滅亡以後，仍舊不向清朝臣服，竄流窮鄉，終身不受清朝徵召，實現君子忠君的大道。

王船山研究歷史的著作，在《宋論》以後，有《永曆實錄》，實際述說明末士大夫君子的盡忠報國，知其不可爲而爲，王船山作瞿式耜傳，桂林既被清兵所破，同人勸式耜逃避，式耜應曰：「殿下好去幸自愛，留守吾初命也，吾此心安者，死耳！逃死而以捲土爲之辭，他人同之，我固不能也。」

第十章　王船山形上學思想的系統

在所寫的中國哲學思想史清代篇，我系統地寫了王船山的哲學思想，共一八二頁，可以說是很詳細。原先我想複印下來，附在這本書後面，作爲附錄；但是因爲頁數太多，幾乎和這冊書的頁數一樣，作爲附錄便不適當。因此祇好再寫一篇短的文章，根據這本書所研究的材料，介紹王船山的思想。

一、太虛

王船山的哲學思想，以《易經》爲根據，然後接納張載的思想，加以發揮，成爲他的形上學。他在《張子正蒙注・序》說：

「周易者，天道之顯也，性之藏也，聖功之牖也，陰陽動靜，幽明屈伸，誠有之而神行焉，禮樂之精微存焉，鬼神之化裁出焉，仁義之大利興焉，治亂吉凶生死之數準焉。故夫子曰：彌綸天下之道以崇德而廣業者也。張子之學，無非易也。……自朱子慮學者之騖遠而忘邇，測微而遺顯，其教門人也，以易為占筮之書而不使之學，蓋亦矯枉之過；幾令伏義文王周公孔子繼天立極，扶正人心之大法，下同京房管輅郭璞賈耽壬遁奇禽之小技。而張子言無非易，立天，立法，立人，反經研幾，精義存神，以綱維三才，貞生而安死，則往聖之傳，非張子其孰與歸。」

《周易傳》的〈繫辭〉說：「易有太極，太極生兩儀，兩儀生四象，四象生八卦。」這是宇宙變化的歷程。但是《易傳》沒有解釋太極兩儀和四象。漢朝儒者，解釋太極爲太一，兩儀爲陽陰，以五行代替四象。宋周敦頤作太極圖說，以太極而無極，太極有動靜，動而生陽，靜而生陰。張載主張太極爲太和，太和爲氣的本體，不分陰陽。

王船山不接納太和的名詞，但以太和的氣，雖是氣的本體，已經分有陰陽，祇是陰而不顯，稱爲太虛，虛不是無，而是實體，稱爲太極。太極有動靜，動靜是陽陰的動靜，陽動陰靜，不是動而生陽，靜而生陰。王船山對於《易經》乃主張「乾坤並建」，《易經》的卦開始就有陽爻陰爻，六十四卦都由陽爻陰爻而構成。氣的本體就分陰陽，沒有不分陰陽的氣。氣的本體內有陰陽，所以沒有純陽不帶陰的氣，也沒有純陰不帶陽的氣，陽中有陰，陰中有陽；動中有靜，靜中有動。

張載在〈太和篇〉說：「太虛不能無氣，氣不能不聚而爲萬物，萬物不能散而爲太虛，循是出入，是皆不得已而然也。」王船山注說：「氣之聚散，物之死生，出而來，入而往，皆理勢之自然，不得已止者也。」氣的聚散即《易經》的宇宙變化，循環不已，變化生物，物化回歸元氣。元氣爲未成形之氣，稱爲太虛，太虛也就是太和，整個宇宙爲氣的運行，氣運行而化生萬物，繼續不停。成爲宇宙的生命洪流。氣成物形，理在氣內。氣常運而化生萬物，所以性便日生。性的生由於天以陰陽五行而運行，好似天的命令，因此說命曰降。

宇宙運行，神妙莫測。王船山接納張載的「神與性乃氣所固有」思想，以神爲天德，化爲天道，德爲體，道爲用，皆是氣所具有。宇宙萬物由氣而成，氣中有理，理爲健順五常之德。

陰陽五常運行而化生萬物，萬物的形成稱爲化生，形成的萬物稱爲生命。《易經》以生命貫通萬物，王船山在《周易內傳》說明「生者，所以舒天地之氣而不病於盈也。」（臨卦）氣的運行爲聚散，聚散爲循環，宇宙萬物不說爲生滅，祇說往來屈伸。王船山說：

「以天運物象而言之，春夏為生為來為伸，秋冬為殺為往為屈，而秋冬生氣潛藏于地中，枝葉槁而根本固榮，則非秋冬之一消滅而更無餘也。…

⋯⋯未嘗有辛勤歲月之積，一旦悉化為烏有，明矣。故曰往來，曰屈伸，曰聚散，曰幽明，而不曰生滅。生滅者，釋氏之陋說也。倘如散盡無餘之說，則此太極渾淪之內，何處為其翕受消歸之府乎？又去造化日新，則此太極之內，亦何從得此無盡之儲，以終古趨乎滅而不匱耶？」（張子正蒙注 卷一）

宇宙運行循環不息，萬物成壞由氣的聚散，聚散不已，萬物化生也不息。宇宙的循環不是機械式的循環，雖有原則，但是變化莫測，非常神妙；而且宇宙萬物呈現日新日進的現象。

「既往之于且來，有同焉者，有異焉者。其異者，非但人死之生死然也；今日之日月，非用昨日之明也，今歲之寒暑，非用昔歲之氣也。明用昨日，則如燈如鏡，而有息有昏；氣用昨歲，則如湯中之熱，講澮之水，而漸衰漸泯，而非然也。是以知其富有者惟其日新。」（周易外傳 卷六）

宇宙萬物的化生，由於氣的運行，運行不停，宇宙常有新物新事，而不是一個同樣的宇宙萬物旋轉不息，氣的運行，自有原則，即是氣運行之道。運行不停，不必說始終，因爲人不能夠知道。

「天地之終，不可得而測也。以理求之，天地始者，今日也；天地終者，今日也。其始也，人不見其始；其終也，人不見其終。其不見也，遂以爲邃古之前，有一物初生之始；將來之日，有萬物皆盡之終，亦愚矣哉。」（周易外傳 卷四）

不見始終，並不是沒有始終，祇是人不能測知。按理說，理常是一，宇宙的始終之理，就是今日氣運行之理。

二、人

宇宙萬物以人爲最秀，人和天地爲三才；王船山說：「天地人，三始者也，無有天而無

地，無有天地而無人。……人之于天地，又其大成者也。」（周易外傳 卷三）

人有性有心有才，能知能行，可以窮理盡性而行天理，可以仁義而合天德。人性乃太虛陰陽五行健行之理：

「秉太虛和氣健順相涵之實，而合五行之秀以成乎人之秉彝，此人之所以有性也。原於天而順乎道，凝於形氣而五常百行之理無不可知，無不可能，於此言之則謂之性。人之有性，涵之於心而感物以通，象著而數陳，名立而義起，習其故而心喻之，形也，神也，物也，三相遇而知覺乃發。故由性生知，以知知性，交涵於聚，而有閒之中統於一心，由此言之則謂之心。」（正蒙注 卷一 太和篇）

「合性與知有心之名」。性爲理，涵在氣內，心由氣而成，涵有性。性爲理，理自顯明，故能知。心感於物，通於物，通於性理，乃有知覺。知覺由形，神，物三者相遇而成。知覺之知爲感覺之知，人還有德性之知，知道人性的天德，「則以心盡性，以性合道，以道事天。惟其理本一原，故人心即天；而盡心知性，則存順沒寧，死而全歸於太虛之本體，不

以客感雜滯遺造化以疵類，聖學所以天人合一，而非異端之所可溷也。」（同上）

《中庸》指示人生之道，在率性，性由天命而定，藏在形內。

「夫天之生人，道以成形，而人之有生，形以藏性。」（尙書引義 卷一）

「言心言性言天言理，俱必在氣上說，若無氣處，則俱無也。……氣之化而人生焉，人生而性成焉。……就氣化之成于人身，實有其得然者則曰性。……張子云：『和虛與氣，有性之名。』虛者理之所涵，氣者理之所凝也。」（讀四書大全說 卷十）

形爲理，理來自太虛，按理而氣凝聚成形，理藏於氣中，所以說：「道以成形」，「形以藏性。」人生以後，陰陽的氣在人以內繼續運行，王船山乃主張「命日降性日生」。

「夫性者，生理也，日生則日成也。則夫天命者，豈但初生之頃命之哉？但初生之頃命之，是持一物而予之於一日，俾牢持終身以不失，天且有心于勞勞給予，而人之受之，一受其成形，而無可損益矣，夫天之生物，其化不息。初生之頃，非無所命也。何以知其有所命？無所命則仁義禮智無其根也。幼而少，少而壯，壯而老，亦非無所命也。何以知其有所命？不更有所命，則年逝而性亦忘也。形化者，化醇也；氣化者，化生也。二氣之運，五行之實，始以為胎孕，後以為長養，取精用物，一受于天產地產之精英，無以異也。形日以養，氣日以滋，理日以成，方生而受之，一日生而一日受之，受之者有所自授，豈非天哉！故天日命于人，而人日受命于天。故曰性者生也，日生而日成也。」（尚書引義 卷三）

「天日臨之，天日命之；命之自天，受之為性。終身之永，終良之頃，何非受命之時？皆命也，皆性也。」（同上）

這種思想，是王船山獨一的主張。他是由生命出發，生命是動，動是氣的象徵。氣在人內，聚散不停。一聚就是化生，化生就有性，化生不停，性的生也不停。一個人的性終生化生不停而不異，是因爲天命常是同一的天命，同一的天命日降，同一的性日生。

人的生治之道，《中庸》說「率性之謂道」。率性乃是「誠」。王船山以誠爲人生原則。

「誠與道異名而同實者也。修道以存誠，而誠固天人之道也。」（尙書引義 卷五）

「夫誠者，實有者也，前有所始，後有所終也。」（尙書引義 卷三）

「天，誠也。」（同上）

「性，誠也。」（讀四書大全說 卷十）

誠於人性，便得中正。中正爲《易經》的原則，卦爻的變應合於時位。人事的活動合於時位，便是中庸。

「惟存養而後可以省察，惟致中而後可以致和，用者用其體也。惟省察而後存養不失，惟致和而後中無不致，體者用之體也。」（尙書引義 卷三）

誠於性，人便居中不偏不倚，性便是善。王船山以性情才都是善。

「形之所成斯有性，情之所顯惟其形，故曰形色天性也。」（周易外傳 卷二）

「人之體惟性，人之用惟才，性無有不善，為不善非才。故曰『人無有不善』。道則善矣，器則善矣。性者，道之體，才者道之用，形者，性之凝，色者，才之撰也。故曰：『湯武身之也。』謂即身而道在也。道惡乎察？察於天地；性惡乎著，著於形色。有形是以謂之身，形無有不善，身無有不善。」（尚書引義 卷四）

清朝儒者和對宋明理學，主張性善情也善，惡來自習氣；這一點和孔子的思想相近，王船山也有這樣的思想，然他以情爲惡生的原因。他主張情爲心之動，情動而向物，物引慾而向惡。

「然則才不任罪，性尤不任罪，物慾亦不任罪。其能使為不善者，罪不在情，而何在哉？蓋吾心之動機與物相取，物欲之足相引者與取之動機交，而情以生。然則情者，不純在外，不純在內，或往或來，一來一往，吾之動機與天地之動機相合而成者也。」（讀四書大全說　卷十）

以心的動和外物相接，即「吾之動機和天地之動機相合」的時候，產生善惡，好比以火鑠金，火和金事先都沒有不好，火爍時就看鑠得對不對，鑠得對就好，不對就不好。這就是《中庸》所說七情發時中節不中節，中節爲善，不中節爲不惡。但是中國傳統哲學所討論的性善性惡問題，是本體論的問題；爲什麼七情發時或中節或不中節呢？朱熹說是人所稟賦的氣有清濁的不同，王船山的思想則以爲來自習慣。

「後天之性亦何得有不善？習與性成之謂也。先天之性，天成之；後天之性，習成之也。乃習之所以能成乎不善者，物也。夫物亦何不善之有哉？取物而後受其蔽，此程子之所以歸咎于氣稟也。雖然，氣稟亦何不善之有哉？然而不善之所自來必有所自起，則在氣稟與物相授受之交也。氣稟能往，往非不善也；物能來，來非不善也。而一往一來之間，有其地焉，有其時焉。化之相與往來者，不能恆當其時與地，於是而有不當

之物，物不當而往來者，發不及收，則不善生矣。」（讀四書大全說 卷八）

善和惡，在於「氣稟與物相授受之交」，相交合於時間則善；不合，則惡。所以合不合的原因，來於習慣。然而習慣可善可惡，習慣不能解釋喜惡的來由。

道成人性，氣成人形，道藏於氣中，如同道在器中。情和才都出於性，才是性的用，情是心的動。心動而有欲，欲和外物相接。心動也有知，知有感覺之知，有德性之知；感覺之知，知外物，德性之知，知內心；內心有五常之德。

太極以陰陽健順五常之德化生人，陰陽之氣成人形，健順之理成人性，五行木火金水土成五常之德。五常之德爲仁義禮智信。《易經》以乾坤爲萬物資生的根源，乾具有「元亨利貞」的特性，坤具有「元亨利牝馬之貞」；因此人也具有「元亨利貞」的特性。《易經‧乾卦》文言曰：「元者，善之長也；亨者，嘉之會也；利者，義之和也；貞者，事之幹也。君子體仁足以長人，嘉會足以合禮，利物足以和義，貞固足以幹事，君子行此四德者，故曰：乾，元亨利貞。」人的元亨利貞特性，便是仁義禮智四德。信，是誠實，爲四德的基礎，如同土，爲木火金水的基礎。孟子曾以人心生來具有仁義禮智的四種善端；漢以後的儒家都以人性具有仁義禮智信五德，稱爲五常。王船山說：

「元亨利貞者，乾固有之德，而功即於此遂者也。……乾本有此四德，而功即於此效焉。以其資萬物之始，則物之性情皆受其條理，而無不可通。」（周易內傳 卷一）

人性具有仁義禮智信五常之德，而以仁爲總綱。王船山說：

「仁者，心之德，情之性也；愛之理，情之性也。」（讀四書大全說 卷四）

張載曾講大心，人要擴張自己的心，愛備萬物，以心外無物；又以「天稱父，地稱母，民吾同胞，物吾與也。」張載以仁如孟子所說：「親親，仁民，愛物。」孟子在實行上，常以仁義並行，他說：「仁，人心也，義，人路也。」王船山以人行仁義和天道相合：

「天地之大德者，生也。珍其德之生者，人也。胥為生也，舉蚑行喙息高騫深泳之生彙而統之于人;人者,天地之所以治萬物也。舉川涵石韞剪榮落實之生質而統之于人;人者,天地之所以用萬物也。」(周易外傳 卷六)

「在人曰性,在天地曰受命。……學易者於仁義體之而天地之道存焉。則盡性而至于命,占者以仁義之存去,審得失而吉凶在中矣。」(周易內傳 卷六下)

「陰陽之外無天,剛柔之外無地,仁義之外無人。」(周易內傳 卷下)

天人合一在於合德,人以仁義合於天德。但在實行上,王船山又以孝爲仁的代表,這也是孟子的思想,孟子曾以仁之實在於孝親。仁和生相配,人由父母而生,故孝親就是仁。

「有子曰:君子之道大矣,而必以孝弟為萬行之原,蓋嘗曠觀於天下善惡之幾,與君子德業之自,而知果無以加於此矣。夫盡天下之大,古今之遠,人之所志與其所行;唯此一心而已矣。心之始發,而無所待於外,心之所切,而不容已於中,則此一心也,志之所自定也,氣之所自順也,而非孝弟何足以當之！……吾身為天地民物之本，而此心又為吾身之本，此心之因於性者，又為萬念之本，務其本而本既立矣，果以無歉於性者成乎德行矣，則所以推而行之者漸而廣焉，因類而達焉。凡為人子之道皆自此而生矣，則孝弟是已。事兄長而盡其孝，事兄長而盡其弟，不失其孩提稍長之心，以極至乎盡誠盡道之實，於此而思之，其所以為人之本與？」（四書訓義 卷五 論語一）

孝弟爲人心的天德，使人心之動，常能合於天。因此乃爲人心萬念之本，爲人之本。以孝弟正人心，王船山發揮《大學》修身之道。《大學》說修身在正心，正心在誠意。王船山說：

「心者，身之所主也。誠，實也。意者，心之所發也。實其心之所發，欲其必自慊而無自欺也。」（四書訓義 卷一 大學）

「敬以直之，正心之實功，持志勿忘之密用也。心常存，常正於正也。正者，仁義而已矣。常存者，不違於仁而集義也。」（禮記章句 卷四十二）

「然正心之實功何若？孔子曰『復禮』，中庸曰『致中』，孟子曰『存心』，程子曰『執持其志』，張子曰『瞬有存，息有養』，朱子曰『敬以直之』，學者亦求之此而已矣。」（同上）

王船山批評陸象山和王陽明過於空疏，不求實功。王陽明的弟子更趨於疏狂，明叛孔孟之道；所以他很強調誠爲實，心發之意要有實，而正心要有實功。

「而誠之為體，藏乎上天未命之先，誠之為用，限極於不見不聞之內，……故人道必敏政，而誠之之學，固在擇執之顯功。」（四書訓義 卷三 中庸第二十章 訓義末節）

王船山主張實學，處處以人事爲目標，對《易經》《書經》《四書》注釋或訓義時，絕不止於高談天道性理，必歸到人事上面，以明人生之道。

三、歷史

王船山注重人事的精神，以天道應用於人事的方法，促成了他的歷史哲學思想。他不是歷史家，但卻是中國一位卓越的歷史哲學家。中國的歷史哲學發源於《書經》，宏揚於《易經》，成功於《春秋》，孔子作《春秋》，目標不在寫歷史，而是在以歷史史事應證他的人生哲學。孔子的人生哲學是「禮」，禮爲人生活的規範；孔子便遵循禮的規範，批評歷史的事實。孔子的歷史哲學是倫理史觀。

《書經》爲一本歷史書，所紀雖是君王大臣的言辭，君王大臣的言辭是歷史史事。在《書經》的言辭裡，顯示當時的政治思想，以天命爲準則，君王由上天授命爲王，按上天的天意治理天下。這種思想是天命歷史觀的思想。

《易經》講宇宙的變化，以陰陽兩元素互相結合，繼續不停，化生萬物。漢儒加增五行的思想，以一氣化成陰陽五行，作爲宇宙萬物和人間萬事的元素，這種氣運的思想，在漢朝造成了歷史上的五德終始和天人感應。

王船山議論歷史事實的意義，採集了《春秋》的倫理史觀和《書經》的天命史觀，以及《易經》的氣運史觀。他寫了《春秋家說》、《春秋世論》和《春秋裨疏》，研究《春秋》

的微言大義，肯定歷史有「大公至正」的精神。

「天下有大公至正之是非焉，匹夫匹婦之與知，聖人莫能違也。然而君子之是非終不與匹夫匹婦爭鳴，以口說為名教，故其是非一出，而天下莫敢不服。流俗之相沿也，習非為是，雖覆載不容之惡，而視之若常，非秉明赫之威以正之，則惡不知懲。善亦猶是也，流俗之所非，而大美存焉。跡之所閫，而天良在焉，非秉日月之明以顯之，則喜不加勸。故春秋之作，游夏不能贊一辭。而豈灌灌諄諄取匹夫匹婦已有定論之褒貶，曼衍長言以求快俗流之心目哉。莊生曰：春秋經世之書，聖人議而不辯。……故編中於大美大惡，昭然耳目則有定論者，皆略而不贊。推其所以然之由，辯其不盡然之實，均於善而醇疵分，均於惡而輕重別，因其時，度其勢，察其心，窮其效，所由與胡致堂諸子有以異也。」（論通鑑論 卷末 敘論二）

王船山遵循孔子作《春秋》的精神，依照禮規評論是非，不隨流俗的習氣，「秉明赫之威」「日月之明」以顯明是非善惡，力振士氣。對於天命歷史觀，在《讀通鑑論》和《宋論》中，多以明白說明；且在《宋論》第一篇〈宋太祖〉說：

「帝王之受命，其上以德，商周是已。其次以功，漢唐是已。……乃若宋，非鑒觀於下，見可授而授之者也。……嗚呼！天之所以曲佑下民，於無可托之中而行其權，於授命之後天自諶也，非人之所能而豫諶也，而天之命之也亦勞矣。」（宋論 卷一）

倫理史觀更是王船山評論史事的原則。政治設施以民生福利爲目標，在國家內，民爲最重。

「尊無與尚，道弗能踰，人不能違者，惟天而已。曰：天視自我民視，天聽自我民聽，舉天而屬之民，其重民也至矣。雖然，言民而繫之天，其用民也尤愼矣。」（尙書引義 卷四）

以民爲重，以德爲本，治民治國，標準在乎倫理道德，朝廷一日沒有倫理道德，必將覆亡。

「將以為休息生養而復與禮樂焉，則抑管子衣食足而后禮義與之邪說也。……

……信者禮之幹也，禮者信之資也，有一日之生，立一日之國，唯此大禮之序，大樂之和，不容息而已。」（讀通鑑論 卷二 漢高帝 第十二節）

「夫晉之人，蕩檢逾閑，驕淫懦靡，而名教毀裂者，非一日之故也。魏政之綜核，苛求於事功，而略於節義，天下已不知有名義；晉承之以寬弛，而廉隅益以蕩然。孔融死而士氣灰，稽康死而清議絕，名教為天下所諱言，同流合污，而固不以為恥。……而立國之大體，植身之大節，置之若遺；國之存亡，亦孰與深維而豫防之哉。」（讀通鑑論 卷十二 晉惠帝 第一節）

王船山在史論裡，對於歷史史事人物，都以倫理標準，予以評論，對於小人，更嚴加指責。他的倫理史觀，非常明顯。

他的倫理史觀中，有一點特別凸出，是他的夷夏之分，民族正義感特別強。古代夷夏之分，常在地域方面。王船山堅持夷夏地域之分，使不相混，以防華夏被侵。

「夷狄之與華夏，所生異地，其氣異矣，氣異而習異，習異而所知所行蔑不異焉，乃于其中亦自有其貴賤焉，特地界分，天氣殊，而不可亂；亂則人極毀，華夏之生民，亦受其吞噬而憔悴。防之於早，所以定人極而保人之生，固乎天也。」（讀通鑑論　卷十二　晉哀帝　第三節）

夷夏之分，因地域以生，表現則在文化上，爲保全華夏的文化，必堅持夷夏之分。王船山論宋亡國不僅朝廷滅亡，而是舉堯舜以來的道統都淪亡了，深以爲恨。明朝亡國和宋朝一樣，王船山堅持不接受清朝的統制，寧願流亡荒山野村，也不願在清朝作官。他擇善固執的精神，終生一貫。而在私人生活，也嚴守義利之分，淡泊名利，置身社會以外；然又絲毫不取老莊和佛教的思想，連墨子和法家的學說亦不接納，純粹以孔孟之道爲人生之道，勉力「盡性存仁」，在言論和實行上，成爲一位有原則的學者，令人景仰。

羅光全書 冊十八之二

歷史哲學

臺灣學生書局印行

序

生性頗喜歷史，曾寫了六冊傳記，又作教廷與中國使節史。第一冊《陸徵祥傳》出刊在二十年前，在當時還算創舉。因中國傳統的傳記爲列傳一篇，爲一個人的事蹟而寫書則爲年譜。

生性雖喜歷史，然所研究者則爲中國哲學，對於歷史便缺欠研究，更沒有時間作考據。近五年來，忽生興趣研究歷史哲學。開始因手頭參考書很少，摸不著門徑。幸而歷次出國，在羅馬訪問額我略大學歷史系教授，尋找歷史哲學書籍，又在臺灣各書局搜索這類的書，再由輔仁大學歷史系研究所借閱書刊。乃能得參考書共三十餘冊，閱後頗有心得，便逐漸寫稿，先研究中西歷史哲學的發展，再進而研究歷史哲學的問題。

歷史哲學現在雖然已經成爲一門獨立的學術，但本質上和人生哲學不能分離；而且歷史哲學的基礎是建立在人生哲學上面。

目前有些講歷史哲學的學人，根本否認歷史哲學和人生哲學有關係；他們把歷史哲學建立在哲學的方法論上面。現象論的哲學派，語意學的哲學派，數學邏輯論的哲學派，認爲哲學祇是他們所講的方法論，當然把歷史哲學祇列爲方法論的一種，而沒有形上的人生意義。然而這種講法或歷史研究法，和普通一般人所有的歷史觀念以及從古傳來的歷史觀念都相違背。

歷史哲學的研究，目前還是在啓蒙時期，將來的發展很遠，我寫這冊書，注意在簡單明瞭。把一些數學邏輯論和語意學現象學等派別的專門問題，沒有詳細討論。因爲歷史哲學本是爲給研究歷史的人，一個明瞭歷史意義的途徑；這種途徑因著分門考據而淹沒了。若是再又因專門的哲學而且分歧，歷史哲學便失去自己的意義。

我是一個有宗教信仰的人，對於人生有宗教的信仰，對於歷史也就有宗教信仰。但是宗教信仰是在哲學理論中和歷史接觸。

這冊《歷史哲學》，乃是我的初稿，有許多我自己不滿意之點，別人所不滿意之點一定更多。我因本年輔仁大學哲學研究所的博士班和碩士班，要求開歷史哲學一課，便把這冊初稿付印，供研究生的參考。希望將來能夠再版時，加以必要的修改。

民六十一年九月十日羅光序於天母牧盧

歷史哲學

目錄

第二章　西洋歷史哲學

下編　歷史哲學

第四章　歷　史

上編　歷史哲學史

緒論　歷史哲學

一、歷史哲學的意義

現代的學術日趨專門化，歷史的研究也專門化了。研究歷史的人，祇研究一個朝代或一段時期的歷史，或祇專門研究一個人或一樁事的歷史。講通史的教授便被人輕視，一部通史也被視爲民眾讀物。唐朝劉知幾已經嘆惜中國史書祇是斷代史和行傳，而沒有通史。

專門研究法，是研究歷史的科學方法。一個人的精力有限，不能研究全部的歷史，祇能縮小研究的範圍以求精。但是所研究的結果，只是史事的實際經歷，是歷史的史料，而不是史事的所以然。

我們讀歷史的人，當然願意知道每樁史事的本來面目，也願意追求史事的原委；但是同時我們更想明瞭歷史對於我們的生活究竟有什麼意義。

普通我們以為歷史對於我們生活的意義，是在於給我們一些經驗的教訓。知道了前人成功和失敗的原因，我們自己在作事上，便特加謹慎，以追踵前人成功的途徑，而避免蹈前人的覆轍。

然而歷史應該還有另一種意義。歷史應該從幾千年人類生活的經歷裡，告訴人類一樁大事，即是人類生活的意義，間接也就告訴人：人究竟有什麼意義。

歷史的這種意義，乃是一種哲學意義，而且和形上學所研究人的意義相同。因此歷史具有哲學的意義，因此也有歷史哲學。

歷史另外還有一種意義，即是歷史的智識，有什麼價值？歷史的智識，是對於個體事件的智識，這種智識，在學術方面有什麼價值呢？是不是真理呢？這個問題又是歷史的哲學問題。

歷史哲學是什麼?

歷史是談事實的變遷沿革，凡記載一國一朝的史事，稱爲歷史（辭源）。又凡人類社會的過去變遷的記錄，稱爲歷史（大漢和辭典）。

「歷史由史料構成，史料乃往時人類思想與行為所遺留的陳跡。」(一)「雖然，此界限亦過於廣泛。蓋人類之動作甚多，不必均在史學範圍之內，例如家庭間之瑣事，日常間之往來，與夫日常之工作，均非史學所欲問者。然如此項瑣事，對於廣大的社會集體及人類所共有之傳統，有其意義，則亦可成為史學之對象。蓋此種社會集體，固人類所締結，以求自存於宇宙間者，而其所共有之傳統，則亦為人類勞動之收穫，由以構成文化者也。」(二)「於是吾人得一定義，可簡述之如下：史之為學，在將人類演化之事實，視人類為社會的動物，就其動作，加以因果的研究及敘述。」(三)

歷史所敘述的對象，現代歷史家都認爲是人類的文化史，而不是政治史。以往的歷史以政治爲主，以文物制度爲附。中國的歷史，《史記》可爲典型。《史記》的本文爲本紀，世家和列傳。至於《禮書》、《樂書》、《律書》、《曆書》以及《天官書》、《封禪書》、《河渠書》、《平準書》，可以說是附加之書，因此乃至一半已經遺失。然而歷史也不能限於文化史，文化史沒有政治史則不能明瞭；歷史也不能限於政治史，政治史沒有文化史則不能知道前因後果。歷史要是人的活動史，但又不是單人的活動史，而是人類的活動史。

歷史即是人類活動的經歷，從人類活動的經歷，應該可以窺見人類生活的變遷。人類生活的變遷，在各民族、各時代中都不相同；但在不相同之中，有許多基本相同之點。研究這些基本相同之點，便是歷史哲學。

歷史哲學因此是從歷史史事研究人類生活變遷的原則之哲學。

但是歷史又有另外的一種意義，即是研究對於史事的智識，在真理的價值方面，有何等的價值。這種意義乃是認識論的意義。此外，另有一種歷史哲學的意義，由第二十世紀德國歷史哲學者所構成，他們主張歷史哲學，乃是指導學者以一切學術的智識，要從歷史方面去評判，由它在歷史方面所有的地位而定。這種意義，則是方法上的意義。

研究人類生活的學術很多，有心理學、有倫理學、有藝術論、有社會學等等哲學。研究人類生活變遷的學術也有好幾門，有民族學、有民族考古學、有進化論和社會進化論等學術。歷史哲學和這些學術不同，是由歷史史事去研究人類生活變遷的原則。歷史史事供給研究的材料，研究的目的，在於人類生活變遷的原則。

這一點也可以說就是研究歷史的價值，歷史有什麼價值呢？司馬遷的《史記》有很高的文學價值，孔子的《春秋》有很高的倫理價值；可是這兩種價值並不是歷史的本身價值。我們研究歷史，可以以古人為鑑，以古人的經驗作我們的參考，可以仰古以治今；這一點雖是歷史的本有價值，可是還不能包括一切。我們讀中國歷史，應該能夠認識中華民族演進的歷史，進而推想中華民族將來演進的趨向。為能得到這種智識，我們必定要研究其他國家的歷史；因為中華民族的演進和別的民族的演進，互相關連。我們便研究世界史。由世界史的演進，我們不單知道中華民族的演進，而且可以知道人類生活的演進。使人知道人類生活演進的趨勢，這是歷史的價值。知道人類生活演進的原則，乃是歷史哲學的意義。

對於這一點，許多人懷疑而且予以反對。人生是自由人的活動，自由則是不能預先被指定途徑的。在人人自由而毫無預定的活動中，怎樣可以求取人生變遷的原則呢？另一方面又有人說，人生是盲目的，是茫然沒有預定的目標的；從盲目的人生中，怎樣可以求得人生變遷的原則呢？這兩派人所說的，都是或過或不及，不居於中道。人雖然是自由的，然而自由也有一定的規範；人用自由，是受自己理智的指使。理智予自由以規範，規範便免不了受人生原則的影響。人生原則影響人的自由，影響人類的歷史；歷史便有超於時間偶然性的普遍性原則。

歷史家作史，也免不了受人生原則的影響。司馬遷在《史記・自序》裡引孔子作《春秋》的理由說：「我欲載之空言，不如見之於行事之深切著明也。」孔子認爲以言論去講自己的倫理原則，還不如把原則用到歷史的實事上，更顯得明白。司馬遷自己寫《史記》，也是有自己的宗旨：「略以拾遺補藝，成一家之言。厥協六經異傳，整齊百家雜語，藏之名山，副在京師，俟後世聖人君子。」（史記 太史公自序）

有思想的歷史家，寫成的史書，特別有價值。價值的所在，就是全書有系統，有一定的看法。有歷史哲學思想的史學者寫歷史，若能不以哲學思想的分量超於歷史史事分量以上，所寫的歷史，必定可以有客觀的歷史價值。

每種學術的智識，都不能說是絕對確實的真理。學術智識的確實性，是分高低的，數學智識的確實性，通常認爲最高，物理化學的智識居其次，自然科學的智識又居其下，人文科學的智識又低一級了。史學的智識呢？和自然科學不同，屬於人文科學，是有自身的價值。歷史哲學乃研究歷史智識的價值所在，又研究歷史智識真確性的成份。

二、歷史哲學的演進

寫歷史的史學家，無論古人今人，都有歷史的哲學觀念，或明或顯，他們在自己所作的史書裡，把本人的歷史哲學觀念都表現出來。另一方面，古今的哲學家討論到宇宙和人類社會的變遷時，多少也表現他們的歷史哲學觀念。因此歷史哲學的學術雖是最新的，但是歷史哲學的思想則是從古代已經有了。

歷史哲學的演進史，大略可以分爲古代、近代和現代三個時期。

古代歷史哲學思想

中國的歷史哲學思想，由兩冊書可以代表。一冊書是《易經》，一冊書是《春秋》。《易經》的思想，是形上學的宇宙變化論。宇宙萬物常在變化之中，宇宙萬物的變化由陰陽兩氣而成。陰陽兩氣互相溶合，互相消長，周而復始，動靜不息。這種宇宙變易的原理，應用到人事上，便有《易經》的占卦，以卜吉凶。人事吉凶的原由，來自宇宙變易的原理。再將宇宙變易的原理應用於人類社會上去，乃有歷史的哲學觀念。中國人對於歷史，常有周而復始，一盛一衰的觀念；常有盈則消，功成身退以保明哲的思想；常有人事和天道相應，人事的善惡引起天象感應的思想。這些歷史哲學思想都源出《易經》的「十翼」，影響中國人的心理很深。

《春秋》的思想，則是儒家倫常之道，儒家倫常之道，雖在外表看來，在於尊君重禮，實際上則是一項很普遍的原則；即是政治不能離開倫理道德，民族生活的發展要以道德爲根基。這種原則乃是歷史哲學思想，中國歷代的政治家和歷代修史的大臣，也都遵守。

我們中國對歷史有什麼看法呢？對人類的生活知道有什麼意義呢？我們中國人以爲歷史乃一朝的興亡史，歷史的根據在於一個正統，每個人的事業也在於對於朝廷的關係而定。人類的生活有什麼意義呢？人是宇宙的一份子——一個優秀的份子，人的生活和宇宙相合，人類隨著宇宙而變易。

歐洲古代的歷史思想，有一位特出的代表人物，爲四世紀的聖奧斯定（Sanctus Augustinus）。他寫了一部書名叫《論天主之國》（De Civitate Dei），共二十二卷，說明人類歷史的演進和終結。全世界的人，同出一源，人類的歷史爲同一歷史；這部歷史乃是人類得救史。至尊之神天主，造生人類，許以身後的永生幸福，人卻違背天主旨意，身陷重罪而不能自拔，喪失身後的幸福永生。天主遣發聖子降生救人，以身贖罪。後由教會繼續傳道，實行救人工作。但是在人世中善惡相混，誘人作惡的魔鬼展張勢力，直到宇宙終窮的時候，魔鬼屈服，人類得救，救人工程乃克完成。聖奧斯定用猶太和古羅馬的歷史，述說人類歷史演變的經過，說明歷史的意義。人類歷史有一定的目的，即在趨向人類得救的目標，人類歷史有至尊之神在暗中指使，受祂的管照；人類的歷史是善惡混雜，最後，善能勝惡。

聖奧斯定的歷史觀，支配了歐洲古代和中古的思想。直到現代，天主教的學者還保持他的歷史哲學原則。人類的歷史，是善與惡的鬥爭史；在這種鬥爭裡，人類漸進於善，漸進於光明。鬥爭的途徑，則是至尊之神天主所預定的。

近代歷史哲學思想

歐洲的近代哲學，開始於笛克爾。在笛克爾以前，士林哲學（Scholastic philosophy）注重客觀的真理。人的人性雖爲一抽象的觀念，但是代表一個永恒的客觀。人性具有性律，人的一切活動按照性律而動。笛克爾開始注重思想的主體，注重思想者本人的內心；因此便開啓了近代哲學的主觀色彩，演成爲極端唯心的黑格爾哲學和極端唯物的馬克思主義，再變而爲當代的存在論哲學。

因著注重主體，乃有法國的大革命，革命的標語爲平等自由。革命時期的思想家伏爾泰（Voltaire）、盧梭（Rousseau）、孟德思鳩（Montesquieu）都具有新的歷史哲學思想。胡爾泰著有《論民族風俗與精神》（Essai sur les moeurs et l' esprit des nations）從各民族的風俗中，觀察各民族的精神，從民族的精神中摸索人生的意義。在他的歷史觀裡，神的指使已不存在。盧梭著《民約論》，歌唱自然的美好。孟德思鳩著《羅馬興亡論》（Considerations sur la grandeur et la decadence des Romains 1734）。以時勢和傳統造成一種精神力量，支配人君和政府的事業。

近代歷史哲學從笛卡爾開始，以「我」，即是以人爲歷史的重心，而不以神爲歷史中心。伏爾泰和孟德思鳩等都注意文化的起源史，由文化起源以研究歷史的進展。孔德便造成了他的社會進化論，把社會進化分爲神權、君權、民權三階段，人類歷史循著這種進化程序而進。又把理智的演進分爲三期，一爲神學，再爲玄學，最後爲科學。以科學的方法去研究社會心理學，以社會心理學去研究歷史。這種歷史已經不是一個人的歷史，也不是一國一民族的歷史，而是世界史，且是世界文化史。後代歷史家乃以文化史爲人類歷史。

在德國方面，唯心論哲學興盛，歷史哲學便傾向唯心思想。康德爲唯心哲學大家，他曾研究歷史的演進是否有規律。歷史的史事是人的自由活動，不能有既定的規律，自然界的法則不可用於歷史。但是世界的歷史，從全體方面去看，則按共同的規律而演進。規律由何而來？是來自國家。人類的歷史，沿著這個路線以求一種完善的國家組織。

黑格爾繼續這種思想，以國家爲至上，卒致造成希特勒所主張國社黨的獨裁和德國民族至優的主義。黑格爾以歷史的演變爲絕對精神的演變，絕對精神循著正反合的辯證方式而變，由無意識而變成有意識，歷史的意義在於精神自由意識，這種意識在國家民族的自由意識中實現出來。

現代的歷史哲學

現代歷史哲學，興盛於德國。狄爾德（Wilhelm Dilthey）開其端，史賓格肋（Oswald Spengler）、辛墨（Georg Simmel）、芒海（Carl Mannheim）及買能克（Friedrich Meinecke）等，繼續發揮，思想不同，主張各異。然而他們所注重的問題，乃是史學智識問題。他們追究史學智識有什麼價值？歷史的事實應怎樣去解釋。再進而主張一切學術智識，都要由歷史方面去評判。

狄爾德把歷史和自然科學相對，自然科學有規律，歷史則有自由。歷史的自由，是人的心理自由。歷史史事的解釋要由心理方面去研究。

歷史的史事智識，和客觀的事觀是否真正符合。這是歷史哲學的一個大問題，現代史學方法進步，考古和考訂的工作很有成績；但是絕對不能使史事全部重現。歷史智識的真確性乃是相對的；而且歷史智識的相對性，較比科學智識的相對性更要薄弱。

史事的真確性多繫之於作者的作法。爲收集史料，爲證實史料的可靠，史學方法可以供給許多優良的方法，可是對於史料的選擇，則有賴歷史哲學的指導。史家在寫歷史時，他對於人類生活和民族生活，具有一種觀念，這種觀念會指導他去選擇材料，去平衡每樁史事的價值；因爲史家不能把每樁事的大枝小節都全盤寫出來。

史班克肪以歷史爲文化史，每支文化有自己的生命，文化的生命有生長死亡。每支文化生長成熟以後，就會死滅，歐洲文化已面臨死亡的日期。

辛墨對於歷史史料的價值評判，主張以社會價值爲標準。史事雖是一個一個人的事，可是史事的緣因效果，必要由社會環境去看，不能祇由個人心理去看。辛墨的哲學思想屬於相對論，他以歷史智識祇有相對的價值。

社會的歷史哲學，在馬克思的唯物史觀裡盡量表現了出來。但是唯物史觀不是史學的價值問題，不是史學智識問題，而是史事本身的問題。唯物史觀是和《易經》及聖奧斯定的《論天主之國》一樣由形上哲學去講史事變遷。唯物史觀的哲學基礎乃是辯證唯物論。宇宙都是物質，物質常在變，物質之變沿正反合辯證法而動。人類社會的變易以物質經濟條件爲基礎，經濟條件有變易，社會生活即變。社會生活的變由階級鬥爭去促進，及到無產階級專政，社會沒有階級，統由無產階級內部的整肅去推動。唯物史觀的歷史，以達爾文的進化論和摩爾干（Morgan）的母系社會主張，組成一套社會進化史，有初民、奴隸、封建、資產、共產：五級社會。凡在共產制度以前或以外的社會制度，都稱爲野蠻社會制度。㈣

芭海與買能克和義大利的克洛齊（Benedetto Croce），因爲歐洲第一次大戰對社會的影響，主張一切事件及學術智識，都要從歷史方面去看。世界常在變易之中，每一事和一種學術智識，都要看在當時的地位而定。這種主張是歷史論的主張，以歷史去權衡一切。克洛齊更以唯心論者的立場，主張世界祇有精神，而精神的變易就是歷史，因此歷史代表一切。

三、歷史哲學的重要

在現代史學方法很發展的時期，歷史方面應該創作許多很有價值的作品；可是實際上則祇有許多考據性的專門考訂著作，而沒有可貴的歷史大著。其中緣因，當然是因爲寫歷史大著的天才不常有，然而也是因爲少有歷史學者注意歷史哲學的修養。

歷史哲學對於歷史學者的影響，可以從兩方面去看：第一從史學方法去看，第二從史書本身去看。

從史學方法去看，有正確歷史哲學觀念的歷史學者，在讀歷史的時候，容易觀察出來作者的歷史觀念；因爲從史書的結構、筆法和史料選擇中，可以觀察出來作者的歷史哲學觀念，而後批評史書的價值。

在寫歷史的時候，歷史作者具有正確的歷史哲學，他可以權衡一個人的史事或每一樁史事，對於全局的關係，而加以取捨或重寫，又可以考慮一個人的心理和社會環境對於史事的影響，以尋求史事的前因後果。另外是能夠決定一部歷史的綱要和重心，而將全部史事連貫有序。中國歷代的歷史，常以正統朝代爲中心，以正統朝代維繫全部歷史。這種作法是受儒家哲學的影響。在寫世界歷史時，中國古人的觀念，以中國爲中心爲上國，其他國家民族都是蠻夷；這也是中國古代的歷史觀念。今天歷史學者應該有新的和正確的歷史哲學觀念，以作寫史的嚮導。就是在收集史料和考訂史料時，也應該有正確的歷史哲學觀念，否則不會正確地對於證據予以解釋或評價。例如相信唯物史觀的歷史學者，他考訂天主教在歐洲某椿史事時，他必定和一位不相信唯物史觀的歷史學者所有的解釋，不完全相同。

對於每一椿證據的真確性，從哲學方面去看，這個真確性是可能的，而且可能性還相當的高。但是爲達到高度的真確性，歷史作者應該在主觀和客觀的兩方面，採取適當的立場。歷史哲學上的主觀性和客觀性的研究，便可以使歷史作者爲採取適當立場，有很好的標準。

人類的歷史究竟是政治史呢或是文化史呢？對於一個國家一個民族來說，一國和一民族的大事乃是政治的變遷。但是我們爲知道一個民族的生活，則必定要從民族文化的變遷去看，才可以瞭解。我們讀了廿五史，可以明白中華民族和中國的政治變遷；但是不能明瞭中華民族的生活史，政治的變遷是一時代的事，而不是繼續的事，文化的變遷則是繼續的。有些政治的戰爭或改變，在當時的社會生活上有很大的影響；可是在一千年後的人看來，就無所謂了。同時一千年前的文化變遷，則是在一千年後還是有意義的。不過文化史不能脫離政治史，政治乃是文化變遷的一個重大原因。然而我們中華民族的歷史，我們不能從廿四史的史事中看得明白。若說對於世界歷史，則更應該注意文化史了。這種重要觀念也是歷史哲學觀念；有了這種正確的觀念，寫史的人便知道史學方法應向那一方面去用。

中國古代不注重傳記的書籍，雖說廿五史都是用傳記的體裁寫出來的，然只是一篇一篇的傳，不是一冊一冊的傳記，因此有許多史料都遺失了。現在大家提倡傳記文學，對於自身參加的事業，用第一人稱的自傳式寫下來，出版許多傳記集。這是史學上的一種有價值的事。但是這些傳記衹是史料，還不是歷史。將來寫史的作家，看到這麼大的材料怎樣選擇，怎樣考訂，這也有待於歷史哲學的指示。

我們再從史事本身方面去看，更可以看到歷史哲學的重要。歷史是我們生活的老師；然而歷史所教訓我們的，不僅在於生活的方式和做事的方法，歷史另外教訓我們對於人類生活應有的認識。

人類的生活有沒有一個目的？人類生活的變易有沒有一個路線？人類的生活是盲目的呢或是有意義呢？人類的生活是完全由人自由而造，或是受一超越人類的神靈所支配？

這些問題都是哲學問題，問題的答案不由形上的原則而推出，乃由人類歷史的史事比較研究而得。這種答案是人類的經驗，是人類自己造成的。

但是人類造成歷史的答案，又不是人預定的，也不是人隨意可以更改的。有人說有歷史命運，有人說是辯證唯物法，有人說是偶然的盲目機會，天主教人士則說有造物主天主對人類歷史的照顧。這一點對於歷史史事的評價，關係很大。

人類歷史是循環呢？是前進呢？是後退呢？是有階級的興亡呢？這也是歷史哲學的問題，問題的答案也影響史事本身的評價。而且也影響史書作者。

註：

(一) 法國 朗格諾瓦著 李思純譯述 史學原論 臺灣商務印書館 第一頁。

(二) 伯倫漢著 陳韜譯 史學方法論 臺灣商務印書館 第二頁。

(三) 同上，第五頁。

(四) 參考史學方法論 第四五四頁至第四八四頁 羅光 廿世紀的歷史哲學 見二十世紀之科學 第八輯 第二八九頁至第三四三頁 F. Meinecke Le Origini dello storicismo. Firenze 1954

第一章 中國歷史哲學思想

在世界各國的史書裡，中國的廿四史應稱爲最完備的史書；中國修史的體制，在世界各國裡，也是獨有的制度。中華民族藉著這種制度，乃有了一部連貫古今的歷史。政府修史的制度，雖然免不了官樣文章，免不了修改史事的危險；但是中國歷朝纂修歷史的人，大都是有名的學者，他們都有氣節，奉孔子的《春秋》爲模樣，除了對於「正統」一事，彩色很濃以外，對於其他的史事，還能夠保持公正的態度。因此絕對不可以把中國的廿四史和蘇聯共產政府所纂修的歷史並論。蘇聯纂修歷史，既奉唯物辯證論爲原則，又隨政治風潮而轉移。中國的廿四史雖有儒家思想的色彩，史事的正確性則常被保全。

中國的史書很完全，研究歷史理論的書則很少，祇有劉知幾的《史通》和章學誠的《文史通義》。王船山的《讀通鑑論》和《宋論》，則爲史論的書籍，中間包含歷史哲學思想很多。歷代史論的文章，散在各家的文集裡，爲數不少；但有許多作品，重在文藝，如《東萊博議》，專以作反面文章爲長，少有歷史哲學思想。唐君毅先生說：

「蓋中國固有之學術，皆重即事言理之義，故事實之判斷，恒與價值之判斷相俱。孔子修春秋；其或書或不書，或諱或不諱，皆是以對人或事之價值判斷之不同，而異其敘述事實之文字。是孔子之春秋，『其事則齊桓文，其文則史』，其義則中國歷史哲學之祖也。後之左傳重述事，而述事之繼，恒繼以『君子曰』之言，亦皆為價值判斷之所存。司馬遷著史記，自言其志『在究天人之際，通古今之變。』其待『好學深思之士，心知其意』者，並其歷史哲學之所在也……大率後之修史者，皆寓其對歷史之價值判斷於史書之作法，史傳之序、贊、論之中。外更有單篇史論，專為一史事人物之得失、利害、善惡、是非之價值判斷。……至王船山乃有讀通鑑論宋論之作，通歷史之全而為論。其書既即事以言理，復明理以斷事，乃見理之貫注於事中，復超越洋溢於事外，乃其可與語歷史哲學之論。」(一)

我們對於中國的歷史哲學思想史，分爲四個階段去研究：古代、中古、近代、當代。

一、中國古代歷史哲學思想

1. 書經—天命史觀

《書經》爲中國第一冊歷史書，所記載的，爲中國歷史開創人：堯、舜、禹、湯、文、武、周公的政令，即是中國古史所謂「紀言」。在這些政令裡表白他們治國的思想，並且特別強調治國的原則，在這些原則裡有兩項原則，乃是治國的基礎：一是君主治國權力的來源，一是治國的目標。這兩項原則，都歸到上帝的「天命」。

君主治國的權力來自上天，《書經》的〈湯誓〉說：

「夏氏有罪，予畏上帝，不敢不正。……爾尚輔予一人，致天之罰。」

《書經・牧誓》說：

「今商王受，惟婦言是用，昏弃肆祀，弗荅。……今予發，惟恭行天之罰。」

桀王和紂王，暴虐人民，不舉行祭祀，上帝收回成命，廢棄了他們，命湯王和武王懲罰他們，代替他們治國，接承王位，皇帝的王權，來自天命，是上帝所選派。《書經》周公的〈大誥〉說明文王、武王奉上天的命，治國保民。

「予惟小子，不敢替上帝命。天休于寧王，興我小邦周；寧王惟卜用，克綏受茲命。」

周書各篇裡說到天命的處所很多，「天命」的思想，以往是政治方面的原則。孟子對萬章向堯以天下給舜的事實，答說是上天把天下給舜王，足以證明這種思想在儒家的流傳。後代的皇帝和人民，也都相信不疑，皇帝下詔書，常在開端就說「奉天承運」皇帝某某，「奉天」就是奉天命，「承運」則符合氣運；「天命」和「氣運」成爲中國歷史的兩個重要觀念。

「天命」，相信人君的上天所選派，也指明人君治國應該按照上天的旨意。《書經・泰誓》說：「天降下民，作之君唯之師。」〈洪範〉的皇極，說明皇帝是一國最高的準則，然而皇帝則應效上天，上天的旨意，由天地而表現；天地的表現，是自然界的現象；自然界的現象對人民生活最有關係的，是一年四季的運行，日月風雨的調協，使五穀可以豐收。在堯典或舜典裡，皇帝命令臣子，按照天道去施行政治。秦漢時期的《呂氏春秋》和《禮記》都有十二月令的文章，規定皇帝按著季節行事，這種思想雖然不流諸實行，但以秋天爲金，爲穀，爲執行死刑的時候，則歷代都不變。

上天命令人君按天意治國，上天也定有賞罰，漢朝乃有「天人感應」的思想，人君治國作惡，上天以自然界的災異，予以警告。漢朝每逢日蝕、月蝕、地震、瘟疫等事，皇帝就下詔罪己，人君治國行善，國力則有祥瑞的現象出現，靈芝、靈鳥、靈獸。中國社會歷代也保持這種信念。

「天」從《書經》開始，通見中國整部二十四史，乃是中國歷史哲學的出發點，中國人常相信歷史在上天的意旨中進行，上天掌握民族的命運。

2. 易經──氣運史觀

《易經》的哲學思想，代表宇宙變遷的原理：易是變易。宇宙萬物，沒有一種不變動的。在這千千萬萬複雜的變動中，有沒有變遷的原理呢？《易經》便用簡易的方法，把宇宙變易的原理說明出來。先用卦象象徵宇宙變易之道，後用卦辭解釋宇宙變易和人事的關係。於是象徵宇宙變易的卦象，變成了推算人事吉凶的方法，又成爲人事倫理的規範。每人的生命，依照《易經》的變易原理而變動，民族的生命，也依照《易經》的變易原理而進行。因此，我們從《易經》的思想裡，可以知道中華民族對於民族生活的幾種基本觀念。

甲、循環不息，盛衰相繼續

《易經》講宇宙的變易，有循環不息的原理。復卦恒卦，很明顯地說出這種思想：

「反復其道，七日來復，天行也。」（復彖）

「天地之道，恒久而不已也。」（恒彖）

「無往不復，天地際也。」（泰　彖）

循環來復之理，來於氣之動靜。氣動而生陽，靜而生陰，動靜互相繼續，總不斷絕，於是宇宙的變化，乃循環不息。

「太極動而生陽，動極而靜，靜而生陰，靜極復動。一動一靜，互為其根。」㈡

動靜陰陽，不僅僅是形上學方面的變易原理，也是人事方面的變動原則。在人事方面，陽和動，代表剛強，代表富貴勢力，代表生命強盛；陰和靜，代表柔弱，代表窮苦落魄，代表生命衰敗。因此在人事社會裡，富貴和窮苦互相循環，強盛和衰弱也互相繼續。

「日中有昃，月盈則食，天地盈虛，與時息消。」（豐　彖）

中華民族對於民族生活，便有一個基本的觀念：民族的生活，有盛有衰，不能常是盛，也不能常是衰。

「孟子去齊，充虞路問曰：夫子若有不豫色然。前日虞聞諸夫子曰：君子不怨天，不尤人。曰彼一時，此一時也。五百年必有王者興，其間必有名世者。由周而來，七百有餘歲矣。以其數則過矣，以其時考之則可矣。夫天未欲平治天下也，如欲平治天下，當今之世，舍我其誰哉！吾何為而不豫哉！」（孟子　公孫丑下）

孟子所說的「五百年必有王者興」，不知出自何處，想必不是孟子自己所杜撰，而是一句成語。自孟子以後，中國人則常信有應運而生的王者。一朝有一朝的盛衰，一朝既衰，則必有應運而生的王者代之而興。中國史書寫一朝創業的天子，也就以他們爲應運的王者。劉知幾說：

「抑又聞之，帝王受命，歷數相承，雖舊君已沒，而致敬無改。豈可等之凡庶，便之書以名者乎。」(三)

乙、民族繼續生存

《易經》思想裡最重要的一個思想，是一個生字。繫辭說：

「生生之謂易」（繫辭上 第五）

朱子說：

「天地別無勾當，只是以生物為心。一元之氣，運轉流通，略無停閒，只是生出許多萬物而已。」（朱子語類）

人心仰合天心，具有愛生的仁心，以助天地的化育好德。中國人素重家族，家族必要有後繼的人。整個的中華民族也具有這種生生之心，民族常要繼續生存。

中國歷史上，外族入主中華的次數並不少，時間也不短；但是中華民族生存的精神，卒使外族同化，中國人因此有這種自信心。

「天行健，君子以自強不息。」（易經 乾卦象）

君子自強不息，以求自己精神生活的長進，使自己能夠參天地的化育。中華民族則更要自強不息，以參天地的化育。民族代表人，乃天地人三才中之一。每個私人固然是人，爲天地萬物之秀；可是天地常存，每個人則不常存；可以和天地同在的，則是民族。因此，中華民族更能代表人而參與天地的化育。

丙、民族生存的盛衰，須應天心

《易經》以天道人事，互相關連。天地變易之道，乃人事進退之理。天地和人，合成一個宇宙。人事的吉凶，由天地變易之道，可以推測。《易經》所以成爲卜卦的書。

在君主時代，國家的代表爲帝王，民族的代表爲朝代。《詩經》《書經》，記述堯舜湯武，凡事都以天心爲標準。《春秋繁露》一書，更以天人相應，帝王行動的善惡，必有天地現象的反應。董仲舒說：

「春秋何貴乎元？而言之元者，始也，言本正也，道王道也。王者，人之始

也。王正，則元氣和順，風雨時，景星見，黃龍下。王不正，則上變天，賊氣並見。」(四)

「故王者受命改正朔，不順數而往，必迎來而受之者，授受之義也。故聖人能繫心於微，而致之著也。是故春秋之道，以元之深，以天之端；以天之端，正王之政；以王之政，正諸候之即位。五者俱正，而化大行。」(五)

班固在《白虎通義》說：

「王者，受命必改朔何？明示易姓不相襲也。明受之於天，不受之於人，所以變易民心，革其面目，以助化也。」(六)

後代的人，莫不以朝代的興亡，都歸於天意。一朝有人君暴虐，天定責罰，於是使人作亂。亂久了，天心厭亂，使明主出來，使天下再歸平靜。這種信仰，來自《詩經》《書經》。古人相信，不單單是私人的事，善惡必得上天的賞罰，國君的善惡，也有賞罰。後來漢朝更有應五行而受命之說「王者受命，按五行的帝德依生剋次序而興，受命的帝修德立

政，對前代皆有一確定的歷史的使命，負補正前王缺德之責，有如董仲舒的《春秋繁露》所主張三正三統。（三代改制篇）

3. 春秋—倫理史觀

《春秋》這本書，在中國的歷史家中，被尊爲一本模範的史書；不是因爲《春秋》的史學方法足爲後代史書的模範，乃是因爲《春秋》的歷史哲學，代表了中華民族對於歷史所有的評價。

大家都知道孔子作《春秋》，在於把倫理哲學用之於歷史史事，而且不惜將史事加以筆削，使就倫理的範圍。這種作法，我們從歷史的立場，不能完全讚成；但是孔子的用意，則是我們應該讚成的。周敦頤在《通書》裡說：

「春秋，正王道，明大法也，孔子為後世王者而脩也，亂臣賊子，誅死者於前，所以懼生者於後世，宜乎萬世無窮，王祀夫子，報德報功之無盡焉。」（通書 第三十八）

甲、民族的歷史有一定的倫理原則

孔子作《春秋》，筆削史事，用意在於顯示歷史的史事，應遵守一定的倫理原則。第一條原則，就是正名分。正名分的事，不是理則學的問題，而是倫理的問題。國家民族的生活，就像每個國民的生活，應守倫理的原則。另外是在團體的生活方面，秩序是最重要的。沒有秩序，社會就亂。社會的秩序，由禮法維持；秩序的表現，在於名分。因此正名分，便是保持禮法。

劉知幾在《史通》上說：

「孔子曰：唯名不可以假人。又曰：名不正則言不順，必也正名乎。是知名之折中，君子所急；況復列之篇籍，傳之不朽者耶。若夫子修春秋，吳楚稱王而仍舊曰子，此則褒貶之大體，為前修之楷式也。」(七)

司馬光在《通鑑》上說：「臣聞天子之職莫大於禮，禮莫大於分，分莫大於名。何謂禮？綱紀是也。何謂分？君臣是也？何撥亂世反之正，莫近於春秋。……故春秋者，禮義之大宗也。」謂名？公侯卿大夫是也。夫以四海之廣，兆民之眾，受制於一人，雖有絕倫之力，高世之智，莫敢不奔走而服役者豈非以禮爲之綱紀哉！……夫禮辨貴賤，序親疏，裁群物，制庶事，非名不著，非器不形，名以命之。器以別之，然後上下粲然有倫，此禮之大經也。」(八)

禮對於中華民族歷史之大經，在於歷史之正統。司馬遷作《史記》，雖重名分，分〈本紀〉〈世家〉〈列傳〉各編，然以項羽列於〈本紀〉，以孔子列於〈世家〉，則尚有例外，劉知幾嚴詞責備：

「馬遷撰史記，項羽僭盜，而紀之曰王，此則眞僞莫分，為後來所惑者也。自茲已降，詭謬相因，名諱所施，輕重莫等。」(九)

歷代編修史書的人，莫不重名分，以朝代帝王的正統爲史書的綱紀。成則爲王，敗則爲賊，乃是千古的定例。司馬光作《通鑑目錄》，就把這種思想表現得很明瞭。

除了名分以外，孔子作《春秋》也注意其他倫理原則，如人君不代天行道，迫害人民，則罪該死，「文十六年，宋人殺其君杵臼」。「成十八年春天正月庚申，晉弒其君州蒲」不書弒君的人，而書國人弒君，表示國民懷恨君王的暴虐。大家願意殺死他。這是《春秋》寓褒貶的寫法。又如「夏五月，鄭伯克段于鄢」《左傳》曰「書曰：鄭伯克段于鄢，段不弟，故不言弟，如二君。故曰克，稱鄭伯，譏失教也。謂之鄭志，不言出奔，難之也。」這種褒貶，是關於兄弟一倫的倫理。

《春秋》一書，雖是一冊史書，內容實是一冊社會倫理。司馬遷在《史記》自序說：「夫春秋上明三王之道，下辨人事之紀，別嫌疑，明是非，定猶豫，善善惡惡，賢賢賤不肖，存亡國，繼絕世，補敝起廢，王道之大者也。易著天地陰陽四時五行，故長於變。……春秋辨是非，故長於治人……易以道化，春秋以道義。

乙、仰古以治今

司馬遷在《史記》自序裡又說：「故有國者，不可以不知春秋，前有讒而弗見，後有賊而不知。爲人臣者不可以不知春秋，守經事而不知宜，遭變事而不知其權。爲人君父而不通於春秋之義者，必蒙首惡之名。爲人臣子而不通於春秋之義者，必陷篡弒之誅，死罪之名。」

《春秋》的宗旨，既在於顯示禮義的綱紀，就在於使後代的人知所遵循，。歐美人看重歷史，也爲的能在歷史裡取得教訓；但總比不上中國人尊重歷史爲教師的心情。司馬光修《資通鑑》，是奉皇上的命令而修的。皇上所以要他修史，宗旨就在於從歷史裡學得教訓，治通鑑・御賜》序文曰：

「其所載明君良臣切摩治道議論之精語，德刑之善制，天人相與之際，休咎庶證之原，威福盛衰之本，規模利害之效，良將之方略，循吏之條教，斷之以邪正，要之於治忽，辭令淵原之體，箴諫深切之義，良謂備焉。凡十六代，勒成二百九十六卷，列於戶牖之間，而盡古今之統，博而得其要，簡而周於事，是亦典刑之總會，冊牘之深林矣。若夫漢之文宣，唐之太宗，孔子所謂吾無間焉者。自餘治世盛王，有慘怛之愛，有忠利之教，或知人善任，恭儉勤畏，亦各得聖賢之一體，孟軻所謂吾於武成，取二三策而已。至於荒墜顛危，可謂前車之失，亂賊姦宄，厥有履霜之漸。詩云：商鑑不遠，在夏后之世，故賜其書名曰資治通鑑，以著朕之志焉耳。」(十)

中國人對於歷史的教訓，引以爲重；這也是受《易經》循環變易原理的影響。中國人認爲歷史是循環的，前代的環境在後代可以出現，前代的制度當然可以作爲後代的綱紀，前代人的成敗，也可以作後代人的借鏡。歷史的意義，就特別集中在這一點。鄭樵還要嘆惜！「然欲有法制可爲歷代有國家者之紀綱規模，實未見其作。」

4. 後代史書

《尚書》是中國最古紀言的史書，也是一本政府的官家史書。《春秋》是孔子的私人著作，《史記》也是司馬遷的「一家之言」。班固修《漢書》，則奉有朝廷的命令。以後各朝代的歷史，都是朝廷正式編修的書；只有清史還沒有由民國政府予以編修。現在所有的廿五史，便是中國的一部正式的正統史。

這部史書，在方法上，是編年或傳紀；在評論上，是遵照《春秋》的大義；承傳天命史觀與倫理史觀，但是因爲歷史的年代，約五千多年，史事的變遷，顯示出來幾項歷史哲理，使我們更認識中華民族對民族生存所具的意義。

甲、民族生存的代表是民族文化

從歷代的歷史，我們知道中華民族曾經征服了鄰近的許多民族，以他們作爲中國的屬國，在另一方面，中華民族受過外來民族長久的統治。在民族和民族相接觸相鬥爭的時代裡，當然是以武力爲主，戰勝者統治戰敗者，但是從中華民族去看，武力只是一種工具，在武力以後，有中華民族的文化。漢武帝唐太宗以及清朝的康熙乾隆，武功最高，征服屬國也多，但是他們對於屬國的政策，都是希望夷狄民族向化。中國人從來沒有像羅馬人以武力和政治去統治所征服的民族，中國人對於被征服的民族，只要他們接受中國的文化。

《新唐書・夷狄列傳》傳首說：

「夷狄為中國患尚矣。在前世者，史家類能言之。唐興，蠻夷更盛衰，與中國亢衡者有四：突厥、吐蕃、回鶻、雲南是也。方其時，群臣獻議盈廷，或聽或置，班然可睹也。劉貺以為嚴尤辯而未詳，班固詳而未盡，推其至當，周得上策，秦得其中，漢無策。何以言之？荒服之外，聲教所不逮，其叛不為之勞師，其降不為之釋備，嚴守禦險走集，使其為寇不能，為臣不得也。『惠此中夏，以綏四方』，周之道也。故曰周得上策。」(十)

周朝的政策，是「惠此中夏，以綏四方」，不動兵，不合親，不賜爵，以聲教去感化。中華民族受外來民族的蹂躪，先有五胡亂華，後有遼金蒙古和滿清。蹂躪的結果，有元朝和清朝。但是當他們成了中國正統以後，他們已接受了中國的文化，融化在中國文化以內，成了中華民族的一部份。

民族的歷史，以文化爲代表，文化乃是歷史的精神主體。民族的主體，固然是民族的人，然而每個人之能成爲歷史的主體，是從他和民族的關係去看。一個人和民族的關係，一定是他對於民族文化的某一部份發生關係，並不是他對於其他單人的關係。因此民族的歷史的主體。是民族的文化。

民族的文化，乃歷史的精神主體；這一點已經爲當代歷史哲學家所公認。中國歷代的《史書》，雖說所記載的都是一些政治和戰爭的事蹟，然而這些史事的意義，則如《資治通鑑》的《御賜序》所說：「是亦典刑之總書，冊牘之深林矣。」典刑即是典章法制，書牘即是文教治略，從實際的史事裏，建設中華民族的文化。

中國廿世紀所記的事蹟，或爲本紀，或爲列傳，乃是一些單人的史事。把這些單人的史事，所以然能集合成爲中國的歷史，是因爲這些人可以視爲中華民族的代表。他們所可以代表中華民族的，不是片面的具體事蹟，而是具體事蹟在中華民族的文化上，所有的影響。每個單人相繼死亡，歷史則常繼續，就是因爲歷史的精神主體常常存在。不過歷史的精神主體是依附在民族的人身上。若是民族的人都滅了，精神主體即民族文化，也將不存在，歷史也就沒有史事可寫了。兩者是相依的，民族的文化斷了，民族的歷史也就斷了。民族的人滅了，民族的歷史也就絕了。

乙、民族的生存和長進是由人去創造

馬克思的唯物史觀，以歷史的演進，是按照自然法由生產工具和方式去決定，當生產工具起了變化時，社會的組織必定要起變化。生產工具的變化，則是由生產的環境去創造。這樣，人的理智力則對於社會沒有影響了，人就等於牛馬。史大林以爲這種思想可以冷淡工人的革命熱情，尤其不能鼓勵各國的共黨革命，乃倡言在社會革命中，雖然生產環境是重大要素，但是最主要的還是工人的推動力。但這一點小改革，並不能改進馬克思的唯物史觀。因此，共產黨所寫的國家歷史，都是按照唯物史觀的模型：初民社會、奴隸社會、封建社會、資本社會、共產社會，去寫歷史。歷史所注意的，乃是預先假定的變遷歷程即是社會制度，不注意個人的史事。

中國的廿四史或廿五史，雖然也遵照春秋的義理；然而史書所注意的，是個人的事蹟。史書注意個人的事蹟，是認定個人的事蹟對於民族的文化，和民族的長進，具有很大的關係。中國史書尊重堯舜禹湯文武周公，尊重漢武帝唐太宗，又尊重歷代的賢良宰相，就是因爲他們有功於中國的文物制度。中國人的心理，也是願意名垂史冊，流芳千古。因此，中國史書的本紀和列傳，都是以個人爲主體，不是以制度爲主體。

劉知幾在《史通》說：

「昔荀悅有云：立典有五志焉：一曰達道義，二曰彰法式，三曰通古今，四曰著功勳，五曰表賢能。干寶元釋五志也：體國經野之言則書之用兵征伐之權則書之，忠臣烈士孝子貞婦之節則書之，文誥專對之辭則書之，才力技藝殊異則書之。於是採二家之所議，徵五志之所取，蓋記言之所網羅，書事之所總括，粗得於茲矣。」(十一)

「夫人之生也，有賢不肖焉。若乃其惡可以誡世，其善可以示後，而死之日，名無得而聞焉，是誰之過歟？蓋史官之責也。……夫名刊史冊，自古攸難，事列春秋，哲人所重。筆削之士，其慎之哉。」(十二)

個人的事蹟，作惡可以爲世人之誡，行善可以爲世人之勸。若在國家執政，言行更可以影響社會，史書乃記載他們的事蹟。他們的事蹟，留在國家的歷史裡，就表示他們對於國家民族的生存，有了影響。國民每個人既能影響國家民族的生存，國家民族的生存和長進，便靠國民去推進。

丙、趨向大同

《禮記·禮運篇》說：

「大道之行也，天下為公，選賢與能，講信修睦，故人不獨親其親，不獨子其子，使老有所終，壯有所用，幼有所長，鰥寡孤獨廢疾者，皆有所養。男有分，女有歸，貨惡其棄於地也，不必藏於己；力惡其不出於身也，不必為己。是故謀閉而不興，盜竊亂賊而不作；故外户而不閉，是謂大同。」

這是中華民族的理想，也就是中華民族歷史的趨向。中華民族的歷史，可以說是包括在大學的大綱裡：修身、齊家、治國、平天下。平天下的理想，則是禮記的大同思想。這種理想雖然不能達到，禮運似乎嘆惜這是已往的事，後代至多能有小康之世，禹、湯、文王、周公，就是小康世的代表。但是中國人的心目中，我們是要向這種理想走。大同的理想，乃是中華民族的理想。

丁、奉天法古——道統

中國史書上的一個重要觀念，為董仲舒在《春秋繁露》的第一篇所說的：奉天法古。這種觀念不僅代表中國歷代皇帝的政治原則，也代表中國古代的一種歷史思想。董仲舒說：

「春秋之道，奉天而法古，是故雖有巧手，弗修規距，不能正方圓，雖有察耳，不以六律，不能定五音；雖有知心，不覽先王，不能平天下。然則先王之遺道，亦天下之規矩六律已。故聖者法天，賢者法聖，此其大數也。得大數而治，失大數而亂，此治亂之分也。所聞天下無二道，故聖人異，治同理也。古今通達，故先賢傳其法於後世也。……今所謂新王必改制者，非改其道，非變其理，受命於天，易姓更王，非繼前王而王也。若一因前制，修故業，而無有所改，是與繼前王而王者無以別。受命之君，天之所大顯也。事父者承意，事君者儀志，事天亦然；今天大顯已物，襲所代而率與同，則不顯不明，非天志。故必徙居，更稱號，改正朔，易服色者，無他焉，不敢不順天志，而明自顯也。若夫大綱人倫道理政治教化習俗文義盡如故，亦何改哉，故王者有制之名，無

易道之實。孔子曰：無為而治者其舜乎！言其主堯之道而已，此非不易之效歟！」(古)

孔子在《春秋》書裡，主張改朔，如「春王正月」。君王受天命；登基，便該改朔，改稱謂，這是歷代皇帝的習慣，也可以說是規矩。若是不是繼承先王之位，而是創立朝代之君，則還要移地而居，易服色。這種規矩是爲表示尊重天意。但是歷代有所不能改的，則是先王之道。所謂先王之道，乃是堯、舜、禹、湯、文、武、孔子之道，世代相傳，而成爲後來王船山所稱的「道統」。「法備于三王，道著于孔子」(讀通鑑論 卷一 秦始皇)

中國歷史作史論的人，評價的標準，常在於「古聖之道」。《資治通鑑》御賜序說：『惟其是非不謬於聖人，褒貶出於至當，則良史之才矣。」司馬光曾編《稽古錄》，對於史事常有評論，評論即「臣光曰」，在評論史，司馬光所守的原則，便是「古聖之道」。

「臣光曰：周自平王東遷，日已衰微，至於戰國又分而為二，其土地人民不足以比強國之大夫；然而天下猶尊而事之，以為共主，守文武之宗祧，焉久而不絕，其故何哉？植本固而發源深也。昔周之興也，禮以為本，仁以為源，自后稷已來，至於文武成康，其講禮也備矣，其施仁也深矣，民習於耳目，浹於骨髓。雖後世微弱，其民將有陵慢之志，則畏先王之禮而不敢為，將有離散之心，則思先王之仁而不忍去，此其所以享國長久之道也。不然，以區區數邑，處於七暴國之間，一日不可存，況數年乎。」(十五)

「臣光曰：……蓋言治亂之道，古今一貫，歷年之期，惟德是視而已。臣性愚學淺，不足以知國家之大體，然竊以簡策所載前世之迹，占之，輒敢昧死妄陳一二。夫國之治亂，盡在人君，人君之道有一，其德有三，其才有五。何謂人君之道一？曰：用人是也。……何謂人君之德三？曰仁，曰明，曰武。……何謂人君之才五？曰創業，曰守成，曰陵夷，曰中興，曰亂亡。……蓋自宋興二十年，然後大禹之跡復混而為一，以至於今，八十有五年矣。朝廷清明，四方無虞，戎狄順軌，群生遂性，民有自高曾以來，未嘗識戰鬥之事者。蓋自古太平未有若今之久也。易曰：君子安不忘危，存不忘止，治不忘亂。周書曰：制治於未亂，保邦於未危。今人有十金之產者，猶知愛之，況為天下富庶之主，以承祖宗光大完美之業。嗚呼！可不戒哉！可不愼哉！」(十六)

「古聖之道」成爲歷史哲學的思想，使中國人觀察史事常有一定的評價標準。這種標準創自孔子的《春秋》，繼承在司馬遷的《史記》裡面，董仲舒的《春秋繁露》加以發揮，後代史家乃奉爲規矩。

二、中國中古歷史哲學思想

1. 史通

中國古人所著的書，很少有專門討論一個問題的著作。漢朝時有桓寬著《鹽鐵論》，共六十篇，專門討論郡國鹽鐵的問題。這本書爲中國古代一本很有價值的經濟著作。唐朝劉知幾著《史通》，專門討論史學問題，爲中國研究歷史哲學的第一人。雖然全書沒有一貫的系統，又所討論的對象都係史學的方法論；但書中也提到歷史哲學的幾個問題。因此，我們可以推重《史通》，作爲中國第一冊歷史哲學的書。

甲、劉知幾生平事略

劉知幾生於唐高宗龍朔元年（西曆六六一年），江蘇徐州彭城叢亭里人，字子玄。父名劉藏器，有詞學，年七十仍爲尙書郞。知幾兄弟六人，都負盛名，鄉人改名他的鄉里爲高陽鄉居巢里。知幾有子六人，也都稱爲才子。

知幾年少，性好歷史，讀古文《尙書》，屢遭打，學業不進；但聽見父親講《春秋左傳》，馬上能夠分析史事義理。於是遍讀古代史書，十六歲，卒業，寫劄記。年二十，成進士，授官獲嘉縣主簿。到三十九歲，武后聖曆二年（西曆六九九年）遷官定王府倉曹，奉武后旨，和徐堅，徐彥伯，張說等二十六人，同撰《三教珠英》。後三年，武后大足元年（西曆七〇一年）書成，共一千三百卷，目錄十三卷，後改名《海內珠英》。四十二歲時，以著作郞，兼修國史，尋遷《左史》，撰《起居注》。次年，奉詔修《唐史》。和朱敬則、徐堅、吳兢撰《唐書》，共成八十一卷。四十四歲時，武后長安四年（西曆七〇四年），擢拜鳳閣舍人，暫停史職。武則天皇后於次年崩於上陽宮，中宗復辟，知幾除著作郞，太子中允，修《武后實錄》。中宗景龍元年（西曆七〇七年），知幾年四十七歲，再轉太子中允，兼修《唐史》。修史時，立正不阿，和一同修史的史官，意見不合，不能實行自己的主張，五十歲時，著《史通》一書，是年遷太子左庶子，兼崇文館學士，睿宗先天元年（西曆七一二年），知幾五十二歲，奉詔和柳沖改修《氏族志》。後兩年又刊定《姓族系錄》。唐玄宗即位後，知幾於開元三年（西曆七一五年）遷左散騎常侍，仍舊兼修史書。開元四年，知幾撰《昭成皇太后哀州文》，又和左人吳兢撰成《睿宗實錄》，《則天實錄》，《中宗實錄》，共成七十卷，開元七年（西曆七一九年），知幾年五十九歲，上《孝經註議》。開元九年（西曆七二一年）年六十一歲，長子犯事配流，知幾詣執政訴理，上怒，貶授安州別駕，在道一年，便憂憤成疾而卒。㈦

劉知幾一生，從事編纂國史，也從事古書的考訂。他在歷史的研究裡，造詣很高，除了編修《唐書》和《實錄》以外，寫了《史通》一書，討論史學的問題。

《史通》分內外兩篇：內篇有史論三十六，外篇有史論十三，共四十九篇。知幾自序說：

「嘗以載削餘暇，商榷史篇，下筆不休，遂盈筐篋，於是區分類聚，編而次之。……于時歲次庚戌。景龍四年，仲春之月也。」

乙、劉知幾的歷史哲學思想

A、歷史的分類

中國史書的分類，素來有多種的分法，最早的分類是紀言的書，和紀行的史。《禮記．玉藻篇》說：「動則左史書之，言則右史書之。」孔子用古史的材料而作《春秋》，《尚書》則為紀言的書。《春秋》和《尚書》代表中國最古的兩種歷史。鄭樵在遺稿裡又分歷史為史和書兩種：

「有文有字，學者不辨文字；有史有書，學者不辨史書。史者官籍也，書者書生之所作也。自司馬以來，凡作史者皆是書，不是史。」㈥

這種史和書的分類，就是現代史料和歷史的分類。所謂「史者官籍也」即是政府所收集史料，國史館所保收的文據。「書者，書生之所作也。」即是歷史家所寫的歷史，成一家言。

司馬遷作《史記》，以傳記體裁寫史，和孔子作《春秋》的編年體裁不同。中國歷史裡遂有紀年和紀事本末兩種。劉知幾特別提出這種分類。《四庫全書總目》裡說：

「司馬遷改編年為記傳，荀悅又改記傳為編年，劉知幾除通史法，而史通分敘六家，統歸二體，則編年紀傳均正史也」(九)

《史通》所討論的六家：爲尚書家，春秋家，左傳家，國語家，史記家，漢書家。討論各家的原委和體制；一共總歸於兩類：

「於是考茲六家，商榷千載，蓋史之流品，亦窮之於此矣。而朴散淳銷，時移世異，尚書等四家，其體久廢，所可祖述者，唯左氏及漢書二家而已。」(十)

在《史通》外篇的「古今正史」裡，知幾述說歷代所修史書，和史書的作者，體裁，價值，自唐虞一直到《唐書》，他結論說：

「大抵自古史臣撰錄，其梗概如此。蓋屬詞比事，以月繫年，為史氏之根本

，作生人之耳目者，略盡於斯矣。自餘編記小說，則不暇具而論之。」(三)

《史通》的內篇的第二篇爲《二家》篇，繼續「六家」的思想，評論紀年和紀傳兩種體裁的長短：

「夫春秋者，繫日月而為次，列時歲以相續，中國外夷，同年共生，莫不備載其事，形於目前，理盡一言，語無重出，此其所以為長也。至於賢士貞女，高才儁德，事當衝要者，必盱衡而備錄，跡在沈冥者，不枉道而詳說。如絳縣之老，杞梁之妻，或以酬晉卿面獲記，或以對齊君而見錄。其有賢如柳惠，仁者顏回，終不得彰其名氏，顯其言行。故論其細也，則纖芥無遺；語其粗也，則丘山是棄，此其所以為短也。史記者，紀以包舉大端，傳以委曲細事，表以譜列年爵，志以總括遺漏，逮於天文、地理、國典、朝章，顯隱必該，洪纖靡失，此其所以為長也。若乃同為一事，分在數篇，斷續相離，前後屢出。於高紀，則云語在項傳，於項傳，則云事具高紀。又編次同類，不求年月，後生而擢居首帙，先輩而抑歸末章，遂使漢之賈誼，與楚屈原同傳。魯之曹沫，與燕荊軻並編。此其所以為短也。……後來作者，不出二途。故晉史有王、虞，而副以干紀。宋書有徐、沈，而分為裴略，各有其美，並行於世。」(二)

劉知幾把兩體的長短都說明了，紀年的體裁簡賅，年代清楚，大事都記錄；但是沒有大事的名士賢豪，都不名列簡策。而且事情的原委，常不能詳細敘述，紀傳體則紀錄史事的原委；但是一事一人因牽涉許多人，於是便散在多篇的傳記裡，事情也常重覆。

浦起龍在《史通通釋》書中說：

「按此篇與六家頂接。六家舉史體之大全，二體定史家之正用。先分論其得失，不以有失而不行。後合勘其兩行，不得偏任而廢一。以左荀等字當編年字觀，以班馬等字當紀傳字觀。會此替身，乃得縣解。自後秘省勅撰，唯此二途，藝文史部，必先二類。知幾是篇，誠百代之質的也。」(三)

B、論贊和敘事的理法

中國史書中，常有論贊的文章，長短不一。中國古文裡，又有史論一格，評論一件史事或一個人。論贊或史論的意義，在於說明對於史事的解釋，史事的解釋，不單是說明史事的因果關係，也要評論史事的價值，而且以後者爲主。對於史事價值的評論，起自孔子的《春秋》；但是孔子的《春秋》，將評論包含在敘事的方式裡，所以說「寓褒貶」。左丘明寫《春秋左傳》則用「君子曰」以作評語，司馬遷作《史記》，則在篇末加「太史公曰」，以後「班固曰贊，荀悅曰論，東觀曰序，謝承曰詮，陳壽曰評，王隱曰議，何法盛曰述，揚雄曰譔，劉昞曰奏，袁宏、裴子野自顯姓名，皇甫謐、葛洪，列其所號。史官所撰，通稱史臣。其名萬殊，其義一揆。必取便於時者，則總歸論贊焉。」㉔劉知幾認爲以上所有史書的論贊，極大多數都是空虛的文章，沒有內容。他主張史書所有的評論，應該是：

「夫擬春秋成史，持論尤宜闊略。其有本無疑事，輒設論以裁之，皆該私徇筆端，苟衒文彩，嘉辭美句，寄諸簡冊。豈知史事之大體，載削之指歸者哉。必尋其得失，表其異同。」㉕

最後兩句，「尋其得失，表其異同」，「得失」爲史事的價值；「異同」爲史事的考訂，追究因果關係，論贊或史論皆按這兩個標準去寫，不宜祇圖寫一篇好文章，或一篇韻

文。文裡沒有內容。而況文章要簡約。「片言如約，而諸義甚備，所謂文省可知者也。」(二六)

論贊是史家對於史事的解釋，應按義理，義理即是中國聖賢之道。史事的解釋，是現代歷史哲學上的一個大問題，劉知幾承認歷史家對於史事可以有自己的解釋。至於史家寫史，則應尊重史事的客觀性，實事求是，不能按自己的主觀見解去寫。

「美者，因其美而美之；雖有其惡，不加毀也。惡者，因其惡而惡之；雖有其美，不加譽也。」(二七)

「工為史者，不選事而書，故言無善惡，盡傳於後。」(二八)

知幾並且主張紀錄歷史人物的言語時，應照當時的語氣紀錄，不要把另一時代或另一地域的語氣來代替。

「夫三傳之說，既不習於尚書；兩漢之詞，又多違於戰策。足以驗甿俗之遞改，知歲時之不同。而後來作者，通無遠識，記其當世口語，罕能從實而書。方復追效者人，示其稽古。」(二九)

對於敘事，史家以史事爲對象，以敘事爲先。敘事的方法，以簡要爲主。因此，史家不宜過於敷張，更不宜虛寫情節。

「夫史之稱美者，以敘事為先。至若書功過，記善惡，文而不麗，質而非野，使人味其滋旨，懷其德音，三復忘疲，百遍無斁，自非作者曰聖，其孰能與於此乎。」㈩

「夫國史之美者，以敘事為之，而敘事之工者，以簡要為主。簡之時義大矣哉。……又敘事之省，其流有二焉：一曰省句，二曰省字。」㈢

省字省句，使史書的文字簡閿，劉知幾推崇《尙書》和《春秋》。他又主張歷史用語，宜於隱晦，不宜曝露無遺。

「然章句之言，有顯有晦，顯也者，繁詞縟説，理盡於篇中。晦也者，省字約文，事溢於句外。然則晦之將顯，優劣不同，較可知矣。夫能略小存大，舉重明輕，一言而巨細咸該，片語而洪纖靡漏，此皆用晦之道也

。」㉒

他的這種思想，是對於魏晉南北朝的史書，崇尚辭藻的反應。自史漢以後「史道陵夷，作者蕪音累句，雲蒸泉湧，其爲文也，大抵編字不隻，捶句皆雙，修短取均，奇偶相配。故應以一言以蔽之者，輒足爲二言；應以三言成文者，必分爲四句。彌漫重沓，不知所裁。」㉓

文字的散漫或藻飾，可以歪屈史事的真實性。知幾很注重史事的真實，因此要求史家要有正直的史德。

「正直者，人之所貴，而君子之德也。」㉔

「君子以博聞多識為工，良史以實錄直書為貴。」㉕

C、實 錄

歷史紀事，以實錄爲原則。實錄的原則包含幾個條件。第一個條件是消極的條件，不要有「曲筆」。曲筆表示作史的人，因自己的好惡，或因勢利的誘迫，把史事歪曲了。不好的人寫成好人，好人寫成了壞人。這種事情在中國史書曾經有過。

「肇有人倫，是稱家國。父父子子，君君臣臣，親疏既辨，等差有別。蓋父為子隱，直在其中，論語之順也；略外別內，掩惡揚善，春秋之義也。自茲已降，率為舊章。史氏有事涉君親，必言多隱諱，雖直道不足，而名存焉。」(三六)

「父爲子隱，子爲父隱。」乃是中國倫常之道。作史書的人，也宜遵守，並不有損「直書」的原則。

「其有舞詞弄札，飾非文過。若王隱、虞預，毀辱相凌，子野、休文，釋紛相謝。用舍乎臆說，威福行乎筆端，斯乃作者之醜行，人倫所用疾也。亦有事每憑虛，詞多烏有，或假人之美，藉為私惠，或誣人之事，持報已讎。若王沈魏錄，濫述貶甄之詔，陸機言史，虛張拒葛之錄。班固受金而始書，陳壽借米而方傳，此又記言之奸賊，載筆之仇人，雖肆諸市朝，投畀豺虎，可也。」(三七)

知幾痛恨這些曲筆的史家，稱爲歷史的奸賊，爲人倫所疾惡。他自己則直書不懼，在上面所引文據的同一篇裡說：「知幾之在史曹，徑直載筆，以爲忤時，激而爲言。」

第二個條件，是謹加選擇史事。

古今史事繁雜駁亂，作史的人必定要有選擇，不能一概都予以敘述。史家選擇史事有什麼標準呢？何者可取？何者可捨？劉知幾舉例以荀悅，干寶的五志作爲標準，再擴充三科。

「昔荀悅有云：立典有五志焉：一曰達道義，二曰彰法式，三曰通古今，四曰著功勳，五曰表賢能。干寶之釋五志也：體國經野之言則書之，用兵征伐之權則書之，忠臣烈士孝子貞婦之節則書之，文誥專對之辭則書之，才力技藝殊異則書之。於是採二家之所議，徵五志之所取，蓋記言之所網羅，書事之所總括，粗得於茲矣。然必謂故無遺恨，猶悲未盡者乎。今更廣以三科，用增前目，一曰敘沿革，二曰明罪惡，三曰旌怪異。禮儀用舍，節文升降則書之；君臣邪僻，國家喪亂則書之；幽明感應，禍福萌兆則書之。於是以此三科，參諸五志，則史氏所載，庶幾無闕，求諸筆削，何莫由斯」(三九)

第三個條件，是有勇氣，不怕強權，敢於直書。

劉知幾生性剛強，正直，遇事敢言。在修史時，常主直書不諱。但當時一同修史的人，卻不贊成他的主張，常生齟齬。他自己便不以所修的史書爲滿意。他在《史通》的自敍說：

「凡所著述，嘗欲行其舊議；而當時同作諸士及監修貴臣，每與其鑿柄相違，齟齬難入。故所載削，皆與俗浮沉。雖自謂依違苟從，然猶大為史官所嫉。」

知幾對於古史，批評很嚴；而他最打擊的史家，是一些畏難收賄，不敢直書史事的人。

「若王沈孫盛之伍，伯起德棻之流，論王業則黨悖逆而誣忠義，敘國家則抑正順而褒篡奪，述風俗則矜夷狄而陋華夏，此其大較也。必伸之以糾摘，窮其負累，雖擢髮而數，庸可盡邪！」(元)

知幾一生以正直忤人，最後被玄宗貶流。但有時批評古代史家，也言過其辭，指責他們爲愚妄，爲邪說，爲小人。然而也可以看見他是怎樣維護《直書》的原則。

今」。

D、歷史的意義

歷史的意義，也常被看爲歷史的價值。歷史是做什麼的？劉知幾說歷史是「以古傳今」。

「為史之道，以古傳今。」(四十)

這種意義，乃是歷史的普通意義，大家都知道。歷史還有沒有別的意義呢？按照孔子作《春秋》的意義，以褒貶去揚善懲惡。劉知幾說：

「史之為用，記功司過，彰善癉惡。」(四一)

「史之為務，申以勸誡，樹之風聲。」(四二)

所謂勸誡和樹風聲，當然不是對於歷史上的人物；他們已經死了，怎樣可以勸誡！歷史的勸誡，當然是對於後代的人，也是爲後代的人樹風聲。

這一種意義，算是中國歷史作家的共同目標，也是儒家倫理的重要點。《史通通釋》解釋《史記・人物篇》說：「以書善書惡植史體，以勸善懲惡宏史才，若善不足以勸，惡不足以懲，則其用無所施，而於體不宜褻，乃史或闕書焉，或濫書焉，兩皆失之。」雖然歷史的勸誡和風聲是爲後人，可是以古傳今，則是對於已故的人物而言，把古人的事傳於後代，這是歷史的功效；現在活著的人便希望歷史傳述他們的事蹟，使自己的名傳流後世。劉知幾說：

「夫人寓形天地，其生也若蜉蝣之在也，如白駒之過隙，猶且恥當年而功不立，疾沒世而名不傳。上起帝王，下窮匹庶，近則朝廷之士，遠則山林之客，諒其於功也，名也，莫不汲汲焉，孜孜焉，夫如是者何哉？皆以圖不朽之事也。何者而稱不朽乎？蓋書名竹帛而已。」(四)

我們總結《史通》的歷史哲學思想，雖和以前的歷史思想差不多；但《史通》能有系統地予以討論，舉出歷史書上的多種例証，開啓了後代論史的途徑。劉知幾對於古代歷史書籍深有研究，都能予以批評，有時不免偏急，然對於自己的史學主張，持之甚堅。因此，《史通》一書，可稱爲中國第一冊歷史哲學思想的書。至於〈疑古〉一篇，討論考據史事的方法，也有獨到的見解。〈史官建置〉和〈古今正史〉兩篇，則是中國歷史學的歷史。故讀了《史通》一書，可以明瞭從上古到唐朝，所有中國的歷史書。就這一點說，《史通》一書的價值頗高。

2. 正統論

甲、五德符瑞

討論中國歷史哲學思想，必定要討論正統論。這個問題，不僅是一種歷史方法，還包含有一種歷史的哲理。這種哲理，就是「因天意而王」。

在《書經》裡，這種思想表現得很清楚，堯、舜、禹、湯、文、武都是由天意而踐帝位。天意的表現，由人意而顯，人民的心歸向一人，這人就是上天所選。「天聰明，自我民聰明；天明畏，自我民明威。」（書經 陶謨），「天所善惡與民同，天心由於民。」（書經 甘誓）。

到了戰國，五行的思想興起，乃有祥瑞的謬說，以為天意由一些自然界的現象而表現，鄒衍五行之說乃成為中國歷史上一種重要的原則。漢高祖得了皇帝位，因為以赤帝子斬白帝子。司馬遷記劉邦少時斬一蛇。

「有一老嫗夜哭，人問何哭，嫗曰：人殺吾子，故哭之。人曰：嫗子何為見殺？嫗曰：吾子，白帝子也，化為蛇，當道，今為赤帝子斬之，故哭。人乃以嫗為不誠，欲答之，嫗因忽不見。後人至，高祖覺，後人告高祖，高祖乃心獨喜。」(四四)

白帝子代表秦朝，秦文公曾修鄜時，郊祭白帝，事見《史記》《封禪書》。至於五行之說，混入歷史，在《封禪書》裡說得很清楚：

「秦始皇既并天下而帝，或曰：黃帝得土德，黃龍地螾見。夏得木德，青龍止於郊，草木暢茂。殷得金德，銀自山溢。周得火德，有赤烏之符。今秦變周，水德之時。昔秦文公出獵，獲黑龍，此其水德之瑞。於是秦更命河曰德水，以冬十月為歲首，色上黑。」

「自齊威宣之時，騶子之徒，論著終始五德之運，及秦帝，而齊人奏之，故始皇采用之。……騶衍以陰陽主運，顯於諸侯，而燕齊海上之方士，傳其術，不能通，然則怪迂阿諛苟合之徒，自此興，不可勝數也。」

「二年，東擊項籍而還，入關，問故秦時上帝祠，何帝也？對曰：四帝，有白青黃赤之祠。高祖曰：吾聞天有五帝，而有四，何也？莫知其說。於是高祖曰：吾知之，乃待我而具五也，乃立黑帝祠，命曰北時。」㊺

董仲舒乃立「符瑞」之說，也倡「正統」之論，符瑞爲自然界的非常現象，表示受命爲王之符。正統則爲繼承王位的名義，名義要正，乃能承繼王位的一貫次序。董仲舒說：

「有非力之所能致，而自至者，西狩獲麟，受命之符是也。然後託乎春秋，正不正之間，而明改制之義；一統乎天子，而加憂于天下之憂也，務除天下所患，而欲以上通五帝，下極三王，以通百王之道，而隨天之終始，博得失之效，而致命象之為極理，以盡情性之宜，則天容遂矣。」㊻

董仲舒在這篇短文章裡，提出了幾個重要的歷史觀念：「受命之符」，「正」，「一統」，「道統」。中國的君王在建立朝廷時，要有受命之符，名義要正，實際一統中國，而又承繼三王五帝的道統。

漢光武帝登天子位時，以符瑞爲正式的原因。

「光武先在長安時，同舍生彊華，自關中奉赤伏符，曰：劉秀發兵捕不道，四夷雲集龍　野，四七之際火為主。群臣因復奏曰：受命之符人應為大，萬里合信，不議同情，周之白魚曷足比焉。今上無天子，海內淆亂，符瑞之應，昭然著聞，宜答天神，以塞群望。光武如是命有司，設壇場於鄗南，千秋亭五成陌。六月己未，即皇帝位。」[四七]

漢末，魏、蜀、吳三國稱帝，晉滅三國，而南北朝造成分裂，修史的史家乃發生正統的問題。唐朝亡後，各小國林立，誰是正式的中國皇帝，正統問題更嚴重。宋歐陽修便提出《正統》問題。

乙、正統論

「正統論」在漢朝時，雖有疑難，然史家都以秦朝繼承周朝。可是在漢以後，則有西晉東晉以及宋齊梁陳，以至於隋，同時北方則有秦符堅和北魏。因此史家便發生爭論，誰繼承正統。唐朝亡了以後，有五代十國，史家更發生爭論，在這些國家裡，誰又繼承正統。宋朝歐陽修奉旨修史，他乃提出「正統論」，寫了三篇文章：〈正統論序論、論上、論下〉。

歐陽修的主張，第一反對五行乘運之說，詆爲邪說。他在〈正統論上〉說：

「而曰五行之運有休，主一以彼衰，一以此勝，此歷官術家之事，而謂帝王之興，必乘五運者，繆妄之說也，不知出於何人。蓋自孔子歿，周益衰亂，先王之道不明，而人人異學，肆其怪奇放蕩之說。後之學者，不能卓然奮力而誅絕之，反從而附益其說，以相結固。故自秦推五勝以水德自名，由漢以來，有國者未始不由於此說，此所謂溺於非聖之學也。」(四)

五行乘運之說，不能作爲正統的標準，正統究竟怎麼定呢？「正」是名義正，皇帝登位的名義有正與不正，正的名義有兩種：一是以嫡繼承王位，一是以德而創天下。統，則是一統天下。

「傳曰：君子大居正，又曰：王者大一統。正者，所以正天下之不正也，統者所以合天下之不一也。由不正與不一，然後正統之論作。……大抵可疑之際有三：周秦之際也，東晉後魏之際也，五代之際也。……」㈣

「凡為正統之論者，皆欲相承而不絕，至其斷而不屬，則假以假人而續之，是以其論曲而不通也。夫居天下之正，合天下於一，斯正統矣，堯舜夏商周秦漢唐是也。始雖不得其正，卒能合天下於一；夫一天下而居上，則是天下之君矣，斯謂之正統可矣，晉隋是也。天下大亂，其上無君，僭竊并興，正統無屬，當是之時，奮然而起，爭乎天下，有功者彊，有德者王，威澤皆被於生民，號令皆加乎當世。幸而以大并小，以彊兼弱，遂合天下於一，則大且彊者，謂之正統，猶有說焉。不幸而兩立，不能相并，考其迹則皆正，較其義則皆均焉，則正統者將安予奪，東晉後魏是也。其或終始不得其正，又不能合天下於一，則可謂之正統乎？魏及五代是也。然則有不幸而丁其時，則正統有時而絕也。故正統之序，上自堯舜歷夏商周秦漢而絕，晉得之而又絕，隋唐得之而又絕。自堯舜以來，三絕而復續，惟有絕而復續，然後是非公，予奪當，而正統明。」㈤

歐陽修以「正統」應具有兩種條件，一是名義正，一是統一中國。名義的正不正和統一有關係。就是名義不正，而能統一中國，則名義隨著也就變爲正了。若是不能統一天下，同時有兩個朝廷並立，雖是有正當的名義，也不能視爲正統。他主張中國朝代的正統斷絕了三次。

章望之作《明統論》三篇，創『正統』和『霸統』，蘇軾乃作〈正統辨論〉三篇，駁章望之的霸統說。

「正統之論，起於歐陽子，為霸統之說，起於章子。二子之論，吾與歐陽子，故不得不與章子辨，以全歐陽子之說。歐陽子之說全，而吾之說又因以明。……夫所謂正統者，猶曰有天下云爾。正統者果名也，又焉實之知。視天下之所同君而加之，又焉知其他。」㈤

蘇軾的主張，雖與歐陽修同；但是沒有歐陽修那樣嚴格。他說：

「雖然，歐陽子之說，猶有異乎吾說者，歐陽子之所與者，吾之所與也；歐

陽之所以與之者，非吾所以與之也。歐陽子重與之，而吾輕與之。」(五三)

為什麼緣故呢？蘇軾認為正統是個名字，名不能重於實事。歐陽修把「名」看得太重，蘇軾認為不必。

「天下固有無其實而得其名者，聖人於此不得已焉，而不以實傷名，故天下不爭。名輕而實重，故天下趨於實。」(五四)

司馬光作《通鑑》，以周、秦、漢、魏、晉、宋、齊、梁、陳、隋、唐、後梁、後唐、後晉、後漢、後周、互相繼承，又排五德生勝和正閏之論。但是他不願在正統繼承上遵守嚴格的原則，否則中國的歷史就有些階段，不能紀年紀月，歷史便中斷了。

「臣光曰：天生蒸民，其勢不能自治，必相與戴君以治之，苟能禁暴除害，以保全其生，賞善罰惡，使不至於亂，斯可謂之君矣。是以三代之前，海內諸侯，何啻萬國，有民人社稷者，通謂之君。立法度，班號令，而天下莫敢違者，乃謂之王。王德既衰，彊大之國能帥諸侯，以尊天子者，則謂之霸。故自古天下無道，諸侯力爭，或曠世無王者，固亦多矣。秦焚書坑儒，漢興，學者始推五德生勝，以秦為閏位，在木火之閒，霸而不王，於是正閏之論興矣。及漢室顛覆，三國鼎峙，晉氏失馭，五胡雲擾。宋魏以降，南北分治，各有國史，互相排黜。南謂北為索虜，北謂南為島夷。朱氏代唐，四方幅裂，朱邪入汴，比之窮新，運曆年紀，皆棄而不數，此皆私己之偏辭，非大公之通論也。臣愚誠不足以識前代之正閏，竊以為苟不能使九州合為一統，皆有天子之名，而無其實者也。雖華夏仁暴，大小強弱，或時不同，要皆與古之弱國無異。豈得獨尊獎一國，謂之正統，而其餘皆為僭偽哉。若以自上相授受者為正邪，則陳氏何所受？拓拔氏何所受？若以居中夏者為正邪，則劉、石、慕容、符、姚、赫連所得之土，皆五帝三王之舊都也。若以有道德者為正邪，則蕞爾之國，必有令主，三代之季，豈無僻王？是以正閏之論，自古及今，未有能通其義，確然使人不可移奪者也。臣今所述，止欲敘國家興衰，著生民之休戚，使觀者自擇其善惡得失，以為勸戒。非若春秋立褒貶之法，撥亂世反諸正也。正閏之際，非所敢知，但據其功業之實而言之。……然天下析離之際，不可無歲數月日，以識事之先後。……故不得不取魏、宋、齊、梁、陳、

後梁、後唐、後晉、後漢、後周年號，以紀諸國之事，非尊此而卑彼，有正閏之辨也。」(三四)

朱熹不滿意司馬光的重事實，不重名義的作法，以為《資治通鑑》的紀敘朝代方式，很可以使人認爲這種繼承，就是正統的次序，他便作《通鑑綱目》，把三國的魏、吳、和晉、五胡諸國，都稱爲僭國，南北八朝和五代，都沒有統序，不入正統。

宋周密對於朱熹的《通鑑綱目》，頗加推崇，但他卻較比朱子更嚴厲。他說：

「夫正閏之說，其來久矣，甲可乙否，迄無定論。蓋論其正統之有無，雖分裂之不一，或與創而未成，必擇其閒強大者一國當之，其餘不得與焉。此其論所以不定也。自綱目之作，用春秋法，而正統所在，有絕有續，皆因其所建之眞偽，所有之偏全，斟酌焉，以為之予奪，此皆昔人所未及。……以朱子正統之法，而使秦晉及隋乃倖得之，使其尚存。其以計得者，將不以曹丕自說，而幸已之不與同傳。其以力得者，將又不曰湯武之事吾知矣。是後世無復有公論也，而可乎！夫徒以其統之幸得，而遂畀以正，則自今以往，氣數運會之參差，凡天下之暴者，巧者，僥倖者，皆可以竊取而安受之，而為人類者，亦皆俛首，稽首厥角，以為事理之當然，而人道或幾乎滅矣，天地將何以賴以為天地乎。竊謂三代以下，獨漢、唐、本朝、可當正統，秦、晉、與隋，有統無正者，當分注。蕭猶珷玉，居然自明。漢魏之際，亦有不待辨者矣。」(壹)

正統的爭執，在宋以後仍舊繼續，清王船山反對正統之說，袁枚與儲同人也反對正統論。但這個問題確實是中國史學上的一個特殊問題。在國際公法和國際私法上，有「合法政府」的問題，跟「正統問題」有些相似。歐美的史學家則沒有「所謂正統」問題了。(奚)

三、中國近代歷史哲學思想

宋以後，中國的歷史哲學思想，到了清朝，有兩位專家，一位是王船山，一位是章學誠。王船山著有《讀通鑑論》和《宋論》，章學誠著有《文史通議》。王船山是一位史學家，注重歷史的義理，具有歷史哲學的思想。章學誠則注重史學的方法，是一位史學家。我們現在分別予以研究。

1. 王船山的歷史哲學思想

甲、傳略

王船山名夫之，字而農，號薑齋，當時人因他住在船山，稱他爲船山先生。他於萬曆四十七年（西曆一六一九年）生於湖南衡陽。年七歲，讀十三經。年十四歲，督學王聞修選拔入學。年十六歲，學詩，讀古今詩人作品很多。他自小，喜歡向人問四方事，對於江山險要、士馬食貨、典制沿革，皆用心研究。年二十，和哥哥介之同應崇禎鄉試，名列前茅。這年十一月，他和介之一路北上會試，到了南昌，道路不通，流寇犯京師。他乃歸鄉。

崇禎十六年（西曆一六四三年），張獻忠陷衡陽，拘拿了王船山的父親王徵，作爲人質，招王船山來投誠。船山那時避難衡山雙髻峰下，聽到了張獻忠的招降，自己把面部和手臂刺傷，傅上了毒藥，藥發創重，請人抬著來見張獻忠，獻忠嫌他傷重不堪用，乃把他的父親和他都放了。

崇禎帝自盡後，船山聽到了消息，數天不進食，作〈悲讀詩〉百首。時年二十五。過了兩年，清世祖順治二年，船山計劃逃入猺洞，因父親害病，不能往。次年，明隆武稱帝，命何騰蛟屯兵湖南，堵胤堵屯湖北。何、堵兩人不相容，船山怕自相殘殺，往湘陰，上書司馬章曠，請調和何、堵，不被採聽，何、堵兩人卒都敗亡。流寇餘黨降明者改組「忠貞營」，明帝不能制。這時船山年二十八歲，有志讀《易》。次年，清兵下衡陽，船山避居湘鄉。冬十月，丁父喪，乃居「續夢菴」，講求《易》理。

清世祖順治五年，明桂王入肇慶，船山和友人管嗣裘舉義兵于衡山，兵敗，逃往肇慶桂王行在。次年到桂林，大學士瞿式耜特章引薦。父喪制終，就行人司行人介子職。當時內閣王化澄，奸邪自私，想陷害給諫官金堡，丁時魁等五人，船山和管嗣裘謀救於少傅嚴起恒，王化澄參奏起恒，船山乃三次上疏參化澄。王化澄恨王船山，誓想殺他，幸而有忠貞營降將高必正相救，乃得脫。船山以高必正，原名一功，為闖賊的「制將軍」，係國家的 人，不願為他所用，便不往謝。遂往桂林，依瞿式耜。後聞母病，遂反衡陽，不復出。浪游於浯溪、郴州、耒陽、晉 、漣邵之間。

清世祖順治十六年，（公元一六四九年），明永曆帝奔緬甸，清聖祖康熙元年（公元一六六二年）殺明永曆帝。康熙八年，王船山定居船山，築土室名「觀生居」，時年五十一歲。

康熙十七年（公元一六七八年），吳三桂反，據衡陽稱帝，招船山先生，船山遂逃入深山。吳三桂死後，清朝遣湖南中丞鄭端予以嘉獎。鄭端遣郡守往見，送帛和粟，王船山收了粟，退了帛，拒不見郡守。船山當時年六十歲。

康熙二十四年（公元一六八五年），王船山年六十四歲，門生弟子請講易學。時身體多病，仍舊講學著書不輟。

康熙三十四年（公元一六九四年）元月初二，病卒，年七十四。遺命，禁用僧道，自題墓碑曰：「明遺臣王夫之之墓」。自作銘曰：「抱劉越石之孤忠，而命無從致；希張橫渠之正學，而力不能企。幸全歸于茲邱，固銜恤以永世。」葬於大樂山高節里。

《讀通鑑論》，成於康熙二十六年（公元一六八七年），船山時年六十九歲。《宋論》的成書年歲，則不可考。

王船山著作很多，據王譜所說，共百餘種。(37)

乙、王船山的史學思想

歷史學即是史學，史學現在已經成爲一種科學，使用現代最新的科學方法。對於史學資料的研究，對於歷史的作法，對於史事的評判，現代史學家可以應用化學的化驗和數學邏輯和現象論的「還元論」。這些方法，本來屬於科學，不屬於歷史哲學；然而當代的歷史哲學已經承認這方面的歷史學，成爲歷史哲學的一部份。

王船山生於明末清初，科學尙未發達；但是他對於史學的原則，有很深刻的認識。

A、考據

王船山註解《易經》、《詩經》、《書經》和四書，很注重考據。他著有《周易考異》、《尚書攷異》、《詩經攷異》、《四書攷異》，開清朝考據學的先聲。考據的範圍，雖不及清朝經學家的廣泛和深刻，可是他對於考據的原則和方法，則知道很清楚，在歷史學方面，他很看重考據。在《讀通鑑論》和《宋論》中，凡是不足爲據的史事，常常提出，予以批評。

「司馬遷挾私以成史，班固譏其不忠，亦允矣。李陵之降也，罪較著而不可掩。……遷之為陵文過若不及，而抑稱道李廣於不絕，以獎其世業。遷之書為背公死黨之言，而惡足信哉。……」㈦

「武帝之勞民甚矣，而其救飢民也為得，虛倉廥以振之，寵富民之假貸者以救之。……故善於因天而轉禍為福，國雖虛民以生，邊害以紓，可不謂術之兩利而無傷者乎！史識其費以億計，不可勝數，然則疾視民之死亡而坐擁府庫者為賢哉！司馬遷之史，謗史也，無所不謗也。」㈦

「班超之於西域，戲焉耳矣！以三十六人橫行諸國，取其名，欲殺則殺，欲禽則禽，古今未有奇智神勇而能此者。蓋此諸國者，地狹而兵弱，主愚而民散，不必智且勇，而制亡有餘也。……光武閉玉門，絕西域，班固贊其盛德。超，固之弟也，嘗讀固之遺文，其往來教超於西域之意，述竇憲殷勤之意，而羨其遠略。則超與固非意異而不相謀也。其言也如彼，其兄弟相獎，誣上徼幸，以取功名也如此。弄文墨趨危險者之無定情，亦至此乎！」(六十)

「史有溢詞，流俗羨焉，君子之所不取。紀明帝之世，百姓殷富，曰粟斛三十錢。使果然也，謀國者失其道，民且有餧死之憂矣。……明帝之世，不聞民有餧死之害，是以知史之為溢詞也。」(六一)

「孟子曰：『盡然書則不如無書。』尚書刪自仲尼，且不可盡信，況後世之史哉。鬱林王昭業之不足為君，固已。然曰：『世祖積錢及金帛，不可勝計，未朞歲而用盡』。則誣矣。……隋煬之侈極矣，用之十三年而未竭，鬱林君位幾何時，而遽空其國耶？……」(六二)

王船山批評史事不確，雖沒有從旁去考據，但是他據理去考察，斷定史家有所偏，証據確實，也不失為考據史實的良法。

B、史學歸納法

現代西洋哲學，盛倡數學邏輯和現象論方法，他們不承認歸納法為科學求知方法，因不能統統舉齊一類的例證，一例不實，則全部為假。他們創設還元論方法，以為歷史學方法，不是歸納，而是還元。

我們相信在自然科學上，歸納法可以不全，可以不能保不錯，在歷史上本來就沒有一成不變的必然原則，而是可能如此的原則，則歸納法可用之於史學。

王船山常習慣用歸納法，來作史論。他評論史事時，決不憑自己主觀的見地，而是由同類的史事歸納而得的結論。這種方法，船山用得很普遍。在論一樁史事以前，先提出一結論，然後例舉史事以為證。這種方法當然也可稱為還元法，然也不能說不是歸納法。

「人皆有不忍人之心，而眾怒之不可犯，眾怨之不可任，亦易喻矣。……」然後舉孔明、王介甫、李斯等史事以說明。(六二)

「有天下者而私財，業業然守之以為固，而官天地府萬物之大用，皆若與己不相親，而任其盈虛。鹿橋鉅臺之愚，後世開刱之英君，皆席以為常，而詒謀不靖。……」然後舉唐

宋元各朝創業的皇帝，所取前朝收藏之寶。獨有漢高祖因樊噲的譏刺乃得免。(六四)

「人與人相於，信義而已矣。信義之施，人與人之相與而已矣。未聞以信義施之虎狼與蜂蠆。……」例舉宋襄公與楚盟。傅介子誘樓蘭王而斬之，以歸到嚴延年欵奏霍光。(六五)

「建大業者，必有所與俱起之人，未可忘也，乃厚信而專任之，則亂自此起。……」乃舉漢朝與晉朝的史事為證。(六六)

「亂與治相承，恒百餘年而始定。而樞機之發，繫於一言，曰利而已。」乃舉五代各朝的變亂為證。(六七)

「不仁之人，不可以託國。悟而弗終、託之則禍，以訖不悟而深信，雖悟而終託之，亂必自此而興。」漢高帝、唐肅宗、德宗、楊素、徐世勣、趙普，都可為證。

這一類的文據很多。王船山不輕易論史，論時，必以史事為據，和東萊博議，蘇軾，其他文學家的史論不同。(六八)

C、史事義理

王船山的《讀通鑑論》和《宋論》，是兩部史論，而且是中國唯有的兩部評論史事的專書。以往的史論，或者是夾在歷代的史書裡，或者是各種文集裡的幾篇文章。唐劉知幾的《史通》是一冊專論史書的著作，王船山的史論，則是專論史事的著作。

孔子作《春秋》，以批評的筆法寫史，在史事的敘述方式上寓有褒貶。《春秋》是史書，不是史論。王船山作史論，乃是他自己讀史的心得，這種心得就代表研究歷史的人該有的修養和態度，也代表歷史對於後人應有的意義。

王船山評論史事，常以「義理」爲主。每件史事都有自己的事理，事理合於義，則史事爲好爲善；事理不合於義，則史事不好不善。朱子講格物致知，每一物有一物之理，每一事有一事之理，就事物加以研究，便能有事理的知識。王船山對於歷史，研究每件史事之理，然能對於上下幾千年的歷史，便能貫通。

史事的義理，則爲儒家的倫理，儒家倫理見於五經四書。王船山論史，必常以義理爲標準，而以事理與義理相較，絕不憑自己的私意，也不喜激人好奇之心。

在《讀通鑑論》第一篇就說：

「秦以私天下之心而罷侯置守，而天假其私以行大公，存乎神者之不測有如是。夫世其位者習其道，法所便也；習其道者任其事，理於宜也。法備於三王。道著於孔子，人得而習之。」㊈

在讀《通鑑論卷》末的〈敘論三〉裡說：

「論史者有二弊焉：放於道而非道之中，依於法而非法之審，褒其所不待褒，而君子不以為禁，貶其所不勝貶，而姦邪顧以為笑。……此編所述，不敢姑容，刻志兢兢，求安於心，求順於理，求適於用。」

在史論中，有道、有理、有法。不宜用浮詞怪說。王船山因此輕視司馬遷、班固、蘇軾等人。

《噩夢》和《黃書》，屬於史論之書。王船山從史論中選出一些平易的史事，一般人都可以懂，也可以實行，乃加以論述，作爲治國者的寶鑑。他在《噩夢》序裡說：

「教有本，治有宗，立國有綱，知人有道，運天下於一心，而行其典禮，其極致不易者也。……雖然，亦有平者，卑之勿甚高論，度其可行，無大損於上，而可以益下，無過求於精微，而特去流俗。」

D、追究史事的原因

史學上最重要的原則，在於追究史事的原因。原因爲史事的聯絡線，也是史事的意義。

歷史哲學的思想，大都由於歸納和研究史事的原因而來的。史事因果的關係，雖然不像自然界因果關係，有必然的銜接；然而這種因果關係，可以顯示人們的心理，顯示自然環境和社會環境的影響。這一點對於研究社會學，研究民族文化，和推測將來歷史的變遷，都具有很大的助力。因此，研究歷史或是寫歷史，而忽略歷史的因果關係，決不能明瞭歷史的真相。王船山在評論史事時，很注意史事的因果，在寫歷史時，也能追索史事的因由。王船山在中國史學上的所以能有特殊的地位，也因為他看重了這種史學方法。

「西漢之衰，自元帝始，未盡然也。東漢之衰，自章帝始，人莫之察也。元帝之失以柔，而章帝滋甚。……託仁厚而溺於床第，終漢之世，顛越於婦家，以進姦雄而隕大命，帝惡能辭其咎哉。」研究東漢的衰頹，歸因於元帝的「柔於宮闈外戚也。」

「李和之世，袁安任隗丁鴻為三公，何敞韓稜為尙書，皆智勇深沈，可與安國家者也。竇憲之黨謀危社稷，帝陰知而欲除之，莫能接大臣與謀，不得已而委之鄭眾。宦寺之亡漢自此始，非和帝寵刑人疏賢士大夫之咎也。微鄭眾，帝其危矣。撥所自始，其開自光武乎。崇三公之位而削其權，大臣不相親也。授尙書以政而卑其秩，近臣不自固也。故竇憲緣之制和帝，不得與內外臣僚相親，而唯與閹宦居，非憲能制錮蔽之法以鉗天子與大臣也，其家法有舊矣。」追考東漢皇帝親信宦官的緣由，乃於光武帝所立的朝臣制度。(罕)

「朋黨之興，其始於竇憲之誅乎！霍氏之敗也，止其族類之同惡者，而不及其餘。王莽纂而伏誅，王閎其族子而免，他勿論已。竇憲之即法也，……盡舉其宗族賓客，名之以黨，收捕考治之。黨之名立，而黨禍遂延於後世。君子以之窮治小人，小人即以之反噬君子，一廢一興，刑賞聽人情之報復，而人主莫能尸焉。漢唐以還，危亡不救，皆此之由也，可不悲乎！」追究歷史朋黨之禍的起因，在此竇憲正法時，誅到同黨，創起黨的名字。(七)

王船山對於史論，作有《讀通鑑論》和《宋論》，對於史書，則作有《永曆實錄》。永曆之敗，因永曆懦弱，聽信奸臣，清兵還沒有到，就遷居他處，瞿式耜屢次進諫請守不動，都不聽，又聽信王坤和、王化澄，放縱孫可望，終至敗亡。王船山在實錄裡紀述得很清楚。

「……（王）坤以贛州覆陷，遂欲挾上西走。式耜上言：今日之立，為祖宗雪恥，正宜奮大勇以號遠近，東人沉復不靖。苟自甘巽懦，外棄門戶，內釁蕭牆，國何以立？上為輟駕。尋內批用王化澄為兵部尚書。式耜上言：化澄誠賢，自有廷論，斜封墨敕，何可為例？請補部疏，尚為得體。化澄固庸劣，坤為之內主。既見彈劾，坤益怨式耜，思挾上入楚，以遠式耜。……上召劉承胤東援平梧，承胤至，無東下心，遽欲邀上幸武岡。式耜奏言：駕不幸楚，楚師得以展布，自有出楚之期。茲乃半年之內，三四遷播，民心兵心狐疑，局促勢如飛瓦。翻手散，覆手合，誠不知皇上之何以為國也。皇上在粵而粵存，去粵而粵危，我退一步則清進一步，我去速一日，則清來亦速一日，今日匆遽出楚，則出楚也易，今日若輕棄粵，則更入粵也難。海內幅員止此一隅。以全盛視西粵，則一隅小，而就西粵圖中原，則一隅甚大。若棄而去之，俾成殘疆，雖他日徼幸復之，而本根亦不足恃矣。疏人，不省。式耜入見，跪曳上袖，涕泣請留。承胤結馬吉翔因王坤搖兩宮皇太后，趣上行甚迫，遂詔加式耜太子少保，便宜行事，留守廣西，上遂入武岡。」(七二)

「永曆四年，正月，上在肇慶。清兵大舉寇梅關，羅成耀棄南雄走。上棄肇慶，登舟將西奔。大學士瞿式耜奏請上固守肇慶，集授兵禦寇。嚴起恆金堡交諫留駕，皆不聽。……」(七三)

輔仁大學教授杜維運曾論王船山重視史事原因，他說：「王氏論史，最重視原因之闡釋，尤能從大處著眼，凡有關歷代治亂興衰之故者，皆暢言之。其沉痛處，令人扼腕；其淋漓處，發人深思。中國史家多能留心於治亂興衰之故，而以王氏言之最詳盡最成體系也。」(七四)

丙、王船山的歷史哲學思想

王船山在中國史學家中，是一位最有歷史哲學思想的學者。他的歷史哲學思想，散見在他的著作中，沒有系統的說明。祇有在《讀通鑑論》卷末的四篇，稍有系統地討論幾個問題，說明他自己的思想。現在我把關於歷史哲學的思想，綜合起來，分段說明。

A、歷史的意義

「所貴乎史者，述往以為來者師也。為史者，記載徒繁，而經世之大略不著，後人欲得其得失之樞機，以效法之，無由也，則惡用史為。」(廿五)

王船山對於歷史的意義，可以代表中國所有史學家，對於歷史的看法。歷史是人生的老師，「仰古以治今」就是歷史的意義，也是歷史的效能。因此史家作史，應當敘說「經世之大略」，而對於一些小事，則不要繁碎去描述。王船山說明自己作史論的作法：

「嘗論史之為書，見諸行事之徵也，見諸行事之徵也，則必推之而可行，戰而克，守而固，行法而民以為便，進諫而君聽以從。無取於似仁似義之浮談，祇以致悔吝而無成者也。則智有所尚，謀有所詳，人情有所必近，時勢有所必因，以成與得為期，而敗與失為戒，所固然矣。」(十六)

歷史的意義和功效，以史事實徵人類團體生活之道，也即是民族生活之道。歷史使後人從以往的史事裡，證實這種生活之道，乃可以「推而行之」，有成有得，不敗不失。爲什麼歷史史事所實徵的團體生活之道，可以作爲後世的法則呢？因爲「人情有所必近，時勢有所必因。」

這兩句話道出了歷史哲學的基礎。歷史哲學所以能夠成立，是因爲人的性情相近，又因爲時勢的造成有所以成立的原因。人情既然相近，在相同的境遇裡，人心的反應可以相同。時勢的原因在相同的境遇裡，也可以產生相同的效果。藉著這兩項原則，我們纔能夠講歷史哲學。王船山認爲歷史的意義，也建立在這種基礎上。

B、理 勢

王船山在中國理學思想上，他有一特點，在於解釋《理》字。他以氣爲宇宙萬物之體，理和氣不相離。

「天下豈別有所謂理？氣得其理之謂理也。氣原是有理底。盡天地之間，無不是氣，即無不是理也。」(七七)

王船山追隨張載的主張，以氣爲天地萬物之成因，理在氣內，氣內有理。他不讚成朱熹的學說，分理與氣爲兩元，一切事物既然以氣爲本，便具有氣內之理，物有理，事也有理。而且因爲他愛歷史，所以特別注重事理。

唐君毅先生曾就事理之性質，予以說明：「而任事之所以成，亦皆只能分別關聯於許多人物之一方面，決不能同時關聯於此許多人物之一切方面。此即使一事之所以成之理，決不能包括任一人之性理之全，或任一物之物理之全。一人一物之性理物理，除表現於某一事之所以成外，斷然尚可表現於其他事。……事理之爲具體之理，又與性理社會文理之爲具體之理亦不同。其不同在：性理爲普遍者，形而上者；而事理爲特殊者。社會文理乃人與人之諸事之會合所顯，而事理則可分別直就一人一事之所以成上說。」(七八)

「中國由明末至清之思想家，最能了解事理之所以為事理者，莫如王船山。依於上所謂事理之本性，凡論事理皆當分別論，又當論事之承續關係，事之順逆成敗之故。船山最能擅此三者，而又能本仁義禮智等性理，以義斷史事之是非。其所最喜論之無器則無道，捨事無以見理，正是指出事之必承事而生之事理。」(79)

「天下惟器而已矣！道者，器之道，器不可謂之道之器也。無其道則無其器，人類能言之；雖然，苟有其器矣，豈患無道哉。……無其器則無其道，人鮮能言之，而固其誠然者也。洪荒無揖讓之道，堯舜無弔伐之道，漢唐無今日之道，則今日無他年之道多矣。未有弓矢而無射道，未有車馬而無御道，未有宇醴璧幣鐘磬管弦而無禮樂之道，未有父子而無父道，未有弟而無兄道，道之可有而且無者多矣。故無其器則無其道，誠然之言也，而人未之察耳。」(80)

有事，便有這事的理。王船山說明事理，由歷史方面去看史事。一樁史事既然成立，必有這事之理。然而事之所以成立，多由於「勢」。在湯武的時候，因著當時的時勢，宜有弔伐之事，便有弔伐之理。勢是什麼呢？

「勢者，事之所因；事者，勢之所成。故離事無理，離理無勢。勢之難易，理之順逆為之也。理順斯勢順矣，理逆斯勢逆矣。……天順逆者，輕重之委也；輕重者，權衡之所得也。權衡立，而輕重不爽；輕重不爽而先後不忒；先後不忒，而上下不拂；上下不拂，則大順而無逆。權衡審於理，順逆成於事，端舉而委從，故曰理外無勢也。是故成湯之取天下，亦誅君之舉也，文王之專征伐，亦伐商之勢也。然而有異焉。湯文之勢，攻可守也；武王之勢，非以守者攻也。……守天下者，正名定分而天下信，惟因理以得勢；攻天下者，厚情準理而天下服，則亦順勢以循理。」(八)

歷史上的史事，常有因勢而成者。勢之所成，是因著各種事理所造成的。勢既成立，則有應有的結果。爲應付這種必然之勢，則是「循理順勢」。但若是造成「勢」的理是「逆理」，即是不合於理，則應逆勢而動。

在歷史哲學上，王船山的「理勢論」，和現在的歷史哲學上的「因緣論」頗相似。但是「因緣論」是一種客觀的理論，抽象而冷靜；「理勢論」則是就歷史的變動而談變動，有熱情，有動！或為「氣運歷史觀」。

「粗疏就文字看，則有道之天，似以理言；無道之天，似以勢言。實則不然。……有道無道，莫非氣也。則莫成乎其勢也。氣之成乎治之理者為有道，成乎亂之理者為無道。均成其理，則均成乎氣矣。故曰：斯二者，天也。……」

「言理勢者，猶曰理之勢也，猶凡言理氣者，謂理之氣也。理本非一成可執之物，不可得而見；氣之條緒節文，乃理之可見者也。故其始之有理，即於氣上見理。迨已得理，則自然成勢，又只在勢之必然處見理。……天下有道，不可云天下有理；則天下無道之非無理明矣。道者，一定之理也，於理上加一定二字，方是道，乃須云一定之理。則是理有一定者，而不盡於一定，氣不定則理亦無定也。理是隨在分派位置得底，道不然，現成之路，唯人率循而已。」㈣

王船山分「道」和「理」，又分「理」和「勢」。「勢」則為「必然之勢」和「非必然之勢」。道爲一定之理，即是人生該遵守之道，所謂天道和人道，都是一定不變之理，乃爲人生「現成之路，唯人率循而已」。理，則是每一事物所成的理由，也可以是原因。事物變遷不定，理隨事物變遷而不一定。但並不是說理是隨事變換，而是理在事上的表現不同。湯王伐桀有伐桀之理，漢高祖起義有起義之理，漢光武復興漢室有復興之理，項羽失敗有失敗之理，韓信被殺有被殺之理。這就是所謂歷史史事的事理。

「迨已得理，則自然成勢。」，這種觀察在歷史哲學上不容忽視。時勢的造成，必有造成的理由；有了這些理由，時勢不能不成。王船山認爲「勢」爲必然的，或自然的，在「理由」和「勢」之間有必然的關係。這一點要緊有些解釋：歷史哲學上不能講因果的必然關係，必然關係乃是自然界的關係，人事的關係，祇能有因果的可能關係。人事的關係由人的意志作主，意志是有自由的，自由則不完全受原因的拘束。但是有些人事原因滲雜了許多自然界的原因，例如水災旱災使人民饑寒失所，饑寒失所必使人民不滿，這種因果便是自然的關係了。在這種理由之下所造成的「勢」，便是必然之勢或自然之勢。又如朋黨之爭，最後必使天下分崩，又如奄官專權，必使朝政頹敗，這也是必然之勢。在這些因果關係之間，夾入了天然之理；因爲改分黨派，朝廷臣僚必分裂；這是自然的道理。奄宦小人若一旦專權，必罷免賢臣，沒有賢臣，朝政必亂，這也是自然的道理。王船山所講的「勢」，常指著這種因著自然之理而造成的勢；因此他稱「勢」爲自然之勢或必然之勢。他說：

「順必然之勢者理也，理之自然者天也。」(八三)

「理勢之自然，各適其時而已。」(八四)

C、歷史的變遷

王船山精於《易經》。《易經》研究宇宙變易之道，人事的變換以宇宙變易之道爲準則，歷史上的變遷便可用易經之道去解釋。

歷史的史事，常在變遷，這是人人所知道的事。歷史變遷之道，是不是遵照《易經》所講宇宙變化的循環之道呢？中國古人講歷史變遷，常用循環的原則。王船山也承認這條原則，以一治一亂互相繼續。

「天下之勢，一離一合，一治一亂而已。離而合之合者，不繼離也；亂而治之治者，不繼亂也。明於治亂合離之各有時，則奚有於五德之相禪，而取必於一統之相承哉。……一合而一離，一治而一亂，於此可以知天道焉，於此可以知人治焉。過此，而曰五德，曰五統，囂訟於廷，舞文以相炫，亦奚用此嘵嘵者為。」(八五)

「正不正，人也，一治一亂，天也，猶日之有晝夜，月之有朔弦明晦也。非其臣子以德之順逆，定天命之去留，而詹詹然為已亡無道之國，延消謝之運，向為者邪！」(八六)

歷史的變遷，依循天道，治亂相繼續。但是這種繼續既不是圓周行的循環，也不是普通所謂物極必反。歷史若是循著圓周軌道前進，則常是舊事和舊時勢的重現，便沒有新的發現。歷史的變遷若是物極必反，則治平盛時，將繼有泰平。歷史卻不是這樣：

「泰極而否，則堯舜之後，當繼以桀紂，而禹何以嗣興？否極而泰，則永嘉靖康之餘，何以南北瓜分，人民離散，昏暴相踵，華夷相持，百餘年而後寧？畜極而通，苟懷才抱德者，憤起一旦，不必問時之宜否，可以為所欲為，而去無不快！以天化言之，則盛夏炎風酷暑之明日，當即報以冰雪，山常畜而必水，水常通而必塞矣！故泰極者，當益泰也；否極者，當益否也。……極則必反者，筮人以慰不得志於時者之佞詞，何足以窮天地之藏，盡人物之變，貞君子之常乎？」(八七)

「物極必反」，似乎和「一治一亂」相同，王船山乃不讚成。他認爲治後有亂，是治已經不在盛治的時候，開始傾向亂世，漸漸乃大亂。亂後有治，也不是在大亂以後馬上有治，要亂了相當的時期，漸漸平定，然後有治世。就像陰陽在四季的變遷，陽初盛而甚盛，陽漸衰而大衰，陰也是這樣。所以不是嚴冬以後立刻有盛暑，也不是盛暑以後有嚴冬，中間夾著春季和秋季。歷史的變遷也是由漸入深，不能驟然而變。

王船山在理學方面，有「命日受，性日生」的主張。天地的變化在生生，生生則日有新生之物。

天命的授受，爲中國古代帝王繼位的基礎，王船山雖不讚成五德相禪的主張，但也讚成天命的授受，他在《宋論》的第一篇說：

「宋興，統一天下，民用寧，政用文，文教用興，蓋於是而益以知天命矣。天曰難諶，匪徒人之不可狃也。天無可狃之故常也。命曰不易，匪徒人之不易承也，天之因化，推移斟酌而曲成以制命，人無可代其工而相佑者特勤也。帝王之受命，其上以德，商周是已。其次以功，漢唐是已。詩曰：鑒觀四方，求名之莫。德足以綏萬邦，功足以戡大亂，皆莫民者也。得莫民之主而授之，授之而民以莫，天之事畢矣。」

在中古歷史哲學思想的一段裡，特別講了正統論。王船山論史，則反對正統論，更反對五德繼興的學說。

D、道統論

「論之不及正統者，何？曰：正統之說，不知其所自昉也。自漢之亡，曹氏司馬氏乘之以竊天下，而為之名曰禪，於是為之說曰，必有所承以為統，而後可以為天子，義不相授受，而強相綴繫以掩篡奪之迹。折假鄒衍五德之邪說，與劉歆曆家之緒論，文其詖辭，要豈事理之實然哉！……天下之生一治一亂，當其治，無不正者以相干，而何有於不正？當其亂，既不正矣，而又孰為正？有離有絕，固無統也，而又何正不正邪？以天下論者，必循天下之公，天下非一姓之私也。」(八)

天下爲國民所公有，不是一家的私產，民族歷史所以不能用皇室的統系來定斷系統。一個不是正統的時代，所有歷史難道就不算歷史嗎？民族歷史的評價衹能由治亂去評分，可以有治統，可以有亂統；所以有治有亂，在於是否遵守民族的道德傳統，王船山乃倡「道統論」，以替代古來的「正統論」。

「正統之論，始於五德。五德者，鄒衍之邪說，以惑天下而誣古，帝王以徵之，秦漢因而襲之。大概皆方士之言，非君子之所齒也。漢以下，其說雖未之能絕，而爭辨五德者鮮，唯正統則聚訟而不息。拓拔弘欲自躋於帝王之列，而高閭欲承苻堅之火德，李彪欲承晉之水德，勿論劉石慕容苻氏不可以德言，司馬氏狐媚以篡而何德之稱焉！夏尚玄、殷尚白、周尚赤、見於禮文者較然。如衍之說，玄為水，白為金，赤為火，於相生相勝，豈有常法哉！天下之勢，一離一合，一治一亂而已。」(八六)

治亂之道，在於道統，道統來自堯舜，成於孔子，流傳後世，爲國家民族傳承的命脈。

「夫世其位者，習其道，法所便也，習其道者任其事，理所宜也。法備於三王，道著於孔子。」(八七)

「天下所極重而不可竊者二，天子之位也，是謂治統；聖人之教也，是為道統。……治統之亂……竊之不可以永世而全身，其幸而數傳者，則必有日月失軌，五星逆行，冬雷夏雪，山崩地坼，雹飛水溢，草木為妖，禽蟲為蠥之異。天地不能保其清寧，人民不能全其壽命，以應之不爽。」

「道統之竊，沐猴而冠，教猱以升木，尸名以儌利。……石勒起明堂辟廱靈台，拓拔弘修禮樂，立明堂皆是也。敗類之儒，鬻道統以教之，竊而君臣皆自絕於天。故勒之子姓駢戮於冉，閔元氏之苗裔至高齊而無唯類，天之不可欺也，如是其赫赫然哉。雖然，敗類之儒鬻道統於盜賊，而使竊者，豈其能竊先王之至教乎。昧其精意，遺其大綱，但於宮室器物登降進止之容，造作纖曲之法，以為先王治定功成之大美在是，私心穿鑿矜異而不成章。財可用，民可勞，則擬之一旦而已成。……若夫百王不易，千聖同原者，其大綱則明倫也，察物也；其實政則敷教也，施仁也；其精意則祗台也，躋敬也，不顯之保，無射之保也。此則聖人之道統，非可竊也。敗類之儒，惡能以此媚盜賊，而使自擬先王哉！」(九)

「道統」不在文物制度上，而在治國安民的倫常禮教上，隨著民族的血統往下傳，雖有許多帝王未能予以發揚，但民族則常奉以爲治平的理想。他種民族入主中國，則沒有這種道統，雖想學習，也祇能學習外面的制度。因此，王船山最嚴夷夏之分，反對異族治理中華。他的民族思想很強烈。

「可禪、可繼、可革、而不可使異類間之。」㈢

所以道統論，代表中華民族的文化論，民族文化不絕，民族的歷史常存。

2. 章學誠

清代的第二位史學家，乃是章學誠。唐朝劉知幾以歷史家論歷史，寫了《史通》，明末清初王船山以史論家論歷史，作了《讀通鑑論》和《宋論》，但他也寫了《永曆實錄》，章學誠則祇寫了《文史通義》和《校讎通義》。

《文史通義》的份量和《史通》相樣，內容則和《史通》有同和不同之點。相同之點，在於兩書都討論史學，注意史學方法；不同之點，則在於《文史通義》有理學的思想，而和王船山所著史論，有些相似。《文史通義》在中國史學上的貢獻，可讓現代幾位學者來說明；何炳松說：

「我以為章氏的貢獻，並不在事，更不在文，實在在義。這個義就是他對於史學的卓見。」(九三)

甲、傳略

胡適之先生曾作了一冊《章實齋年譜》，經過姚名達的補訂。我根據這本年譜，撰寫章學誠的傳略。

章學誠字實齋，號少巖，原名文斅。浙江省紹興府會稽縣人，生於乾隆三年（西曆一七三八年）。

乾隆十六年（西曆一七五一年），年十四歲，從同縣王浩讀書，四書未卒業，遵父命，與俞氏女結婚，隨父至應城官所。

乾隆十八年（西曆一七五三年），年十六歲，趣好史書，私撰《東周書》，被業師所責，遂中廢。十九歲時，父被罷官，留居官所，貧不能歸鄉。二十歲時，自知性好史書，對於史書也具有天才。二十三歲，入京，應順天鄉試。

乾隆二十七年（一七六二），年二十五歲，再應順天鄉試，入國子監，常爲同學所輕視，每大比科集，決遭斥落。後二年，他的父親章驤衛主湖北天門縣講席，至父所，爲天門縣知縣作《修志十議》。二十八歲時，三至京師，應順天鄉試，居國子監，在家書裡說：「吾於史學，蓋有天授。自信發凡起例，多爲後世開山。而人乃擬吾於劉知幾。不知劉言史法，吾言史意；劉議館局纂修，吾議一家著述，截然分途，不相入也。」（家書二）從朱筠學文。

乾隆三十三年（一七六八），年三十一歲，應順天鄉試，中副榜。父親卒於應城，貧不能奔喪。次年，家人扶柩北上，夏六月，家口十七八人到北京，賃屋而居。

乾隆三十六年（一七七二），年三十四歲，業師朱筠提督安徽學政，學誠隨師出京。次年，乾隆三十七年，開始寫《文史通義》。乾隆三十八年（一七七三），年三十六歲，作《和州志志例》。在寧波道署遇戴震，談論修志意見不合。次年，乾隆三十九年，撰《和州志》四十二篇，因安徽學政秦潮不讚成修志的方法，遂中止，自己刪存二十篇，名《志隅》。應寧波鄉試，不中。

乾隆四十一年（一七七六），年三十九歲，困居北京，援例授國子監典籍。乾隆四十二年，主講定州之定武書院。秋入京，應順天鄉試，中試，受知於主考官梁國治。乾隆四十三年（一七七八）年四十一歲，成進士。赴永清，修《永清志》。母卒。次年，《永清志》修成，著《校讎通義》四卷。在座師梁國治家爲館師。

乾隆四十六年（一七八一）年四十四歲，遊河南，中途遇盜，投同年張維祺於直隸肥鄉縣衙，受聘主講肥鄉清漳書院。冬，隨張維祺赴大名，歲暮，辭歸北京。

乾隆四十七年（一七八二）年四十五歲，主講永平敬勝書院。乾隆四十九年（一七八四）年四十七歲，永定河道陳琮招撰《河志》，就保定蓮池書院之聘，家口自永平遷保定。乾隆五十二年（一七八七）年五十歲，辭蓮池書院講席，僑寓保定。乾隆五十三年（一七八八），年五十一歲，主講歸德文正書院。秋，離館。歲暮，往武昌，投湖廣總督畢沅。

乾隆五十四年（一七八九），年五十二歲，輾轉太平安慶之間，於安慶學使署中，充館師，著《通義》內外二十三篇。乾隆五十五年（一七九〇），年五十三歲，作《亳州志》。在武昌，編《史籍考》。乾隆五十七年，仍在武昌，著《紀年經緯考》。在這時候，幫助畢沅編《湖北通志》，又編有《常德通志》和《荊州通志》。

嘉慶元年（一七九六），年五十九歲，自揚州歸會稽，是年作《文史通義》稿，名爲《丙辰山中草》。朱錡的弟弟朱珪補安徽巡撫，章學誠往投依，到安慶。

嘉慶三年（一七九八）年六十一歲，在杭州，補修《史籍考》，全書不傳。

嘉慶六年（一八〇一）年六十四歲，十一月，卒。

乙、史學哲學思想

章學誠曾自言：「不知劉（知幾）言史法，吾言史意」。劉知幾的《史通》，討論史學的方法，《文史通義》則談史學的意義。

A、記注和撰述

章學誠對於中國古代的史書，有他獨到的見地。普通都以爲尙書紀言，春秋紀事，他反對這種看法。

「記曰：左史記言，右史記動，其職不見於用官，其傳不傳於後世，殆禮家之衍文歟？後儒不察，而以尚書分屬記言，春秋分屬記事，則失之甚也。夫春秋不能舍傳而空存其事目，則左氏所記之言不啻千萬矣。尚書典謨之篇，記事而言亦具焉。訓誥之篇，記言而事亦見矣。古人事見於言，言以為事，未嘗分事言為二物也。」(74)

他分中國古史爲記述和撰述兩類。記述和撰述即是史料和歷史的分類。中國歷代史書把這兩類混在一起。現在研究歷史的人，也常把考據的史料，認為歷史。章學誠主張這兩者應當分類。

「易曰：『蓍筮之德，圓而神，卦之德，方以智』，間嘗竊取其義，以概古今之載籍，撰述欲其圓而神，記注欲其方以智也，夫『智以藏往，神以知來』，記注欲往事之不忘，撰述欲來者之興起；故記注藏往似智，而撰述知來擬神也。藏往欲其賅備無遺，故體有一定而其德為方；知來欲其抉擇去取，故例不拘常而其德為圓。……」

「尚書春秋，皆聖人之典也。尚書無定法，而春秋有成例。故書之支裔，折入春秋，而書無嗣昔。有成例者易循，而無定法者難繼，此人之所知也。然圓神方智，自有載籍以還，二者不可偏廢也，不能究六藝之深耳。史氏繼春秋而有作，莫如馬班；馬則近於圓而神，班則近於方以智也。」(九五)

章氏分史書為記注和撰述兩類。何炳松認為記注代表史料，撰述代表著作。他說：「章氏此說所說的撰述，不就是現在我們所說的著作麼?所以能夠決擇去取，例不拘常。他所說的記注，不就是我們所說的史料麼？所以能夠賅備無遺，體有一定。」(九六) 但是我看章氏的意思，以記注和撰述，都是歷史的書，記注則不僅是史料，而是也經過撰寫，祇是在方法上，有一定的成例，把事情記述得很詳細。這種史學方法，可以說是「客觀的敘述說」。撰述則是作者有自己的撰寫標準和原則，即是有自己的歷史理想，按照自己的理想而寫歷史，便不遵守以往史書的成例；這種史學方法，可以說是「主觀的敘述法」。雖說是主觀但也不能沒有客觀的根基。章氏以爲在中國的史書裡，祇有馬班的史書，可以作爲撰述和記注的模範，後代的史書則沒有兩類的長處，沒有歷史的作法。

「遷史不可為定法，固書因遷之體而為一成之義例，遂為後世不祧之宗。……然而固書本撰述而非記注，則於近方近智之中，仍有圓且神者以為之裁判，是以能成家而傳世行遠也。後史失班史之意，而以紀表志傳，同於科舉之程式，官府之簿書，則於記注撰述，兩無所似，而古人著書之宗旨，不可復言矣。史不成家而事文皆晦，而猶拘守成法，以謂其書，固祖馬而宗班也，而史學之失傳久矣。」(九七)

章學誠嘆惜中國史學失傳很久了，究竟他以爲史學的作法該當怎樣？中國史書，歷史看重紀傳，以紀傳爲正史；輕視編年，以編年爲附體。紀傳的體例，千篇一律；作者力求遵守體制，注重文筆，史事便晦澀不顯明，文章也沒有價值。

「紀傳行之千有餘年，學者相承，殆如夏葛冬裘，渴飲饑寒，無更易矣。然無別識心裁，可以傳世行遠之具，而斤斤如守科舉之程式，不敢稍變，如治胥吏之簿書，繁不可刪。」(九八)

史學作法，便不在於拘守紀傳或編年的成規，乃在於自出心裁，能把史事敘說明白，而又能歷敘史事的因果，以便推知將來的變化。章學誠很推崇袁樞的《通鑑紀事本末》。袁樞作紀事本末，以一事爲一編，詳細敘述事件的起源，發展和結束，不屬於編年體，也不屬於列傳體，也不是通史體。

「按本末之為體也，因事命篇，不為常格，非深知古今大體，天下經綸，不能網羅隱括，無遺無漏。文省於紀傳，事豁於編年，決斷去取，體圓用神，斯眞尚書之遺也。」(九九)

章學誠認爲歷史的作法，不宜拘守一定的格式，而宜按照史事的性質而有變化。

「夫史為記事之書，事萬變而不齊，史文屈曲而適如其事，則必因事命篇，不為常例所拘，而後能起訖自如，無一言之或遺而或溢也。」(8)

撰述的作法，雖尙主觀，爲「能起訖自如」；但是要根據客觀的事實，不少說一句也不多說一句，「無一言之或遺或溢也。」

B、客觀和主觀

上一節已經談到章學誠對於歷史的主觀和客觀記述法，他主張兩者不可偏廢，「然圓神方智，自有載籍以還，二者不可偏廢也。」然而他則更看重主觀的記述法，即是撰述。

「古人一事必具數家之學，著述與比類兩家其大要也。……但為比類之業者必知著述之意，而所次比之材可使著述出得所憑藉有以恣其縱橫變化。又以知己之比類與著述各有淵源：而不可以比類之密而笑著述之或有所疏，比類之整齊而笑著述之有所畸輕畸重；則善矣。蓋著述譬之韓信用兵，

而比類譬之蕭何轉餉；二者缺一而不可，而其人之才固易地而不可為良者也。」㈢

主觀的理想和客觀的事實不可偏廢。什麼是主觀？什麼是客觀呢？

「蓋欲為良史者，當愼辨於天人之際，盡其天而不益以人也。盡其天而不益以人，雖未能至，苟允知之，亦足以稱著述者之心術矣。」㈣

著述者之心術，爲主觀的根據。心術是著作者自己對於寫史的理想。

「所患乎心術者，謂其有君子之心，而所養未底於粹也。夫有君子之心而所養未粹，大賢以下所不能免也。此而猶患於心術，自非夫子之春秋不足當也。……

「夫是堯舜而非桀紂，崇王道而斥霸功，又儒者之習故矣。至於善善而惡惡，褒正而嫉邪，凡欲託文辭以不朽者，莫不有是心也。然而心術不可不慮

者，則以天與人參，其端甚微，非是區區之明所可恃也。」㈢

「天與人參」，天是什麼意義呢？人是什麼意義呢？天是指天理，天性；人是指人欲。人有君子之心，固然願意以天理和人性爲標準，但是人欲可以使人違背天理人性。史家作文，有氣有情，文氣暢道，文情真摯，則能動人，成爲至文。假使氣和情違乎天理人情，史家的史書便不是良史了。因此，「天與人參」，「盡其天而不益以人。」

「氣昌而情摰，天下之至文也。然其中有天有人，不可不辨也。氣得陽剛而情合陰柔，人麗陰陽之間，不能離焉者也。氣合於理，天也；氣能違理以自用，人也。情本於性，天也；情能汩性以自恣，人也。史之義出於天，而史文不能不藉人力以成立。人有陰陽之患，而史文即忤於大道之公，其感召者微也。」㈣

歷史的主觀和客觀，並不完全相對抗，而是相融。客觀固然指著客觀的史事，但也指著人心的天理人性，而天理人性本在人心以內，也可視爲主觀。

另外還有一方面，主觀和客觀，在歷史上互相融洽。史事是客觀的事實，史事則須有文章去傳述，文章則是主觀的作品。在文章裡常有作者的情感和觀點。

> 「夫史所載者事也，事必藉文而傳。故良史莫不工文，而不知文又患於為事役也。蓋事不能無得失是非，一有得失是非，則出入予奪相奮摩矣。」(一五)

史事不能沒有是非得已，寫史的人便不能不表現自己的態度，於是客觀史事中便參入了主觀的意見。章學誠乃講心術，要求史家要使心得其正，勿趨於偏私。

C、歷史的變遷

章學誠論歷史的變遷，分變與不變，不變者爲天，變者爲人。天即「道」，人即事。歷史的事，若從單獨事件去看，零亂無章；故從大處去看，則有時代的風氣，風氣代表歷史的變遷。

> 「道之大原出於天：天固諄諄然命之乎？曰：天地之前，則吾不得而知也。天地生人，斯有道矣；而未形也。三人居室，而道形矣；猶未著也。

人有什伍而至百千，一室所不能容，部別班分，而道著矣。仁義忠孝之名，刑政禮樂之制，皆其不得已而後起者也。」(二六)

「道」爲人生之道，原出於天。人生之道乃人和人相處之道，不是爲一個人而設，乃是爲多數人而設。有社會而後有「道」，社會爲人的自然要求，人是生活在社會裡；因此「道」也是自然的要求。

「故道者，非聖人智力之所能為，皆其事勢自然，漸形漸著，不得已而出之，故曰天也。」(二七)

「道」既是自出天，則不受人的牽制，不能爲人所更改。「道」是萬事萬物的所以然之理，在事物上的表現乃是道的表現，這些表現則可以變。

「是天著於人，而理附於氣。故可形其形而名其名者，皆道之故，而非道也。道者，萬事萬物之所以然，而非萬事萬物之當然也。人可得而見者，則

其當然而已矣。」（六）

中國歷代最重聖人，歐美則崇拜英雄，都以他們創造歷史。中國歷史崇拜聖人，因為聖人心靈純潔明淨，能知天理，按照天理而創造社會制度和道德，開創民族文化歷史。章學誠說：

「道有自然，聖人有不得不然，其事同乎？曰：不同。道無所為而自然，聖人有所見而不得不然也。故言聖人體道可也，言聖人與道同體不可也。聖人有所見，故不得不然；眾人無所見，則不知其然而然，孰為近道？曰：不知其然而然，即道也。非無所見，不可得見也。不得不然者，聖人所以合乎道，非既可以為道也。聖人求道，道無可見，即眾人之不知其然而然，聖人所藉以見道者也。故不知其然而然，一陰一陽之迹也。學於聖人，斯為賢人；學於賢人，斯為君子；學於眾人，斯為聖人。非眾可學也，求道必於一陰一陽之迹也。自有天地而至唐虞夏商迹既多而窮變通久之理亦大備。周公以天縱生知之聖，而適當積古留傳道法大備之時，是以經綸制作，集千古之大成，則亦時會使然，非周公之聖智

能使之然也。」(二九)

在這段文章裡，章學誠的思想既不儒又不道，但又可以說兼儒兼道，結果，有自相矛盾之嫌。他認爲道的表現在於人民自然而然地所作的事，有如孟子所說的良知良能，聖人見到眾人的良知良能，乃「經綸制作」。他卻又說這是時會而然，不是聖人的聖智所能作的。可是在時會使然的時候人很多，爲什麼獨有周公能體天道呢？則因爲他有聖智！不過，他的主張的重點，在於陰陽之　有變，聖人按陰陽之　而造制度，制度當然也可以變；唯獨道的本身則不能變，可變的不是道，而是「道之故」，即是陰陽之　。

陰陽之　在社會歷史的表現，可以造成風氣，風氣能成爲歷史的時會。章學誠以風氣在歷史上是循環的。

「天下不能無風氣，風氣不能無循環；一陰一陽見於氣數者然也。」(三○)

章學誠講風氣，雖是談學問文章的風氣，但他以風氣爲陰陽的氣數，則風氣是關於歷史變遷所造的風氣了。每一時代的社會，有社會的風氣，風氣之成，乃陰陽的氣數。氣數之說和漢朝易學相連，有五行命運的思想。但是清儒都反對五行氣數之說，章學誠祇提到氣數，不再加說明。

D、通　史

現在史學界有一種風氣，中西都是一樣，即是輕看通史，重視考據。何炳松以爲章學誠在史學上的貢獻，在於把通史的觀念說明白了：「章氏對於史學上第二個大貢獻，我以爲就是他對於通史這一類著作的觀念表示得非常切實非常正確。」（章實齋年譜序）

通史之所以不爲史家所重，是因爲通史不能專精而祇有普遍的史事智識，又因通史範圍過廣，沒有一個人可以具備。但是通史在史學上真真是歷史，真真能夠記述民族和人類生活的變遷沿革，真真可以顯示人生的途徑。爲能達到通史的程度，作者的條件很多。

「史之大原本乎春秋，春秋之義昭乎筆削。筆削之義不僅事具始末文成規矩已也；以夫子『義則竊取』之旨觀之，固將綱紀天人，推明大道，所以通古今之變而成一家之言者；必有詳人之所略，異人之所同，重人之所輕，而忽人之所謹；繩墨之所不可得而拘，類例之所不可得而泥；而後微茫杪忽之際，有以獨斷於一心；及其書之成也，自然可以參天地而質鬼神，契前修而俟後聖；此家學之所以可貴也。」(三)

章學誠的《通史論》，範圍還廣呢！他以爲六經皆史，因爲六經所述皆爲事，而在述事中顯明事理。這就有點像現代歐洲的「唯史論」。

「易曰：『神以知來，智以藏往』。知來，陽也；藏往，陰也。一陰一陽，道也。文章之用，或以述事，或以明理。事溯已往，陰往；理闡方來，陽來；其至焉者，則述事而理以昭焉，言理而事以範焉。」(三)

「易曰：『形而上者謂之道，形而下者謂之器』。道不離器，猶影不離形。後世服夫子之教者自六經，以謂六經載道之書也，而不知六經皆器也。……夫子述六經以訓後世，亦謂先聖先王之道不可見，六經即其器之可見者也。後人不見先王，當據可守之器，而思不可見之道；故表章先王政教，與夫官司典守以示人，而不自著為說，以致離器言道也。……則政教典章人倫日用之外，更無別出著述之道亦已明矣。」(三)

章學誠在上段文章裡，不僅說六經都是史書，紀述政教典章人倫日用之事；他並且說明歷史的意義。歷史是「道之器」，後人根據歷史「而思不可見之道」。寫歷史的人是述而不作，要經過搜集史料，予以考訂，加以選擇：

「即如文士撰文，惟恐不自己出；史家之文，惟恐出於己，其大本先不同矣。史體述而不造，史文而出於己，是謂言之無徵。無徵，且不信於後世。……是故文獻未集，則搜羅諮訪，不易為功。……及其紛然雜陳，則貴決擇去取。……」(三)

六經的價值，乃言之有事，事中有理。後代的史事則沒有能達到這個標準，溺於文辭，不明史義。章氏的史學思想，和現代史學思想有許多相同之點。

四、中國當代歷史哲學思想

在現代的中國思想潮流中，梁啓超是第一位努力介紹歐洲思想的學者。康有爲本來和梁啓超共同提倡戊戌變法，可是康有爲以經學家自豪，保守中國固有思想。梁啓超雖也深愛中國傳統文化，但是對於歐美思想很崇拜，努力向國人介紹。他的著作雖以文筆爲主，思想並沒有整個系統，又不深入，但確實在當時是提倡新思想的文章，對於青年人的影響很大。

在史學上，梁啓超曾著了《中國歷史研究法》，和《新史學》，又寫了很多篇的傳記。宋文明在所作的《梁啓超的思想》書裡說：「梁啓超爲我國清末民初一位最有影響力的啓蒙運動者、國學家，也是最有造詣的史學家。……在史學範圍以內，以他那種如椽之筆，深邃的目光，及淵博的知識所創造的成就，在過去半個世紀內，沒有其他中國人可以比擬。……但不論他所寫的人物傳記，史學著作，以及其他著作中有關歷史的評論，雖種類複多，寫作年限並包括從青年到老年各個時代，而其中都有一個最基本的思想存在。這一基本思想，便把梁啓超對歷史的看法，從頭到尾連貫在一起。這一基本思想，我們便可名之爲梁啓超的歷史哲學。」(三五)

1. 梁啓超的歷史哲學思想

甲、歷史因果

梁啓超廣東新會人，生於同治十二年（一八七三），卒於民國十八年（一九二九）。爲中國現代新思想運動的傑將，對於史學，也是介紹歐洲歷史哲學思想的第一人。他的歷史哲學思想，和中國傳統的歷史哲學思想不同，而和歐洲的現代歷史哲學思想相同了。

歷史哲學上的第一個重大的問題，在於歷史史事是否有前後的因果，是否受因果律的支配。

梁啓超認爲歷史爲人所造成，人享有自由，不受因果律的拘束。人世間的變遷，不是自然界的變化，沒有必然要產生的事。

「歷史為人類所造，而人類之意志，情感，常自由發動，不易執一以律其他也。」(六)

「歷史由人類活動組織而成，因果律支配不來。有時逆料這個時代這個環境應該發生某種現象，但是因為特殊人物的發生，另自開闢一個新局面。凡自然界的現象，總是回頭的、循環的，然而歷史沒有重複的時代，沒有絕對相同的事實。因為人類自由意志的活動，可以發生非常現象。」(三)

歷史和自然科學不同，自然界的事具有必然律，常循環、常相同；歷史不能重複。但是梁啓超也承認這種原則不是絕對的，因爲人類的自由，並不是絕對的，常受自然環境的影響。因此他說：「不易執一以律其他。」「不易」並不是不能。在歷史的史事間，雖沒有自然的因果律，但也有因果關係。因果關係雖「不易」推定，因果關係則存在，也發生效力。

「若欲以因果律絕對的適用於歷史，或竟為不可能的，而且有害的，亦未可知。然則吾儕竟不談因果可乎？曰：斷斷不可。不談因果，則無量數繁頤變幻之史蹟，不能尋出一系統，而整理之數窮；不談因果，則無以為鑑往知來之資。」(兲)

歷史家寫歷史，普通學者研究歷史，都要對於史事的前因後果，詳加研究。梁啓超曾寫了一本《歐洲戰役史論》，以一冊《前編》，專爲敘述第一次歐洲大戰的原因。梁氏在自序裡說：

「今吾為專書，非遠溯補敘，何以竟端委？且吾之為此，非以希藏山之業也。吾自託於遒鐸，為國人周知四國之助云爾。是故寧蕪毋漏，寧俚毋晦，此篇帙之所以滋也。抑古之良史，惟記事耳，而議論不加，自能使讀者躍然有會於言外。所謂據事直書，其義自見。史之正軌，恆必由茲。吾病未能，而嘵嘵焉間以論列，若不暇給，文體之不純而筆力之不任，蓋自知也。然太史公之傳伯夷屈原，論與敘相錯，寧得曰非史？斯又非自我作古也已。」(二九)

「此書所敘述，自審良不免蕪冗。蓋敘各國大勢，與戰前數十年來相互之關係，居其泰半，博士買驢之誚其安能免！雖然，吾之所以爾爾者，則亦有故。此次大戰，本非一時突發，其原因千頭萬緒，實遠自數十年前，苟非遠溯，終未能明其所以然。」(三〇)

史事的前因後果，乃歷史的線索。沒有因果線索，史事便是堆堆的史料，可以成爲雜史，而不是歷史。

乙、歷史與環境

人在自然界的環境中生存，自然環境的關係爲必然的因果關係。人的自由，雖可以抵抗自然環境或改變自然環境的影響，但不能擺脫自然環境的影響，歷史與自然環境便有因果的關係。自然環境爲因，歷史爲果。若是人定勝天，人用智力改造自然環境，但是改造後的新自然環境，仍舊以自然律的勢力，影響歷史，梁啓超承認歷史與環境的關係。

「社會倘永為一種勢力——一種心理所支配，則將成為靜的僵的，而無歷史之可言。然而社會斷非爾爾。其一，由於人類心理之本身，有突變的可能性。心理之變動，極自由不可方物，無論若何固定的社會，殊不能預料或限制其中之任何時任何人突然起一奇異之感想。此感想一度爆發，視其人之心理強度若何，可以延蔓及於全社會。其二，由於環境之本質為蓄變的，而人類不能不求與之順應。無論若何固定之社會，其內界之物質的基件，終不能不有所蛻變，變焉其影響必波及於心理。即內容不變或所變甚微不足以生影響，然而外來的寖迫或突襲，亦時所難免。有之，而內部之反應作用，還不得不起。凡史蹟之所以孳而日新，皆此之由。而社會組成分子較複雜及傳統的權威較脆弱者，則其突變之可能性較大。其社會內部物質的供給較難當，且與他社會接觸之機緣較多者，則其環境的變遷較劇且繁。」(三)

環境的影響，影響人的心理；而自然界環境的影響，直接影響人的生理，由生理再間接影響人的心理。人事環境的影響，常直接影響人的心理。這些直接和間接的影響，限制人的自由；因而歷史乃受因果關係的聯繫。

「氣候山川之特徵，影響於住民之性質。性質累代之蓄積發揮，衍為遺傳。此特徵又影響對外交通及其他一切物質生活。物質上生活，還直接間接影響於習慣及思想。……吾因是則信唯物史觀派所主張謂物質的環境具萬能力，吾儕一切活動，隨其所引以為進展，聽其所制以為適應，其含有一部份眞理，無少疑也。」㈢

丙、個人與群眾

梁啓超具有崇拜英雄的心理，以人類歷史由於英雄使社會突變而造成。梁氏寫了許多篇傳記，傳述中外偉人，以引起當時國人，跟隨革新思想，改變中國的社會。

在梁氏的歷史哲學思想裡，個人對於歷史，具有創造的地位。歷史由英雄而造成，英雄可以改造環境。

「夫環境之遷嬗，豈其於數年十數年間而劇變遽爾？所以然者，則由於所謂仁人君子心力之所為。人類之所以秀於萬物，能以心力改造環境，而非倜然悉聽環境的牽制。『一夫善射，百夫決拾』，心力偉大者，一二人先登焉，而其洊興遂不可禦也。」(二三)

「吾以為歷史之一大秘密，乃在一個人之個性，何以能擴充為一時代一集團之共性。與夫一時代一集團之共性，何以能寄現於一個人的個性。申言之，則有所謂民族心理或社會心理者，其物，實為個人心理之擴大化合品，而復借個人之行動以為之表現。」(二四)

民族的歷史，常由少數的聖賢英雄而造成。聖賢英雄的動作和思想，創造社會的改變，他們的影響力波及全民族，不僅在當代，也及於後世。然而個人和社會，互生影響，英雄影響群眾，群眾也影響英雄。單單一個英雄，沒有附合的群眾，改革的運動不能成功。

「史之為態，若激水然，一波纔動萬波隨。舊金山金門之午潮，與上海吳淅口之夜汐，鱗鱗相銜，如環無端也。其發動有大小之分。則其盪激亦有遠近之異。一個人方寸之動，而影響及於一國，一民族之舉足左右而影響及

於世界者，比比然也。」(二五)

「人類動作，息息相通，如牽髮而動全身，如銅山西崩而洛鐘東應。……其首尾連屬，因果複雜之情形，益可推矣。可見一國之歷史為整個的，即全人類的歷史亦是整個的。」(二六)

人類歷史爲一部整個的歷史，在當時中國還是第一次由梁啓超提出。歷史因此不是一個朝代的歷史，而是民族的整個歷史，而是全人類的整個歷史；然後歷史纔有意義，歷史哲學纔可以成立。

丁、歷史的變遷

歷史是時間的產物，時間絕對不會停止，歷史也就不會停止。不停止就是變，變則不相同。歷史的變遷常是繼續，不會回頭，也不會重複，也不會循環。但若以歷史的繼續變遷爲文化的進步，則又不成爲直線，彎彎曲折，或快或慢，漸漸前進。

「歷史者，研究時間的現象也。……就歷史以觀察宇宙，則其生長不已，進步而不知所終，故其體為不完全。且其進步，又非為一直線，或尺進而寸退，或大漲而小落，其象如一螺線。明此理者，可以知歷史之眞相矣。……吾中國所以數千年無良史者，其與進化之現象見之未明也。」㈢

中國廿四史，對象以所傳的個人爲主，不注意中華民族的生活。以個人爲主，歷史少相聯繫，便看不見中華民族歷史的變遷。所以變遷祇是朝代的變遷，梁啓超因此說中國數千年沒有良史。

歷史曲曲折折往前進，是盲目地亂走而無方向呢？或是趨向一個目標？梁啓超承認歷史有一個目標。

「凡成為歷史事實之單位者，無一不各有其個性之特性，不惟數量上複雜不可僂指，且性質上亦幻變不可方物，而最奇異者，則合無量數互相矛盾之個性，互相紛歧或反對之願望與努力，而在若有意若無意之間，各率其職，以共赴一鵠，以組成此極廣大極複雜極緻密之史綱。人類之不可思議，莫過是矣。」㈥

每一個人的生命，究竟有甚麼目標？很少有人知道，但是人都想生命應該有一目標。人類的生存究竟有什麼目標？大家也不知道；可是人類歷史卻無意地往這目標走，梁氏認爲「人類之不可思議，莫過是矣。」

歷史往前走，走而有進步，則靠人的心理力量。人能征服自然，創造文明。

「史之開拓，不外人類自改變其環境。質言之，則心對於物之征服也。心之征服的可能性有極限耶？物之被征服的可能性有極限耶？通無窮之宇宙為一歷史，即此極限可謂之無。若立於『當時』『此地』的觀點上，則兩者俱有極限明矣。在雙無限之內，則以心的奮進程度，與物的障礙程度強弱比較，判歷史前途之歧向。」㊄

歷史的前進，由人的意志去創作。歷史的對象，即是人類的文化。文化不是永久不滅，而是時盛時衰。

「佛說一切流轉相，例分四期，曰生、住、異、滅。思潮之流轉也亦然。例分四期：一、啓蒙期（生），二、全盛期（住），三、蛻化期（異）

，四、衰落期（滅）。無論何國何時代之思想，其發展變遷，多循斯軌。」㈢

思潮爲文化的中心主流，思潮的變遷必引起文化的變遷。梁啓超雖沒有把佛教的變化律完全運用到文化或文明的變遷；但是他既然主張思潮的變遷，「多循斯軌」，則文化在歷史上的變遷，也「多循斯軌」了。

戊、歷史方法

梁啓超在史學上，對於歷史的研究法，也採用西洋的學說。歐洲在廿世紀時，歷史哲學很注意心理研究法。梁氏採取這種學說，提倡以心理研究法去研究歷史去寫歷史。歷史的史事爲人的活動，另外是少數不平凡的人所有的活動。這些不平凡的人都具有強烈的個性，他們的行動常隨自己的個性而不同。爲研究歷史，便要以心理研究法，研究歷史人物的個性。

「凡史蹟皆人類心理所構成，非深入心理之奧以洞察其動態，則眞相未由見也。而每一史蹟之構成心理，恒以彼之『人格者』為其聚光點。故研究彼人格者的素性及其臨時衝動斷制，而全史蹟之筋脈乃活現。」㈢

歷史的研究，由研究歷史人物的個性入手。爲寫傳記，梁啓超也主張注意人物的個性。他在講中學以上作文法的時候，講記動態之文，是記人記事。

「記人之文，是拿一個人為中心，從本人的動作上，看出他的人格。做這類文章，應該注意的有三點：A、背景，記一個人的活動，必須知道這個人站在什麼地方，當時的環境怎樣。……寫背景，也有兩件事要注意：a、不得寫得太多。……b、要和本人事業有直接關係。……

B、個性。寫個性是記人之文的主腦，做一傳決不可作一篇無論何人都可適用的文字。……描寫個性的唯一原則，是『凡足以表個性之言動，雖小必敘，凡不足以表個性之言動雖大必棄。』做一個人的列傳，將他一生事業，胡亂寫出，是不行的。……

C、他心。記一人的事，有時不能專記本人，兼須記他人來做旁襯。因為一人的動作必定加在他人身上，所以不必專寫本人，而寫因本人動作所發生的事，或別人對他有什麼動作，可以烘托出本人人格。……」(三)

「記事文以事為中心，記兩人以上之事，有時間的經過及相互動作，於看出

這事的因果關係。」(三三)

歷史心理研究法，也是歸於因果關係，祇是把因果關係放在心理方面。梁氏的歷史哲學思想在當時很新穎，也很動聽。他自己又寫傳記文學，文筆生動有力，對於當時青年很有影響力。

2. 國父　孫中山先生的歷史哲學

討論中山先生哲學思想的書，早一期的有戴季陶所著的《孫文主義之哲學的基礎》，最近的有崔載陽的《國父思想之哲學體系》(三四) 其餘散見各報各書的專文頗多。　國父誕辰百週年紀念時所出的專書，討論中山先生哲學思想，以國父學術思想研究一書(三五)最有系統。

根據上面研究中山先生哲學思想的作者的意見，中山先生的歷史哲學，是民生哲學的歷史哲學。

甲、民生哲學

國父在民生主義裡說：「從前的社會主義，錯誤物質是歷史的中心，所以有種種紛亂，這好像從前的天文學，錯誤地球是宇宙的中心，所以計算曆數，每三年便有一個月的大差，後來改正太陽是宇宙的中心，每三年後的曆數，才只有一日之差一樣。我們現在要解除社會問題中的紛亂，便要改正這種錯誤，再不可說物質問題是歷史的中心，要把歷史上的政治社會經濟種種中心，都歸之於民生問題，以民生為社會歷史的中心。」(三六)反對物質問題作歷史中心，一定是反對馬克思的辯證唯物史觀。那時馬克思社會主義正在俄國大革命中取得領導的地位，唯物史觀成為蘇俄革命理論的一部份。中山先生研究了馬克思的思想，以唯物史觀為一種大錯，物質不能是生活的中心，也不能是歷史的基礎。

民生是歷史的中心，什麼是民生呢？

「民生二字為數千年已有之名詞，至於用之於政治經濟，則自本總理始。」「是中國向來用慣了的一個名詞。」(三七)中山先生說明這個名詞是中國古代慣用的名詞。

但是這個名詞的意義究竟怎樣？

我們從孟子書裡可以知道民生的意義，孟子在〈梁惠王上下〉兩篇，常常講到民生。

「是故明君制民之產，必使仰足以事父母，俯足以畜妻子，樂歲終身飽，凶

年免於死亡。然後驅而之善，故民從之也輕。」㊂

「曰：獨樂樂，與人樂樂，孰樂？曰：不若與人。曰：與少樂樂，與眾樂樂，孰樂？曰：不若與眾。……今王與百姓同樂，則王矣。」㊂

民生即是人民的生活。人民的生活有物質的生活，有精神的生活。衣食住行是人民的物質生活，育樂是人民的精神生活。民生便包括衣食住行育樂各方面的事件。

「根據 國父把民生用之於政治經濟上與用之於社會經濟上的話，可見廣義的民生，就是政治經濟，狹義的民生就是社會經濟……所以 國父的民生學，被視為政治學固妥，被視為經濟學尤宜。他的全部政治、經濟等方面的思想與學說，盡可被看作為民生學。」㊃

蔣總統也說：「全部三民主義雖分爲民族民權民生三部份，最後實在可以歸結於民生。」㊃

政治和經濟，當然包括在民生以內；然而民生的涵義，較比政治和經濟的意義還要廣。

宗教生活和藝術生活，也是民生的一部份，但並不包括在政治和經濟以內。因此在講民生哲學時，便不能把民生的意義看得過狹。

馬克思講辯證唯物史觀，也是以人民的生活爲基礎。可是他所講的民生，以物質爲主，物質的變動以辯證式爲方式；於是他的歷史哲學便以辯證的物質爲中心了。

中山先生的民生哲學，則不以物質爲主，也不以精神爲主，而以物質與精神並重。三民主義學術研究會稱這種主張爲「心物合一論」中山先生曾說：

「曠觀六合之內，一切現象，釐然畢陳，種類至為繁夥。總括宇宙現象，要不外物質與精神二者。」(四)

「在中國學者亦恒言有體有用。何謂體？即物質；何謂用？即精神。譬如人之一身，五官百骸皆為體，屬於物質。其能言語動作者即為用，由人之精神為之。……二者相輔，不可分離。……世界上僅有物質之體而無精神之用者，必非人類。」(四)

每一個人具有物質和精神，人的生活便不能單單是物質生活，人的生活的變動也不能單單按照物質變動的規律。馬克斯的唯物史觀便不能代表民生。從另一方面說，人的生活又不能單單按照精神變動的規律。黑格爾的精神歷史哲學也不能代表民生。民生乃是合物質與精神爲一的生活。

所謂心物合一，不能由本體方面去講，以心物混合而成一物，有如化學兩元素，混合而成一化合物體。心物相合：精神是精神，物質是物質，兩者不能分離，相合而結成一個人。一個人是一體，是一個單位；一個人的生活也是一個單位的生活，不能分割爲多數部份的生活。人的物質生活和精神生活合成一個生活，「二者相輔，不能分離。」

由這方面去看民生，民生纔是整個的民生，包括人民的全部生活。因此，以民生等於政治，等於社會，或等於經濟，都是把民生的意義縮小了。縮小的民生，便不能作爲歷史的中心。吳經熊先生說：「民生的涵義是非常豐富的，決不是限於衣食住行四個問題。……我們可以說民生好像一幅偉大的繪畫，衣食住行是這幅畫的近景，而仁義道德則是它的遠景。」㈣

以民生作爲歷史的中心，是以人民爲本的歷史思想。民爲本，本是中國儒家的政治思想；然而同時儒家又以皇帝代天行道，皇帝爲至尊。中國歷代的皇帝，知道以民生爲本的，只有少數的明君，其餘的皇帝則都是以自己和社稷爲重。在君主專制的時代，民本的思想不能發達。

中山先生提倡民主革命，主張三民主義，以人民爲政治經濟的中心，乃建立民生哲學。目前各國的政治思想都向這個路走。唯獨共產主義則以階級和政黨高於一切，因此共產政府稱爲獨裁政治。

崔載陽先生說：「我們能否根據民生的義理來解釋民生呢？我想這是可以的。例如『民』有人群義。因民兼有個人社會關係故。其次『生』有生存互助義，因人類生存異於動物生存，即在能爲有意互助故。最後，民生有進步義，因人類生存互助即能由行而知而進步故。因此在義理上，所謂民生應就是人群生存的互助與進步」。(豎)

總括來說：民生是人類追求生存與生命發展的努力。這種努力可以作爲歷史的中心。

乙、歷史哲學

中山先生的歷史哲學思想，只有一句概括的話，即是「以民生爲社會歷史的中心。」從這一句話裡，我們可以知道 國父根本推翻以往中國修史的原則。中國以往修史的原則，是以朝代正統爲主，也就是以皇帝爲歷史的中心。雖然在廿四史裡以漢民族爲歷史的主體，對於其他民族少加敘述。但是漢民族的代表，則是歷代的皇帝。

中山先生主張民主，推翻帝制，同時便也推翻以君主爲歷史主人的思想，而代以人民。

人民即是國民，也就是民族。民生作爲歷史的中心，即是民族作爲歷史的中心。

中山先生在主張民生爲社會歷史的中心時，他是反對社會主義以物質爲歷史的中心。他目標所有的，是反對馬克思的唯物論。但是他的歷史主張超過他當時所說的目標；因爲他自己對歷史的看法，便處處以民生爲主。他看中國的歷史不看歷代朝代的興亡，他所看的乃是中華民族的遭遇，對於異族入主中國，他非常重視。因此他看中華民族在清末的遭遇，稱爲次殖民地的歷史。

一個民族的歷史，是怎樣構成的呢？

中山先生以爲民族的生活，應適合生活的環境。民族爲適合環境，常求進步，生活乃常有進化，而成爲一種進化的生活。

「作者（國父自稱）則以為進化之時期有三：其一為物質進化之時期，其二為物種進化之時期，其三為人類進化之時期。元始之時，太極動而生電子，電子凝而成元素，元素合而成物質，物質聚而成地球。此世界進化之第一期也。……由生元之始而至於成人，則為第二期之進化。物種由微而顯，由簡而繁，本物競天擇之原則，經幾許優勝劣敗，生存淘汰，新陳代謝，千百萬年，而人類乃成。人類初出之時，亦與禽獸無異，再經幾許萬年之進化而始成長人性，而人類之進化於是乎起源。此期之進化原則，則與物種之進化原則不同，物種以競爭為原則，人類則以互助為原則。社會國家者，互助之體也；道德仁義者，互助之用也。人類順此原則則昌，不順此原則則亡。」(四六)

宇宙進化論在 國父的時代，尚是新的學說。 國父接受了這種思想，而加入自己的主張。他分宇宙進化爲三個時期，對於第一時期的進化，他採取了中國朱熹和西洋物理學的思想，說明由太極到地球的經過。對於第二時期的宇宙進化， 國父主張生元論。生元是什麼呢？

「生元者何物也？曰：其為物也，精矣微矣，神矣妙矣，不可思議者矣。按今日科學所能窺者，則生元之為物也，乃有知覺靈明者也，乃有動作思維者也，乃有主意計劃者也。人身結構之精妙神奇者，生元為之也；人性之聰明知覺者，生元作之也；動植物狀態之奇怪不可思議者，生元之構造也，生元之構造人類及萬物也，亦猶人類之構造屋宇舟車城市橋樑等物也。空中之飛鳥，即生元所造之飛行機也；水中之鱗介，即生元

> 所造之潛航艇也。孟子所謂良知良能者非他，即生元之知生元之能也。自圭哇里民發明生元有知之理而後，則前時哲學所不能明者，科學家所不能解者，進化論所不能通者，心理學所不能道者，今皆可由此而豁然貫通，另闢一天地，為學問之試驗場矣。」(四七)

中山先生是一位虔誠的基督信徒，他必定不主張宇宙泛神論，以宇宙爲一有知覺之實體，無始無終永恒地自行進化。因此以宇宙爲一個活生生的實體，或是至誠不息的實體，運行不已；這個解釋雖和《易經》《中庸》的思想頗相近；但是和 國父的思想則不相合。(四八)

中山先生明明說：「由生元之始而至於成人，則爲第二期之進化」，生元在宇宙內有開始之時，這種學說和現代哲學所討論宇宙內生命開始的學說相同。宇宙便不是在開始時就有生命，生命是在宇宙進化到適於生物可以生存的時候開始的。生命由何而來？乃是哲學上一大問題。生元，相當於西洋哲學的「靈魂」(anima)

我們不要在這裡談生命問題，對於歷史哲學，我們只要知道 國父主張宇宙和生物進化。人既然按照進化原則而生存，人的生活便是進化的生活，人的歷史也是進化的歷史。

人類的生活歷史，怎樣向前進呢？

中山先生認爲有兩大原則：一、互助；二、知行合一。

「互助」的原則，反對應用達爾文的物競天擇論於人類進化。動植物的進化按照優勝劣敗的方式而有淘汰；人類的進化則不能以鬥爭，而應該以互助。中山先生說：

「鬥爭之性，乃動物性根之遺傳於人類者，此種獸性，當以早除之為妙。」(四九)

「古時人同獸鬥，只有用個人的體力，在那個時候，只有同類互助……兩個地方的人類，見得彼此都是同類的，和猛獸是不同類的，於是同類的就互相集合起來，和不同類的去奮鬥，決沒有和不同類的動物集合，共同來食人的，來殘害同類的。」(五〇)

人須互助以求生存，也須互助以求進化。因須互助，乃有社會。民生的發展，便是社會生活的發展。

「物質文明之標的，非私人之利益，乃公共之利益。而其最直接之途徑，

不在競爭，而在互助。」㈤

互助在中國儒家的倫理，出自仁，出自博愛，仁字乃是孔子思想的中心，爲人生的基本原則；因爲仁就是人做人的道理。 國父以互助爲人類進化之道，就是以人的生活在於守仁。

守仁以互助，要緊在於力行；人類的生活是需奮鬥纔能有成就， 國父特別注意這一點，爲鼓勵中國人去力行，乃提倡知難行易。

社會的進步，不能徒靠天然的環境，要靠人自己利用理智去求。假使人是沒有理智的動物，則沒有社會進化的可能，有如禽獸，千萬年也不能使自己的生活改善。人有理智，人可以運用理智去創造新的生活方法和方式。

但是普通一班人的心理，畏難，貪苟安，不求上進，中國古人常說：「知之非難，行之維艱。」 國父爲改正這種心理，乃主張「知難行易，」鼓勵國人躬行實踐。

從認識論方面去說，知和行只有先後，沒有難易的問題。知在先，行在後，有理智的人不能夠在行時而沒有知。這種知當然是對於行該有的知識，並不包括行的對象所包括的學識。像如汽車司機爲駕駛汽車，應該知道駕駛的一切動作，但不必要知道汽車的構造。

難易問題乃是心理問題，知和行從心理方面去看，確實有難易的程度差別。普通都以為說話容易做事則難，實際上則是人缺乏誠心和勇氣。 國父乃說：「吾心信其可行，則移山填海之難，終有成功之日。」(五二)

社會的進步在空間內實現，在時間內繼續。 國父主張在研究社會問題時，應用歷史方法去「窮源溯流」(五三) 研究歷史的方法是一面讀史書，一面實地考察。

> 「在中國是專靠讀書，在外國卻不是專靠讀書。外國人在小學中學之內是專靠讀書的，進了大學便不專靠讀書，要靠實地去考察；不專看書本的歷史，要去看石頭，看禽獸和各地方野蠻人的情形，便可推知我們祖宗是甚麼樣的社會。比方觀察非洲和南洋群島的野蠻人，便可知道我們從前沒有開化的人是一個甚麼情形。」(五四)

我們研究了 國父的民生哲學，社會進化以及研究歷史方法以後，我們可以綜合起來作一結論，以說明 國父的歷史哲學思想。

歷史是什麼呢？歷史是人民生活在時間內的經歷。歷史的中心，即是人民的生活。歷史便是人民求生存的歷史。

歷史所記載的乃是人民生活的情形，而不是君主的政治事業。人民的生活包括精神和物質兩方面，人民為維持自己的生存，又為發揚自己的生命，應彼此互助結成社會。

歷史所記載的人民生活，乃是人民的社會生活。

社會生活是常求進步的生活，進步的動力是「生元」，「生元」在於人是人的精神。因此創造歷史的動力不是物質，而是精神。

歷史的功效，在於使我們明瞭人性的要求，以便按照這些要求去改進社會。

社會進步的最高目標，在於天下為公，世界大同。 國父以〈禮運大同篇〉作為最高目標的代表思想。

按照這種思想去寫歷史，歷史乃是一個民族追求生存和追求民族生命的發展，在各方面的努力史。歷史便不是一位君主的歷史，也不是一個朝代的歷史，而是一個民族的歷史；進而成為人類追求生存的歷史。

崔載陽先生說，以民生作為歷史中心，則可以融會貫通歷史的兩個要素，即是人與事，「因民即人，生即事，民生一個概念包括人與事。」(五)

國父看歷史，還具有宗教的看法。他本是虔誠的基督教徒，曾自認負有上天給的一種使命，在臨終時之前幾天曾對孔祥熙說：「我是上帝的使者，我的使命就是幫助人類去獲得平

等自由。」(五六)

國父也承認中華民族負有天予的使命，國父說：

「因為天生了我們四萬萬人，能夠保存到今日，是天從前不想亡中國。將來如果中國亡了，罪過是在我們自己，我們就是將來世界上的罪人。天既付託重任於中國，如果中國不自愛，是謂逆天。」(五七)

一個人的歷史，有神的使命；一個民族的歷史，也有神的指使。雖然　國父沒有說明神是若何指使歷史；但是他確實承認人類的歷史脫不了神的掌握。

3. 蔣中正總統的歷史哲學

蔣中正總統的學術思想，繼承　國父的遺教，發揚光大，尤其在人生哲學方面有很深湛的主張。我們從這一基礎進而研究總統的歷史哲學。

甲、歷史的意義

歷史是什麼？

蔣總統對於歷史，和 國父的思想相同。總統說：

「人類求生存的行程，從橫面看，是社會；從縱面看，是歷史。人是社會的動物，又是歷史的動物。」(三六)

歷史乃是人類求生存的歷程，歷程表現於空間的社會，空間社會在時間上結合起來，成爲歷史。

歷史是人類求生存的歷程，歷史的中心，便是人類的生存，人類的生存即是民生。民生所以是歷史的中心。

人類有求生存的天性，這種天性凡是有生之物也都具有。但是別的有生之物的求生存，不能成爲歷史，人類求生存的過程成爲歷史，則人的求生存和禽獸的求生存有所不同。所不同之點，在於人有精神。

「人之所以為人者，在其有求生之欲，更在其有能思之心。人與一般動物不同，能以思慮與理性指導其求生的活動。」(五九)

「生命的成份，乃是由精神與軀體兩種要素融合能成生命的一體。……有形的生命，不是生命的本質，生命乃是以精神的無形生命為本質。」(六〇)

因爲人有精神，有能思之心，人的生存乃有繼續的發展，於是便有歷史。歷史便不是一個一個的單獨現象，有如地質學，生物學，或考古學；歷史乃是一個一個互相連接的現象，組成人類生命的發展歷程。

「人之為人，主要就由於人由合群互助去擴大自己的生活，同時由繼往開來，去延長自己的生命。」(六一)

繼往開來的生命，即是歷史，人能爲繼往開來，延長自己的生命，不能靠自己一個人，而要合群互助以組織社會。歷史的人生，便是人類社會的生命。一個人的生命，沒有辦法可以延長到後代，可以延長的生命，則是民族的生命，民族的生命，纔是歷史的生命。

「歷史發展的軌轍，證明了二十世紀世界局勢的重心在亞洲，而中國則是亞洲民主潮流的主流。只有我們中華民族的文化及其傳統的天下為公的精神，才敢對人類歷史的責任，能這樣當仁不讓。」㈥

人類的歷史，每個民族都負有責任。每個民族是歷史的主人翁，又是人類歷史的一份子。而民族對於歷史的關係，在於民族的文化及其精神。現在歷史哲學家常說人類的歷史是人類文化史，文化代表人類生活的方式，以文化爲歷史的對象，也就等於以民生爲歷史中心，因爲文化是由民生而造成的。

歷史發展有自己的軌轍，歷史便不是盲目的，偶然的。總統說「歷史發展的軌轍，證明了二十世紀世界局勢的重心在亞洲」。歷史發展的軌轍，不能由演譯的推論可以求得的，而是用歸結的方法，研究以往的世界歷史，乃能歸結到歷史的歸轍。

歷史雖然是民族的生命；歷史的造成，在於每個人的努力。每個人的努力，不是單獨一個人的努力。而是在民族之中去努力。

「人以其短促的生命，而竟能建立事功，發展文化，就是由於他繼承前代的事業，啓示後世的努力，用個人的生命，創造民族的歷史，藉民族的歷史，延長個人的生命。」(六三)

民族的歷史，是個人生命的延長。民族的歷史便是一種延續的生命，而不是一些古朽的事蹟。

乙、人生

歷史既是人類求生存的歷程，人類的生存即是人的生命。爲能瞭解 總統對歷史所講的意義，應進而研究 總統對於人的生命所具的認識。

人的生命具有目的，人求生存不像禽獸一樣只爲生存，而是爲一個高尚的目的。

「人生的目的在增進人類全體之生活。」(六四)

「人生最重要的，就是要充實其眞善美的有目的之生活，與有意義之生命。」

我以為人生乃就是有目的之生活，和有意義之生命，兩者配合而成為其整個的人生。」(六五)

「生命的意義在創造宇宙繼起之生命。」(六六)

「我的生命，不是片斷的，而是繼續的，怎樣能夠繼續？就是創造將來的生命，使得我們的生命繼續不絕，這是生命的意義。」(六七)

總統把人生分成兩部份，一是生活，一是生命。生活是人有意識的行動，生命是人生理的行動。生理的行動，意義在於創造新的生命，使宇宙間的生命可以繼續。人的有意識活動則該是有目的之活動，因爲人有能思之心，可以自己指導求生的活動。人生的目的在增進人類全體的生活。有時　總統以生命指著整個的人生。

總統對於人生，特別注重這一點，每個人的生活不能是孤立的，也不能是獨立的。每個人的人生在生命方面，和民族的生命相連；在生活方面，要以人類的幸福爲目的。

「我們講生命，不好以個人軀殼的存在看作生命，一定要把整個民族歷史的

生命，當作自我的眞生命，以整個民族的生命存亡為存亡，以整個民族的生命之終始為終始。」(六八)

「只有犧牲個人的生命，來充實整個民族的生命，使我們五千年來祖宗遺留下來的光榮歷史，得以繼續保持，我們子孫未來的光榮歷史，得以不斷的發展。這才是我們一個人生命的眞正意義。」(六九)

民族的歷史就是民族的生命，民族的生命也就是民族的歷史。民族的生命由每個人的生命去構成，民族的歷史也由每個人去創造。

「人以其短促的生命，而竟能建立事功，發展文化，就是由於他承繼前代的事業，啓示後世的努力，用個人的生命，創造民族的歷史，藉民族的歷史延長個人的生命。」(七〇)

民族的生命不僅在於有形的生命，而是更在於無形生命的民族精神。

「我民族為重視倫理之民族，其立國之精神，在於忠孝二字。」(三一)

「仁愛是我們中國哲學的中心思想。」(三二)

「我們民族主義的基礎，是以仁愛為中心的道德，……我們認為民族的形成，雖然有其他物質各種條件，但是我們民族倫理的力量，實大於其他一切物質力量的總和。這偉大力量的根源，就是民族精神；而民族精神，又以倫理道德為骨幹。」(三三)

因此，總統特別提倡恢復中華文化，恢復中國固有道德，目的在發展中華民族的生命，繼續中華民族的歷史。

丙、力行哲學

民族的生命，由每個國民去組織去繼續；民族的歷史，由每個國民去創造。歷史不是片段的日常事件，而是能代表民族生命的事跡。這種事跡，若人不努力，便不能創造。民族的歷史要求人有毅力去前進，總統乃提倡力行哲學。在力行哲學裡，總統講行的道理：

「行就是人生，要效法天行健，自強不息。」

「行的哲學無分於動靜，行是恒久的，不輟的，宇宙皆是行之範圍。」

「動並不是行，動是臨時的，偶然的，他發的。行是經常的，必然的，自發的，——動有善惡，行則無不善，——行是繼續不斷的，動是隨作隨止的。」

「行的目的，在增進人類生活，群眾生命，民族生存，國民生計。」(15)

行和動不同，動是生理方面的動作，動作的機能要受外面的刺激時纔動；所以是他發的，是臨時偶然的。行則是良知之行，良知之行是按照良知去行動，是王陽明所說的知行合一之行；因此行是自發的，而又無不善。良知的知行合一，使人心能誠，使人成爲倫理的人。

良知之行，無時或息，人的一思一念，一言一行，都受良知之指示。使良知之指示，貫澈到底，見諸實行，就是行跡。

「在行跡上看，雖然有動有靜；但在整個行程中，向外表現發展的時候，固然是行，生機潛蘊成長的時候，也是行。只要合乎天理，順乎正軌，動亦是行，靜亦是行，宇宙和人生無時不在進行之中。」(三五)

這樣的力行可以發展民族的生命，可以創造民族的歷史。吳經熊先生解析力行哲學，曾說：「總裁將行的定義，用邏輯的方法，劃分得清清楚楚。他先把『行』與『動』的區別，指點出來。簡單的說：『動』是機械性的，相當於英文所謂Motion。而行是指『有目的』、有軌道的、有步調、有系統、而且有『反之于心而安』的自覺，它也當然是正軌的，經常的，是周而復始，繼續不輟的……行字相當于英文的Act Conduct, Behavior等名詞。更進一步，行是實行良知之行。于此，可見這個『行』是有形上的基礎，以天道與天命爲出發點，以自然法則爲軌範，而以發揚仁愛爲目的的。」(三六)

力行之行，是創造有價值的人生之動力；民族生命的前進更靠國民力行去創造。

國父以民生爲歷史中心，　總統繼承這種思想而以民族生命爲歷史中心。然而民族的生命不是關閉在一個民族以內，而是要以人類的幸福爲目的。　總統曾說「人生的目的在增進人類全體之生活。」又說中華民族對人類負有歷史責任。 總統也承繼 國父天下爲公的思想，作爲歷史的目的。中華民族的歷史向著世界大同的目的而進。 總統說：

「禮運篇的大同社會，並不是我們一步可以到達的。春秋公羊傳有三世之說，禮運篇亦有三世之說。這三世就是我們到達大同社會的三大階段。公羊的三世，一是據亂世，二是昇平世，三是太平世。禮運篇所說幽國、疵國、亂國，就是我們建設大同社會首先要削平的各種變亂。而削平變亂的階段，就是公羊傳所謂據亂世。我們削平了變亂之後，國家社會漸告安定，就是建設開始的階段，禮運篇把這一階段叫做小康，也就是公羊傳所謂昇平世。如果社會建設到達了最高理想，那就是禮運篇所謂大同，也就是公羊傳所謂太平世了。」㈤

社會向前進，理想常在太平；然而理想在前照耀著，指引人類的歷史，人類的歷史若是達到這一理想點時，歷史就要停止了。 總統是虔誠的基督信徒；基督的信仰給人指示一種太平幸福之世，作爲人世之末期。人類的歷史便漸漸向這目標前進。

「世上人人所追求的人生，最重要的，就是要充實其眞善美的有目的之生活，與有意義之生命。我以為人生乃就是有目的之生活，和有意義的生命，兩者配合而成為整個的人生。這生活與生命如何能夠充實呢？那就是決非只是物質一方面所能獲得解決的。……而且人的物慾是無窮的，所以物質的生活，即使如美國那樣的生活程度亦不能解決其人生眞正的問題。這就可知道人的生活，除了物質以外，還有更重要更高尚的精神生活，這精神生活的本質就是生命所在。而且這生活是綿綿不息的，所謂『與天地合德，與日月合明』，而永不中斷的，這才是我們人生中眞善美的最高生命。」(六)

個人的生命在民族的生命中繼續不斷，生命的繼續在於精神，民族的生命也就在於精神。

大同的理想，乃是一種精神的理想，是天人合一的世界觀。太平盛世，在人類不能克制私慾時不能實現；先知先覺的聖賢乃指導人類往精神的理想走，克服小我以完成大我的精神，這就是爲人類創造歷史的偉大。

歷史的意義，不僅是「仰古以治今」，而是指示我們在當前的時代，我們有什麼使命；一個人有歷史的使命，一個民族有歷史的使命；研究歷史便是爲認識這種使命，認識了以後，便努力去做。

「能去私心，謀大利，使男女老幼，各得其所，各盡其力，孤獨殘廢，皆有所養，物產盡闢，自然秩序和整，不難達到大同之境界。」㈨

「歷史發展的軌轍，證明了二十世紀世界局勢的重心在亞洲，而中國則是亞洲民主潮流中的主流，只有我們中華民族的文化及其傳統的天下為公的精神，才敢對人類歷史的責任能當仁不讓。」（同上）

註：

(一) 唐君毅 中國歷史之哲學的省察 見牟宗三的歷史哲學 附錄 頁七 人生出版社 民五十一年版。

(二) 周敦頤 太極圖說。

(三) 劉知幾 史通 卷四稱謂篇。

(四) 春秋繁露 卷四 王道篇。

(五) 春秋繁露 卷六 二端篇。

(六) 班固 白虎通 三王篇。

(七) 劉知幾 史通 卷四 稱謂篇。

(八) 司馬光 資治通鑑 卷一 周紀 威烈王。

(九) 劉知幾 史通 卷四 稱謂篇。

(十) 資治通鑑 御賜序。

(十一) 新唐書 卷二百十五 列傳第一百四十上 突厥。

(十二) 劉知幾 史通 卷八 書事篇。

(十三) 劉知幾 史通 卷八 人物篇。

(十四) 董仲舒 春秋繁露 卷一 楚莊王篇。

(十五) 司馬光 稽古錄 卷十一。

(十六) 司馬光 稽古錄 卷十六。

(十七) 參考 傅振倫編 劉知幾年譜 民二十四年 商務版。

(十八) 鄭樵 夾漈遺稿 與方禮部書。

(十九) 四庫全書總目 史類編年類序。

(二十) 劉知幾 史通 內篇 六家。

(二一) 同上，外篇 古今正史。

(二二) 同上，內篇 二體。

(二三) 浦起龍 史通通釋 臺灣商務印書館 民五十七年版 頁十九。

(二四) 劉知幾 史通 內篇 論贊。

(二五) 同上，論贊。

(二六) 同上，論贊。

(二七) 同上，疑古。

(二八) 同上，言語。

(二九) 同上，言語。

(三十) 同上，敘事。

(三一) 同上，敘事。

(三二) 同上，敘事。

(三三) 同上，敘事。

(三四) 同上，直書。

(三五) 同上，惑經。

(三六) 同上，曲筆。

(三七) 同上，曲筆。

(三八) 同上，書事。

(三九) 同上，書事。

(四十) 同上，序例。

(四一) 同上，曲筆。

(四二) 同上，直書。

(四三) 同上，外篇　史官建置。

(四四) 司馬遷　史記　高祖本紀。

(四五) 司馬遷　史記　封禪書。

(四六) 董仲舒　春秋繁露　卷六　符瑞篇。

後漢書　光武本紀。

(四八)歐陽文忠文集　卷十六　正統論上。

(四九)同上。

(五十)同上，正統論下。

(五一)蘇東坡文集　卷十一　正統辨論中。

(五二)同上。

(五三)同上，正統辨論上。

(五四)司馬光　資治通鑑　魏紀。

(五五)周密　論正閏文。

(五六)正統問題，請參考大漢和辭典　卷六〈正統論〉。

(五七)可參考　張西堂　船山學譜　臺灣商務印書館　民六十一年　二版。
劉毓崧　王船山先生年譜　王之春　船山公年譜　王永祥　船山學譜　此三書　臺灣都不可得。

(五八)王船山　讀通鑑論　卷三　頁十八（船山全集）。

(五九)同上，卷三　頁十二。

(六十)同上，卷七　頁四。

(六一)同上，卷七　頁三—四。

(六二) 同上，卷十六 頁八。

(六三) 同上，卷一 頁三。

(六四) 同上，卷一 頁一。

(六五) 同上，卷四 頁一。

(六六) 同上，卷十二 頁十五。

(六七) 同上，卷二十四 頁十四。

(六八) 王船山 宋論 卷二 頁二。

(六九) 王船山 讀通鑑論 卷一 頁一。

(七十) 同上，卷七 頁八。

(七一) 同上，卷七 頁十。

(七二) 同上，卷七 頁十一。

(七三) 王船山 永曆實錄 卷二 瞿嚴列傳 頁二。

(七四) 同上，卷一 大行皇帝紀 頁六。

(七五) 杜維運 王夫之與中國文字 輔仁文學院 人文學報 民五十九年九月 頁三六。

(七六) 王船山 讀通鑑論 卷六 頁九。

(七七) 同上，卷末 敘論三。

(七十八) 王船山 讀四書大全說 卷十 頁五。

(七十九) 唐君毅 中國哲學原論 上冊 頁五八—五九 人生出版社 民五十五年。

(八十) 同上，頁六。

(八十一) 王船山 周易外傳 卷五 第十二章 頁二十五。

(八十二) 王船山 尙書引義 卷四 武成 頁七。

(八十三) 王船山 讀四書大全說 卷九 頁四—五。

(八十四) 王船山 宋論 卷七 哲宗 頁一。

(八十五) 王船山 禮記章句 卷十 頁三。

(八十六) 王船山 讀通鑑論 卷十六 頁七。

(八十七) 同上，卷末 敘論一。

(八十八) 王船山 周易內傳發例 頁十一。

(八十九) 王船山 讀通鑑論 卷末 敘論一。

(九十) 同上，卷十六 頁七。

(九十一) 同上，卷一 頁一。

(九十二) 同上，卷十三 頁九—十。

(九十三) 何炳松 胡適著 章實齋年譜序 頁八 臺灣商務印。

(九十四) 章學誠 文史通義 書教上。

(九五) 章學誠 史文通義 書教下。

(九六) 何炳松 章實齋年譜序 頁十。

(九七) 章學誠 文史通義 書教下。

(九八) 同上。

(九九) 同上。

(一〇〇) 同上。

(一〇一) 章學誠 報黃大俞書 見章實齋遺書。

(一〇二) 章學誠 文史通義 史德。

(一〇三) 同上。

(一〇四) 同上。

(一〇五) 同上。

(一〇六) 章學誠 文史通義 原道上。

(一〇七) 同上。

(一〇八) 同上。

(一〇九) 同上。

(一一〇) 章學誠 文史通義 原學下。

(二一) 章學誠　文史通義　答客問一。

(二二) 章學誠　文史通義　原道下。

(二三) 章學誠　文史通義　原道中。

(二四) 章學誠　與陳觀民工部論史學書　見實齋遺書。

(二五) 宋文明　梁啓超的思想　水牛出版社，頁三四。

(二六) 梁啓超　中國歷史研究法　頁九八。

(二七) 梁啓超　中國歷史研究法補編　頁二二。

(二八) 梁啓超　中國歷史研究法　頁一一一。

(二九) 梁啓超　歐洲戰役史論　第一自序　商務印書館發行　民國三年。

(三〇) 梁啓超　歐洲戰役史論　第二自序。

(三一) 梁啓超　中國歷史研究法　頁一一六。

(三二) 梁啓超　近代學風之地理分析。

(三三) 同上。

(三四) 梁啓超　中國歷史研究法　頁一一四。

(三五) 同上，頁一〇一。

(三六) 同上，頁一〇四。

(三七) 梁啓超　新史學（文化版）飲冰室全集　第八一二—八一三節。

(二八) 梁啓超　中國歷史研究法　頁一一一。

(二九) 同上，頁一二二。

(三〇) 梁啓超　清代學術概論　頁二。

(三一) 梁啓超　中國歷史研究法補編　頁八九。

(三二) 梁任公先生講　中學以上作文教學法　衛士生、東世澂筆記　中華書局　民國十五年三版　頁一四－一二。

(三三) 同上，頁二三。

(三四) 崔載陽：國父思想之哲學體系　正中書局　五十七年。

(三五) 國父學術思想研究　國父遺教研究會編印　中央文物供應社　民五十四年。

(三六) 三民主義。

(三七) 民生主義第一講。

(三八) 梁惠王章上。

(三九) 梁惠王章下。

(四〇) 張弦　國父的經濟思想－見　國父學術思想研究　頁二八七。

(四一) 總理遺教六講。

(四二) 孫文學說第四講。

(四三) 孫文—軍人精神教育。

(四四) 吳經熊 國父思想之綜合觀 東西文化 第十九期頁一二。

(四五) 崔載陽 國父思想之哲學體系 頁六四。

(四六) 胡漢民編總理全集 頁四八四。

(四七) 同上。

(四八) 實業計劃結論。（國父全書頁一一二）

(四九) 馬璧 國父的哲學思想 見國父學術思想研究 頁九五。

(五〇) 民權主義第一講。

(五一) 實業計劃結論。

(五二) 孫文學說第一章。

(五三) 五權憲法。

(五四) 民權主義第一講。

(五五) 崔載陽 國父思想之哲學體系 頁一一。

(五六) Lyon Shasman, Sun Yat Sen: His Life and itsmeaning (1965) P. 310.

(五七) 國父全書二〇〇頁 參考吳經熊 國父思想之綜合觀 註七一。

(五八) 反共抗俄基本論 見蔣總統嘉言錄 下冊 頁九〇。

(五九) 中國經濟學說 同書上冊 頁一一。

(六〇)五十年耶穌受難節證道詞　同書上冊　頁九。

(六一)反共抗俄基本論　同書下冊　頁九〇。

(六二)黨的基本工作和發展方向　同書下冊頁六七。

(六三)反共抗俄基本論　同書九頁。

(六四)自述研究革命哲學經過的階段　同書上冊　頁一。

(六五)解決共產主義思想與方法的根本問題　同書上冊　頁一。

(六六)自述研究革命哲學經過的階段　同書上冊　頁一。

(六七)怎樣盡到做人與革命的責任　同書上冊　頁五。

(六八)軍人應確立革命的人生觀　同書上冊　頁五。

(六九)同上。

(七〇)反共抗俄基本論　同書上冊　頁九。

(七一)青年應爲國父信徒　同書上冊　頁八一

(七二)哲學與教育對於青年的關係　同書上冊　頁八五。

(七三)反共抗俄基本論。

(七四)同書下冊　頁八二—八五。

(七五)反共抗俄基本論　同書上冊　頁八六。

(三六)民生主義育樂兩篇補述。

(三七)解決共產主義思想及方法的根本問題。

(三八)國父遺教概要　見蔣總統嘉言錄　下冊頁四八。

(三九)黨的基本工作和發展方向。

第二章　西洋歷史哲學

一、西洋古代和近代的歷史哲學思想

1. 古代聖奧斯定的歷史哲學

甲、傳　略

聖奧斯定是天主教的一位主教，而且是天主教所景仰的一位聖人；然而並不因此被不信天主教的人士視爲昏頭昏腦，滿心迷信。聖奧斯定的名字，在西洋學術思想史上，佔著很重要的位置。他有承先啓後的功績，綜合了上古希臘的思想，開啓了中古歐洲的文化。他智慧之高，學識之廣，著作之多，在世界各國的大思想家中，可以首屈一指。他是文學家，哲學家，更是大神學家。他的《懺悔錄》固然是文學界的千古名著，他的《天主之國》(The City of God)則是歐洲的第一冊歷史哲學書。

這位結束歐洲古代文化開啓中古文化的聖人，卻生在北非的達迦斯特城(Tagaste)。時在紀元後三五四年十一月十三日。當時北非隸羅馬帝國，北非的居民中，有羅馬人，奧斯定的血統，可能不是羅馬血統，但是他的語言和教育，則是羅馬的語言和教育。青年時，天才高，血氣盛，他在迦太基城，求學的努力固然使學識飛速前進，行爲的放蕩無羈則使品德無法建立。他的母親莫尼加，乃是一位虔誠而品德很高的女子，眼看奧斯定的放蕩，心中憂急如焚，溫語勸告。奧斯定年近二十，和一女子同居，生了一個兒子，竟取名『天賜』。學成回鄉，設立私塾，招收學生。但故鄉達迦斯特城過小，不能成名，乃即返回迦太基，設學授徒。迦太基乃當時羅馬帝國所統北非的第一座大城，文物很盛，奧斯定以二十餘歲的青年，週旋於帝國的有名學者之中，顯露鋒芒。然而帝國的首都乃是羅馬，不在羅馬設學教書，不足以名聞全國。奧斯定屢次望海興嘆：在海的那邊便是帝國首都，一水之隔，怎麼可以阻礙了前途。年二十九，不告父母，便由迦太基渡往羅馬。但是慈母的心，也不會受海浪的隔絕。奧斯定到了羅馬，人地生疏，不能創立私塾學，便赴義大利北部米蘭，結交當地名士。一天，忽然看見自己的母親到了，心中一憂一喜：憂著將受母親的管制，喜著將有母親照顧。當時米蘭爲羅馬帝國一重鎮，城中有一位負盛名的主教，博學高德，名盎博洛削。莫尼加要求兒子陪她往教堂聽盎博洛削主教講道，奧斯定留米蘭兩年，乃常往聽講，心中深受感動。遂往見盎博洛削，開始一種新的嚴肅生活。

紀元後三八七年，奧斯定陪著母親回非洲。當他們在羅馬海口阿思利亞城(Ostia)候船時，莫尼加忽染重病，奧斯定隨侍在側，母子心神安定，不以死爲憂。莫尼加逝世，奧斯定葬了母親，留居羅馬一年，然後乘船渡地中海，回迦太基，再轉回達加斯特故鄉，隱居不出，讀書著書。

紀元後三九一年，年三十七歲，升神父，爲天主教教士。居希波城，講道設教。後五年，晉陞主教，至四三〇年逝世，享壽七十六歲。

他在病中，常常想起聖盎博洛削的名言，以死爲靈魂和耶穌相結合的頂點。既然誠心愛天主耶穌，怎麼又害怕離開塵世，與耶穌永遠相結合呢？

乙、天主之國

當聖奧斯定逝世時，北歐蠻族汪達爾軍隊已經圍攻了希波城三個月了。他去世後不到一年，蠻人破城而入，城中人民無人倖免。

羅馬大帝國，當時已到了崩潰的時候。紀元後第三世紀，羅馬政體掌握最高權力的參議員，喪失了自己的威權；羅馬皇帝由軍隊擁戴，一位將軍篡奪另一將軍的皇位，帝國形成無政府的現象。當羅馬帝國初興，凱撒征服北歐和中歐的蠻族時，利用遠交近攻的政策，把蠻族分化，一族一族予以擊破。羅馬帝國崩潰時，北歐中歐的蠻族乃聯合陣線，同時由各方向帝國攻擊，卒使帝國四分五裂，波斯人在小亞細亞，哥德人在巴爾幹半島，日爾曼人在北歐，法蘭克人在南部，還有汪達爾人在中部，羅馬軍隊四方受敵，蠻人到處焚掠，一個文物興盛的大帝國，頓然變成了蠻族橫行的荒野。弔念古代的人，乃痛惜羅馬帝國的崩潰，嫁禍於初興的天主教。天主教崇拜天主，背棄了羅馬古代所敬神靈，神靈震怒，降罰帝國，帝國乃崩潰瓦解。

聖奧斯定生當其時，目睹蠻族的強霸，耳聞嫁禍天主教的言論，乃作《天主之國》一書，說明人類歷史的往古今來，時當紀元後四百一十三年到四百二十七年。

《天主之國》共二十二卷，分爲前後兩編。前編由第一卷到第十卷，爲辯論部份，攻擊古代的宗教信仰。後編由第十一卷到第二十二卷，爲論說部份，說明天主教的信仰和人類社會及歷史所有的關係。

在第一部份攻擊古代的宗教信仰，聖奧斯定說明古羅馬如希臘所敬神靈，不能保佑人民不遭禍患，反而凡是國家人民的福利，乃由造生人的天主作主。聖奧斯定一方面說理，一方面述說歷史。古希臘和古羅馬的史事以及小亞細亞和埃及的史事，連篇滿章，分佈在書內。每個民族的命運，不操在命運神的手裡，而是由天主照顧。在天主教沒有傳到羅馬以前，羅馬人受的災禍也不少也不輕，羅馬帝國受到蠻族的攻擊，不能抵禦，原因不在於天主教的信仰，而是在於人心的壞。

古希臘和古羅馬以及小亞細亞和埃及古代的宗教，聖奧斯定分章加以述說，信仰不正，風俗敗壞，人民受禍。

在第二部份說明天主教的信仰和人類歷史的關係，聖奧斯定運用神學家的手腕，區分人類的歷史，爲兩種相反勢力的　爭，善的勢力是天主之國，即是天道；惡的勢力爲塵世之國，即是魔道。天道和魔道夾進人類歷史，使人類歷史成爲天道和魔道的　爭史。最後天主之國得勝塵世之國，天道征服魔鬼，人類慶祝昇平。

天主之國開始於天主創造天使，創造宇宙人物。人類因原罪背叛了天主，天主乃選擇以色列民族作爲天主之國的人民。以色列民族後來又違背了天主的旨意，天主乃遣聖子降生，救贖人類，立定了信仰基督的宗教，爲天主之國，凡信仰基督福音者，乃作天主之國的子民。聖經舊約的史書代表人類的古代歷史，新約的默示錄代表人類將來的歷史。

塵世之國開始於天使中有背叛天主而被罰爲魔者，魔道乃隨天道在人類歷史中進行。人類歷史中的叛亂，殘殺荒淫，和一切的大惡，都是魔道所鼓動。人世間因此常有善惡的並立，常有善惡的　爭，魔道而且常佔優勢，這種現象在人類歷史開端時已經表現出來，人類始祖亞當夏娃的兩個兒子，自相殘殺，加因殺死了亞伯爾，加因代表魔道，亞伯爾代表天道。但是在人類歷史終結的時候，將有一最後的審判，魔道將被征服，惡事都要有苦報。

丙、人類歷史的分段

A、聖奧斯定在《天主之國》一書裡，把人類的歷史分成七個階段。

第一個階段，爲人類的嬰孩時期，從「亞當」到「諾厄」。「亞當」是人類的始祖，「諾厄」是洪水淹滅人世的重生始祖。在這第一階段內，天道由亞伯爾代表，魔道由加因代表，在人世開始對立，逐漸長大。人類在嬰孩時期，瞢瞢不知，全憑感覺行事。只有物質生活，精神生活是在襁褓之中。人類始祖違背天命所遭的罪罰，完全顯形；天主預定救贖的希望，祇隱沒存在人的心中。

第二階段，人類的童年時期，自「諾厄」到「亞巴朗」。「亞巴朗」爲猶太民族的始祖，乃天主所簡選的人，將開啓人類歷史的第三期，在人類的兒童時期，理智漸開，分別善惡。人漸能使用理智，制服慾情。然而感性慾情的力量強大，理性意志不能制服，人類的罪惡洶天。天主首則降洪水滅世，次則在巴泊爾塔前混亂人類的語言。幸而有少數人，崇敬天主，勉力向善。

第三階段，人類的少年時期，從「亞巴朗」到猶太王「大維」。天主簡選了亞伯朗，預定他的子孫將成一民族，救主將從他的子孫內出生。這個時期是顯示天主預許救恩的時期，救恩的許諾由猶太民族世代相傳，直到許諾的實踐。這個時期的特徵是被天主簡選的亞巴朗的子孫，漸漸長成一個民族，代表天主之國的發展。

第四階段，人類的成年時期，從猶太王「大維」到猶太王「若西雅」被俘於巴比倫。「大維」王乃猶太王國的興盛時期，猶太民族對於天主的敬禮，都由「大維」王手訂。這代表人類在使用理智的路上，已達到成熟時期。猶太京城耶路撒冷成了天主之國的象徵。「大維」王的兒子「撒落滿」繼任王位，國勢極盛；盛極而衰；象徵人類本性所有能力的興盛。

第五階段，人類的壯年時期，從猶太王「若西維」到救主基督誕生，在這時期中猶太民族衰落了，象徵人類物質勢力的衰落。但在衰落之中，有一部份猶太人，因著各種的迫害而起振作，精神生活爲之一振，一心仰望救主的來臨，救主基督果然降臨了，開始一種新時期。

第六階段，人類的老年時期，從救主基督誕生到世界終窮。這一個時期是人類自身能力的發展，由壯年到老年。從外面看來，人的文明是繼續在發揚，然而從內部去看，人的精神生活是進入了老年的衰敗時期。天主爲救援人類乃遣救主降生，賜給人類新的精神生命，使人的精神能夠更新。

第七階段，人類的完結時期，也就是天主之國的完成時期，同時魔道的人世之國將被消滅。在第六階段裡，正義不能實現，和平幸福也不能完滿。魔道使人世多痛苦，多罪惡。到了人類的完結時期，救主基督再降臨人世，審判一切人的善惡，罪惡和痛苦都被消除，善人享受長久的福樂。

舊約創世紀記述天主六日造成宇宙萬物，第七日安息。人類由六階段進入第七階段，便是進入了安息時期。人類在安息時期，都要復活，恭聽救主的判詞。善人升天，永遠享福。聖奧斯定稱天堂的時期爲第八日。八字在他的思想裡，算爲最完成的數目。因爲在福音上，耶穌所講的真福，乃是八種，八種福樂，便是人類所可有的福樂。㈠

B、聖奧斯定在別的著作裡，又把人類的歷史分成四個時期。

這種分段法，由聖保祿的書信所啓發。聖奧斯定在聖保祿致羅馬人書的註釋裡，開始使用這種分段，後來在別的著作中也常使用。㈡

人類歷史的四個時期：第一時期是法律以前的時期，第二時期是法律統治的時期，第三時期是恩寵的時期，第四時期爲完成時期。所謂法律，乃是猶太教「摩西」所頒佈的教律。所謂恩寵則是救主基督的救恩。

法律以前的時期，便是摩西頒佈法律以前的時期。人類不知道這種宗教法，祇憑自己的良心去生活，由野蠻漸進於文明。

法律統治時期，天主訓示「摩西」，頒佈宗教法律，猶太民族應嚴格遵守。因爲過於嚴格，乃造成禮教主義，一切都崇尙外面的禮儀條文，把精神卻錮殺了。

恩寵時期：救主基督賜給人類救恩，將人類從罪惡的桎梏中解放出來，使人獲得精神的自由。這種自由是愛的自由，愛天主愛人，不受禮儀條文的限制，人類的精神可以自由發揚。

完成時期，就是人類完結的時候，天主之國得以完成。正義彰明，善人幸福。

C、聖奧斯定的兩種分段法，都是以救主基督爲中心。基督在人類的歷史中，爲全部歷史的中心點，而且也是人類歷史的意義。人類的歷史即是人類的得救史，人類和罪惡　爭，和魔鬼　爭，因著救主基督乃能得勝。人類的歷史就是這種　爭史。因此《天主之國》一書乃成爲歷史哲學。

丁、歷史神學

A、《天主之國》若說是一冊歷史哲學的大著，更好說是一冊歷史神學的名作。聖奧斯定觀看人類歷史，完全從宗教神學的觀點出發。他的出發點在於宇宙人物爲天主所造。宇宙人物既是天主所造，則人類的歷史一定在天主掌握之中。這一點是歷史哲學的基礎。宇宙間所有國家和君主，都歸屬於天主的威權，在第四卷第廿三章，論一切國家的時代，由天主定奪。

「天主，乃一切幸福的主人和施主。眞主只有一位，祂施與世間各國禍福。禍福之來，不宜說是偶然，實乃天主作主。天主依照時代和事實的秩序，安排禍福。時代和事實的秩序，在我們一面雖是隱迷神秘，在天主一面則是光明昭著。天主不作時代秩序的僕役，而是以主人之尊，掌握時代的秩序，與以安排。」(三)

在第五卷的第十一章，論天主掌管宇宙，一切法律奉行天道。

「至尊至上，眞實無妄的天主……造生了人，為有理性的動物，有肉體有靈魂……由天主而有一切形象，一切種類，一切秩序；由天主而有數量，數目和重量；由天主而有自然界的一切，由天主而有一切無論任何種類和價值的物……無論若何，絕對不能相信人類的國家和政權不屬於天主的統治。」(四)

人類歷史是人類的生活，人類的生活無論私人，無論國家，都處於天主掌握之下，人類的歷史也就處於天主掌握之下。

B、人類是一個，各民族的歷史雖然不同，但是各民族的歷史在同一掌管人類的天主之統治下，趨向同一的目標。人類的根源是相同的，人類的終局也是相同的，人類向著同一的目標前進，人類的歷史是一部歷史。這種思想不單是在聖奧斯定當時，是一個很新穎的思想，就是在一千年以後，也是新的思想。中古和近代寫歷史的人，常是寫一個國家，一個朝代，或一個民族的歷史。通史的觀念，尤其世界史的觀念，要到了現代的歷史家纔正式成爲主張，纔有人正式去寫作。

聖奧斯定的歷史觀念，來自聖經，聖經記載人類有一原祖，原祖由天主所造。

C、人類的歷史，在善與惡之中進行，遵行天道或遵行魔道，天道是天主的愛，魔道是自私。天主愛人，願人得救，乃遣聖子降生成人。聖子耶穌加入了人的歷史，祂救世的工程，成爲人類歷史的中心。魔鬼也加入了人的歷史，驅使人向惡。這就是天主之國和塵世之國的 爭。這種 爭本是精神的 爭，不訴諸武力。然而精神常現於形質：愛和惡的精神，表現於形質，聖保祿宗徒說：

「夫情慾之事，亦顯而易見也：凡姦非污濁，淫蕩奢侈，拜偶像，行巫術，仇恨爭競，好勝忿怒，朋比釁隙，迷惑異端，嫉妒殘殺，沉醉荒宴等類皆是。吾夙已言之，今復鄭重相告，凡行此等事者，必不得承受天主之國也。若夫聖神之果，則為仁愛、神樂、安怡、忍耐、慈祥、良善、忠信、溫恭、克己，凡此種種非律法所能制裁也。」㈤

情慾之事，即是魔道之事；聖神之果，即是天道之事。個人生活在這方面轉來轉去，國家民族以及整個人類的生活，也都在這兩方面轉來轉去。因此，人類的歷史也就是這兩方面行動的表現。

D、人類對於歷史負有責任，每個人也負有責任，因爲在天主的掌管之下，人還是享有自由。歷史是人造的，是人的自由活動。但是這種自由活動，出不了天主掌握的範圍。

聖奧斯定的歷史哲學，是一個偉大的系統，包括整個的人類，包括人類整套的生活，從人類起源以及到人類終結。有許多人要指斥《天主之國》是神話，是迷信。但是書中的史事乃是希臘羅馬的歷史。聖奧斯定對這些史實予以解釋；或更好說他先有一個歷史哲學的系統，然後拿歷史的史事去說明。他的歷史哲學影響了整個中古世紀，現在在天主教的歷史哲學裡，仍舊佔有重要的位置。

2. 西洋近代歷史哲學思想

近代歷史哲學思想，和近代歐洲的哲學思想互相聯繫，所謂歷史哲學思想家，也就是當時的哲學家。

近代哲學由笛卡爾開端，到馬克斯結尾。這一段很長時期的哲學，派別很多，趨向不同，很有點混亂的現象。然而其中也有幾點共同的趨勢，這幾點共同趨勢對於歷史哲學影響很大。

近代哲學在笛卡爾的一句名言裡：「我思想，我就存在」，已包孕了兩種新趨勢。第一是注重人，而且注重自我；第二注重人的心理，以人的意識爲主。中古的哲學，和宗教結合在一起，哲學的起點和終點是神，是天主。聖奧斯定和聖多瑪斯乃中古哲學的代表，兩位哲學家都兼爲神學家，他們講哲學是用哲學以講神學。近代哲學則以人爲哲學的主體，由人的觀點去看宇宙萬物。而且逐漸由抽象的人性漸漸轉到具體的個人，當代哲學乃以自我爲哲學主體了。這種趨勢影響了歷史哲學，使哲學家對於歷史的看法，由人方面去看，而不由神的方面去看了。雖說近代歷史哲學家尚多有人信歷史由天主掌管，但是已經放棄聖奧斯定以天主爲歷史中心的思想，而以人類爲歷史中心。又因哲學思想注重自我，歷史哲學家也注重個體的人在歷史上的地位，以歷史爲偉人所造成。既然注重偉人，則不能不注重人的心理。因此心理現象的解釋，在歷史哲學上漸漸佔重要的位置。同時不單是注意個人的心理，且也注意到社會團體的心理。社會心理的研究，也就成爲歷史家的工作。

近代哲學以認識論爲最重，實徵論、實在論、唯心論等學說都是認識論的學說，這些哲學家都討論人的智識究竟有什麼價值，人是否可以認識真理。這種研究當然影響了歷史哲學，有人便問歷史智識有什麼價值呢？當代歷史哲學便由認識論去研究歷史。

近代政治思想，趨向民主，尊重平等自由，歷史家乃由這種思想去研究古代民族的文化，於是有神權、君權、民權的進化論。

由政治思想，歷史家更進而研究民族文化，近代的歷史家漸漸放寬歷史的範圍，由政治史而伸張到文化史。歷史的範圍乃能包括民族生活在各方面的表現。

爲明瞭這一時期的歷史思想，我們簡單地先介紹義、英、法、德等國的歷史思想，然後舉出黑格爾和馬克斯兩人的歷史哲學，以作這個時期歷史哲學的代表。

甲、義大利的歷史哲學思想

在政治史上，義大利在第十九世紀以前，不成爲一個一統的國家，沒有義大利的名字；但是在文化史上，義大利繼承古羅馬的文化，在中古和近代的思想史，義大利已自成一單位，且有適當的地位。而且文藝復興，興自義大利。

在歷史哲學上，義大利有一位學者，乃是現代歷史哲學的前驅，這位學者稱爲魏各(Giambattista Vico 1688-1744)。魏各爲義大利南部拿波里人，性喜哲學，尤好法律，曾著《世界法學》(De universi iuris uno principio et fine uno, De constantia iurisprudentis. 1720-1723)，後轉而研究歷史哲學，著：《新學術論》(Principi di una scienza nuova d' intorno alla comune natura delle nazioni, 1725, 1730, 1744)。在這兩冊書裡，魏各正式講論歷史哲學，開啓後代歷史哲學的途徑，因此講歷史哲學演進史的人，都推魏各爲歷史哲學的開創人。

A、歷史智識

魏各反對笛卡爾的諺語：「我思索，我就存在。」，因爲僅只思索不能知道真理究竟怎樣，思索不能作爲真理的標準。認識正確的標準，該是知而能行(verum ipsum factum)，有點相似王陽明的知行合一。魏各所謂知而能行，把真理和行爲合而爲一，行爲就是真理，又有點相似黑格爾所說「存在的就是合理的。」但是他對於這句話的解釋，則和王陽明、黑格爾都不相同。

魏各以爲我們的智識，爲成一種完全的智識，爲成一種正確的智慧，我們應該知道對象的各方面，好像一個工人做一件傢具，我們在腦子裡能夠把對象分析清楚，能夠在分析以後把各部份結合起來，構成這個對象。認識的對象，不是我們腦子所造的；但是我們對於對象的認識，要能達到完滿的程度，我們真可以創造我們認識的對象。

在我們各種智識中，較爲更完全更正確的智識，按照魏各所說的標準，應該是歷史智識。歷史智識的對象是史事，史事的前因後果都是人所造的；我們研究歷史可以知道清楚歷史所講的史事，史事的因果歷歷在目。

魏各因此主張歷史可以成爲一種學術（科學），因爲歷史的智識可以是真理，可以是正確。歷史的智識乃是正確的，因爲歷史的每樁史事，都可以用證據去證明事情的實在性。歷史是真理，因爲歷史的史事含有一貫的原則，原則乃是古今不變之道，以人性爲基礎。

B、歷史的演進

人類歷史逐漸演進，歷史的演進即是人類的演進。人類在開始時不知道使用理智，只憑感覺和想像去認識，對於自己的人性尚不明瞭，對於自己本人也沒有反省的意識。後來漸漸進化，人漸漸知道使用理智，由理智去認識自己和事物。魏各分人類歷史的演進爲三個階段：即神靈時期、英雄時期、人的時期。人類在這三個時期內，開始祇是感覺不知道現象的意義；後來漸漸注意各種現象，心中感動而起害怕；最後自己知道反省，用冷靜頭腦去思索，人自己知道自己是誰。

人類演進的一個大問題，是從野蠻時期怎麼樣能夠進入文明時期。魏各不承認人是從獸進化而成的。初民雖是野蠻，有如野獸，但已經是人，具有整個的人性。這個具有整個人性的人，為什麼不知道使用理智，生活沒有倫理道德，有如野獸一樣呢？這樣的一個愚蠢的人，怎麼樣後來竟能夠利用理智，創造了現代的文明呢？魏各認為這是歷史上的一個大問題，在理論方面沒有答案，祇能由天主教的信仰去答覆。初民的愚蠢乃是聖經舊約所說人類原祖因犯罪而墮落，失去了人性的完整，人類的人性乃是墮落了的軟弱人性。這樣的人性，後來怎樣又能發揚而創造文明呢？魏各相信這是天主的指導，天主指導人類的歷史，不用非常的靈蹟，而是引導人在日常的途徑上，趨向高尚的目標。宗教的信仰，引導人修身，建立倫理秩序。初民野蠻的性格，若沒有宗教信仰的引導，決不能改善自私和殘暴的惡性。

宗教信仰既是文明的起點，文明的進化和退化也和宗教有關。如文明進化使用理智而排斥宗教信仰，理智的使用使人自尊而濫用自由。濫用自由則自私心盛，自私心盛則倫理墮落，人將返回初民的野蠻時代。這種野蠻不是物質的野蠻，而是精神的野蠻。

人類既退化到精神野蠻，則應開一新時代使人類再度前進，人類的一進一退，便成為歷史演進的途徑。然而這種途徑並不成為歷史進返的原則，歷史並不是永遠的在一進一退中周旋。因為人類文明的進退，沒有規定何時必進何時必返，進返的時期，也不是進時常有同樣的史事，退時常有同樣的史事，進返祇是歷史演進的形式。

C、文明進化

初民的生活爲野蠻的生活，野蠻的生活也有智慧，野蠻的智慧是直覺的智慧；魏各稱這種智慧爲詩人的智慧。詩人的智慧是直覺不是反省，是想像不是理性。初民生活的智慧也就是普通一般人的智慧。普通一般人作事時，不多思索，不多反省，祇憑直覺和經驗，對於事情的判斷並不常是錯誤。

野蠻人民既祇憑直覺，在遇到大雷大風暴時，便直覺到神靈的造物主。然而他們不知道使用理智，於是便想像各樣的神靈。希臘人民乃有太陽神的神話。在太陽神的治理下，人民進於文明生活。文明的第一種表現，即是家族制度和君主制度，家長和君主統制人民。在君主制度下，貴族制度興起，貴族的家庭作社會的領導，平民服從並崇拜他們。在這種制度下，民族的語言文字漸漸發達，國家的法律漸漸成立。文字和法律乃是每個民族文化的要素。這種時代爲「英雄的時代」，也是想像和詩歌的時代。貴族制度衰敗以後，平民握得政權，於是開始「人的時代」，以民主制度爲特徵。人的生活以理性爲主，想像和感覺的支配力減少，理性的產物，乃有各種不同的學說。魏各希望能出一位羅馬皇帝，重整社會的秩序。假使羅馬皇帝也不能整頓社會，社會必日趨墮落，反歸於初民的野蠻時代，歷史乃有一進一退。

乙、法國的歷史哲學思想

法國在近代的歐洲思想史上，以法國革命的影響最大。法國革命的標語爲自由平等。自由平等爲人性的基本權利，歐洲思想乃以人性爲重，由看重人性而成立人文主義，以人作生活的中心。文藝復興的思潮，本以提倡人的美好爲主。人體美的藝術，由文藝復興仿效希臘雕刻而造成古典藝術。大家憧憬人身和人心的美善，興起浪漫的情緒，遂形成了浪漫主義。浪漫主義的正式成立，雖是由德國十九世紀作家所造，然而十七世紀和十八世紀的英國和法國作家，早已實行浪漫的思想。法國近代的歷史哲學思想，也就是這一派的歷史哲學。

A、盧　梭

第一位浪漫思想家，是法國的盧梭。

盧梭(Jean-Jacques Rousseau.)生於一七一二年，卒於一七七八年，一生浪遊瑞士、法國、英國，著有《民約》、《愛彌兒》及《懺悔錄》。

盧梭的基本思想，爲返歸自然。他主張人性爲善，初民的非文明生活，乃是人性自然的流露，天真無損。文明的進步，破壞了人類的天真。在初民的社會中，人人平等，不分階級。歐洲貴族階級，爲文明的流毒，應該完全廢除。文藝復興以後，英國盛行理性主義，盧梭極力攻擊這種思想，他以理性的智識，爲人類墮落的原因。智識使人巧詐，使人作惡。他似乎像老子的主張，要棄聖絕智。

爲救當時的社會，盧梭提出民約論和愛彌兒教育論。民約論以國家的組織，出於人民的公約，人民在公約內，可以規定自由平等的私人權利。愛彌兒教育論則主張教育以個人爲主體，教人自由發展每人的人格。

盧梭的歷史哲學思想，在否認歷史的意義。他推崇初民生活的價值，咀咒文明的進步，主張返回初民自然的生活，他就是否認了人類歷史的價值，以爲人類可以純淨地擺脫幾千年歷史的成績，回到歷史的開端。但是在另一方面，他對於社會和文明的批評，留下了許多觀察歷史的原則。如從自由平等去觀察文化的進步。

B、孟德斯鳩

孟德斯鳩(Charles Louis Montesquieu)生於一六八九年，卒於一七五五年，爲法國革命的政治思想家，曾著有《論羅馬興亡》及《法意》等書。

《法意》一書爲孟氏最重要的作品，開後代社會學的先聲，又具有歷史哲學的觀念。宇宙萬物在物質和精神方面，都受造物主天主的掌管。然而在人類社會方面，則受自然律的統制。這是孟氏《法意》一書中的重要點。所謂自然律，不是形上的抽象自然法，乃是具體人事的關係，在這些關係中，有一種統制的規律。統制社會的規律，是由地域環境和社會因素而成的。每一種社會具有自己的精神，這種精神稱爲共同精神。

因此，每個民族在文化進化上，自成一個單位。以往的社會，按照每個民族的精神，有君主獨裁，有貴族制度，有君主立憲，有民主。在已進化到民主制度時，則應實行分權，立法司法行政應互相分別，以避免一人獨裁。

孟德斯鳩的歷史哲學思想，在於講人類社會的逐漸進化。進化的原因，由環境和社會因素而造成。他的思想不多帶浪漫氣氛，而注重實際的觀察，頗具有實際科學的精神。因此他研究法律、研究自由、研究政治組織、研究國家和私人的界限。在這些問題中，他主張自然律。

人類社會雖然有自然律；然而人類的歷史則不能完全用理性去解釋，因爲人類有感情、有情慾。這些力量對於人的行動有很大的影響力。人類社會的宗教，也是歷史不可理解的原因。研究社會學和歷史者，不能忽略這些原因。他的思想影響了後來的孔德。

C、孔德

孔德(Isidore Auguste Comte)生於一七九八年，卒於一八五七年。他是法國革命大亂後的思想家。眼見國家因著幾十年的大亂，人心分離，社會散亂，他想尋找一種思想使全國團結一致。他是研究哲學和社會學的，思想的趨勢，已經遠離了浪漫主義而進入了實徵主義。他看重實徵性的科學，以實徵科學的精神去講哲學；但是結果他的哲學、社會學和宗教等方面的思想，卻是一種懸空而不實際的空想。這種空想變成了形上原則，支配了現代的社會學和歷史哲學。

孔德把科學分成有機物理學和無機物理學。無機物理學包括天文和地理，地理再分爲物理和化學。有機物理學則分爲生物學和社會學。歷史當然包括在社會學內。

社會學所研究的對象，爲人類的生活。社會學的研究法是比較研究法，比較研究法由兩方面進行，一由空間、一由時間，由空間去比較研究，即研究現在各民族的社會生活；由時間去研究，則研究以往各民族的社會轉變。

現在各種民族的社會生活，已經是進化的生活。社會的中心爲家庭，社會組織的原則爲分功。家庭和分功的維護者則爲政府。政府乃是推動社會生活的動力。

社會組織的因素，第一在物質和勞力。從這兩種因素去研究，社會組織的因素，乃有工人和雇主。第二在於智識，社會智識的代表是明智人，即是教會負責人和學者。第三在於婦女，婦人在當時尚不參加工廠及社會智識工作，然而她們也是社會組織的一個重要因素。

從時間方面去研究社會，孔德創立了三階段的學說。他由各民族的風俗、思想和文化的各種表現，比較研究，認爲人類社會的進化，是依循神權、君權、民主三種階段而進化的；

同時人類的學術思想，也是由神學到哲學，由哲學而進到科學。

初民的頭腦幼稚，不能理解自然界的現象，以為都有神靈主持。自然現象對於人類生活關係很大，人的力量不能抵抗，於是便信仰而敬禮主持自然現象的神靈。不僅是自然界由神靈主持，人事也由神靈主持。社會的初期組織，處於神權之下，人們的智識也是一些神話和宗教智識。

智識漸漸增多了，理性運用漸高，人便漸漸自己管理社會，於是有君主代天行道，社會由君主治理。明智的人開始運用理想而造出哲學思想。哲學是空洞的，是冥想的智識。

後來人們智識更多，理智運用更高，人們便自己主理自己的生活，社會組織是民主，思想的發展為科學。

人類可以是宇宙的主人。

孔德夢想創立一種自然宗教，敬拜人類。孟德斯鳩曾說社會民族有一共同的精神，孔德以社會的共同的精神為至高的存在。至高的存在(Grandétre)乃是人類(humanité)。自然宗教以「人類」為信仰對象，以實徵哲學為教義，竊取天主教會的禮儀和制度，訂立教儀和教士。孔德想望這種宗教可以團結法國人民，而使人類進化到最高峰。

孔德的歷史哲學思想，是他的社會進化論。他把人類的歷史，分為神權、君權、民權三階段。他對歷史的評價，完全由社會組織去觀察。

丙、英國的歷史哲學思想

英國近代的哲學思想，由牛頓大科學家領導，趨於理性主義。以宇宙的一切運動，均按自然法進行，運動的變易，可以按照數學的方式而推出。人類社會的生活，也有性律的統制。性律是不變而且是不能變的，萬世常新。

由理性主義一變而爲實徵主義。實徵主義是反對理智的，所看重的乃是感覺。感覺的知識纔是確實的知識。

A、代表實徵主義的哲學家為休謨

休謨(Hume)生於一七一一年，卒於一七七六年。他除哲學著作外，著有《英國史》(大不列顛史)。

休謨對於認識，採懷疑主義。人的認識，即是對自己本人的反省認識，都是一束的感覺印象。這些印象互相繼續、互相替代，像水流一樣，沒有固定的一刻。人的自我既不是固定的存在，「實體」(Substance)的一個觀念便沒有意義，而且可以說「實體」根本不存在。

對於已往和將來的認識，我們不能有感覺的直接證明。我們所有的歷史知識，只能說是「可靠的」，而不能說是「確實的」。休謨且不承認因果律，他以因果爲印象連續所結成的習慣；歷史的因果也便沒有內在的價值。

人類的進化，由低級上升，這種進化不能用理智去解釋，只是人性的要求：人性的要求是盲目的，是不可理喻的。既然是盲目的，便是確信的，牢固不可破。

休謨著《英國史》，記述大不列顛民族的社會組織。休謨信仰人性，以人性爲社會組織的基礎。人性的表現，按照英國人的天性乃是實際有利於人生的事，英國人因此講實際、講利益，在實際和利益之中，英國社會尊重君權又尊重自由。

B、布爾克

布爾克(Edmund Burke)生於一七二九年，卒於一七九七年。

布氏爲愛爾蘭人，不是哲學家而是政治家，他的哲學著作乃是一本關於美術論的小書，頗對康德發生影響。在政治思想上，他的思想和歷史哲學發生關係；因此他在歷史哲學上可以有一席的地位。

布氏的政治思想，爲自由主義。他反對盧梭的自然民主論、烏托邦論；也反對法國革命。布氏主張自由應有限制，自由不是天生的，而是人所爭取的，也是人所建造的，人要知道爭取自由之難以善用自由。自由和歷相連，自由的運用要適合具體的歷史環境。社會上的自由，是各種不同或相反的社會組織的調協。歷史的進步，不能像法國革命，完全推翻以往的傳統。歷史的進步是繼續以往前人的工作成績，逐步向上。這種思想便是他的歷史哲學思想。

十八世紀的英國思想，趨重實際，已經拋棄理性主義的路線，走上實徵主義的道路。這種主義重經驗、重實利。英國學者對於歷史的看法，也就不帶浪漫色彩，而加上實徵的色彩了。

丁、德國的歷史哲學思想

歷史哲學的成立，在於德國。德國在十七和十八世紀盛行浪漫主義，浪漫主義的名詞，發源於德國。在十六世紀末期，英國文藝界曾用「浪漫」的名詞，指著一些奇異的傳說。在第十七世紀，英國文藝界用「浪漫派」的名詞，指著中古世紀的哥特式藝術。德國的學者乃使用浪漫主義的名詞，以反對古代藝術和古典藝術。古典藝術重在理智，重在顏色和形體美；浪漫藝藝則重感情和想像，重線紋和顏色的調和。在哲學思想方面，乃有赫爾特的浪漫哲學思想，更有康德集其大成。

A、赫爾特(Johann Gottfried Herder)

赫爾特生於一七四四年，卒於一八〇三年，曾從康德受教，和詩人哥德爲友。他的思想由拉丁文與德文之爭而起。他反對拉丁古文，主張用本地德文，因此他便開始研究語言的哲學意義。語言不僅是一些抽象的名詞，也不僅是理智的工具；語言乃是具體上表現整個人的思想、感情、心理和精神生活。語言應該是活的，而不是死的。拉丁文在開始時是一種活的語言，以後和具體的生活相脫離而成爲死的文字。赫爾德於是進一步主張一個民族的文化，可以由民族的語言去研究。民族的文化是各民族所創造的，因爲人的內心具有創造能力。人的創造力來自造物主天主，是天主的肖像。人用內心的創造力使自己成聖賢，聖賢的標準是在人的心內，人能實現這種完人的標準便是完全的聖賢。

世間的一切，都是人的創造力所成，宇宙的目的在於宇宙以內，但是在宇宙的內在目的中，便是實現造物主天主所定的原則。赫爾德曾任基督教的牧師，他的信仰很誠懇，他深信天主對於宇宙萬物，不僅支配無靈之物，也支配有靈的人，因此人類的歷史也在天主掌握之下。人類歷史上的許多重要事蹟，很明顯地可以看出是天主預先定了事實的途徑。

人雖用理智去創造歷史，然而歷史並不完全是合於理性的產物，也不是成一直線往前進，後一時代並不常較前一時代進步，人的幸福也並不步步增加。就如每一個人並不事事都好，事事如意，同時每個時代也並非常常好，常常如意。歷史是委蜿曲折地向上進，每一時代有一時代的特徵，有好有壞。

赫爾德的歷史觀，很切近自然。人雖用理智去求進步，周圍的環境則常使人的創造受許多限制。赫爾德承認每個人和每個民族在歷史上的價值，也承認每種文化的歷史價值。他的歷史爲文化史，在文化史中理智有自己的地位，感情也有自己的地位，自然界也有其地位。所以他的歷史思想稱爲浪漫派的思想。

B、黑格爾的歷史哲學

正式能稱爲歷史哲學家的人，當推黑格爾。黑格爾寫了歷史哲學的專書。他在晚年寫歷史哲學，以歷史哲學完結他的哲學思想，作他思想的結論。我們爲明瞭黑格爾的歷史哲學，便要先明瞭黑格爾哲學的大綱和內容。

a、黑格爾哲學的系統

黑格爾是一位唯心哲學家，他主張精神包括一切，一切都是絕對精神的變易。精神的變易，按照正反合的方式而進。正反合即是絕對精神的我，非我，自覺精神，絕對精神的我是自由，非我則反對自由，自覺乃是自由的自覺。歷史，便是精神求取自由的自覺史。

黑格爾的哲學建立在精神變易的觀念上，他們以精神常變便以「絕對精神」爲運動。絕對精神之運動應有法則，法則乃是理性；但是理性並非一種特能，而是絕對精神本身。絕對精神本身是變易，本身也是法則。變易的法則，不單是理性推理的範疇，同時也是所有存在體的本體形式。因此黑格爾的邏輯學，既是理則學又是本體論。

(1)黑格爾的邏輯學分爲三大部份：存在的邏輯、本質的邏輯、觀念的邏輯。存在和本質合爲客觀的邏輯，觀念爲主觀的邏輯。

存在或稱爲有，是一最廣最普通的觀念，祇說「在」，不附帶任何性質。他的內容最空處，可以和「無」或「不存在」沒有分別。存在爲我，不存在爲非我；我爲正，非爲反。存在和不存在沒有分別，即是我和非我同時有，也就是正和反同時有。怎麼樣可以使正反相合呢？則是變易，變易使我和非我相合。

當存在發生變易時，存在給自己附加特性，便是存在自己、限制自己、確定自己，然後有個體性的觀念。個性乃是具體的存在，具體的有，或稱爲生存。

存在在變易時，有變易的本體，變易的本體就是存在的本質。存在的本質使存在是真的。存在本質在變易過程，有三項的決定：第一、爲本質的「存在在己」，即是自己限制自己，或稱爲反映。第二、本質既是自己限制自己，所成的乃爲一非我，構成反映中之「他存在」，即是差別。第三、本質既自己限制自己成一非我，非我實即自我的表現，這種表現造成生存，存在本質乃有現實性。現實即是本質和生存的結合。本質表現自己於一串的現象中，乃構成物。

主觀的邏輯，爲觀念的邏輯。觀念的邏輯，即是通常的理則學和認識論，解釋觀念的價值和觀念的法則。

在邏輯學以後，黑格爾講自然哲學。自然哲學包括三部份：力學、物理學、有機體論。

（2）自然是絕對的精神的非我，絕對精神或稱理性在變易過程中，自己限制自己而有外在的我。外在的非我便是自然。自然應有空間、時間、物質等因素。

物質是什麼呢？物質是一個代表，代表什麼呢？代表自然的各種個體的統一性。理性在自己限制自己的過程中，構成許多無窮的個體性，個體性怎麼樣可以統一呢，乃有一理想體，自然界的無窮個體性是屬於這個理想體，因而乃歸一統。這種理想體稱爲物質。物質怎樣聯系無窮的個體性呢？是以理想的體系。理想體系之成，在於力，乃有力學。物質因力而構成自然的個體性。研究這種理論的，便是物理學。力能統一個體性，這種統一程序能表現於一個體以內，而使個體爲自己而存在，這便是有機體。

（3）黑格爾的第三部哲學，乃是精神哲學，精神在變易程序中，有了非我的「自然」，非我和我重新相合，這就是精神哲學。黑格爾以精神哲學之「精神」爲自我與存在的統一，主觀和客觀的統一，爲己和在己的統一。

在精神哲學之中，黑格爾又分正反合。「正」爲主觀的精神，主觀精神的哲學有人類學、心理學、意志論。「反」爲客觀精神，客觀精神的哲學有法律、道德、政治。「合」爲絕對精神，絕對精神的哲學有美學、宗教、哲學。

主觀精神是每個人的本人，求其精神發展。每個人的精神發展，即是追求本人的自由。因此先有人類學而研究人，然後有心理學研究人的心理，由心理作用而知道人運用自己的意志以求自由。自由乃是主體向外的發展。主體向外發展，馬上遇到別人爲求自由向外的發展，爲能使大家都可以有自由，於是便有法律、有道德、有政治。這三者就是人群之道，或稱爲團體的理性，使團體的生活合於理性的生活。由團體生活每個人的精神再回到自己的精神裡，每個人自覺爲一絕對的精神。在美術裡，每個人自覺和絕對的美相結合，以欣賞美術之美。在宗教裡，每個人自覺和絕對的精神相結合，自己的精神，廣大無垠。在哲學裡，每個人自覺和絕對的理性相結合，講說絕對的真理。

但是歷史哲學呢？歷史哲學爲黑格爾全部哲學的結論。

b、黑格爾的歷史哲學

歷史是甚麼呢？黑格爾認爲歷史是人類精神追求自由，漸有自覺的經驗。黑氏又以爲歷史表現最高神靈統治人類的計劃。

絕對精神在存在中，自加限制而成爲有限的精神，即是人類的精神。人類的精神繼續活動而有變化，精神本身是自由的，精神的變化便是自由的變化。但是有限的精神因有外間的阻力，並不能常是自由的，因此有限精神的變化，便常在追求自由。有一分的自由，有限的精神對自由多一分的自覺心。精神繼續變化，繼續追求自由，繼續增加自覺，這種自覺的經歷就是人類的歷史。

人類的歷史，便要由變化方面去解釋。歷史的變化，爲人類精神求自由的變化；這種變化乃是永遠創新的變化。在人類生活中，一切都變，變則是有毀滅毀滅後，又有新的以替代舊的，像佛教的輪迴說，新舊相繼續。又毀滅又繼續。歷史究竟有沒有目的呢？黑格爾答說歷史有目的，歷史的目的在於表現絕對的理性，理性支配一切，理性規定一切，歷史按照理性的計劃繼續前進；在歷史裡面，理性可以表現出來。這一點，乃是宗教的信仰，信歷史受絕對理性的支配，絕對理性即是神意，即是神。黑格爾不承認世界為一偶然的原因，世界的一切不是偶然而生，而是由神意去支配。

人類追求自由的自覺經歷，可以分成三大階段。第一階段為精神的幼稚時期，人類對於自由，沒有自覺心，大家都不自由，祇有一個統治者運用自由；這一時期可以由東方各國的君主專制作代表。第二階段為精神的青年時期和成年時期，青年時期以希臘為代表，成年時期以羅馬為代表。在這時期內，人類漸漸知道有自由，少數人並能享受自由，希臘的民主制度和羅馬的封建制度曾給予貴族和執政人以自由。第三階段為精神的老年時期，人類已經自知有自由了，以自由的自覺支配一切，一切都在自由裡去實行，這個時代，以日爾曼德國民族為代表。

黑格爾既以精神的活動為自由，人類對於自由則不自覺，為使人類自覺，乃有偉人為自由而奮鬥。這些偉人即是為人類造歷史。黑格爾的歷史哲學崇拜已往的偉人。到了人類有了自由的自覺，以自由支配一切，便應該有完全的政府，以完全的法律和倫理去範圍人的自由，使自由合於理性。因此黑格爾乃崇拜國家，很有國家主義的色彩。在現代的民族國家中，黑格爾認為日爾曼民族最能守法守倫理，日爾曼民族的政府最能代表自由的合理化。於是黑格爾又成了日爾曼民族主義者。

黑格爾主張在合於理性的國家裡，人類纔能得到人類的意義和人類的價值，纔能得到人類的本身。他便主張人類的歷史乃是國家的歷史，國家的生活則是文化，因為文化是民族精神在各方面的表現，因此國家歷史乃是國家文化史。

國家的文化，第一是法律，法律為政府的生命，可是民族精神活動則在於藝術、在於宗教、在於哲學。黑格爾尤其注意宗教，他以為宗教是全民族意識聯合的最重要形態。因此他主張在國家的生活裡面，宗教乃是中心點。

這樣，歷史哲學包括了法律、藝術、宗教和哲學。

C、馬克思唯物辯證史觀

a、辯證唯物論

黑格爾的學說竟影響了希特勒獨裁的國家社會主義，這是黑氏自己所不能預料的。另外還有一種影響，也是他所不能想像的，則是馬克思的辯證唯物論，黑格爾的思想，以精神為主，精神的變化按照正反合的辯證式而造出歷史。馬克思竊取黑格爾的思想骨架，卻把骨架內的主體內容，即是精神，換為物質，乃成為唯物辯證論。

宇宙的一切都是物質，物質常在變動，而且動作即是物質，不祇是物質的種種狀態。物質本身就是變動，因爲物質即是力，力是動。物質之動，不是因受外面一種力的發動而後動，乃是因自己內在的力而動。這一點是馬克思唯物論和以往唯物論不同之點。物質既因自己的力量而動，動乃永久繼續，物質便是無始無終。

物質的動，按照黑格爾的正反合方式而動，因而造成辯證唯物論，物質的動不是如同以往唯物論所說，只是地位變動或是量的變動，而是包括質的變動；而且必定要有質的變動，物質纔可以繼續存在。當然物質的變動，不常是質的變動，但若一正一反的變動最凶最大時，則所得的合便是質的變動，產生新的物質。

在宇宙物質變動裡，有必然性的定律，因果的關係必定實現。然而也有偶然的現象，偶然和必然互相成全。既然有必然的定律，宇宙的變動不能有一定的目的。

從宇宙變動講到人類社會的變動，馬克思把宇宙自然變動的辯證律應用到人類社會的變動上去。他肯定自然界的現象和人類社會的現象，具有普遍的連接關係，人類社會的正反合辯證式由革命工作去實現，革命乃是對立矛盾的　爭，因著　爭乃產生新的社會。於是馬克思對於自然界和人類社會的變動，規定有三項定律：量的變易可以成爲質的變易，對立的矛盾互相　爭以求統一，統一的方式是以否定的否定而成。

b、辯證唯物史觀

黑格爾的歷史哲學爲黑氏哲學的結論，辯證唯物史觀便是馬克思和恩格爾辯證唯物論的結論。

人類社會既然和自然界不能分離，自然界的變動律用之於人類社會，人類的歷史也就等於自然界的自然科學。辯證唯物史觀乃決定人類社會的變動或稱人類活動，都是物質的變動。人類社會的物質乃是經濟，經濟的來源出自生產，因此生產乃是人類社會變易的基礎。

生產有兩方面的意義：一方面是生產的工具，一方面是生產的關係，生產工具創造生產，因著創造生產，生產關係於是建立，生產工具是人用爲生產的器具和方法。生產關係是生產者和生產者，生產者和消費者，相互發生的關係。生產既然造成了生產關係，一定要有分工合作。分工合作爲社會進化的一個重要條件。

然而社會變易的基礎是建立在生產上，生產又以生產工具爲根基。生產的工具有了變易，生產的關係便隨著起變化。

社會的組織有下層組織和上層組織，下層組織爲生產，上層組織爲社會的政治倫理宗教等等制度。上層組織靠著下層組織而構成，以下層組織爲基礎，和下層組織相配合，社會的生產方式限定社會的一般組織，不能由人自由支配，而是人的自由意識受其限制。

當一種生產工具決定生產方式之時，乃產生一種生產關係。生產關係既建立，隨而建立社會的一般制度，生產關係隨而制度化。後來生產工具進化了，生產方式改進。生產關係因已成制度，不能跟著生產方式改變，原來爲生產方法的發展是一種協助，現在反而成爲生產的桎梏。因此，社會間乃起革命，以改變生產的關係，進而改變社會的一般制度，革命是社會不可免的　爭，是變化中的對立矛盾互相　爭以求統一。馬克思稱之爲生產方式的辯證矛盾。

生產工具既是社會變化的基礎，工人乃是生產工具之一；因此工人階級便是社會變化的動力。工人用力去工作，他們沒有資本產業。若是工人有了產業而不勞力了，便已經不是工人。私產制使私人有產業，不是使社會進步的制度，產業應該歸公。馬克思乃主張共產。

從這種觀念去看歷史，馬克思列寧主義分人類歷史爲五個階段。第一階段做爲初民社會，人從獸群裡開始進化爲人，人度著狩獵生活，使用石器，沒有產業，社會組織很簡單，只有氏族制度。第二階段爲奴隸社會，初民進於游牧、農業和手工業社會，生產工具進爲銅器鐵器，私產制度成立，沒有財產的人成爲有財產者的奴隸，國家政府代替了氏族制度，第三階段爲封建社會，奴隸反抗主人，成爲自由人；然而農業進步建立了大地主制度，大地主多爲握有政治權力的諸侯，封建制度因而成立。在這種制度下領導社會的人是大地主貴族。第四階段爲資本主義社會，生產工具改進了，機器的發明興起了工廠生產方式，由這方式產生了資本主義，工人階級受壓迫，被奴役。第五階段爲共產的社會，工人階級革命打倒資本主義，起而專政，改革社會一般組織，實行共產的社會主義。

馬克思認爲社會的革命，爲唯物史觀的必然現象，資本主義的崩潰也是辯證的必然結果。唯物史觀以社會的發展和自然界的變遷相同，受一定規律的支配，不能是一團偶然的事。在社會發展史中，物質爲主要的成分，個人的意志和行動所生的影響，和全無知覺的自然界能力的影響，同屬一類，都不能有單獨的意義。歷史的事件多不是個人所願意的，而是多數人之意志互相衝突而成。人有自由，人的自由乃是對於歷史必然性的自覺，知其必爲而爲之。歷史是一種階級的歷史，即是工人階級爭奪權力的歷史。

黑格爾的唯心歷史論，在當前的思想界已不存在，已經是過去的思想。馬克思列寧主義的唯物史觀，則由共產黨的橫行，成爲共產集團國家的歷史哲學。共產集團國家遵照這種歷史哲學，正在妄想改寫各國和世界的歷史。

參考書：

一、F. Meinecke-Die Entstehung des Historismus.
　　義大利文譯本Le origini dello storicismo, Sansoni, 1954, Firenze.

二、Bertrand Russell-History of Western Phiolosophy, London, 1955.

三、The Encyclopedia of Philoosphy-Paul Edwards 1968. vol. IV. Historical Materialism條

四、Enciclopedia filosofica-Istituto per la collaborazione culturale, 1957, Venezia.
　　Vol. IV. Vico.

五、Dizionario di filosofia-Edizioni di Comunita，1957, Milano.

六、吳康著　黑格爾哲學　台灣商務印書館　民四八年。

七、朱謙之著　黑格爾的歷史哲學　台灣商務印書館　民五二年。

八、Gustave Wetter-L'ideologie sovietique contemporaine.
　　Etudes et Documents, Payot, 1965, Paris.

九、Gustave Wetter-Le materialisme dialectique, Desclee, 1962

二、西洋廿世紀的歷史哲學

（正中書局出版廿世紀的科學時，曾邀我寫廿世紀的歷史哲學一文。我當時手頭所有參考書很少，勉強應命，寫成一文。近三年繼續研究，所得參考書廿餘種。乃把上次所寫的廿世紀的歷史哲學，重新改寫，約一萬八千字，俱為新作，上次一文之中所保留者不過千餘字。且把湯因伯的歷史思想和天主教歷史思想抽出，另作兩章，詳加說明。）

黑格爾和馬克思的歷史哲學，代表十九世紀的歷史哲學思想，也結束了近代的思想潮流。廿世紀的歷史哲學不是從他們兩派思想出來的，而是對他們思想的反抗而蓬生的。廿世紀的哲學思想，傾於唯心，不喜歡辯證唯物論的武斷。廿世紀的哲學思想也傾於重個體，重實際，不接受黑格爾的超實際的絕對精神體。生命哲學和本體哲學（現象論，存在論和新形上學）代表廿世紀的哲學新趨勢，在這些新趨勢中，包括有歷史哲學。歷史哲學可以說是廿世紀的生命哲學。

黑格爾和馬克思的歷史哲學，注重歷史的本身，和聖奧斯定的哲學性質相同。三者的哲學雖相互對立：聖奧斯定以歷史受最高神明天主的支配，向天主所預定的目標前進；黑格爾以歷史爲絕對精神的辯證變動史，絕對精神的非我追求自由的自覺；馬克思則以歷史爲物質的辯證變化史，人類因著物質變化而改變自己的生活，這三種不同的歷史哲學都是爲講歷史本身的意義，對於歷史的智識，不大注意，當代廿世紀的歷史哲學則注意歷史的智識，研究歷史智識究竟有什麼價值；這是受了當代哲學趨勢的影響。

從笛克爾以後，歐美的哲學趨勢，是趨於注重認識論，討論人們所有智識的價值，所謂實徵論，唯心論，懷疑論，實有論，等等學說，都是對於人的智識，各派有各自的主張。當代的現象論和存在主義，便也是在討論人的智識，建立自己的學說。

1. 生命哲學

生命哲學(Philosophy of life)更好稱爲人生哲學。但是因爲人生哲學普通用之於倫理哲學和宗教哲學，生命哲學雖然是論人生，便只好稱爲生命哲學。不過大家莫把生命哲學看爲研究生命來源和進化的學術，而要認淸它本身的意義。

生命哲學起自德國和法國，德國哲學家狄爾德(Wilhelm Dilthey)和史班克肋(斯賓格勒）(Spengler)及法國柏格森(Bergson)作爲代表。

甲、狄爾德

狄氏生於一八三三年，卒於一九一一年，曾在瑞士和德國的大學任教，所著哲學和思想史頗多。他的著作中最重要的，是精神科學引論(Einleitung in die Geisteswissenschaften)。

A、生命哲學的意義

狄氏思想的起點，在於以人生爲全部哲學的研究對象。因爲哲學的研究對象，無論是形上或是形下，無論是抽象或是具體，都不能離開人生的經驗。而且除了人生的經驗，則不能有哲學。

然而經驗不能像實徵主義所說，祇有感覺的經驗，或祇有形色的經驗；經驗包括人生各方面的經驗，有形色的經驗，有藝術的經驗，有實際生活的經驗，有宗教情緒的經驗，有學術研究的經驗。集合人生各方面的經驗而研究之，即是哲學。

哲學研究人生經驗，不能用先天的和形上的原則，而是要研究者自己在內心去體貼去觀察；因爲人生的經驗，不是抽象的玄理，乃是一個人在具體的環境裡所有的經驗。每個人的心理不相同，每種人生經驗的具體環境也不相同；因此關於人生經驗的一切事理，不是絕對的抽象原則，而是相對的和變動的事實。

但是人生經驗的研究，又不能是每一樁事實的研究，否則哲學家怎樣能夠從無數的經驗裏，取得結論呢？哲學家研究人生經驗，是爲求得人生的意義，他要有辦法把人生的經驗區分爲多少類，然後就每類的經驗總合研究，以求結論。

因此生命哲學乃是研究人生的經驗，以求得人生的意義。人生是人的精神活動，生命哲學也就可以稱爲精神科學。

B、生命哲學的方法

狄爾德把生命哲學和自然哲學分開，兩者的研究法不同。自然科學的研究對象爲自然界，按照一成不變的自然律去研究，可以得到外在的認識。生命哲學的研究對象爲人。研究人，是研究人的活動；人的活動是內在的；研究人內在的活動，是人研究人。人研究人，是直接的研究，是用自己的內在經驗去體貼他人的經驗。因此，生命哲學的研究法，是心理研究法。心理研究法是直接的研究，是變動的研究，是不用抽象絕對定律的研究。

但是哲學家怎樣把無數的人生經驗，作成學術的研究對象呢？哲學家先要把人生經驗分成多少類。

狄爾德對於這一點，他有一個很大的志向，他願作康德的繼承人。康德的哲學巨著，一爲純理性批評，一爲實踐理性的批評。康德在兩部巨著裏，研究純理性智識和實踐理性智識的分類，對於純理性智識的分類，康德創立先天範疇論，以先天範疇作爲純理性智識分類的標準。對於實踐理性智識的分類，康德以人性要求爲基礎。狄爾德於是提出歷史智識，即人生經驗的智識，應如何分類？他想以自己對生命哲學的著作，來完成康德所未寫的一部份思想。

爲研究人生經驗，狄爾德也設立範疇；然而這種範疇不是先天所有的，而是後天的。生命哲學的範疇是人內心和外面的關係，即是內心所有的事和在外面的表現，兩者間的關係。例如象徵、影響力、價值、目的、意義等。我們對於人生的經驗，可以按照這些範疇分類去研究。研究的目的，是使人生的每一項經驗，都能有一種含有意義的解釋。

C、歷史哲學

生命哲學所研究的對象，是人生的經驗，是人，研究人，可以從兩方面去研究：一方面是從原則方面系統地去研究人，以求得普遍的原則去組織人的生活，這是從空間方面去研究，這是社會學。另一方面是從時間方面去研究經驗的聯繫，這是歷史。

歷史是什麼呢？歷史是述說人文社會內人和人的關係。人和人的關係，是人生的經驗，經驗的意義要在人的關係的具體環境中去解釋。因爲人和人的關係，在一定的環境中常結成一定的形態。這種形態，就是人文社會的文化。

人文社會的形態，代表社會的心理狀態。社會心理狀態由每個人的心理生活結合而成。心理生活的歷史性，是每個人的精神的外在化或客觀化。精神的客觀化，化之於人和人的關係。人和人的關係怎樣可以互相聯繫呢？狄爾德主張人和人的各種關係中間，具有一種動力的聯繫(Wirkungzusommonhang)人和人的每一種關係，是構成社會關係的一環，每一環都創造自己的價值，和自己的目標。每一環也就是各種關係的中心。每一環和每一環互相聯繫，結成歷史上的時代。每一時代又自成一中心，具有本時代所創造的價值和目標。

狄爾德關於歷史的研究，講有許多史學方法，凡史料的收集和考據，以及史料的應用，他都加有說明。在歷史哲學方面，他定有三項原則：

a、人生的活動表現（經驗）是歷史過程中的一部份，應在歷史的價值內去評判。一個人，一個家庭，一個國家不是抽象的物件，乃是在一個具體環境裡存在之物，應在他的環境裡去觀察。

b、不同的時代和不同的人物，我們應想像他們所有的觀點，而作解釋。歷史作者便不能忽略每一時代和不同人物的觀點。

c、歷史作者本人受自己時代的限制，歷史事蹟在歷史作者的眼中時，歷史作者應該使歷史事蹟有原有時代的意義。

狄爾德對於歷史哲學的主張，以及他的生命哲學，在當代各國的思想，都發生了相當的影響。存在論哲學家海特克(Heidegger)在他的存在論的歷史觀，奉狄氏為前驅。西班牙阿特加(Orteguy Gasset)也追隨狄氏而談人生倫理問題。他以人生經驗應以歷史眼光去評判，已經成為當代學術界的普遍原則。狄氏本人所寫的歷史著作，便是按自己的歷史哲學而寫的，具有深刻的思想。㈥

乙、史班克肋

史班克肋生於一八八〇年，卒於一九三六年，為德國當代著名史論家。

史氏成名的著作，為《西方西沉》(Der Untergang des Abendlands)一書。此書共兩大冊，內容雖沒有十分的特色，筆法也不清晰，但是在歐洲各方面所引起的辯論很多，所招惹的攻擊也很凶。

A、生命哲學

史氏繼續狄爾德的思想，以人生經驗作哲學研究的對象。他和狄爾德一樣，把學術的對象分為兩大類：一為自然，一為人文社會。研究自然的為自然科學，研究人文社會的為歷史。從形而上去看，有變動，有成就，變動是流動不居的，成就是一成而不變的。自然即是成就，歷史則是變動。自然界的成就是自然界的萬有，人文社會的變動即是人生的經驗。變動和成就，雖是互相對立，並不互相衝突，成就乃是變動的產物。同樣，歷史和自然也是互相聯繫。歷史為人類文化興亡的過程，自然則代表這種過程凝固所成的一定形態。

自然科學和生命哲學的對立，成為自然科學和歷史的對立。生命哲學在史氏的著作裡即是歷史。自然科學的研究法，是機械式的理則學；歷史的研究法，是生理的理則法。機械式的理則學以因果律為基礎，以空間為範圍，以靜止的原則為對象，生理的理則學，以時間為範圍，以動的人生經驗為對象，不用形而上的因果律，而用心理解釋為方法。自然和歷史，互相對立，又互相銜接。人的生活，沿著時間而變動，在一定空間以內，凝結成一種文化。歷史就是文化史。

B、文 化

什麼是文化呢？文化是一群人在精神上的趨向，這種趨向使他們在各種活動上有一定形式，同時又表現他們所生活的空間環境所具有的色彩。人生活動是藝術、宗教、哲學、政治、經濟。這些活動因著時間和空間的各種因素，在精神上都有同一的趨向。時間固然是文化的重要因素，然而空間更是文化的重要象徵。因為文化的意義本來是時間性的；但是因為空間是文化形態的範圍，文化和空間也就發生很大的關係。文化在時間裡變化，變化的成就，表現在空間裏。文化的表現，不是自然界的實體，而是人類的種種建設；人類的建設，象徵人類的生活，文化因此常是象徵性的。

文化的變動，採取有機體的變化程序；因爲文化是人的活動。有機體的變化程序，由出生到發育，由發育長大到衰老，而後沒亡。每一單位的文化的變動，常是順著這種程序而動。

文化是多元的，各有各的形態，各自獨立。史氏對於文化的觀念，有些相像黑格爾對於國家的觀念。黑格爾以國家爲人類生活的單位，使一群結合成一體，使結合一體的人在生活各方面，表現同一的形態。他因此反對黑格爾和馬克思的歷史哲學，他認爲人類的文化不是一個，也不是在一直線上向前進。每一單位的文化，有自己的興亡，不受另一單位文化的影響。祇有弱的文化，被強的文化所吸收或變質，而不能發育本身的固有形態。

C、歷　史

史氏按照自己的主張，寫了《西方西沉》一書，說明西方文化已經走上西沉的衰老階段。他評論西方文化有兩種特徵。第一種特徵借用尼采的超人爲代表，自認爲一時代的人，具有自己的特徵。第二種特徵借用哥德詩中主人翁爲代表，自認常活在一無限廣大的憧憬裏，希望無窮。

西方文化的興沉，可以分爲四大階段：春季發育階段爲古代的英雄時代，第一特徵有荷馬的史詩，第二特徵有中古的神學和但丁的神曲。夏季繁榮階段爲文化成熟時代，第一特徵有市府聯邦制興起，貴族掌握主權，第二特徵有藝術家創造偉大作品，歐洲文藝復興時期的彌格安琪洛。秋季收成階段爲文化結果燦爛時期，然已隱約顯示衰落的起端。第一特徵有各個政府的強盛，第二特徵有大藝術與思想家的成果，如莫札的音樂，哥德的詩歌，康德的哲學。冬季衰落階段爲文化混亂時期，專制的政府，侵略的帝國主義，好 的無產階級，抽象派的藝術，另外是思想界的混亂，這一切的現象把以往的成果都摧毁了，西方文化已經到了西沉的時代了，現代的西方人只有兩條路可以求發展，或者當兵，或者進工業學校。偉大的藝術家和思想家則不存在了。

史氏以文化的興沉，約以一千年的時間爲週期；但是文化在成爲一種文明時，文明則可長久存在，因爲文明是沒有生命的。史氏的文化興沉，代表一種文化命運論，即是歷史命運論。我們中國的歷史哲學，也是以盛衰相繼續；然而中國歷史哲學主張循環之說，史氏則主張生死相繼續。史氏主張歷史命運說，不是主張機械的命運說，在文化命運中有私人的自由活動，私人活動可以轉回歷史命運，歷史命運則同時又限制私人的活動。每一個人的活動，範圍在一形態的文化裡，隨著文化的命運而走。史氏的歷史命運說，是就每種文化的盛衰而言。但在文化盛衰中，命運的途徑也可以受外力的影響而不實現，因爲一種文化若受外力一種強大文化的吸引力而被而同化，則這種文化自身不能有發揚的歷史，祇是夾雜在強力同化

的文化中了。(七)

柏格森(Henri Bergson)生於一八五九年，卒於一九四一年，爲當代法國的著名哲學家，爲生命哲學的主要代表。

丙、柏格森

A、時間與經驗

柏格森的哲學是一種動的哲學，動的哲學思想之中心，在於時間和經驗。

通常人們所說的時間，爲一種用鐘錶可以計算的時間，分爲先後，有過去，有現在，有將來。這種時間是一種數字機械化的時間，含有空間的成分。柏格森稱這種時間爲「量的性間」(temps-guantite)爲「同一的時間」(temps-homogène)，是爲人生使用的方便，由人們共同認可的同一計算法。但是在實際上，時間不是一個空架子，或是一個形式，或是一種範疇，用爲集合人生經驗。在實際上，時間就是人生的經驗。人生的經驗，繼續增加，繼續變化，互相關聯，結成活的生命，不能切成片段，分爲過去，現在和將來。這種實際的時間，不可以稱爲時間，應該稱爲具體的綿延(Durée concréte)。

綿延是什麼呢？綿延(Durée)是變易的繼續。人生的變易，繼續不斷，不可分割。宇宙的變易也是繼續不可分的。人生的變易，乃是人生的經驗；人生的經驗，即是人的生命；人的生命乃是一支常流不息的長流。

生命的經驗，彼此互相連貫，彼此又互相交錯，一個經驗插入另一個經驗之中，一個經驗和另一個經驗互相聯繫。我們不能把人生的經驗排在空間以內，每一個經驗予以自己的位置。因此在人生經驗之中，我們只能感覺到繼續的變易。而且對於人生經驗我們祇覺到一個經驗的深或淺，而不覺到經驗的大小，大小的計算是以積量去計算，但是人生的經驗，從心理本身說，是不能計算數量的。

普通的時間，則把人生經驗列成一道直線，繼續前進，直線由點而積成，每一點可以獨立。普通的時間祇是一種方式，藉天體運行的度數以作計算，對於內容不加考慮，一切都同樣地用一方式，計算先後。這種時間不能代表實際的生命。實際的生命是活的，是動的，是綿延不盡的。

B、蓬勃生活力

柏格森以人生經驗的繼續，在於人的內心有「蓬勃的生活力」(elan rital)。

「蓬勃的生活力」乃是宇宙變易的發動力。宇宙間各種生命的進化，都由這種生活力去推動。

柏格森接受達爾文的生物進化論，但不接受達氏的生物進化的原理。柏氏不承認物質環境有改進生活器官的能力，也不承認宇宙進化由一預定的目標而策動，他主張生物進化乃由生物內面有「蓬勃的生活力」（或譯爲生命奮進）。

「蓬勃的生活力」在生物進化的途徑上，是站在背後的推動力(Via a tergo)，推動每種生物繼續前進。實徵論的適合環境說，祇能解釋已有的局部事實，不能說明全部進化的意義。宗教的目的論，則以宇宙進化在於實現先已預定的計劃；然而計劃的預定，須先知道實際情形；因此宇宙變易的目的，是事後對於已往的變易而歸納出來的，而不是預先知道的。柏氏乃主張生物進化，由於蓬勃生活力的推動。

蓬勃生活力的變易，常是新的創造，沒有預定的目的，在開始時最簡單，漸次變成複雜。生物進化的途徑不是循著一條直線，而是同時多線並進。生物首先分爲植物和動物，由蓬勃生活力的推動，在環境內攝取營養要素。植物攝取礦物要素，創造有機物質；動物則發展本身的運動力而攝取食物。在動物之中，一部份繼續發展使用加強運動的工具，一部份則發展使用工具的方法。使用運動的工具，即是本能，追求使用工具的方法，便是理智。

本能和理智的分別，本能是使用，甚至能創造有機工具的內在能力。理智則是製造和使用無機工具的內在能力。本能所產生的工具爲身體器官，自然製造，自然修補，爲身體自備的工具。理智所產生的工具，則是外面的無機體工具，不能自然而有，不能自然而成，而由繼續努力去創造，去革新。本能和理智都具有先天的智識，本能的先天智識用之於見識對象，理智的先天智識用之於事物的關係。事物的關係屬於形式，具體對象的智識屬於事物。

C、直覺與記憶

人的理智爲生物進化所創成，理智的用途在於使用生活的工具，以求適應於環境的生活。理智的性質因此是實用的，理智的使用也因此是空間性的。對於外面宇宙，理智所有的智識帶有空間性，每種智識的對象放在一個空間的地位上。理性而且不能一下子就認識對象的全體，爲認識全體，理性先要加以分析。分析越精密，認識越清楚。就是在時間方面，理性爲認識事物的變易，也要把變易分成無數的靜止點，然後再把靜止點堆積成爲直線的時間，有如電影片由千萬的靜止照片積成爲動的影片。

柏格森以爲理智的功用，雖然很大，在日常生活上，在學術上，我們都要使用理智。但是爲有真的智識，爲能體會事物的本來意義，我們則要用一種直覺，直接覺到事物內在的生命。

直覺的智識，由本能進化而有。一切動物，都具有各自的本能直覺，有些蟲魚由本能知道敵物的來臨。人的本能直覺有如理性的發達，發達到直覺智識的程度。

直覺的智識，柏格森稱爲不計利害的本能，能反省，能自有意識，能伸張到無限境界。既然是不計利害的本能，便不要求有相應的行動，也不需要參加社會生活。藝術家在創造作品時，有一種美的純粹認識，這種認識，不是理智的分析智識，是屬於美感的經驗。直覺的智識，有些相像美感的經驗，然而較比美感要深，而且是一種智識。

直覺的智識，沒有觀念，而是和所直覺的對象互相同化，參入對象的內在生活。直覺對於外在宇宙，是參入外在宇宙的化育：對於人的本身，是參入繼續變易的意識，是同化於自己的綿延。

爲認識綿延，祇有直覺可以透入綿延的意義，理性不能達到。

但是普通我們人所有的理性智識以及直覺智識，都要求記憶以爲之助。

柏氏反對空間性的心理學把記憶安置在腦神經的一區。記憶使用腦神經，不是爲蓄藏記憶所有的影像，而是爲想起以往的影像。即是將過去影像延長到現在，作爲各種影像的連結點。記憶的影像和當前的認識，常混合爲一，不易分解。

記憶對於人的認識，有兩種動力，一種是令人習慣使用日常之事物，不必予以注意。一種是使過去的影像延長其活動而注入現在的知覺之中，成爲注意之點。

D、歷史哲學

柏氏沒有講過歷史哲學，沒有從有專門探求歷史的意義。但是他按著他的「蓬勃生活力」，研究人類的進化和社會組織的衍進。這種思想可以代表他的歷史哲學。

柏氏的哲學是動的哲學，是變易的哲學，從綿延方面去看人生和宇宙；因此他的思想是以歷史爲主。

在人類進化之中，有兩種進化爲社會變易的中心點：一爲道德，一爲宗教。人類在道德和宗教的進化上，是由「閉門社會」走向「開門社會」。

道德有閉門的道德和開門的道德。閉門的道德是社會的強制力和義務。社會生活因著群體大眾的需要，施行社會壓力，強迫人的意志，服從生活的規律。這種服從養成習慣，製造了社會的閉門道德。閉門道德是靜的道德，是一個社會以內的道德。

開門道德則是動的道德，是愛的力量。愛的力量，推動人向外，不分地域，不分社會限界，擴充到整個的人類。

閉門道德也稱爲「強制道德」，開門道德也稱爲「願望道德」。強制道德的實踐，出從社會的強迫力，是一種非人格的道德公式，用之爲保存自己的社會團體。願望道德發自人內心的熱誠，求進步，求上進，是人的生活力，以造福整個的人類，使人有超於利害的喜悅，以造成完全的道德。

在宗教方面，柏格森也分爲閉門宗教或靜的宗教，和開門宗教或動的宗教。

靜的宗教爲靜的閉門社會之產物，由神話而織成，以造成社會的宗教習慣，足以保存社會生活的安寧。柏氏研究社會群眾的心理，謂人的生活中確有一種需要，在理智生活之外，有一種幻想的活動，幻想的結果，則反抗理智，不受理智支配，和理智分道而馳，宗教神話便是幻想的結果。人類進化的開始時，已經有神話的信仰，直到現代科學昌明的時代，宗教迷信仍舊繼續存在。

動的宗教則是創造的宗教。人的精神本來是向開放的途徑發展，藉著「蓬勃的生活力」可以超乎宇宙的物質方式以上，而與萬物的至高原因相接。中庸所說至誠之人，參天地之化育。因此人類之中有若干超人，他們的心魂繼續發揚，駕過理智的生活而進入一種神秘生活，造成神秘的生命。神秘的生命即是動的宗教。每位超人的神秘生活構成一獨立的代表性，影響其他的人，驅使他們追隨他的生活，造成一種宗教團體。

在世界的動的宗教中，以天主教的基督信仰爲最完全。希臘神秘主義和印度神秘主義都不是完全的神秘主義，因爲受物質環境的限制，「蓬勃生活力」不能有充足的發展。基督信仰造成一種完全的神秘生活，信友中有偉大的聖者。他們的精神超越群倫，完成偉大的行動，使自己的精神和神的精神冥合爲一。他們的精神，像河流一樣向前衝進，達到無窮盡的歡樂。心在神中，神在心中，神秘生活進入完全的境界。

柏格森以人類的進化由於「蓬勃生活力」的內在推動，繼續前進。閉門的社會近於初民的自然社會；然而人的生命有繼續不停的前進本能，即蓬勃生活力，由閉門社會進入開門社會，人生乃成爲無窮盡的綿延。

綿延乃是現在，乃是不可分的時間，沒有先後。因此真正的歷史，不是敘述往事的歷史，而是往古往今相綿延的歷史，往事活在現前事件之中，而結成不可分的生命。

2. 唯史論

唯史論(Historicism)也可稱爲歷史主義，是廿世紀的產物，出於德國。

在廿世紀中，德國遭受或更確實地說發動了兩次大戰，民生塗炭，學者感受很深。再者，歐洲當代思潮趨勢，都趨向動的思想，排擠靜的思想爲中古玄學。於是唯史論的思想乃成爲一種哲學思想，而且代表最新的歷史哲學。

唯史論的特徵，在以歷史概括其他學術。對於人生的意義，由歷史去探索：對於社會制度與事業，由歷史去評價，進而以歷史爲唯一的學術。

唯史論的名詞起於德國。在開始時用爲代表義大利魏各(Vico)的學說，在十九世紀則用爲指責德國以經濟學說過於隸屬經濟史的社會學者。當時唯史論的名詞夾有輕視的意味，輕視一些學者誤用歷史。到了第一次歐戰以後，唯史論的名詞纔正式代表一派歷史哲學。

在歷史哲學上唯史論的意義，是指一種學術趨向，將一切智識和一切經驗都在歷史的前後聯繫中去觀察。

甲、德肋洗(Ennst Troeltsch)

德肋洗生於一八六五年，卒於一九二三年。他對於歷史哲學的著作，為《唯史論和問題》(Der Historismus und esine Probleme)。

與德肋洗同時，研究歷史哲學的哲學家，有新康德派的溫德滂(Windelbond)，李格特(Rickert)，渥柏(Max Weber)，有社會學派的辛墨(George Simmel)。

唯史論在哲學上引起兩大問題：第一，人生各種的價值，既都由歷史觀察去看，則都是歷史事件的價值，價值本身便沒有超然的意義；第二，人生各種價值，既都是歷史性的，則都含有時間和空間的相對性，而沒有絕對性。於是便沒有絕對的原則，也沒有超然的標準。人生各種價值：善惡的評價，真僞的評價，美醜的評價，都是相對的，都是一個時代的評價。

新康德派的溫德滂和李格特，主張人生的一切價值，乃是形上的原則，在歷史上實現。唯史論反對這種主張，以人生的各種價值，要和事件相連，而且要和歷史的事件相連，不能單獨存在。每椿事件的價值，要由每椿事件所處的歷史時代去評價。

史班克肋的歷史哲學，便是這種主張。

德肋洗則努力維持人生的各種價值，反對史班克肋的歷史相對論。德氏爲基督教的牧師，曾研究神學歷史，由宗教觀念願把歷史相對論加以改正。他一方面接受人生各種價值的歷史性，另一方面又否認各種價值的歷史相對性。他認爲價值固然不能脫離事件；但是事件的價值不以事件的歷史性而定，應由一絕對標準決定。

歷史相對論，以事件的價值等於事件本身，價值在事件本身以內。德肋洗則主張價值雖在歷史事件的本身以內，但是不等於歷史事件的本身，事件的價值乃是事件與一絕對價值的關係。每樁歷史事件的價值，是絕對價值在一個具體歷史的環境中，表現成爲一個單體的價值。每樁歷史成一單體，事件的價值也是一單體；然而單體價值則是絕對價值的表現。不過絕對的價值並不是一個超乎單體而存在的，乃是存在於單體之內，這樣，德氏希望保全價值對於事件的超然性，又保全價值對於事件的內在性。價值在歷史事件以內又在歷史事件以上。

德氏研究宗教歷史學，以認定在當代文化變遷中，基督教所有的位置，並且預定在將來的社會裡，基督教怎樣可以存在。他以基督教是在歷史以內，又在歷史以上。基督教在歷史以內，教會的神學和教會的宗教生活，隨著時代而變遷，是歷史的發物。但是教會的神學和倫理學又具有超乎時代的價值：這種價值來自宗教信仰。

德氏常抱定保持真理的絕對價值之心；但是他既然抱唯史論的主張，他自己的解釋，乃自相衝突。

乙、買能克

買能克(Friedrich Meinecke)生於一八六二年，卒於一九五四年，爲德國的歷史家和政治學家。

買氏對於歷史哲學的思想，和德肋洗同派，他也努力避免唯史論的相對價值論。他主張人生各種價值既在歷史事件以內，且又應該在歷史事件以上。這種互相矛盾的理論怎樣可以成立，他認爲這是一種神秘，理性不可解釋，我們只有相信。

從歷史方面去談政治，買能克崇拜德國國家主義，尤其崇拜普魯士人的文化。他以國家政府的權力至上，國家權力可以不受私人倫理的限制。

但是在第二次大戰爆發以後，買能克改變了自己的政治哲學思想，他在一九四三年出版了《德國的慘劇》一書(Die deutsche katastrophe)，說明政權和精神的衝突。政權爲國家政府，精神爲社會文明，文明不能由政權去製造，政權應與文明相配合。

丙、社會歷史哲學家：渥柏、芒海、辛墨

德國當代的歷史哲學，都不是繼承黑格爾和馬克思的歷史哲學思想，而是反對這兩派的主張。狄爾德反對黑格爾。渥柏則反對馬克思。

A、渥柏氏有兩兄弟，兄爲渥柏・馬思(Max Weber 1864-1920)弟爲渥柏・雅勒(Alfred Weber 1868-1958)，兩兄弟都是社會學家兼歷史哲學家。

渥柏・馬思反對馬克斯的唯物辯證史觀，否認經濟生產，是社會歷史的主動力，上層社會組織，不完全倚賴下層組織的經濟生產。因爲凡是社會的活動，雖都帶有經濟的條件，但是不能由經濟條件去決定一切。社會的改變，因此也不能完全由經濟條件去決定，還有其他許多原因。社會活動以作者爲主，作者常有自己工作的想望（心志），研究社會現象和歷史的人，不能疏忽這一點。渥柏・馬思同時又反對唯心論對於社會歷史所定的形上原則，他認爲社會歷史學所研究的對象，乃是社會上一樁一樁的事，或是社會文化的一面，而不能就文化的整體認識明白。因此，不能有一種學說可以解釋社會的一切變遷。在研究社會學和歷史學時，我們可以選擇理想的代表去作研究，即是選擇有特別意義足以代表文化的一方面的現象，作爲研究對象。

渥柏・雅勒研究歷史變遷途徑的要素，把要素分成三類：社會途徑，文明途徑，文化途徑；這三種途徑互相分別，但不相分離。社會途徑在社會的一致性中表現出來；因爲各種社會的變遷，互不相同；然而在有些現象上則互有相同之點。這些相同之點，便是社會的途徑。文明途徑則是科學技術的智識，這些智識使人可以駕馭物質。社會上所有的科學技術智識是由繼續的研究而積成的，可以由一社會而轉到別的社會，因而造成一種一致性的社會現象；這便是文明途徑。文化途徑則是每種文化各有自己的特色，而不能互相交換，因爲文化是人所創造的，人在創造文化時，和他所處的歷史環境有關係，每種歷史價環境有自己的文化。而且人所創造的文化，代表心中所有的一種超然的價值。在文化史的領域內，沒有因果律，也沒有一貫的原則。在這一點上，雅勒和他的哥哥馬思，意見互不相同。

B、芒　海

芒海(Karl Mannheim 1893-1947)爲渥柏・馬思的學生，爲一社會學家。但他曾在一九二四年出版一篇論唯史論的文章，把由社會學研究歷史變遷的方法，作爲唯史論的一種功績。唯史論的功績在於給實際的事件加以自強不息的意義，把以往對於推諸四海而皆準的靜止原則予以推翻。動和靜的對立，在唯史論裡是含有決定性的，決定了唯史論由歷史環境去研究史事價值的方法。芒海以唯史論爲精神科學的導師，又是現代人對於人類社會的觀點。唯史論指導人對於人生和文化的各方面，從歷史環境去研究，以認識文化的整體。

芒海主張事件的本性不能和歷史的進展相分離。歷史是各方面的社會智識之唯一途徑，但歷史途徑同時又是由社會去觀察；因爲文化在各方面的表現，和社會環境關係很深。一個時代的文化，乃是整個世界觀的一部份，由這種觀點去研究一個時代的文化表現，乃含有對於世界整體的關係，芒海於是創立他的歷史智識與社會智識相連的學說，接受馬克思的主張，以存在高於思想。

唯史論在芒海的思想中，不僅是研究學術的方法，而且是一種宇宙觀。這種宇宙觀是由時間上去觀察宇宙。

C、辛 墨

辛墨(George Simmel 1858-1918)爲德國的社會學家。他由社會學而研究歷史哲學，特別注意文化和人生。

社會現象，都發生在時間和空間以內。人生也是一條繼續變化的歷程。我們對於人生，只能有生活的經驗，不能有生活的智識。但是人生在變化的歷程中，創造許多有形的對象，而構成文化；文化則是可以認識的事件，包含學術、歷史、藝術、社會制度、宗教信仰各方面的事跡。爲研究文化，辛墨主張適用兩種範疇：形態和內容。

他幻想人生有一個滿足的時期，在這時期內，人生的各種要求都得滿足，人生是飽和的，便沒有各種經驗。但是實際上人生不能是在這種時期裡面，人生常有要求和滿足的矛盾，因此人生乃有各種經驗，也有各種形式。我們在經驗中，自覺的意識對於主體和客體，予以分析。於是有形態和內容。

人生經驗的內容，是人生的需要：需要是人生活動的出發點。人生活動的止點，則有人類生活的各種形態。每個人爲滿足自己的需要，有他自己的方式。但在求滿足需要時，每個人也要使用已經存在的物質。這些物質在同一地區和時間以內，大都相同，於是在同一地區和時間的人所有生活方式也多相同，這就是社會的文化現象。

人生既是變遷的歷程，變遷的歷程都有歷史性，對於人生的經驗便都是相對性的，不含有絕對的價值。人生變遷的種種文化形態構成歷史，文化形態爲材料，生命需要爲理想內容。材料和理想聯合成一理想世界，歷史便在這理想世界中而存在。(八)

丁、唯心歷史哲學家：克洛車

唯史論的哲學家以唯心論爲根基者，乃是義大利的克洛齊（Benedetto Groce 1866－1953）。

克洛齊爲義大利之哲學家兼文藝批評家，且從事政治，第二次大戰後，以自由黨魁從政，去世時，爲義大利上議院議員。

他的哲學思想由康德黑格爾而變爲唯心的唯史論，有以下特別要點：（1）否認自然界是一個獨立存在的世界；（2）承認一切實在事物都有精神的價值；（3）實在事物的精神，乃是事物的辯證進化，這種進化的精神具有自覺力；（4）否認超於物體的任何形上體，事物的精神在事物以內，精神就是事物的進化史，精神因此等於歷史；（5）一切智識都歸宗於歷史，所謂哲學不過是歷史的解釋。

克氏主張哲學就是歷史，歷史就是哲學。

宇宙的真實，只是精神；精神是活動的，活動就是歷史。真實的學術對象乃是精神，精神既是活動的歷史，學術的對象便都是歷史了。

人的活動即是精神的活動，因爲是用理智和自由去完成。自然界的變動本是機械變動，但因藉著人的活動而取得價值，而成爲一種實在物，因此宇宙間的實在物也是精神。

精神的活動是自由的活動，歷史便是自由的活動史。人類的歷史，都因著自由而得有價值，而且在自由以內纔有價值。於是爲講人類的歷史，應從人類趨向自由去看。這一點有似於黑格爾的思想。

黑格爾的絕對精神是一個全體精神，包括宇宙；克洛車認爲歷史雖由個別的私人造成的；但是創造歷史的人物，他們的精神是全體的精神，是代表人類和宇宙的精神，而不是個別的私人。一個私人只是私人不能有歷史；可是一個全體而只是全體沒有私人，也不能有歷史。

在歷史裏不能援用自然科學的因果律；歷史若用因果律，歷史就不成爲歷史了。歷史既是精神的自由活動，因果律則是機械式的銜接，兩者互相對立。但是所謂人的自由，不是私人的自由意志，乃是絕對精神的自由，歷史因此成爲自由的歷史。

從哲學方面去看歷史，歷史是精神回想自己的經歷。歷史的主觀和客觀同是一個。史料的文據，乃是精神回想的資料而已。歷史乃是精神的思想，乃是精神的活動。(九)

戊、存在論的歷史哲學思想

存在論哲學沒有鮮明的歷史哲學；然這種思想就人生而講人生，就實際存在而談本體存在，對於歷史就不能不有自己的解釋。我從存在論的學者中，選出海德格和薩爾特爾作爲代表，略爲研究他們對歷史的見解。

海德格(Martin Heidegger 1889-)繼胡賽爾之後講現象論，可是他對現象論的意氣，和胡氏的主張不同。

A、海德格對歷史的見解

海德格以現象論爲一種哲學研究法，而不是和胡賽爾所說，代表一種思想。

爲了解海德格對歷史的見解，應先知道他的思想的特點。海氏的存在論是形上學的存在論，由形上的觀點以研究「有」和「存在」。海氏的存在論又是無神的存在論，神的有或沒有，都不必討論。唯一該討論的是人，因爲現在的「有」即是人。爲研究人的「有」，要用現象論方法。

第一個最重要的現象，應該研究所有的意義，是形上學所謂「有」，「有」是「存在」，或者說「有」是「有之於在」(Things-in-being)，「有」的研究，以人爲主。哲學所研究的，是研究人之「有」。因此現象論便是研究人之「有之於在」(Dasein)。

研究人之「有之於在」，乃是解釋這種「人之於在」。人之「存在」，可以有兩種解釋，因爲人之「有」的意義，是「有」對於「存在」有兩種可能性：即可以是真正的存在，可以是假冒的存在。

「有之於在」或者「於今的存在」，就是「我們自己」。每一個「有之於在」的有，就是每個所說的「我自己」。「我自己」的思想，雖是來自「吉格佳爾」(Soren kierkegaard 1813-1855)但不像吉氏所說的「隔絕的我」，和外面不發生關係；海德格以「我自己」根本是引向他物的，特別是引向將來的我，「我自己」可以選擇將來是我自己或不是我自己。「我自己」要向前面才可以投射出來。這種「投射」就稱爲存在。人的「存在」，是選擇將來的自我，是自己怎樣投射自己。

人的「有之於在」，或說人的存在，不能解釋，除非把「有之於在」和所在的世界連合在一起，變成爲「有之於世界」。有和世界的關係，不僅是和環境的關係，而且是世界進到「有」之內。

所謂世界，乃是每個「我」所有的日日經驗，這些經驗不是客觀的學術世界，而是我所生活的世界。「我」在生活世界中，常不能投射「我自己」，卻常跟隨普通人一樣生活。「普通某人」或說「一個人」，便成了「我」的代名詞。

一個人存在世界中，可以稱之爲「在那裏」(Da-Sein Being There)；因爲我們每人在世界中，每人都是處在一個特別的境遇中，爲解釋每人的境遇，應該解釋幾種基本的方式。

人的存在的基本方式中，最重要的爲「憂慮」，憂慮是人對於世界所有境遇的態度，世界的境遇乃是「無」。「無」是整個世界的神秘不可理解性。人的存在，懸在「無」之中，即是懸在不可理解的世界中。

因此，人的憂慮，常注意於三點：（1）將來可能選擇存在；（2）現在所有的存在；（3）每天沉於工作和憂慮之中。這三點的注意，包括將來和現在。已往將來和現在的「有」，以憂慮而連貫之。連貫的憂慮稱爲注意，或稱「掛慮」(Sorge-Concern)。

「掛慮」和時間有關，時間的重要，以將來爲最重要，人的存在是向前的，以往和現在存在，以將來的存在而有意義。時間究竟是甚麼，海氏沒有說明，但是他以時間的存在，是自有意義的，不依賴人的存在而有意義。

歷史哲學——海德格一反胡賽爾輕視歷史的態度，而看重歷史。在他的思想中，歷史的位置是不高的，可是他自己則注重歷史。他研究了哲學史，他把歷史的意義不但加在「有之於在」，也加在「有」的本身上。

歷史，是人自身的命運。每個人的命運，由每個人自身的努力和一種由傳統所造成的方式而成的。歷史的根基是時間，時間以將來爲重要，歷史的重要也是在將來。人的生活趨向將來，將來則是死亡之結局。由死亡結局去看人的存在，乃能瞭解人的「有之於在」。

B、沙特的存在論

「沙特」(Jean Paul Sartre 1905-)是法國當代的思想家和著作家。沙特的哲學思想，是現象論，是存在論，又是悲觀主義。他著名的哲學著作爲《有與無》(L' Etre et neant)出版於一九四三年，和海德格的著作《有與時間》(Sein und Zeit)前後捋美；但是兩書的思想，則不相同。

沙氏以少年的遭遇，懷疑自己是私生子。他以自己是不應生於人間的，是不合法生出來的，是人世所不要的。因此，他以人類的存在都是不必要的，都是同於私生子。他這種看法，有些和海德格說我的存在，乃是我向將來的投射，向我自己的放棄。

沙氏在他的著作《有與無》書中，以「有」爲「物」，以「無」爲「意識」。有爲物，物是無意識的；因此，我自己，從「有」一方面去看，只是無意識之物。這就是沙氏所說：「物在自己」(Etre en soi)薩氏還有所謂「物爲自己」(Etre pour soi)及「物爲他」(Etre pour autre)「物爲自己」乃是「有」有意識；「物爲他」則是自己的意識和他人發生關係。沙氏的三層「有」，相像黑格爾的正反合，不過「物爲他」不是前兩者的合。

「意識」在沙氏的思想中，和「反省」的意義不完全相同。沙氏把在反省以前的一刻所有的行動，也稱爲意識。沙氏問我們怎麼知道我們的反省動作呢？是不是應用反省去知道反省呢？沙氏認爲不能用反省去知道反省。反省的動作是種意識的動作，雖然我們不明白知道這種動作，然而已經在意識之中。沙氏稱這種意識，爲反省前意識。

笛卡爾曾以意識爲自我的表現，沙氏也以意識爲「物爲自己」的基礎。但是沙氏的意識，不單是包括反省前意識，而且意識的特性，則是「無」。我在意識我自己時，我的「有」就消失了，因爲我若不消失我自己，我就不能意識我自己，我也不能有選擇我願意是怎樣的可能。

可以選擇我願意是怎樣，這是自由，自由便是意識的特性。自由在胡賽爾的現象論裡表示「我可以」；在海德格的存在論裡是真理的根由；在沙氏的思想裡，則是和意識相連的。沙氏以自由，是我離開這個世界，不鎖在因果的關係以內。人的想像，便是一種自由，人的自由，在自己決定自己的存在。這種決定的自由是無限制的。但是這種無限制的自由，卻常受社會環境所造成的方式所限制。

因此，人的存在，雖是超出時間以外，處在歷史以上，卻因有社會方式的限制，便不能不有歷史性了。沙氏存在論，本來是否認歷史的；因爲人爲決定自己存在的自由沒有限制，人的自由而且是個人的而不是團體的，這種自由的變化乃在於將來，而不是在於以往。不過，人的存在，要看人使用自由決定自己存在的程度若何；人的本質，要看人使用自由給自己若何的本質；這一點，則是可由歷史所寫。存在論的趨向，是趨向內在，趨向主觀，趨向將來；受存在論影響的歷史觀也以內在主觀和將來爲重。㈩

3. 批評歷史哲學

現代研究歷史哲學的學者，可以分爲兩系，第一系的學者研究史事的意義，從史事中推知人類歷史的傾向；第二系學者則研究歷史的意義，從而批評歷史的學術價值。因此歷史哲學也就可以分成兩系：一系是理論歷史哲學(Speculative Philosophy or substantive Philosophy of History)一系是批評歷史哲學(Critical Philosophy or Analytical

Philosophy of History）。上面兩節所講的，可以說都是屬於第一系的歷史哲學。這一節所要講的，則是廿世紀的第二系歷史哲學。

歷史是不是一種科學？或者更好說：歷史是不是一種學術？當代許多學者很熱烈地討論這個問題。

從歷史的研究方法去看，歷史已經成爲專門的科學，稱爲歷史學。台灣所可以看見的譯本：陳韜譯伯倫漢所著《史學方法論》(十一) 李思純譯朗格諾瓦所著《史學原論》(十二)詳細介紹歷史的研究法：如搜集史料，考證史據，解釋史事，各方面都有現代的科學方法，使歷史學成爲一項專門學術，現在研究歷史的人對這些方法的使用，不可不知道。

從歷史本身去看，歷史是不是可以成爲一種學術的研究對象？即是說歷史可不可以成爲哲學的研究對象，而使歷史哲學成爲一種學術。在這方面有幾個很重要的問題：第一，歷史智識問題；第二，歷史的客觀性問題；第三，歷史的因果問題；第四，歷史的解釋問題。

現在研究這些問題的學者，我們可以舉出較爲重要的幾位：

（1）寫有歷史哲學書籍的學者：

卡耳(Edward, H. Carr.)著有What is History，即王任光神父所譯的《歷史論集》(十三)

唐鐸(Arthur Alanto)著有Analytical philosophy of History.(十四)

德肋(William, H. Dray)著有Philosophy of History.(十五)

雅龍(Raymond Aron)著有兩冊書：Introduction a la philosophie de l'histoire. La philosophie critigue de l'histoire.(十六)

柯靈烏(R.G. Collingwood)著有The Idea of History.(十七)《歷史的理念》

（2）在雜誌上發表論文的學者：

林德(H.M. Lynd)寫有The nature of historical objectivity. (The Journal of philosophy). XLVII. 1950, n.2.

滿德滂(Maurice Mandelbaum)寫有The Problem of Historical Knowledge. New York, Liveright Publishing Carp. 1938.

衡柏爾(Carl Hempel)寫有The function of general Laws in History. 見於Patrick Gardiner所編Theories of History. New York. Firee Press of Glencoe. 1959.

樂英(C.B. Joynt)寫有The Problem of Uniguenes in History. 見於History and Theory. I. 1961, n.2.

鐸納甘(Alan Donagan)寫有Explanation in History. 見於Theories of History.

嘉里(W.B. Gallie)寫有Explanations in History and the Genetic Sciences見於Theories of History.

柏克(Carl. L. Becker)寫有What are historical Facts?見於Hans Meyerhoff所編The Philosophy of History in Our time.

Doubleday and Company Jne. Gardens City. New York. 1959.

懷特(Morton White)寫有Can History be objective?見於Philosophy of History in Our time.

納格爾(Esnert Nagel)寫有The Logic of Historical Analysis. 見於Philosophy of History in Our time.

華爾西(W.H. Walsh)寫有Can History be Objective?見於Philosophy of History in Our time.

柏林(Sir Isaiah Berlin)寫有Historical inevitability見於Philosophy of History in Our time.

甲、歷史的智識

歷史的智識，在學術方面可以有三個問題：第一，歷史智識的對象，是已往的事實。已往的事實怎樣在我們的智識裡實現出來呢？這是認識上的問題。有些理論哲學家認爲我們對於以往的事實，全由我們的理智和想像去重現，已經不是對於以往事實的智識，而是對於當前理智和想像所重現的事實的智識。

第二、歷史智識的確實性也成問題。我們對於古代史事所有的智識，不但很有限；而這些很有限的智識也不完全確實。史事的史據有多少是可靠的呢？大部份都難得完全合於事實。

第三、史事是個別的事，是一樁一樁的事。個別的事祇能記述，不能成爲公共原則。科學則研究公共原則而不講個別的事。

乙、歷史的客觀性

科學的價值全靠它的客觀性，研究科學的人不能參加自己的意見。一項科學的原則和實驗，絕對不會因人而異。歷史的記述卻因人而異；因此普通稱歷史爲文學，歷史家爲文學家。既是如此，歷史怎樣可以成爲一項科學呢？

關於這一點，學者的意見大都認爲歷史應該有客觀性；但是歷史的客觀性乃是人事的客觀性，而不是自然科學的客觀性。歷史家寫歷史不是一架照相機，而是人去敍讀人的事，不能不用自己的理智和感情。但這並不一定把事情弄成了假的事。

丙、歷史的因果

研究歷史就在於研究史事的前因後果，寫歷史的人也在於把史事的前因後果敘述明白，使人知道史事的來龍去脈，但是歷史的因果關係如同科學上的因果關係嗎？歷史上一有因，便有果嗎？歷史的史事沒有兩件是相同的，便沒有兩個相同的因果關係。可是，從大處看，一個民族，特別是整個人類的歷史，有許多歷史境遇似乎是必然的，似乎有一種自然律在支配，黑格爾和馬克思都講歷史的必然性，歷史的因果關係和自然科學的因果關係不是相同嗎？

丁、歷史的解釋

研究歷史的因果，便是追求史事的解釋。我們常問爲什麼發生了這椿事？爲什麼這椿事是這樣呢？

爲解釋這些問題，便要假定一些原則或定律。自然科學的現象都由自然科學的定律或原則去解釋，這些定律和原則都是普遍性的，隨時隨地都可應用，而且不會錯。爲解釋史事，是不是有一些普遍性的原則？唯心派和實徵派的主張各不相同，還有歷史相對論。

4. 柯靈烏的歷史哲學

現代批評歷史哲學在這些問題上，討論得很熱烈；但是這些問題和歷史的研究方法，關係密切，還是認識論的問題，各家的思想沒有達成熟的階段，柯靈烏所著《歷史的理念》一書，則有綜合性的介紹，而且說明了他自己的歷史哲學。

《歷史理念》一書，中文本已經有黃宣範的譯本，由國立編輯館發行。這冊書分成兩部份，第一部份可以說是正文，佔全書百分之七十，敘說歐洲歷史哲學的演進史，由希臘的希羅多德和修西提斯，一直到義大利的克羅齊。第二部份，標題爲餘論，柯靈烏說明自己的歷史理念。

第一部份所敘述的歷史哲學，在研究學術方面，有很大的貢獻，使讀者對於西洋歷史哲學有一系統的觀念，且能知道歐洲歷代的歷史哲學思想。

第二部份，對研究柯靈烏的歷史哲學則非常重要，我根據這部份的思想，列舉柯靈烏歷史哲學的幾個重點。

柯靈烏的歷史哲學，是偏於理論的歷史哲學，不偏於歷史智識的評斷，而偏於歷史本身的價值，歷史是人的歷史，所以神話不是歷史。歷史的真正意義，是歷史過程中有思想。他主張歷史的根據在於人性，他說「歷史是一種科學。……企圖回答有關人類在過去所作行爲的問題……歷史是爲了人類的自我認識，……因此，歷史的價值就是他能告訴我們人已經做了什麼，而人是什麼。」（頁十一—十二）歷史是研究人性的科學。柯靈烏說：「研究自然正確的途徑是利用科學的方法。要了解人性的正確方法是利用歷史的方法，我下面將指出人性科學的研究只能利用歷史的方法，歷史就是人性科學的本義。」（頁二一四）

歷史對人性的研究，是史事思想的重演，歷史家利用其個人的心智加上對哲學和政治方面的知識，在心中了解歷史所述的人物，在當時行動的心理，即歷史人物的思想，思想的歷史，就是整個的歷史，所以柯靈烏說「歷史是過去經驗的重演」。（頁二八四）這種經驗不是感覺的經驗，而是思想，柯靈烏說：「除了思想以外，沒有歷史」（頁三〇四）歷史家所研究的對象，必須在歷史家心靈中呈現，史家所研究的是史事的思想，這種思想必須在史家心靈中重現。所重現的不是人所思想的事物，而是思想行爲的本身。

由歷史的研究，柯靈烏說使我們了解人類的活動是自由的。黑格爾曾以爲歷史的目的和歷史，就是人類爭取自由，柯靈烏所說的自由，是「人類作爲歷史的行爲主動者，是自由地。歷史思想，也就是理性活動的思想，免於自然科學的左右，而理性活動也擺脫自然的支配。」（頁三一七）

人類的歷史是進步的，人有理性，常求新的適合生存的方式。柯靈烏的歷史哲學，乃是人性的歷史哲學。

5. 湯因伯的歷史哲學

理論的歷史哲學則進入形上學的範圍；因此理論的歷史哲學常和形上學相連，也和各派的形上學聯接一起，湯因伯(Arnold J. Toynbee)的歷史觀念，雖包括批評歷史哲學，然多爲理論歷史哲學。我們特別分章予以研究。第廿世紀天主教和基督教的歷史哲學，也爲理論歷史哲學，我們另有一章討論這方面的歷史思想。

最近讀了特萊(William H. Dray)的歷史哲學一書，㈥書中有一章，專論湯因伯(Annold Toynbee)的歷史哲學思想。特萊在歷史哲學家中舉出三位，作爲三派的代表：黑格爾代表形上學的歷史哲學，湯因伯代表實徵歷史學的歷史哲學，尼布爾(Niebukr)㈨代表宗教神學的歷史哲學。我便把湯因伯的《歷史研究》(A Study History)一書拿出來，按照特萊的大綱仔細加以研究。㈩

甲、歷史的觀念

湯因伯的歷史研究一書，共十冊，分為前後兩部。前一部由第一冊到第六冊，寫在第二次大戰以前。後一部由第七冊到第十冊，寫在第二次大戰以後，中間隔離十九年，在思想上有了變遷。

在全書的緒論裡，湯因伯開端便說，每一個時候對於歷史的研究，都受這個時代的主要思想潮流的影響。現代歐美思想的潮流，處在兩種制度的統制之下，一是工業制度，一是民主制度。工業制度的工作，重在分工，重於發明。每種工作分成多少部門，每一部門各造一部份材料，然後由機器結合起來成一產品。工業產品可以是零件，可以是初制品，也可以是加工品。每一類工業的機器，又因常有新的發明，而日新月異。現代研究歷史的人，於是便都專門研究各種史料，在考據上下功夫，大家都想有點發明，發現新的史料。這些一篇篇積成的研究文字，就像工業上的原料，現今卻被尊為歷史，而真正的歷史書，反被人輕視。一本通史，現代已經不被人認為歷史，一個人寫一本通史，大家都鄙視為膚淺的或瘋狂的妄想。孟森(Theodor Mommsen)曾出版了一本羅馬共和國史。㈢乃是歷史界的傑作。他自己卻竟以為恥，終生再不寫這類的史書，而致力研究拉丁碑碣文，(Corpus Inscriptionum Latinarum)和羅馬憲法(Das Romirche Stautrreclt)。湯因伯乃說：

「歷史思想的工業化，已經到了一個地步，產生了病態的　急的工業精神。這種精神就是凡從事工業的私人或團體，用自己的能力，專心從事把原料作成光、熱、發動機和手工產品，他們都相信發現和利用天然資源的工作，自身就是一種有價值的工作，不必談這種工作在進行時所有的結果，對於人類有什麼價值。」㈢

考據學所發現的史料，就像工廠所造的產品，每件零件都各有自身的價值，工廠的產品供人的使用，考據的史料也祇有供歷史作者的使用；然而現代人卻以這些史料爲歷史，而把真正的歷史看爲兒戲。魏而思(H.G. Wells.)曾寫了一本《歷史概觀》(The Outline of History)，受了許多歷史專家的輕視和批評，而被一般讀者所重視。湯因伯說：

「魏而思完成了一種工程，乃是歷史專家所不敢試驗，並從沒有想像到是可能做到的工程。」㈢

現代歐美思想的另一種趨勢——即是民主趨勢，對於歷史研究的影響，造成了國家民族主義。歐美哲學思想雖導原於基督的教義，基督的教義本是大公思想，以全人類爲一家，然而歐美民主政治則是 狹的國家民族主義。於是歷史的研究，常以本國本民族爲中心，以本國本民族的自足獨立的世界，和其他國家民族沒有多大關係。同時歷史作家因一般人希望讀有系統的歷史，他們便以民族爲系統而寫歷史。在這些深染工業化思想的歷史作家，以分工合作爲神聖原則，他們絕對不信一個人可以寫一本世界史。㈢

可是在第一次歐洲大戰以後，各國人民都漸漸有一種新的感覺，感覺自己是一個世界性團體的一部份，各國人民都有了國際性的意識。因此，我們按理去推論，將來歷史作家便該接受這種新的趨勢而趨向世界史，世界史纔是真正的歷史。

研究歷史的方法，不能應用自然科學的研究法。湯因伯說：

「在動作方面，我們知道若對待人或動物和對待樹木或石頭一樣，結果必定很壞。那麼為什麼我們不假定這種做法在思想界也是一樣呢？為什麼我們可以接受一種研究無生物世界的學術方法，應用到歷史上去，歷史乃是研究生活的人類呢？幾時一位歷史教授稱呼自己的研究室為實驗室，他不是自己從自己相合的環境中走出去了嗎？名稱當然是象徵，象徵也並不常合於事實。歷史的研究室好像是一座托兒所，在研究室內一些對於生活動物的活觀念，漸漸養成，然後放射出去。物理實驗室則是一種工作場地，在那裡面把未經製造的原料用機器作成手工產品或半手工產品。沒有一個有常識的人會拿管理工廠的原則去管理托兒所，也不會把管理托兒所的原則去管理工廠。所以，在思想界，學者也該避免這種顯而易見的錯誤，我們已經有相當經驗，可以預防所謂想像無生物為有人類感情的錯誤，但是我們卻犯了一種相反的錯誤，把有生活的人看成了無生物。」(三)

研究歷史有研究歷史的方法。研究歷史的方法，跟研究自然科學不同；這是當代歷史哲學上的一個原則。

在湯因伯看來，歷史乃是人類文化史。文化爲人類生活的方式與成就，文化代表人類的生活；歷史便是人類生活的經歷。一種民族的歷史，要在民族文化的變遷裡纔可以看得清楚。例如英國人的歷史，要在西方基督思想和宗教生活裡纔可以懂得。因爲英國人因著信仰基督，纔加入了西方民族的集團，纔在西方文化的區域以內。

從文化集團去研究歷史，湯因伯首先區分現在生存的文化集團爲五：西方，東正基督教，回教，印度，遠東。遠東則分爲中國與日本。

由現在生存的文化集團往上溯，發現有些文化集團的先祖，已經成爲滅亡的文化集團。若是再往上溯，則祇有原始社會。已經滅亡的文化集團和現在存在的文化集團，共計起來，約有二十一個。

乙、文化的盛衰

湯因伯既決定了歷史研究的對象，他便舉出四個大問題：文化怎樣興起？文化怎樣發展？文化怎樣衰落？文化怎樣分化？

A、文化的興起

爲研究文化的興起，湯因伯採取兩項標準：第一，研究一個社會的宗教，第二，研究一個社會的地域，按照這兩項標準，湯因伯把二十一個文化集團作種種比較研究，文化興起的動因，不在於人種，不在於環境，同一人種和環境，可以使文化興起，也可以使文化衰落。因此文化的興起和衰落，是在人種和環境之上，還有另外的動因。

文化興起的另外動因，湯因伯稱爲「考驗和答覆」(Challenge Response)

「我們沒有找到我們的直接研究對象，我們算是失敗，因為我們看不出在原始社會和文明社會之中一種常在的根本不相同之點；但是間接地對於我們現在所研究的最後對象，則遇到了一些光明；我們現在所研究的最後對象是文化的興起。從原始社會改變為文明社會的過程中，我們看出這種過程乃是由靜的狀態進入動的狀態所有的變動，這動程序，也可以應用於另一種變動，即是由已有的文化中一班平民，脫離少數的統治集團而造成新的文化集團；因為少數的統治集團已成為自然而然的靜止集團。假如我們說一種新興文化中具有創造力的少數統治集團，墮落或變質而成為一種分化解體的文化的少數統治階級，那就是換句話所說這個社會由動而轉為靜了……。」㈥

「宇宙平衡的兩種互相反應的力量，希臘哲學家思白多克爾(Empedoeles)稱之為愛與恨，也為遠與希臘不發生關係的中國所發現，中國人稱之為陰與陽」㈦

在文化興起的成因中，常有兩種互相不同又互相反應的力量，湯因伯稱之爲「考驗和答覆」(Challenge-Response)。

普通一般學者都以爲文化的興起，乃是得地域環境之助，土地肥沃，氣候煖和，易於耕種。殊不知考古學家所發現的，常與之相反；而在歷史哲學上也犯了錯誤，即是用一般研究生物學的方法，去研究人的歷史。從人類的神話去看，人是常和神　爭。因此，人類文化的興起，乃是人接受地域環境的考驗，努力追求答覆考驗之道。考驗愈大，人的答覆愈高，所產生的文化愈好。但有時候考驗過大，一個地域的人沒有找到答覆，因而被陷滅，新文化也不能興起。

「我們研究了『考驗和答覆』的動力，我們也研究了『考驗和答覆』對於文化興起有什麼影響。我們做這種研究時，我們間接地拋棄了一般人的主張，以為文化是因物質環境或人事環境易使生存而興起。這種主張很普遍，最少在西方社會裡有許多人相信。可是最新的物理學反對這種主張，各民族各時候所有各種深懂人心裡的神話也相反這種主張。」㈢

文化是一種創造，人的創造力在遇到考驗時纔發出，纔動作，若遇著優美的環境，便於生存，人便靜止而不創造了。

B、文明的發展與衰落

湯因伯頗崇拜法國哲學家柏格森。柏氏以人的自我爲一種蓬勃的生氣，繼續前進。湯因伯便主張文化的發展，乃是人類對於各種考驗的答覆。人類遇到一種考驗，予以相適的答覆而得勝，文化便因此前進。湯氏也有黑克爾正反合的形式理想，社會不能在平衡的靜止狀態中生存，有了一個答覆考驗的勝利，勝利就引起另一套問題，製造新的考驗，這樣繼續輾轉前進，文化遂有發展。

「我們從上面的研究裡，看到文化的發展，在自己本性上乃是一種前進的運動。文化的發展靠著一種蓬勃的生氣，由一個考驗的答覆到另一個新的考驗，由文化的結果到文化的努力，而產生不相同的文化集團。」㈤

在社會文化的發展中，負有領導責任的常是少數人或是少數集團。這些人有創造的努力，也有答覆考驗的經驗。因爲文化的發達，是由空洞混亂中漸漸成形，漸漸固定，漸漸自己固定自己的形態。

「上一章所研究的題材，使我們得了一個結論，即是文化發達的標準，是在於文化前進於自己固定自己的形態。」(二十)

但是湯因伯並不贊成英國斯賓塞(Herbert Spencer)和德國史班克爾(Spengler)學說，他們認爲人類社會是一個有機體，而且是一個超級的有機體，人類社會有機體的發展和衰老和一般有機體一樣。湯因伯反對這種學說，稱它爲西方思想家中的一種病症。(二一)

人類社會由多數的單人集合而成，每個單體人在歷史上有什麼位置？湯因伯引用柏格森的話，說每一個人按照自己心靈的工作範圍，可以相當於整個宇宙。(二二)這些人把自己的工作範圍，結成共同的範圍，在共同的範圍內彼此發生關係。這種共同範圍便是人類的社會。在社會的人中，有些人具有創造的努力，在自己的工作範圍內，不停地創造，不停地發揚自己的人格，同時他們也使旁人仿效他們的人格，社會也因而前進。

然而有創造力的人並不多，大多數的人是有惰性的。在使社會前進的創造階級停滯不前，不繼續發展力的時候，他們便要失去統治的能力，社會將分化，文化將墮落。最後文化集團將分成多數文化集團，舊的文化死了，分出的文化集團有的不能生存，有的得到發育，成長爲一新的文化集團。

當文化墮落以後，一定趨向於文化的分化，在遭分化時，常有一種反抗的力量建立一統的帝國，以挽救文化的分化危險，但是一統的帝國沒有實力，自身隨即滅亡。在歐洲有神聖羅馬帝國出現，抵抗不住羅馬文化與希臘文化的分化，隨後產生了歐洲近代的文化。中華文化在唐朝末年已到墮落的時代，其後元朝建立了統治歐亞的大帝國，然仍敗於朱洪武，中華文化繼續分化，進於半死不活的狀態。

文化的興盛由於答覆考驗，答覆的力量是領導人的創造能力。若是領導人失去了創造力，文化便不能答覆繼續興起的考驗，於是便要在考驗中失敗。失敗又失敗，文化繼續向下落，而走向死亡。由死之中，有時能有新文化產生。

丙、歷史的哲學

第二次大戰以後，湯因伯重新執筆，繼續寫《歷史研究》一書，共成四冊，從史事方面再說明文化興亡的原因和歷程；但是在思想方面有了改變，他從歷史的社會因緣，進到了宗教的因素，以人類文化的歷史深受宗教的影響，因此特萊在歷史哲學的書中，稱湯因伯的歷史哲學爲歷史神學。㈢

湯因伯研究文化的興亡，發覺每一文化集團必和另一文化集團或多數的文化集團發生關係，這些關係對於文化的發展和衰落具有很大的影響。湯氏在第八冊研究文化在空間內的彼此接觸，在第九冊研究文化在時間上的彼此接觸。但是在第七冊他曾研究了世界的大帝國和世界的大宗教。大帝國都已經崩潰了，不能永遠長存。世界的大宗教則可以結合成一個世界宗教，以產生一個新的文化。

湯氏說：

「在以前我們研究文化集團與宗教的關係時，我們曾經假定在這兩者之間，文化是主人，宗教祇是次要的輔助人。但是在這方面，我們的研究工作沒有成就，現在我們便反轉過來，我們要假設在兩者的關係中，宗教是主人，文化集團的歷史要由宗教觀點去看，文化集團的命運，不是獨立的命運，而是和相關的宗教所有命運聯結在一起。」(三四)

在第十冊，湯因伯作了他的歷史研究的結論。從這一冊的目錄就可以知道。第十冊的題目是「歷史家的啓示。」在這一個大題目下，他分列研究，歷史家的觀察點，歷史事實間的關係，歷史事實的詩情，歷史事實的意義。他研究歷史所得結論，便是他的歷史哲學。

什麼是歷史？湯因伯答說：

「作者繼續地向自己說話又按自己的經驗說話，我可以答覆，歷史是一種觀察，雖然這種觀察是暗淡的局部的觀察，但對於眞理則盡可能地相近。我的答覆是「我以為歷史是一種觀察，觀察天主對於追求他的人，在行動上與以啓示。」」㉟

「假使我們說的正確，以歷史為觀察天主的創造在變動，從天主開始而歸向天主，我們便不會驚訝在受造人心中，有一種良心意識，使人從自己生活的經驗中，對歷史所有的醒悟。」㊱

歷史家的啓示，是一種好奇心，因著好奇心的衝動，乃向以前的世紀尋求人生的秘密。歷史家若沒有好奇心，則他的研究心必不會由靜而動。湯因伯舉例：世界著名的歷史家，他們一心研究歷史事實間的研究。

另外有的作家不僅以散文化述史事，而以詩歌歌詠史事。湯氏說：

「在我們研究史事間的關係時，我們用理智從史事中去看天主，我所從史事所得完全是理智的工作。然而理智只是人心的一部份工作。當我們思想一些事件時，我們對這些事件有所感觸，我們心中願意把感觸表達出來的願望，不下於願意把思想表達出來的願望。對歷史的感觸，和對歷史的思想一樣，引起了許多歷史著作。歷史感觸的表達，以想像而作成文學方面的各種著作：如敘情詩、史詩、紀事詩、悲劇詩……等。」㈢

在史事背後，藏有什麼意義呢？

「歌詠史事的詩歌，引導我們觀察史事所藏的意義，是在於看見天主而追求與天主相結合。」㈥

因為人追求天主，在不能看見天主的情況之下，人乃在人身上看見天主，因而崇拜英雄，崇拜民族，以英雄為神，以民族為神。

人和神，在歷史過程中常糾纏在一起，人的心常飛向超過人的神，湯因伯作一祈禱歌詞結束全書，他在全體神聖前呼籲基督，同時又呼籲釋伽佛，呼籲埃及古神，呼籲波斯神靈，呼籲摩罕墨德，呼籲希臘天界神主。湯因伯的心停在幻想裡，幻想各教合一，神靈相通，將來產生人類合一的文化。

結論

湯因伯由歷史史事去探測歷史的意義。他的《歷史研究》可作文學讀，可作哲學讀；但不能作歷史讀。書中所引史事極豐富，極廣泛，足以證明作者是傑出的歷史家。傑出的歷史家，不僅記述史事，而願從史事中追求歷史的意義。

湯氏不願從假定的原理，去解釋史事，他願由史事求出原理。但是在他這種方法上，批評的人責備他有了錯誤。批評他的人認為他先已假定了一些原理，然後用史事去證明，雖說這些原理是他在研究歷史史事時所得，然而將由幾樁史事所得的原理而用之全部史事，則已經不是實驗的方法了。而且各民族文化的興亡史事，不都完全相同，強而同之，則不免膚淺。

湯氏最喜歡用神話去解釋歷史原理，但是他把神話的範圍放得很廣，《易經》的陰陽可以成為神話，天主教的聖經更成了神話。這一點使湯氏的研究工作，缺乏了科學的精神。

6. 當代天主教歷史哲學

天主教的哲學有了一千五百年的歷史，聖奧斯定爲天主教神學大家，也是天主教哲學的創始人。聖多瑪斯集天主教神哲學的大成，創立了士林哲學和士林神學的學派，正式代表天主教的神學和哲學思想。

天主教的歷史哲學，則是近時代的產物，雖說是由聖奧斯定創始。他所著的《天主之國》，在方法上和湯因伯的《歷史研究》相像，拿歷史事蹟證明歷史的哲理。但是聖奧斯定的這一部書可稱爲空前絕後之作，一千年以後有法國鮑蘇愛(Bossuet)的《世界史大綱》，繼承他的思想。鮑氏以後又無繼承人。因此天主教到今天還沒有一個有系統的歷史哲學。

可是歷史哲學本來是一項新的學術，在中外哲學界都尚在創始的時期。第二次世界大戰以後，研究討論的學者越來越多，到現在這項學術已經眉目清晰，有了自己的形態。天主教的學者現在也在積極研究，漸漸形成基督思想的歷史神學。但有些學者則仍舊主張基督思想對歷史的看法，還是應該在哲學以內，作爲天主教的歷史哲學。

現在我們分別加以研究。

甲、天主教歷史哲學

研究天主教歷史學的哲學家，以法國馬里旦(J. Maritain)爲代表。馬氏的著作中有一小冊，書名《歷史哲學研究》(On the philosophy of history)㊆這冊書中收有馬里旦的四篇講演，原文爲英文。法文本則爲瑞士神學家萊耐樞機(Card. Charles Journet)的譯本。

A、歷史哲學是一種學術

馬氏的四篇演講：第一篇爲歷史哲學概論。在概論中他提出了歷史哲學上的四個問題。第一個問題：歷史的事實是個別的人事，討論個別的人事，怎麼樣能成爲一種學術呢？馬氏答說：歷史的事實雖是個別的人事，但並不使歷史哲學不可以成爲學術；因爲歷史哲學本身能夠是一種科學智識，又能夠成爲一種有系統的學術。例如藝術哲學是一種學術，這種學術所研究對象爲藝術作品，藝術作品則是個別的人事。

歷史哲學和歷史學所研究的對象相同；可是研究的角度和方法則不相同。例如我們有自然哲學和自然科學，兩者都是研究自然的物體，研究的方法各有分別，兩者都是學術。

第二個問題：歷史的知識有什麼價值呢？知識的價值，在於知識的確定性。數學的確定性最高，不會錯；化學和物理學的知識，也很可靠。歷史的知識，則不一定可靠。史書上所記載的事實，誰敢保證都是真的呢？馬氏答說：歷史的事實也有它的真實性，歷史的真實性不是理論的真實性，而是人事的真實性。人事的真實性是我們人生真理的總合。

第三個問題：歷史哲學的內容，不是樁樁的史事，乃是史事的共同性質和原則。這些性質和原則，怎樣成立呢？馬氏說：是用歸納法得來的。歷史的事實，一代一代堆積起來，研究歷史哲學的人，要從堆積的史事中，尋出共同的性質和共同的原則。同時這些性質和原則，還要和哲學上已經有的原則互相關連，否則歸納出來的觀念，在哲學上不能解釋。

第四個問題：歷史哲學在哲學上的位置。馬氏說聖多瑪斯哲學有一條很重要的原則，即是「學術研究由個別事實開始，在個別的事實內完成。」學術上的共通觀念和抽象概念都是從個別事實裡得來的，又要在個別事實上可以完全懂得；不過觀念和事實相關的程度，各有不同。感覺的觀念，例如顏色，完全和感覺的事實相連。化學實驗所得的知識，可以脫離個別的實驗，但不能脫離化學物質的事實。自然哲學的抽象性較比自然科學高，形上學的抽象性更高，由形上學往下降到具體的人生，則有倫理學然後有歷史哲學。馬氏繪一圖。(四十)

歷史哲學雖是一種學術，錯誤的觀念卻很多，例如黑格爾的歷史哲學和馬克思的唯物辯證史論，便是兩種錯誤的歷史哲學。其他講歷史哲學的人，也免不了夾雜錯誤的觀念。因此寫歷史的人或是研究歷史的學者，很不喜歡歷史哲學，他們責備歷史哲學者多尚空談，重愛主觀，在選擇史事作證明時，心中已有成見而又夜郎自大，自以為按照自己的觀念，可以解釋歷史的一切事蹟；所有的解釋還是科學的解釋。可是研究歷史的學者，也不能不承認歷史的事蹟應有聯繫，應加解釋，也就不能不承認歷史哲學有它存在的理由，有它在學術界的地位。

B、歷史原則

歷史的原則是史事中間共同的性質，可以解釋史事的進行線索，可以使史事容易被人明瞭。

a、相互並行成互相衝突的進化

第一條歷史原則，是一種互相並行或互相衝突的進化，即是善惡的同時前進。善惡同在，福音上耶穌曾經講過麥子和稗子的譬喻，在同一塊田裡長有麥子和稗子。在歷史上去看，善惡的同時並進，代表人類能力的向下又向上。人的心靈，具有理智和自由，勉力向上，人類生活乃有進步。但是同時人的自由使人的能力分散，墮落，人類生活乃向下。人類的歷史便有時是向上的進步，有時是向下的退化。歷史的前進不是像十八世紀的學者所說，成一條直線，繼續無限地向前進；也不是像古希臘人所信，像一年四季，繼續循環，過去的時代將來又要重現。

只要看現代的人類歷史，在一方面科學進步，人們對於自由平等的人權，都有很高的覺悟，政府也趨於民主；但在另一方面，物慾盛行，競爭的心更甚，共產主義法西斯主義和希特勒主義，蹂躪了人們的根本權利。在同一時代和同一地區裡，善惡並行。

馬氏特別聲明，一種學術界的新發明或進步，常因著一種錯誤的刺激。善惡並行，互相衝突，又互相激動，兩者乃向前進。

b、歷史的兩方面價值

這一條原則是上條原則的結論。在人類歷史過程裡，既是善惡並行，歷史的價值常可以從兩方面去看。悲觀的人可以看一個時代很壞，樂觀的人可以看同一時代爲很好。實際上沒有一個時代，完全是黑暗，完全是墮落，也沒有一個時代完全是光明。黑暗和光明，在歷史的時代裡有多有少。惡魔的心常想行惡，可是他的惡行，因著天主的安排能夠變爲善行的機會。因此，在歷史上沒有一種惡行是純粹的惡行，而是可以是善行的激動者或前驅。

因此，我們不贊成黑格爾和馬克思的主張，人必須隨著歷史走，我們是主張隨著天主走，走在歷史以內，而能創造歷史。

c、善惡的歷史成果

善惡的成果，不能立時見到，也不能立刻加以判斷，而是要從歷史方面去看。從歷史方面去看，則要有相當久的時間，在一個社會裡所出現的重大事蹟，本身的價值決不能在當時就定斷，必須要等待事蹟過去以後纔能看得清楚。

政治界和倫理界的衝突，就是政治界上就眼前的成果去判斷，而不看歷史的判斷。

d、歷史事蹟的世界性

世界是一個，人類也是一個。人類在世界裡覺得是互相連接的，有心無心都向合一裏走。真正歷史的事蹟常含有世界性，對於人類能有好的影響。法國革命當時犯了許多罪惡，但也含有許多真理觀念，如自由平等。這些真理觀念後來成了世界性的政治原則。法國革命便是一樁人類歷史的史事。馬克思共產主義的革命，則是違背人性而創造罪過，不能爲人類所接受，共產革命的地域雖廣，則仍是地方性的事蹟，而不能成爲世界性的歷史事蹟。

e、人類的自覺

人類的自覺，進步很慢。在初民時期，人類對於人生的各方面幾乎都沒有自覺心，後來人類漸漸進化，對於許多事乃有自覺的意識；有自由的意識，有自尊的意識，有自我的意識，現代哲學乃有康德的意識論或良知論。自覺心的進化並不是按步就班地向前進，有時對一方面自覺心很強，對另一面卻又很弱。但是自覺心的前進，確實代表人類文明的進化。

f、工具的價值

在人生所用的工具中，有物質的工具，有精神的工具。對於這些工具，人們應該分別價值的重輕。

爲達到精神的目的，人們不能忽視物質工具。但是物質工具的物質性越輕，價值則越重；因爲物質工具的物質性過重，人便將被物質所包圍，或被物質所拖曳。爲物質上的奮　，精神工具優於物質工具。爲社會改革，爲政治抵抗，精神力量強於武器。

C、歷史的分段

馬里旦在第三篇演講，討論歷史演進的分段。他批評孔德和黑格爾的歷史分段原則，黑格爾過於抽象化，完全以形上學的原則而分段；法律的階段，倫理的階段，國家的階段。孔德則以民族學原則去分段：神權時代，君權時代，民權時代。但是孔德所研究的民族很少，把少數民族的經過，作爲全世界民族的共通原則，便是一種錯誤。

馬氏從天主教教義的立場，研究人類歷史的分段。天主教教義把人類的歷史，分成三個階段：純粹人性的階段，原罪的階段，得救的階段。第一個純粹人性的階段，實際上不存在。第二原罪階段和第三得救階段雖互相分別，然不能分離。人類的罪從開始的原祖，以及到最後一人，繼續存在。基督降生使人得救，但是得救和原罪同在一個階段裡。研究歷史的人，在歷史內研究原罪的證據；可是原罪不能用歷史去證明，罪惡則是歷史的事實。

上面的階段，完全是神學的分段；從歷史史事去觀察，天主教教義又分人類歷史爲三個階段：性律階段，舊約階段，新約階段。性律階段，是沒有天主信仰的階段，舊約階段是以色列人的歷史階段，新約階段則是信仰基督福音的階段。聖奧斯定的天主之國，按照這種分法劃分人類歷史，而歷史哲學成爲歷史神學。

若僅從歷史哲學去看，歷史的分段，馬里旦舉出了四項原則。

a、由方術時代進人邏輯時代

在未開發的民族裡，人類的生活都以具體符號作爲規範，這些符號都是術士的產物，都帶方術性和神秘性。人類漸漸進化，逐漸習用理智，說話行事便會推理，進於邏輯的規範。

b、倫理良知的進步

良知爲倫理的標準，良知爲直覺，爲天生之知。在初民的時代，初民的良知上知道幾種最基本的善惡。人類漸漸進步，良知對於善惡逐漸深入精微的分析，善惡的範圍逐漸擴大，善惡的知識逐漸增多；而且對於人性的性律也更認識清楚。

馬氏以這種進步爲人類文明進步的最重要點。人類歷史的進化，在這方面能看得明瞭。

c、神化的文明變爲俗化的文明

神化的文明以人類生活的各方面表現，常與神發生關係。在初民時代，初民相信宇宙的現象都是神靈，宇宙和神靈不分。人類進步以後，人們分別神靈和宇宙，神靈處於宇宙之上，但也干預人事。現代社會則成爲無神社會，一切都是人和宇宙的關係，而沒有神和人的關係了。

在世界歷史裡，神化的文明，乃是基督教義的文明，基督教將神和人連接，人事裡常有神的部份。在別的文明裡，神化的程度或深或淺，中國文明和印度文明也不例外。

d、多數國民參加政治

各民族的進步，在政治方面也可以觀察，初民的政治是極單純的組織，由術士和酋長統治，已進化的民族乃有貴族政治和君主政治，最後便有民主政治。各民族的歷史不論所經過的政治制度若何，都由少數人參政，進到多數人參政，而後全民參政。

D、天主和人類歷史

在第四篇演講，馬里旦討論人類歷史的神秘。他首先聲明，在歷史哲學裡最基本的問題，乃是天主的自由和人的自由共同創造歷史。

人類的自由，不能脫離天主的統制；可是人的罪惡則不能歸於天主。人事的一切雖由天主所定，然而天主的預定是按預先看到人怎樣使用自由而定。人類歷史的罪惡應歸之於人的自由。

天主雖加入人類的歷史，但人類的歷史不是天主的歷史。

a、人類歷史的本然目的

人類歷史是有目的：從天主教教義去看，人類歷史有一個超性的結局；從人類本性去看，人類歷史也有本然的目的。善惡雖同時存在人類社會裏，人類歷史有時向前，有時向後；然而人類歷史則常向本然的目的走。歷史的本然目的可以有三重目的。

第一、歷史的本然目的，是人類追求駕馭自然，人類追求自立。科學的進步，人類的自主，便是一種證據。

第二、歷史的本然自的，是人類內在活動，即是精神活動的發展。人類智識的增高，藝術品的創造，就是這方面的發展。

第三、歷史的本然目的，是人類全部本性能力的表現，人的人性，是精神又是物質。人表現整個的人。

b、基督奧體

聖保祿以教會爲基督的奧體，又爲天主之國。基督降生的目的，在於建設這個「天主之國」基督進入了人類歷史。但是人的歷史並不因此而失去爲人的歷史。

「天主之國」在人世，並不由於天主直接來建立，也不能單靠人的力量來建立，當然也不會讓魔鬼橫行去阻止。因此我們不能幻想靠著福音和聖事，就可以改造世界，使人的社會成爲神聖社會。就連教會自身在人事方面，也不免有不健全之處。

教會和人類社會的關係，是同時並存，同時並進。國家社會的歷史，也是教會的歷史，因爲教會生存在社會裡。教會的歷史，也是國家社會的歷史，因爲教會乃是人們精神生活。

當然教會的目標，不在現世，不包括在歷史以內，而是超出歷史以外。在人類要終結時，「天主之國」纔可完成。

乙、天主教歷史神學

馬里旦的歷史哲學的最後終點，歸到了天主教義對於人類歷史的整體觀念。天主教教義對於人類的歷史，從整體上去看，是從基督降生救世去看，看爲一部人類的得救史。歷史的意義，不是哲學上的意義，而是神學上的意義。天主教的歷史思想不是歷史哲學，乃是歷史神學。

A、救恩史

天主教歷史神學的根基，在於人類的得救。人爲天主所造，（怎樣造的，科學可以予以說明）又受有天主的特恩，能於身後享受永常的精神福。不幸，人的原祖犯了罪惡，失去了特恩，身後應受永遠的刑罰。天主聖子乃降生成人，捨身贖罪，給人以得救之恩；人可以藉基督之功績而獲救。這是救恩的意義。

救恩的歷史，在天主教的思想裏是一種很古的思想；第三世紀和第四紀時的神學家已經有這種主張。

「當尤思定談千年幸福，聖依拉里隨從德杜良和拉覃思規定世界有七千年的存在，最後聖奧斯定講世界的七個時代，他們都承認不是自作主張，而是接受了一種傳統思想。同樣，當他們將救恩歷史分為四個階段，即是分為性律階段，摩西律法階段，救恩階段，光顯階段，他們也是按傳統思想而講論。」(四一)

最初的學者們，按照舊約古經所說，把歷史分成四個時期：受造時期，諾厄時期，亞伯朗時期，摩西時期。後來，學者們加上新約聖經，按照聖保祿所說，把救恩史分成四階段：性律、摩西律、救恩、光顯，四個階段。

聖尤思定相信基督第二次來臨時，人們都要復活，世界變成幸福的世界，幸福將繼續一千年。這就是千年幸福論，它的根據是若望的默示錄。(四二)

聖依肋耐則信世界的存在為六千年，六千年後世界將改造為新的世界，新的世界將為一千年。他以為舊約創世紀記載天主在六天內創造了天地，第七天休息；他乃構成了自己的學說。千年的新世界以後，幸福的人升天，天主重新創造新的世界。(四三)

希臘和北非的神學家，如聖亞納大斯和聖巴西略，雖注重象徵的意義，以舊約所說七個星期作爲世界歷史的分段；但是他們已經注重基督在歷史的位置，漸漸以基督爲歷史中心。聖奧斯定集前代學者的大成，著《天主之國》，以救恩史作爲人類歷史分段的標準，正式成立天主教歷史神學。可惜在他以後沒有傳人。

B、歷史的新觀念

當代對於中古思想史的權威作家紀爾松(E.E. Gilson)曾經說：人類進化的觀念，不是希臘的永久循環，而是聖奧斯定所講的新思想，紀氏說：

「這是一個新的觀念，因為柏拉圖，亞立斯多德，以及斯多葛思派都沒有這個觀念。這個觀念在現在則已經成為人們的家常觀念，以人類為一個結集體，所有的份子，過去的死人多於現在的活人。這個結集體常常繼續地向前進，進於自己的美善。人類所走的路有次序，有內在的目的，似乎只有一個唯一終向。在時間裡一代一代繼續下去，並不是偶然的事跡，而是具有意義。因此，我們可以責備中世紀的學者沒有歷史的思想，但是他們盡力相幫後來與起歷史哲學。」㊃

歐美近代的歷史觀念，不來自希臘。柏拉圖和亞立斯多德都以人類歷史乃是時間的永久循環，宇宙間沒有新奇的事。天主教給予歷史的新觀念：第一、人類是一個整體，人類的歷史是世界史。第二、時間向前進而不循環，每個時期，有每個時期的意義；因此，歷史纔可以成立，否則歷史只是循環的表現。第三、歷史有目的。人類的史事看來都是偶然發生的，但在骨子裡都趨向人類共同的目的，歷史因而具有意義。

人類的目的在趨向於天主。人類趨向於天主的道路，有天主預定的路，有人自由選擇的路。人類的歷史是那一條路呢？每一個人的道路是人自己選的路，人自己所選的路也是天主所預定的路，因爲天主不是憑空自己預定每個人的一生，而是預先見到每個人所選的每樁事所積成的一生，按照所有的預見而規定。只是在一切非常的事上，天主自己預先有所規定，人只能隨從，基督降生成人的一切事件，都是天主聖父預先規定好了。人類的歷史，對於每樁史事的變換，由人的自由去支配；但是在全部歷史的趨向路線，則是天主所規定的。人類歷史有自己的目的，福音對人類歷史所指示的看法，是樂觀的看法，預先說過光明將勝過黑暗，精神勝過肉慾。然而福音不輕視罪惡的勢力，在人類歷史裡常是善惡同時並存。

人類的生存常帶有歷史性，因爲人是活在現實的社會裡，和他生存的時間相聯繫。人的精神和肉體不能分離，便不能超出時間和空間；時空乃是構成歷史性的條件。然而人又不能圈在歷史性以內，每一個人有超性的將來，有超於歷史的永恒目的；整個人類在世界的生存，則包括在時間以內。所以歷史乃是人類的生存史。

C、歷史神學

狄爾思在《歷史的神學》一書中說：歷史神學可以有三種意義：第一、從神學方面觀察每個人的歷史性，即是天主之國降臨在每個人的心中。第二、從天主的啓示奧理，說明人類和世界的歷史。第三、歷史神學代表基督教義對於世界的觀點。㊺

歷史神學所以不是教會的歷史，也不是救恩史，而是世界的歷史，加以神學的意義。神學對於歷史的解釋，並不能解釋歷史的一切變遷，歷史仍舊是一種奧妙。

歷史神學研究歷史的方法，是從全部啓示出發，由啓示知道人類的起源和人類的終向。人類起源和終向，是天主教信仰的基本道理。人類的終向關係人類歷史很大，是歷史的目的。歷史目的不是像黑格爾或馬克思所講的歷史必然性，而是歷史的終點。

天主教講歷史神學的學者，最早的有聖奧斯定，他在所著《天主之國》書中，很詳細地用史事證明他的救恩史的主張。繼承聖奧斯定的歷史神學家爲法國第十七世紀的鮑蘇愛主教(1627-1704)。他的著作有一冊《論世界史》，把世界大事，按照時間的次序，一眼可以看清。他對世界史所注意的乃在於史事的聯繫線索。一方面他以教會爲常存的史事，一方面他追求帝國史事的因緣。歸根他指出天主支配人的歷史。

當代研究歷史神學的學者頗多，意見也頗分歧。主要點在於兩個問題：歷史有沒有自己的價值？歷史有沒有一定趨向？

對於第一個問題，有的學者答說歷史本身沒有價值，有的則答應說歷史有價值。歷史若是有價值，是不是有一定的趨向。有些學者答應歷史的趨向按救恩史而分階段，有的學者則認為歷史本身有決定變遷過程的內在力。

不承認歷史價值的學者中最著名的當推達聶祿樞機(Danielou)。他是世終派(Enotologists)，主張歷史自身是中立的無價值東西。人類的歷史以基督為中心，基督的教義在歷史之中，而歷史也在基督教義之中。因為基督教義的表現是在民族的文化裏面，基督教義便參加了文化的盛衰，便在人類歷史之中。但是基督教義戴上了民族的文化外衣，又要扔掉這些外衣，以保全自己的完整。因此歷史對於教義沒有特別的價值。至於歷史在基督教義之中，是因為基督為歷史的中心和骨幹。世界因基督而受造，因基督之死亡和復活而更新，因基督之來臨而完結。㊾

世終派的學者也喜歡引用救恩史來分歷史的階段，從基督誕生後，分羅馬帝國時代，國君反抗教會的時代，千年幸福的時代。這種分法的根據，是若望的默示錄。

但是神學家拉耐而(Rahner)不讚成這種思想，他主張人類歷史的趨向在於人類的本身。

人類本身的經驗乃是一齣三幕悲劇：樂園中的調協，罪惡的分裂，天國的重圓。㈣

D、基督神學對於歷史所有原則

a、善惡對立：這不是一項抽象的原則，而是具體的現象。聖經常以精神和肉慾對立，精神代表天主，肉慾代表魔鬼。精神的活動來自聖神，聖神是天主的德能。人類的歷史常常表現精神和肉慾的 爭。

b、人的創造力：人有理智意志，具有創造新的事物能力。假使人沒有創造力，人就沒有歷史。人創造歷史，不單單說歷史事蹟是人做的，而是說人類生活的進步，乃是人所創造的。創造新的和好的事物，當然不屬於每一個人的事，而是屬於一些特出人物的事。

人的創造力和天主有什麽關係？天主造人，授給能力；這一點對於特出人物的才能，更不能否認，普通乃稱之爲天才。但是天主的德能，既是天主聖神常在人心裏活動，祂能轉變人心，提高人的精神。所以聖神繼續在人內心創造新的境遇。在一個信仰天主的信友心中，天主聖神更進而創造一個新精神，使信友的理智和意志，以基督的福音爲基礎；使信友的生活，以超性的目標作終向。

因此，人的創造力受天主聖神的推動，受天主聖神的指導。

c、世終論：人類的歷史繼續往前進，歷史的前進在於使人能更成爲人；人成爲人，則精神和肉體兩相和諧，人自認爲天主的屬下。可是人類的歷史又充滿善惡的 爭，絕對沒有只有善而沒有惡的人類世界。那麼人類的歷史就在善惡 爭中無窮期地向前進嗎？世界卻又是有終的。而且基督救世爲恢復人和天主的和諧，使人類屬於天主；祂的目的不能落空。默示錄乃預言世界終窮時，基督重新降臨，結束善惡之爭，完成救世大業。因此天主教對歷史的觀念都以世終論爲骨幹，一切都趨於這一點。世終時，人類完成了發展，人性的善惡在天主的美善中取得成全，人和天主再相團圓。歷史的意義和價值，在世終時乃得圓滿。

E、達聶祿的歷史神學思想

達聶祿樞機爲當代法國的著名神學家，對於歷史神學曾有數種著作。上面我們已經引用他的「論基督教義與歷史」一文，現在我們就他的《論歷史的神秘》一書，簡略介紹他的歷史神學思想。(四八)

a、歷史不是宇宙的變遷：而是在基督的影響力下前進。

在人類歷史裡，教會學者常分成兩部歷史：第一部爲救恩史，以教會的歷史爲代表，稱爲聖史；第二部爲社會歷史，即是各國的歷史，稱爲俗史。

這兩部歷史中間有什麼關係呢？學者的意見不同，達聶祿樞機主張人類的歷史，在於這兩部歷史合起來而成的歷史。我們不能以社會的進步絕對是善，以爲直接可以促進天主之國。我們也不能以社會的一切都是惡，與天主之國相對立。人類社會屬於天主所造，在天主的計劃中向前進，不能都是惡。但因爲人類沉於罪惡中，人類社會便有惡的一面，基督便是爲救人出於罪惡而降生，因此救恩史便進入人類的歷史中，俗史不能和聖史相分離。

b、基督爲歷史中心：舊約聖經以預言將來的救主爲目的，在整本書中各處都有這種預言。新約不預言將來的救主，而說現在救主基督住在我們中間，舊約所看的在於將來，新約所看的在於現在。基督因此成爲歷史的中心，一方面是舊約所預言的終點，一方面是新約所講現成事實的繼續存在。基督的活動不是從新約而開始，基督既是天主，舊約時代已經有天主的活動。基督在新約時代的活動，當然是天主的活動，同時又是救主的活動。救主活動的終點，在人類再整個地歸於天主而捨棄罪惡。終點一到，人類的歷史也就到了終點。

人類的歷史向著這個終點走，人類的歷史和終點究竟有什麼關係呢？是預備這個終點呢？或是招來這個終點呢？若是預備這個終點，歷史便日進於善；若是招來終點，便是日漸於惡。這兩點都不全合於事實，也不全合於聖經。基督的降臨爲一大奧妙，沒有人能知道在什麼時候。歷史只能說是一部期待的歷史。

C、結　論

介紹了當代天主教的歷史哲學和歷史神學的思想以後，我們可以看到：雖說學者的意見分歧，可是共同點很多。從天主教教義去看歷史，歷史是有目的有趨向。人類歷史的目的，在於人類的得救，完成人之所以爲人。基督便成爲歷史的中心。馬里旦雖講歷史哲學，但是他的結論也歸到神學。講歷史神學大都忽略了歷史哲學的意義，在沒有講明歷史的意義和歷史的性質以前，歷史神學便不能有基礎；因爲單單一系救恩史，不能解說全部歷史。救恩史要參加俗史以內，纔能實現；同時俗史的事蹟在本身上的意義何在？馬里旦注意到這一點，加以說明。我們要講歷史哲學的人，應將歷史哲學和神學連在一起，貫成一個系統，才可以有整個的天主教歷史觀。

註：

(一) Auguste Luneau. L'historie du Jalut. Paris 1964. P.285-331.

(二) 同上，P.355-378.

(三) De Cioitate Dei. P.L. VII. col. 139

(四) De Cioitate Dei. P.L. VII. col. 153

(五) 致加拉太書第五章第十九節。

(六) Franco Diaz De Cerio S. G. Introduction a la Filosofria de W. Dilthey. Juan Flors. Barcalona 1963.

Pietro Rossi. Lo storicismo tedesco contemporaneo. Einaudi 1956. pp.2-140.

(七)Pietro Rossi. Storiae stosicismo nella Filosofia contemporaneo, Lerici editori. Milano 1960, pp. 69-83

Pietro Rossi, Lo storicismo tedesco contemporanes pp. 389-442.

(八)Pietro Rossi, Lo storicismo tedesco contemporanes pp. 211-540.

(九)Benedetto Croce, teoria e storia della storiografia, Bari 1963.

(十)項退結　現代存在思想研究　現代學苑月刊社，一九七〇年。

(十一)伯倫漢著　陳韜譯　台灣商務印書館，民五十六年版。

(十二)朗格諾瓦　瑟諾博司合著　李思純譯　台灣商務印書館，民五十七年版。

(十三)卡耳　歷史論集，幼獅出版社，民五七年。

(十四)Analytical Philosophy of History. Cambridge university Press. N.Y. 1968.

(十五)William Dray. Philosophy of History. Englewood Cliffs. New Jersey 1964.

(十六)Raymond Aron. Introduction a la philosophie de l'histoire, Edictions Gollimard 1948.

La philopsophie Critique de I'histoire, Paris 1964.

(十七)R. G. Collingwood, the Idea of History, Oxford university Press New York 1956.

(十八)William H. Dray.—Philosophy of History New Jersey 1964.

Prentice—Hall Jne., Englewood Cliff.

(十九) R. Niebuhr-The Nature and Dertiry of Man New York. Charles Scribrer's Sons 1941-43

(廿) Arnold Toynbee—A Study of History 1934-1956. 共十冊，台灣有翻印本。

(廿一) Theodor Mommsen—The History of Romen Repulic 1854-6.

(廿二) Arnold Toynbee—A Study of History, Vol I P.5.

(廿三) 同上，Vol I P.5.

(廿四) 同上，Vol I P.15.

(廿五) 同上，Vol I P.7.

(廿六) 同上，Vol I P.195.

(廿七) 同上，Vol I P.201.

(廿八) 同上，Vol II P.2.

(廿九) 同上，Vol III P.128.

(卅) 同上，Vol III P.217.

(卅一) 同上，Vol III P.222.

(卅二) 同上，Vol III P.225.

(卅三) 同上，William H. Dray-Filosofia econoronza Stocica Bologna Stories P.138.

(三四) Toynbee 同上 Vol. VII P.420.

(三五) 同上 Vol X P.1.

(三六) 同上 Vol X P.3.

(三七) 同上 Vol X P.113.

(三八) Vol X P.126.

(三九) Jacques Maritain: On the philosophy of history. New York 1957. 法文本Poru une philosophie de l'histoire. Paris 1960.

(四十) 見法文本第二十七頁。

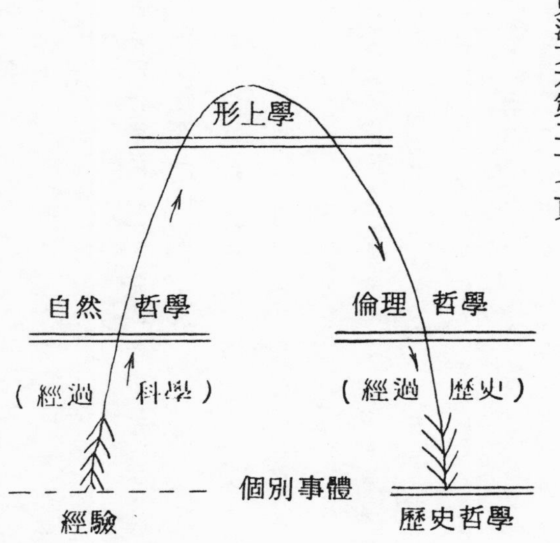

(四一) Auguste Luneau. L'historie du Salut. Paris 1964. P.35.

(四二) L. Justinus Dial., 80, 5.

(四三) L. Yreneus., Adv.haer. IV. 25,1.

(四四) M.E. Gilson., L'Esprit de la philosophie medievale. Zed., P.371.

(四五) Gustave Thils., Teologia della storia, edizione Paolina.

(四六) Danielou., Christianisme et histoire. 見Etudes雜誌1947九月號P.175.

(四七) Rahner., 參考Dieu Vivant. n. 10. P.95.

(四八) Danielou Jean., Essai sur le mystere de l'histoire. Paris 1953. 義大利譯本 Brescia 1963.

下編　歷史哲學

第三章　史事

緒　論

在上篇的各章裡，我介紹了中國和歐洲的古今歷史哲學思想。所介紹的各種思想雖然很簡單，很枯燥；但是對於歷史哲學的來源，則有了明瞭的認識，足以幫助大家懂得歷史哲學的意義。在這下篇，我就正式討論歷史哲學。大家讀這本書的緒論，已經知道歷史哲學的意義和性質，我便不必重覆，在下面的五章裡，我將逐步討論歷史哲學的各項問題，由下而上，先論史事，次論歷史，再論人和歷史，然後論人類和歷史，最後論天主和歷史。

我所將發表的意見，是屬於歷史哲學呢？或是屬於歷史神學呢？我敢說是歷史哲學雖說中間涵有神學思想。前面兩章所討論的問題，都是哲學問題，中章兩章所討論的問題，屬於哲學者多，屬於神學者也不少，最後一章則是哲學和神學相連。所以這本書當然是歷史哲學。

我講歷史哲學，不分理論歷史哲學和批評歷史哲學，因爲這兩者是歷史哲學的兩面。下篇的前兩章，可以說是批評歷史哲學，後面三章可以說是理論歷史哲學。

一、史事的意義

1. 事實的重要

什麼是歷史呢？學者的看法和答案多不相同，在各種不同的答案裡，我認爲歷史一定要有三個因素：第一是史事，第二是史事的連貫線，第三是史事的解釋。在這三種要素裡，歷史作者可能偏重一種或兩種而忽略其餘，但不能祇取出其一，而捨其他。否則所寫的書不是歷史，而是史料或史論。

在三種因素裡，史事當然最爲重要，而且在現代的歷史家裡，看重史事者最多。卡耳 Edward H. Carr說：

「十九世紀是一個講『事實』的時代。格拉德格林（Gradgrind）在苦難時代〃Hard Times〃裡曾經說過：『我要的是事實……生命上所需要的是事實。』這個時期的一般歷史家大部同意他的話。一八三〇年代時，為反對『說教性的歷史』（Uoralizing History）蘭葢（Ranke）提起歷史家的任務『僅在說明事實的眞相』：他這一語雖不是什麼了不起的名言，卻有意想不到的影響……實證論者為了促進『歷史是科學』的看法，更加重了崇拜事實的力量。他們說，先弄清事實，然後再從中推出結論，在英國，這種歷史觀正好符合從洛克到羅素哲學主張的實驗傳統。」㈠

歷史是記述史事的學術，史事是事實，事實便是歷史的材料。沒有事實，不能有歷史。但是在寫歷史時，作者可能不以事實爲重，而在運用事實以說明他的主張：例如孔子作《春秋》，重在說明自己的倫理政治；當代歷史家湯因伯作《歷史研究》，重在說明自己的歷史哲學。真真的歷史著作，該當以敘述史事爲主。史事的敘述，要用歷史該有的方法和解釋，而不是呆板的敘事。

另一方面，現代在歷史界又流行一種不正確的觀念，以考據學爲歷史，甚至於以爲在考據以外沒有歷史。考據家在考據一樁事實，各方追求證據，或者發現新的事實，或者發現新的證據，對事實的性質加以解釋。這一些動作，都是歷史家應做的工作。但是考據的史事，只是歷史的材料，本身並不是歷史。因爲一樁一樁的事實，不能成爲歷史，歷史是要把一樁一樁的事實連貫起來，使人明白事實的原委。

2. 事實的正確

歷史不是小說，歷史的事實不能由作家杜撰，要是真真的事實。爲能使作家把握事實的真實性，現代乃興起歷史學，成爲一種科學。

現代歷史學的方法，首先指導歷史作者若何搜尋史料事實，次則指示作者辨別事實的真僞，最後也指示作者解釋史事。

伯倫漢（E. Bernbeim）在所著的《史學方法論》中說：

「前於論述方法學之發展時，已提及史料之系統的搜羅，實為文藝復興後之事。而各種史料中，先搜及者多為文字的傳說，此亦不難了解之事，緣此項史料易於搜集，且最為豐富也；其次則為文書證件，以及鑄幣，其次始及於一部份之書契，因此項史料，亦尚易於註目者。至於遺跡，紀念物品以及口頭傳說等之系統的搜羅，則其事至近代始有之，且至今亦尚至為落後，此則因搜集此項史料，殊多困難也。」㈡

當代史料的搜集和考據，已經發達到很高的程度。一方面各國的公私檔案陸續開放，一方面各國發掘隊到處發掘古蹟，又有各種公私學術機關出版史料刊物或書籍以及考據家的著作。現在研究歷史的人，對於史料可以不感到貧乏，但是搜集的工作還要自己去做。

搜集了史料以後，最艱難工作在於考證，考證史料的真僞。有書籍真僞的考據，有文件真僞的考據，有時對於一句一字的考證，費時幾天幾月。有遺跡的考據，有傳說的考據，對於年代和物主的考證，更需要時日。史學方法臚列外在的考證法和內在的考證法，還有旁證和校勘法。使用這些方法的人，應該具有一些基本學術智識：如語言學，古文字學，古版本學，年代學，民族學與地理學等。

這一切的考證法，即爲史學方法，用意在使歷史作者能夠有正確的事實以作史料。事實的正確，爲歷史的必要條件。

歷史哲學和歷史都注重史事，但是兩者的觀點不同。歷史注意史事，以史事爲自己構成的要素：歷史哲學注意史事，則觀察史事的公共性。在史事的公共性裡，第一項便是正確性。至於史事正確性的程度，在下面我們要予以研究。

3. 史事

上面我們只談到事實，事實是人的言行；可是並不是凡是人的言行或是人的諸般言行都可成爲歷史的史料。因此，我們便有一個很重要的問題，什麼是史事？換句話說：什麼事實可以是歷史的事實呢？

卡耳在他的「歷史論集」中曾很慎重的提出這個問題，但是他沒有給予答案，他只舉了一些實例。按他的意思，歷史事實是受歷史家寫入歷史的事實。這顯然是一種矛盾。我們問歷史作家怎樣選擇事實，那些事實有寫入歷史的價值？若是我答說有歷史價值的事就是歷史家所記錄的事。這就等於沒有答覆。

什麽是歷史的事實？問題的答案在於什麽是歷史？知道了什麽是歷史，便可以知道什麽是歷史的事實。

歷史是人類文明的演進史。人類文明的範圍很廣，包括人生的各方面。文明的演進也不是成直線式的前進，而是有進有退，有光明有黑暗。因此一群人或一個人的言行，足以代表人類文明的演進過程，便是歷史的事實，有記述的價值。這種事實所影響的範圍越大，歷史的價值越高。法蘭西大革命和希特勒的革命，在歷史上的價值不同，法國大革命的自由平等思想影響全世界，是世界性的歷史事實；希特勒革命的獨裁思想隨他的死而滅，乃是地方性的歷史事實。

史事的價值當然是相對的，絕對有價值的史事很少。歷史作者在史事中乃有選擇的自由。

卡耳說：

> 「除事實外，十九世紀也崇拜文獻。文獻好像是『事實廟堂』裡的『方匱』。在接近這方匱時，忠實的歷史家不免卑躬屈膝，肅然起敬。祇要文獻所載，就是對的。可是追究到底，這些文獻——詔令、修約、租摺、藍皮書、公文、書信、日記等，給我們什麽呢？任何一項文獻給我們的不

外乎文獻作者所想的……這一切都沒有價值，除非歷史家給它加工解釋。」㈢

文獻所記載的是事實，事實能否成爲史事，仍舊要看它在歷史方面有沒有價值，即代不代表文明的演進。至於說文獻所記載的事實正確不正確，還要經過歷史作者的考據。湯因伯也說過，現代的歷史界染有歐美工業生活的習氣，以製造原料即是工業產品，於是以史事的考據作爲歷史；而是又以國家民族的界線，範圍歷史，統制歷史。㈣

文獻也好，考據也好，都是事實，都是歷史的資料。歷史要在這些事實上面加一層工作，有選擇的工作，有聯繫的工作，另外有解釋的工作。

歷史的史事不是死的事實，不是單獨的事實，而是因著內在的關係連貫在一起，成爲生動靈活的行動，因而使人看出行動的意義。

歷史的事實不是純粹私人的行爲，而是含有社會性的事實。含有社會性的事實，是與社會發生關係的事實。㈤

二、史事的選擇

1. 史學方法上的選擇

天下可供歷史的材料，可說是汗牛充棟，一個人的事，一群人的事，其中有意義者不少。在這些史事中，歷史作者必定要有所選擇。

作者從題目方面去觀察，有合於題目的材料，有不合於題目的材料。例如寫明史的人，只選明朝的史料，不會選宋元的史料。在合於題目的材料裡，作者還要經過一番嚴密的選擇。寫一個人的傳記，對於這個人一生的思想和事蹟，不能全部搬上書本，要按照作傳的標準，予以取捨。

這種選擇，是歷史作法上的選擇，在史學方法論的書裡常有詳細的說明。劉知幾《史通》說：

「書事記言，出自當時之簡；勒成撰定，歸於後來之筆。當時之草創者，資

平博聞實錄；後來經始者，貴乎儁識通才。必論其事實，前後不同，然相須而成，其歸一揆。」㈥

在史學方法上的選擇，作者對於史事加以分析，先將史料分類，或爲直接的遺跡或爲間接的傳說。然後再就每樁史料予以鑑定，或由外形或由內容，鑑別出它的真僞。經過鑑定以後，史料便搜集好了，等候運用。

歷史作家運用史料，是在經過分析以後，予以綜合。他將所搜集的史料，綜合起來，加以佈置。佈置之法，便不是科學的客觀方法了，而是作者心理方面的神妙。每位歷史作者有自己寫作的方法，他雖不能像藝術作家一樣純淨隨從自己的靈感，但是他要使用自己的智力和感情，他在這兩方面和別人不同，他運用史料的選擇也就不和另一作家一樣。司馬遷選擇史料和班固選擇史料，標準便不相同。

2. 在哲學上史料選擇的意義

歷史家著作歷史，每人按照各人心理方面的標準，選擇史料；這樣選擇是不是防礙歷史的正確，而使歷史變爲主觀的產物呢？

歷史應該是客觀的呢還是主觀的呢？這種問題將留在下面一章裡去討論。現在我們所要討論的，是歷史家選擇史事，完全應該採取客觀的態度呢？或是可以按照主觀的看法？

完全採取客觀的態度，乃是凡可以有的正確史事，都收在書裡，作者不能加以取捨。這種史書，便成實錄。然而實錄僅在收集一切有關的史料，則尙不能稱爲歷史，只是一冊史料書。

歷史作家乃是一個有個性有自由的人，不是一架機器。他寫歷史，一定具有寫作的中心思想，他要按照自己中心思想來選擇史事。

歷史作家既是寫歷史而不是寫小說，他所有的寫史中心思想，不能脫離史事在客觀上所具的意義。例如寫孔子傳，要按孔子本人在歷史上的意義而定作者的中心思想；寫孫中山傳，要按孫中山本人在歷史上的意義而定作者的中心思想。中心思想是全書的線索，把全書的史事連貫起來。

因此，史事選擇雖由作者主觀去定，可是作者主觀的看法有客觀的基礎；而且客觀的性質最濃厚。

史事爲歷史的材料，作者不能捏造，也不能任意顚倒。歷史的本質就是史事。史事乃是客觀的事實，作者在選擇時，只是史事的應用，爲使客觀事實的歷史價值更能顯明。歷史上所寫的，當然都是史事；但不是凡所有的史事，都寫在歷史裡。有人或者要說，沒有寫在歷史裡的事，就不是史事。可是檔案處的文獻所記的事，不能是史事嗎？然而寫歷史的人，不會將文獻上所記的一切事都用在書裡。作者會加以選擇。選擇的標準雖在於作者主觀的看法，不過他絕對不能使所要記載的一事，缺而不全，晦而不明。

卡耳認為對於以往的民族或人物的智識，都是經過歷史的手筆而繪成的。

「我們的畫像是由人預先為我們選擇、排定的，並非出自偶然的；是由一班人，有意識或無意識地，帶著一種觀點和思想，然後保存足以支持這觀點和思想的事實。」(七)

在理論上說，歷史家不能先預定一個思想，然後選擇足以支持這個觀念的事實。在實際上，歷史作者常免不了犯這種主觀色彩過甚的毛病。

在另一方面，歷史家也不能犯相對的客觀色彩過甚的毛病。卡耳批評崇拜事實的語論，使近百年沒有產生高尚價值的歷史。

「也就是這種語論，過去百年中，給研究現代史的學者留下了不可彌補的惡果。在德國，英國和美國，產生了一大堆乾燥乏味的敘事歷史和極端專門的論文。同時也造成了一大班準歷史家，他們知道得愈精細，而範圍反縮得愈狹窄，深陷於事實的大海裡而不能自拔。」(八)

正確的歷史家，具有搜集史料的耐心，具有鑑別史料的學識，尤其具有選擇史事的天才，進而著作史傳。

三、史事的解釋

歷史家既不是搬運史事，也不是古物收藏家，他寫歷史是明瞭史事的原委，系統地寫出來。他對於史事並要有所解釋。

史家對於史事的解釋，分爲兩類：一類是史學方法上的解釋，一類是思想上的解釋。歷史哲學所注意的乃是後一類的解釋。

1. 史學方法上的解釋

歷史家收集了史料：或者是遺跡，或者是文據，便要明瞭史料的性質和價值，加以考證，考證了以後，他要予以解釋。例如歷史作者找到了幾枚古錢，他應該說明這些錢的年代，政府和對於他所研究史事的關係。

甲、分 析

在史學方法上，對於遺跡或文據，常要加以分析的說明。這些說明不限於考證的說明，還要延伸到遺跡或文據與所研究史事的關係，應用推論的方法。

古代的遺跡，如城市遺跡，房屋遺跡，用具遺跡，在歷史家運用時，先該說明遺跡的外形和內容。以及遺跡的確實性。然後再由遺跡推論可以代表的生活狀況或某種歷史事件。例如講西塞老（Cicero）在古羅馬講演的事實，可以引用羅馬現在所有古羅馬城和元老院的遺跡。又如，講述朋百（Pomheo）古城在火山下所保全的遺跡，可以推想當時朋百人民的生活情形。我們故宮博物院的寶物，不單是藝術品，也是中國文化的歷史。

對於傳說或文據的解釋，古文字的說明乃是第一件事。甲骨文若不用現代文法說明，對於現代人沒有意義。鐘鼓文也要有現代文字的說明。故宮博物院藏有清朝皇室的檔案，其中多數爲滿文。滿文的檔案便該有漢文的說明。

甲骨文現在存留下來的，都是殘片斷簡，字數不多；但是在歷史上所有的價值很高，因爲歷史家可以從這些史料，旁證商朝皇帝的年代和史事，又可以推論商朝的人民生活狀況。這種旁證和推論，都靠史家的解釋。

古代所傳下的文據，更要有所解釋。春秋因此有左傳、穀梁、公羊三傳，三傳都爲解釋《春秋》。《書經》記古代帝王的正式言詞，但有言不必有行，不能用書經證明帝王的行爲。《離騷》是詩，詩中多想像，便不能拿來作爲屈原的行動。歷史家對於這些文書常要加以分析。

歷史方法上乃有文字的分析，文義的分祈，文書著作的時地的分析，作者個性的分析，文書性質的分析。分析研究以後，纔可以加以解釋。

乙、綜合比較

歷史家的史料，有如建屋的磚石，不能一塊一塊亂放，要按照建築圖樣堆砌起來。史料經過分析研究以後，應該綜合，結成歷史。

在史學方法上，史料的綜結，先有史料的互相解釋。關於同一史事的兩種或三種以上的史料，可以互相解釋，或互相證明。例如鴉片戰爭，我們若有清朝的檔案，林則徐的著作，英國政府的檔案，便可以把三方面的文據，互相解釋，互相對照。

兩種史料，雖不同屬一事，彼此間卻有關係。例如爲解釋中國的理學，我們要引用佛教和道教的思想。爲解釋英文，有時要用拉丁文。

把綜合比較的範圍漸漸擴大，歷史作者觀察所研究的一段時間裡的變化，把這段時間切成一片片的橫面，再把前後的橫切面互相比較，研究出不相同之點，知道前後的變化，研究變化的原因。「然後研究工作者的任務才是去解釋這些變化的過程。所以一個研究往往必須要包含兩個時期，而建立起兩個時期相當靜止的情態的描述，然後再拿這兩個靜止情態做一細密的比較，再從這個細密的比較之中尋找它的差異。當然除了這種解釋性的研究，另外有偏理性和整理性的研究，把某一時代所發生的事跡或制度的一些演化的程序，作一番敘述，使某一件事情可以有很清楚的說明，目的不是要解釋任何東西，而是做一個有條理的記敘。」(九)

再把比較的範圍擴大，把古代的史事和現代的事實相比較，把一國的事實和另一國的事實相比較，使研究歷史的人能夠知道許多制度在各時代和各地域中的變遷和同異。施亨利說：

「大家都知道，歷史是個解釋的科學。可是能給歷史以解釋的便是比較方法。所解釋的當然不是特殊的事實，而是解釋長久的共通的現象；並且藉以解釋各種變動與變化，換言之即是進化……

「第一我們要知道，比較方法的應用有空間及時間的兩種方法。或是於一個時代之內，比較世界各國的政治社會狀況；或是比較不同時代的各種制度。當然第一種方式最準確；但是為了解人類社會的進化，第二種方式也不可忽略。」(十)

這些綜合比較法的運用，乃是研究歷史和著寫歷史的通常現象。另外在現代歷史科學方法盛行以後，比較法越用越廣，所成的著作，越來越多。

歷史哲學便從歷史觀念，討論歷史作者對於史事的解釋，性質若何。

2. 歷史哲學討論史事的解釋

當代歷史哲學上一個爭論最熱烈的問題，就是歷史解釋問題，首先對於「歷史解釋」的名詞，大家就意見不同，有的用「歷史解釋」，有的用「歷史解說」，有的用「史事解釋」。對於這個名詞的涵義，大家的意見相差更遠，韓普（G.G. Hempel）主張歷史解釋乃是科學的歷史解釋即是歷史的因果解釋。懷特則認爲「以前事解後事的解釋並不是必然爲歷史的解釋，而歷史事實的解釋也不必然是歷史解釋」。在他看來，「解釋是否稱爲歷史解釋貫繫於它是否以必要方式含有特有的歷史學術語。」(十一)嘉理（W. R. gallie）以爲歷史解釋應是發生性的解釋，即是解釋「如何發生」杜納根（Alan Donagan）以歷史解釋所用的不是公共法則，而是「類似法則」。

歷史解釋或史事解釋在名詞和意義上，有許多爭論；因爲這個問題牽涉到別的幾個很重要的問題；歷史是不是科學？歷史是不是客觀的？公共法則或規律在歷史上是不是應用？歷史和自然科學是否相同？這幾個問題關係歷史的本性；這幾個問題的答案，則根據「歷史解釋」的答案。我們對於這個問題分做三段來研究：（甲）史事的了解；（乙）史事解釋和公共規律；（丙）史事的解說。

史事的解釋指的是歷史作者的史事因果的解釋。這種解釋在歷史裡不一定說出來；但常是前後一列系史事相結合的線索。還有別的方面史事解釋的解釋，如對史中人物的性情品格之解釋，或對一樁事件的性質的解釋。這些解釋都是爲相幫讀史的人，可以更容易懂得史事的意義。

甲、史事的了解

當代德國歷史哲學，提出一個很重要的問題，即是研究歷史和研究自然科學不同。自然科學所研究的對象是物質物，可以用實驗去分析，去化驗，歷史所研究的對象乃是人事，人事是活動的人所做的事，不能作爲一件死的物件去研究，而是要看成活人的動作。因此歷史的研究法要用心理的研究法。

德國當代歷史哲學家狄爾德首先提出歷史心理研究法，哲學家雅思白（Jasper）和心理學家福洛特（Freud）也都有這種主張。

狄爾德有句名言，「我們解釋自然，我們了解人。」雅隆（Raymond Aron）說明狄爾德的主張說：

「在狄爾德晚年的思想裡，『了解』指著一項動作，我們用它從符號到所代表的事，從表情到所表現的心。這項動作是決定性的過程，是學術以及人類關係所應有的條件；因為每個人都封鎖在自己以內，對於外人衹能藉著動作去表現自己。

「普通一般來說，『了解』指著對於旁人所有的認識方式。學者尋找一個定義，為創立倫理學的理則，或如德國人所說精神學的理則。」(十一)

一個人的動作常帶有動作者的心理情緒，爲能了解一個人的動作，要緊了解他做這個動作時的心情。一個人的心情是每個人所獨有的；我們爲了解別人的心情，要用我們的心情去推測，即是用我們的心理經驗去推測別人的心理經驗。當然這種推測也不完全對，因爲每個人的心理經驗不同，而且一個人也不能有一切人所有的心理經驗。不過，爲研究人事，心理研究法較爲合理。

危險則在於我們自己的心理經驗，常和我們整個的主體連在一起。我們的思想，我們的慾望，我們的修養，都影響我們的每一項心理經驗。至於無意識或半意識的心理動作，則不足稱以稱爲心理經驗，更不能用來推測別人的心理經驗。

雖然，在使用自己的心理經驗，推測別人的心理經驗時，我們要經過一番反省。在反省中，我們可以把自我的心理經驗加以分析，把自我的條件撇下。可是，這是一項最難的工作，實際上也不能完全做到。於是我們在推測別人的心理在了解別人的動作時，總免不了帶上幾分主觀的色形。

既然事情是這樣，歷史作者了解史事時，是不是主觀太濃呢？

義大利唯心論哲學家克洛車（Croce）以藝術哲學去講歷史哲學，以爲歷史不能是以往的陳跡，而是眼前的活動。歷史家在寫歷史時，要把以往的史事在自己心裡重現出來，歷史家所看的不是以往的史事，乃是自己心裡所實現的事。

這種唯心哲學主張，把歷史家看成了藝術家。然而藝術作品是創造品，歷史不是創造品。寫歷史的人不是創造史事，而是述說史事。在述說時，所述說的事，當然經過一番心理上的重現，可是這種重現，不能離開客觀的事實；否則不是重現，而是揑造。

因此，歷史家對於史事，應有一番了解；所謂了解，有理智的了解，有心理的了解；祇要歷史家不離開史事，心理的了解不會妨害史事的客觀性。因爲我們在日常生活上，對於別人的事都要經過一番了解，纔能懂得，纔能述說。寫歷史的人，對於史事當然也要經過一番心理的了解，纔可以負起寫述史事的責任。

這種了解不是真正的解釋，韓普曾經說：

「無疑地，這種設身處地假想法每每為常人及史學致知者所應用，不過，這本身並不構成一個解釋；在本質上它只是一種輔助技術，其動作在提示某些可能作有關事件解釋原則的心理學假設。」(十三)

乙、史事解釋與共同規律

台北「萬年青書廊」編緝了一冊「歷史哲學與歷史解釋」，收集了八篇譯文，都是討論歷史解釋的文章。八篇文章的中心思想可以說是韓普的「普遍法則在史學上的功能」；其他各篇則多是反對韓普的主張，但並不完全反對在歷史上也應用普遍法則。

A、在歷史中和科學中一樣，應用公共規律。

韓普堅持以上的主張，「普遍法則在史學上亦有類似其在自然科學上的功能，它們不只形成史學研究中不可或缺的工具，甚至構成通常被認爲與自然科學對立之社會科學所持有之各種程序的共同基礎。」

「在自然科學中，普遍法則主要功能是以通常稱為解釋和預測的型式聯繫事件。」

「歷史解釋的目的也在於顯示，有關事件並非偶然之事，而是可望於某些先在或同在條件下發生的事業。這裡所說的可望並非預言或神啓，而是基於法則的理性的科學預測。」㈥

韓普的理由，來自兩方面：一方面他肯定在經驗科學上，公共法則或普遍規律的尋求和運用，離不了個別事件的敘述；另一方面在歷史上，個別事件的敘述，離不了普遍的規律。因此歷史解釋和自然科學的解釋在本質上仍是一樣。

「不過，有一點倒可能值得一提，當史學家作解釋、預測、解說、以及相干關係判斷時，其所明言或暗喻的全稱法則，只要不是科學的常識通則，悉皆取自各種科學領域。……縱使一位史學家所關注的只限於過去的『純粹描述』，完全不想作任何解釋，也不對相干或決定關係作任何說明，他還是不斷使用各種普遍法則。」(十五)

B、在歷史解釋中所用的共同規律不是公共規律而是類似法則。

這種主張是杜納根的主張。杜氏說韓普也承認歷史的解釋是不完備的，而且並不是正式解釋，只不過是「解釋草案」。因爲歷史事件的敘述，不能敘述一切應有的先決條件，又不能以一樁個別的單獨史事去證實共同規律。

「因此，韓普說至少與某些良好史家對歷史解釋的意見牴觸。在未思考這種牴觸以前，我們得先思考一種調和韓普說與史學家歧見的修正說。設若歷史解釋不是基於法則，而是基於近似法則的東西——基於泰半不假的通則，那末，如前所證，它們就不得因不便的例外而被否定。」㈥

類似法則是以類相推。我們常說推己及人，孟子以人心所有善德相同；可是實際上每人的表現並不完全相同，並且可能完全不相同。但是並不因爲實例是這樣，類似的法則就被否定，因爲是「基於泰半不假的通則」。

C、在歷史解釋中所用的基礎，不是共同規律或法則，而是「常理」。

斯克李文（Michael Scriven）堅持這個主張以反對韓普的主張。斯氏認爲史家作文根本就不想運用因果律或其他科學的共同規律，況且共同規律可用於歷史解釋者實在少之又少。歷史解釋所用基礎的乃是「常理」。

「是以，全稱假設一旦廢棄，演繹的標準也得廢棄；這樣一來，演繹模式還剩下什麼呢？取代它的是歸納模式的解釋，以蓋外常理代替法則，以蓋然推理代替了演繹。……

「我們可以說，一位史學家的判斷原則幾乎全表現於常理的形式中；因而，我們立即看出，為什麼史學家怯於提出這些作為他們解釋所基的法則以自辯。……

「我以為，辯護個別事件解釋所稱的根據只能得自於某一類普遍陳述，它們是既具有普通特性也具有統計特性的混血兒。……為了表明它們與典型分析（抽象的）陳述，綜合（經驗的）陳述的不同，以及它們的中心範常界說角色，以下我將稱它們為『範常陳述』（Normic Statements）」(七)

範常陳述就是常理而論，事件該是這樣。例如「權力令人腐敗」。我們可以用別的名詞來講「範常」，就是「平常」、「通常」、「典型」、「正當」、「自然」、「在標準條件下」、「大概」等等名詞。歷史解釋常常根據這種「常理」，歷史解釋乃是「範常陳述」。

D、歷史解釋應用共同規律，使用的方式則和自然科學不同。

我認為在史事解釋（或稱歷史解釋）中，歷史作者常假定共同規律，有時還明瞭地說出；因此史事解釋的基礎是共同規律。

史事解釋的共同規律通常取自人文科學：人生哲學、宗教哲學、倫理學、社會學和心理學。但在進行自然科學現象或史據考訂的敘述時，則所有的根據，則是自然科學的共同規律。例如敘述項羽敗亡和劉邦稱帝，司馬遷的解釋，具有共同規律的基礎，最顯明的是「知用人者必與，不知用人者必亡」。

史家寫史不常把自己的解釋明白地寫出來；史論的作者纔專門作史事解釋。但是無論那一位真正配稱爲歷史家的人一定有他的解釋，而且有他的共同規律。這些規律是史事前後的線索，使各不相同的事蹟結成一系。

史家所用的共同規律通常是人事的共同規律。人事上的共同規律不能像自然現象上的共同規律一樣準確，自然現象上的共同規律可以有百分之百的準確；因爲若是一切先在條件相同，所產生的現象必定和預測的一樣。在人事方面則一切先在條件雖然相同，所產生的事件則很可能不是預測的事，原因在於人有自由。但是人事的共同規律並不因此失去共同規律的名義和效力；這些規律在通常的情形下是可靠的。我以爲斯克李文所說的「常理」，就是這類人事上的共同規律。

不過，除這類「常理」以外，史家有時也應用自然科學的共同規律，例如法國國王聖路易率領十字軍東征，在北非發生瘟疫，不戰而敗，瘟疫是自然現象，染疫的兵不能作戰也是自然現象，自然現象受自然科學共同規律的支配。這種現象在歷史裡屢見不鮮。

史家寫史應用共同規律的方式和自然科學家應用共同規律不同。自然科學家應用共同規律，是用演繹法，拿共同規律爲大前提，然後把研究的現象作成小前提，自然就有結論，難處在於小前提是否能夠成立。例如A等於B、C等於A、C等於B。問題在於C是不是等於A。A等於B時所有的先在條件，是不是在C等於A時都有。科學家用實驗去研究，能夠尋得確定的答案。

同時科學家在尋找或發明一項共同規律時，則用歸納法，從各種個別的實驗裡，抽出一項共同的規律。在歸納各種各別的實驗時所有的根據是一些相同的先在條件，因此可以得到一個結論，即是在這些先在的條件下，必將有這種的一個現象。

史家在歷史上應用共同規律，採取的方式，既不是純粹的演繹也不是純粹的歸納。第一、史家寫史不能確定說某樁事是某項共同規律的效果，因爲他不能完全舉出爲應用這項共同規律所該有的一切先在條件，同時也不能確定在這一切先在條件之下，必然有預測的結果。人事的因素很複雜，不能用公式去推算。第二、史家寫史也不能把史事歸納起來，發明一項共同規律；因爲個別的史事沒有兩件都完全相同的，不能作爲科學的實驗。斯克李文因此認爲歷史的敘述，既不是分析的敘述（演繹法），也不是綜合的敘述（歸納法），而是兼有分析和綜合的特性，可以稱爲「範常陳述」。

人事的繼續，絕對不僅是時間的前後，其中必定有因果關係。史家的困難在難於探知這些原因，又更難在於收集這些原因的資料。因此，兩個或多數史家敘述同一史事，他們所敘述原因可以不同，對於史事的解釋也就互有出入。不過，他們也必定各有史實因果的共同規律以作根據。

普通，人們都以歷史敘述個別的事件，科學研究共同的規律；歷史具有特殊性，科學具有普遍性，兩者因此不同。關於兩者性質的同異，留在後面一章討論，現在我祇說歷史的個別敘述和科學的普遍研究，兩者都缺不了共同規律的基礎，一明一暗，或隱或顯，方式雖不同，實質則一樣。

丙、史事的解說

討論歷史解釋的人，分「歷史解釋」和「歷史解說」爲兩事，解釋英文爲 explanation，解說英文爲Interpretation。法蘭基曾寫了一篇研究文，名爲「史著中的解釋與解說」。㈥法氏說明歷史解說的性質和意義說：

「如此，我們便涉及通常稱為歷史『解說』的這種東西的性質和邏輯了。當我們解說歷史時，我們是在做什麼？這種解說與歷史解釋有什麼關係？……

……

「這些例子說明了我們使用『歷史解說』一詞的三種典型方式。（1）歷史解說可能認定某一或某些因素是歷史上最重要的決定性因媒。(2)歷史解說可能陳明整個歷史的意思或目的，表明所有歷史有事件皆有助於某一最後目標或理想的實現。……(3)歷史解說可能告訴我們，一特定往事系列或一組制度的『意義』或『功能』是什麼。」㈨

法蘭基所舉出歷史解說的三種典型，都是以歷史哲學來寫歷史，對於史事都按照一定的哲理去評價。作史論的人就是評論史事，對史事人物予以評價。他們所持的議論，根據一些人生哲學的觀念而發。名爲解說史事，實際在發揮自己的人生哲學。我國歷代的文豪，都寫有史論的文章。王船山且作了一冊《讀通鑑論》和一冊《宋論》。

史事的解說不是就每樁史事的因果或人物的性格，予以解釋，而是對於整部歷史或局部史事，按照人生哲學或社會學的觀念，說明歷史或史事的意義。

孔子作《春秋》，以倫理原則爲標準，筆削史事。聖奧斯定寫歷史神學，以全部人類歷史爲人類救恩史。黑格爾著《歷史哲學》，認人類歷史爲精神爭自由史。馬克思倡唯物史觀，主張人類歷史爲經濟鬥爭史。共產黨在各國執政後改寫各國歷史，以工人的階級鬥爭爲歷史中心。這一班作者對於歷史都有原則性的歷史哲學，按照歷史哲學去解說史事的意義和價值。解說的正確或錯誤，要看他們的歷史哲學是正確或是錯誤，這些作者不是真正的史家，而是哲學思想家。

讀史的人都喜歡談歷史的運用和歷史的教訓，這兩點也都帶有歷史的解說。威爾・杜蘭夫婦（Will and Anel Durant）寫了一冊《歷史的教訓》，在序文上說：

「這本書須要一點序言，在完成《文明史》（The Story of Civilization）到一七八九年後，我們為了再版時要改正許多疏忽，事實，或印刷的錯誤，而重閱了十大巨冊。在那過程中，我們注意了那些能說明當前時事，未來可能性，人的本性，和國家行為的一些事件和評論。在這本書中對《文明史》所列的提示，並不是權威的，只不過馬上要碰上的一些舉例或說明。我們在完成我們論著的觀察檢討後，我們才下我們的結論」。毫無疑問，我們曾表示過的意見，影響了我們說明材料的選擇，以下的論文就是此結果。㈩

杜蘭自己寫出來，他在寫「文明史」時對於史事有所說明，而且也提示將來事件的可能性。他便免不了有他自己的哲學思想作根據。

解說史事的人，大都不是哲學家，可是每人都有對人生的思想。他們根據對人生的思想去解說史事。史事是人的活動事蹟；解說這些史事，當然根據對於人生所有的思想。

四、史事的智識

1. 史事智識的範圍

人事的變遷，千變萬化，光怪陸離，歷史的記載是否可以反映出這些變遷的途徑呢？不能用實徵論的規律，像解釋自然現象，以爲有什麼環境和條件，便會產生這種的事；很可能這樣的事件並不發生，也可能發生他樣的事件。

心理的方法是一種合用的方法，人在使用自由時，千變萬化，然而人總是人，人都有些相同；我們便可以設想若是我在那種境遇內，我將怎樣行動。若是我的經驗多，我越可以推想他人的行動。若是我的智力高，我也越可以推知他人的行動的途徑，有的人料事如神。

甲、歷史的智識

歷史的智識，大家都知道不是歷史作者在心理方面所推測的事，而是根據具體的事實而有的。這是大家的常識；可是講哲學的人，有時就反乎人的常識而立說。柏克（Carl L. Becker）在所著《什麼是史事》（What is his torical-Facts）曾提出三個問題：（一）什麼是史事？（二）史事在那裡？（三）史事在什麼時候？他認爲史事已經過去，歷史作者，所論的史事，乃是一句話：某年某月有了這回事。歷史作者所討論的，就是這種紀錄。柏克說：

「什麼是史事呢？我卻不敢給這麼一個渺茫不定，不可捉摸的事件下定義。暫時我可以說：歷史作者可能對於過去時代一個人一生的一些事感到興趣：或者是事實，或者是言語，或者是思想……。歷史作者可能對於這一切有興趣。但是他不能直接和這些事件發生關係，因為事件已經過去了。他所能直接接觸的乃是敘述這件事的話……在過去的實際事件和敘述這事的記錄中，有個很重要的分別。在一切的實際作用上這種記錄就是史事。」㈢

柏克於是答覆第二個問題：史事在那裡？他說：

「這一點就引我到第二個問題：史事在那裡？雖然話很難聽，我卻立刻要說：史事是在一個人的腦子裡。」㊂

他認爲過去的史事祇能實現一次，過去了就過去了，決不能再現。於是歷史家所討論的史事，乃是他腦子裡所有的記錄。這些記錄雖然能寫在或刻在古代的書籍裡或石碑銅板上；可是這些書籍的紙張和紀念碑，是死的，是冷硬的；能使史事復活的，乃是人的腦子和心。實際的事件過去了，使事件常常存在而成爲史事，就是人腦中所想的史事。

柏克馬上答覆第三個問題：史事在什麼時候？史事是在現在。他說：

「對於第三個問題：史事在什麼時候？若是你同意我上面所說的，答案就很簡單，若是史事是人腦中現在所想的，於是史事是在現在，是現在的一部份。」㊂

柏克的三個答案，很邏輯，很有系統，從一個原則順流而下。但是困難就在於他的原則。這是一個哲學問題，是認識論的問題。

歷史的實際事件當然一成就過去了，因爲天下的人事，和化學物理的實驗不同。化學和物理的實驗可以重覆，重覆的實驗可以完全一樣。天下的人事則一成就過去，再不能重現，如若重現則是另一件事，不是原先的事。天下沒有兩樁完全相同的事。可是史事的紀錄，由觀念和語言而成。語言代表觀念，觀念代表事實。我們說秦始皇築長城，這是一句話，這句話代表一樁事。我們講歷史不是講這句話，而是講這句話所代表的事。若捨事而祇講話，那是空言，不是講歷史。紀錄是歷史智識，歷史智識的對象是實際的史事。

因此歷史的史事不在於人的腦中，而是外在的一樁客觀事實。當然，我們對於一樁事件的智識是在我們的腦中；但我們不能把腦中的智識和所代表的事實分開，否則歷史和小說，事實和幻想就沒有分別了。歷史的史事不在我們腦中，史事的智識則在我們腦中；兩者卻不可分離。㈢

既然史事不在我們腦中，史事也不在現在，也不是現在的一部份。史事的發生有本身的空間和時間，史事是在一定的時間和地點發生的，並不是在千萬人回想這事時的時間和地點而發生的：否則不是史事而是時事。

史事和史事智識必定有分別，史事的智識在認識上代表史事，但並不是史事。

乙、史事智識包括史事和史事的評價

歷史家寫歷史時，無論加或不加史評，都帶有自己的看法。這一點在歷史的客觀性上是一個很重要的問題。歷史作家無論怎樣客觀，不會像一架照相機，把事件的經過祇單單地照出。而且一架照相機也不能把一件事情的各方面都照到，要聽照相師去移動。照相機又祇照到事件的外部動作，需要加以說明，纔可以記述全部事件的經過。因此有聲電影較比無聲電影進步的多了。歷史家爲歷史對於史事要有考據，要有選擇，還要加以緊要的說明，使史事連貫，因果分明。

因此，歷史作者的歷史智識，不僅是對於過去的史事有認識，有考據。還要知道對於這些史事有關的旁的事件，也該認識：例如社會的環境，人們的心理，即是普通所說的背景。再進一步，對於背景和主要事情的關係，也須研究。同時，對於史事的評價，也不能忽略，綜合這全部的智識，纔成一個齊全的史事智識。

反對史事評價的人，不承認史事評價爲史事智識。㈤但是我們舉例來說：一個小孩可以知道今天在某某街上汽車碰死一個人，他卻不知道分析這件車禍的意義。他的父親便能進一步知道這次車禍是誰的過失，有過失的人是否也在良心上有罪。這兩個智識誰高誰低？是小孩對車禍的智識高呢？還是他父親對車禍的智識高呢？大家都要說小孩的智識低，他父親的智識高。同樣，對於已往的事，智識也有高低，單面史事的智識低，帶有史事評價的智識高。真真的史事智識，不能沒有史事評價。

丙、史事的智識是科學性的智識

現代歷史學興盛，歷史學所講的是歷史的科學方法。歷史科學方法的應用，在用之於求史事智識。

前面討論史事選擇時，我們已經看到了歷史科學法的運用。歷史科學法運用適當，一則可以擴充追求史事的範圍，再則可以確定史事的智識。

歷史的科學法，最重要的是考據，是發掘，是收集。這三方面的科學方法，使現在對古代和中古的文據和古跡，多有發現，史料因之增加。

另一方面，歷史的科學法，使研究歷史的人也研究許多附屬的科學；如語言學、古音學、地質學、古代社會學、民族學、宗教學等，把史學智識擴充了很大。歷史作者對於一樁事，能從各方面去研究，所得的認識乃更完全。

更重要的一點，是歷史的科學方法，可以使史學智識的正確性加強。對於史料的考據，現代科學進步，在許多方面可確定史料的真僞。現代史學方法，已經有精審的步驟爲整理和考訂古代的文據。

因此，史事智識應是經過科學方法而得的智識，合於科學。但和自然科學的智識不同。自然科學智識在原則的嚴密統制下可以保正確，史事智識雖由科學方法去考訂，然不能決保不錯。人事的智識和科學智識不同。

另一個問題，是關於歷史的普遍結論。從幾個單獨的史事怎麼可以取得普遍的結論，這種方法，合不合於邏輯。我們常講歷史教訓，歷史教訓可以說是普遍原則。可是我們知道這些普遍原則的構成，是採用科學方法，祇是所有原則，不是必然性的原則。

2. 史事智識的價值

史事智識的價值，關係歷史的價值。史事智識若是沒有價值，歷史也就沒有價值了。對於史事智識的價值，我們要從三方面去討論。（甲）史事智識本身的價值。（乙）史事智識的完整。（丙）史事智識的正確。

甲、史事智識本身的價值

現代研究哲學的學者，有人懷疑歷史史事可以成爲智識的對象。人的認識器官要求所認識的對象站在器官的面前，感覺器官爲能認識需要所感覺的對象和感官相接觸，否則不能有感覺。眼睛不能看不在目前的事物，耳官不能聽到在聽覺所及範圍以外的聲音。感官的認識必需有對象在感官之前，理智的智識雖都由觀念而成，觀念乃是抽象；然而觀念的形成，須借用感覺的認識，因此，理智的智識也要求對象在感官之前。

史事智識的對象是已往的事蹟，已往的事蹟已經過去了，不能重演。因此，史事智識不能有自己的對象，所有的乃是一些空虛的人名和地名。不免有人便懷疑史事智識是真正的智識。

我以爲這種懷疑是沒有理由的；假使這種懷疑是合理的，我們人所有的智識，有大部份都不是真正的智識了，因爲我們的智識很少有在眼前的對象。有在眼前的對象之智識祇是那些自己個人的直接經驗，這種直接的經驗在我們的智識佔有很少的部份。其餘的智識都是由人或由書本得來的。

凡是不是本人直接經驗的智識，我們的觀念代表自己的對象，對象可以是抽象的理，可以是具體的事。抽象的理不受時間和空間的限制，隨時可以重現在我們腦中。具體的事發生在一定的時間和空間以內，對於具體的智識，必定要由一種可以對事實有直接關係的見證，而使我們有對事識的觀念以成史事智識。史事智識的對象雖不在眼前，可是這種智識的對象曾經直接在過人的眼前，這些人可以爲我們的史事智識作保證。科學家發明一種原則或定律，他自己直接做了實驗，然而相信他的定律的人並不一定要自己去做同樣的實驗。所不同的，科學實驗可以重覆，我們自己可用直接經驗去證明。歷史智識則不能重演史事去作證明，我們只能信任有真經驗的證據。而這些證據究竟可靠不可靠，則可以成爲問題。這一點乃是史事智識的確定性問題而不是歷史智識的本身問題。歷史智識在本身上可以成立，我們理智的觀念，可以代表不在眼前的對象，因爲理智是精神體，不受時空的限制。

乙、史事智識的完整

我們對於一個客體所有的認識，認識越完全，認識的價值越高；若是對於客體的認識缺而不全，認識的價值就很低。普通在科學上我們研究一個問題，我們要把問題本身和問題有關的各方面，都要認識，然後纔能明瞭問題的真相。科學的研究，所有資料可以由實驗證明，所有原則都含有肯定的普遍性，從演繹或歸納可以得有確定的結論。

史事智識多是缺而不全，不用說古代的史事，祇有殘篇斷簡的史料，或幾片考古的金石；就是現代的史事，也很難有整體的認識。因此史事的智識，可以說是人的智識中最不完整的認識。

但是並不因爲如此，史學智識就沒有價值。

人的一切智識，都是局部的智識，而不是整體的智識。人的眼睛衹能看到一面而不能看到兩面，人的理智也祇能認識一部份再認識一部份而不能一下認識全部。最親切的認識當是人對於自己的認識，可是每個人對於自己的認識，都是殘缺不全。這些事實都是因爲人的認識能力本身是有限的，人的智識也就受有限制。

在客觀方面，人的認識也因著環境的限制，使人的智識缺而不全。在自然科學方面，有許多學術至今還在開始的時期。人的對於天空中的星辰，有什麼智識呢？人對於地球的地體若何構成，有什麼智識呢？

因此，史事的智識殘缺不全，不完全由於史事本身，也是由於理智力的本身，史事智識的價值，當然不能因爲殘缺不全而遂被先天地予以否認，乃是要按史事智識的完整程度後天地加以審定。

丙、史事智識的正確性

在哲學上智識的價值，按照智識的正確性而定。智識的正確在認識論裡是主詞和賓詞的關係。「我是人」，這一句話的正確性，在於寡詞和主詞能夠相結合。爲證明這句話的正確，有經驗可以作證，眼睛耳朵手足都證明我是一個人，因爲人人看見我，聽見我，也可以摸我，大家遂都知道我是人。這種經驗可以證明的事實，在實徵論的哲學家看來，乃是唯一可靠的真理。他們除經驗外，不相信任何別的證據。

但在我們主張實在論的人看來，我們所有判斷並不全靠經驗去證明，理論方面的證據也很多。數理的證據是理論的，並且非常確實，正確性很高，不能予以推翻。物性人性方面的證據，根據物性人性而發，稱爲形上的理論，正確性最高。但是實徵論者反對形上學理論，認爲空虛不實，不著邊際，不是爲證。可是經驗的證據，所以能有效力，骨子裡是以形上理論作靠山。例如你看見我是人，你承認我是人。爲什麼緣故你承認我是人？你眼睛所看見的，是我外面的形色，並沒有看見我是人。你卻以爲我是人，那是你用了推論：凡是人都有人的形色，我所有的人都是形色的人，所以我是人。

我們在哲學上按照正確性，將判斷的價值分等：形上的判斷最高，數字判斷次之，自然科學的判斷又次之，人事的判斷最低。

反對歷史可以成爲學術的人，他們所持的理由，就在於史事智識爲人事的智識。人事的智識乃是單獨的事件，不是共同的理論；而且人事的智識所有的正確性很低，常發生錯誤。加之史事智識帶著很強的主觀色形，決不是客觀的真理。

我們則認爲史事的智識，具有相當的可靠性，可以代表客觀的事實。例如一樁史事在同時或稍後的許多紀錄中都記載著；對於這樁史事當時發生的情形，所有的紀錄則不完全相同。我們便可以相信這樁史事是實在的，是可靠的。關於史事的情形則須經過考訂和比較研究以後，可以決定一些正確的情形。例如中國古史的堯舜禹，誰也不能否認他們的存在。至於說他們做了什麼大事，或是怎樣的人，則祇能從很少的文據裡去推論。

因此，凡是文據（包括一切歷史證據）而又經過科學方法的史事智識，都有正確性。這種正確性當然不是絕對的；因爲這些文據也是人寫的，可以有錯。然而這種相當的正確性，具有客觀的價值，足夠使歷史成爲學術。

沒有文據的史事智識，祇是一種傳說，傳說又發生相當後；這種史事智識不足成爲史事智識，沒有正確性。例如伏羲畫八卦，後代的傳說雖然多，但是都沒有證據，連伏羲是否有，也不能證明。又如孔子作十翼，也沒有文據，祇有後代的傳說。

史事的智識，我們說是經過科學方法而得的史事智識。這種智識，乃是帶有學術性的正確智識。

對於歷史的方法，現代哲學的數學邏輯或語意理則學不願意予以贊成。這些哲學派的學者，祇承認可以用數學邏輯方式或語意方式所得的智識，纔可以是正確的，歷史的智識沒有辦法可以證實，因爲歷史事實已經過去。歷史方法既不是演繹的，又不是歸納的；從歷史單體事實，所得的普遍結論，乃是不合理則的結論。但有人創「還元論」（reduction），以爲歷史方法是屬於還元論的方法，可以成立。

我們以爲歷史的因果關係，可以用演繹法，也可以用歸納法。歷史的普遍原則，並不是不能實證。若是「還元論」在理則學上能夠成立，歷史學也當然可以採這種方法。

註：

㈠ Edward H. Carr. What is history?. 歷史論集　王任光譯　幼獅出版社　民國五七年版　頁二。
㈡ 伯倫漢著　陳韜譯史學方法論　臺灣商務印書館民國五六年版　頁一九三。
㈢ 歷史論集　王任光譯，頁一〇。
㈣ Aronld Toynbee. A study of History. Vol. I. P. 5.
㈤ Uaurice Uandelbaum-The Problem of Historical-Knowledge. New York - Liveright Publishing Corp. 1938. pp. 9-14.
㈥ 劉知幾　史通　史通外篇　史官建置。
㈦ 歷史論集　頁八。
㈧ 仝上　頁九。
㈨ 許倬雲著　歷史學研究　臺灣商務印書館　民國五六年版　頁七二。

(十) 施亨利著　黎東方譯　歷史之科學與哲學　臺灣商務印書館　人人文庫　頁一〇七——一〇八。

(十一) 歷史哲學歷史解釋　萬年青書廊主編　環宇出版社　頁五。

(十二) Raynold Aron. Introduction a la philosophie del'histoire. Edition's 1948, P. 58.

(十三) 韓普　普遍法則在史學上的功能　見歷史哲學與歷史解釋　頁四三。

(十四) 仝上　頁三一、三四、三七。

(十五) 仝上　頁四七。

(十六) 仝上　頁一一六。

(十七) 仝上　頁一九二、一九三、一九七。

(十八) 仝上　頁四九。

(十九) 仝上　頁六七——六八。

(二十) 歷史的教訓　鄭緯民譯　頁十。

(二一) Card Becker, What is historical facts?見 The-Philosophy of history in Our time edited by Haus Meyerhoft. Doubleday and Compagny-Garden City-New York. 1959.p. 124

(二二) 仝上　P.125。

(二三) 仝上　P. 127。

(二四) 羅光　理論哲學　中冊　頁二四八。

(二五) 葉丁著　趙慶源譯　恒毅月刊　第二十一卷　第八期　民國六十一年三月。

第四章　歷　史

一、歷史的意義

歷史是記述史事的著作，顯示人類生活變遷之道。

從上面講論史事的一章裡，我們已經能夠看到什麼是歷史。歷史是記述史事的著作。

1. 史　事

史事是歷史的對象，也是歷史的材料。沒有史事，當然沒有歷史。史事是什麼？在上一章我們已經講明白。史事乃是私人或團體所作含有社會性的事實。所謂社會性，即是指著對於人類文明的演進史具有關係的事實。人類文明的演進，一時可以向前，一時可以向後，而且左右盤旋，不容易看出途徑；但是整個歷史的趨勢，是向前進。因此歷史的史事可以是好，可以是壞；可以是私人私事，可以是國家大事；可以是政治，可以是戰爭；可以是學術，可以是宗教：包括人類的生活。

既然說是史事，必定是過去時代的事。這種過去，常是相對的：現在有古代史，有中古史，有近代史，有現代史。我們中國的廿五史，固然是歷史；民國史和抗日抗共的史，也是歷史。在一樁事情已經過去，而又得一結束時，便可以寫這件事的經過史。

史事的範圍很廣；但要有線索可以連貫起來，使人知道原委。樁樁單獨的事件，可以稱爲掌故；然不是歷史。史事又要與社會生活發生關係，關係越大越密切，史事的歷史性越廣。邱吉爾的第二次世界大戰史，紀述大戰的經過。大戰雖祇是一次戰爭，但所包括軍事、政治、經濟、文化、宗教各方面的事實很多。因此邱翁的大戰史是一部具有歷史價值的史書。

但是近代所有各種的學術史，則不是歷史。政治史、法律史、藝術史、哲學史、倫理學史、考古學史……等，都是學術史；雖然與歷史有關係，但不是歷史。天主教史，則是歷史。原因，則在於所記述的事，或是學術的演進史，或是人類的具體生活史。前者祇是學術史，後者是歷史。

古代祇以帝王的生活，或政府的政治生活，作爲歷史，中國古代所謂「左史記言，右史記事」，祇是紀錄皇帝的言行。中國的廿五史，都是政治生活史，對於社會文化的紀錄很少。

人類的生活，當然是在社會以內。社會的生活是公共的生活；公共的生活，便是政治的生活。因此，歷史常含有政治的意義。然而不要把政治的意義，縮到狹小的範圍內，作爲政府的行動。政治的意義若擴大到公共的社會生活，則歷史便可以與政治相近了。社會公共生活，有公開生活的一面，也有私人生活的一面，私人生活可以影響公開生活，公開生活可以影響私人生活。歷史包括這兩方面的史事。

章實齋在《文史通義》裡說：「史以紀事者也。」㈠這包括在古代還有一句相配合，即「書以紀言者也。」在今天來說，歷史紀事又紀言。像《尙書》的紀言文章，祇可稱爲史料文據。章實齋曾主張六經皆史，也祇能說六經皆古史的文據。

2. 紀述

「在中國的傳統，歷史的記錄應當實錄，這一理想在中國史上一直垂為高度的史官標準。……從西方的史學字根看，史學中包括的不完全是記

載，而且也是有系統的分析與敘述。這兩個傳統多多少少說明了今天中國史學與西方史之差別。」㈡

但是章實齋說：「史所貴者義也。而所具者事也，所憑者文也。」㈢歷史的記述：有義、有事、有文。因此，便不祇是實錄。實錄是史官紀事的標準，然不是史家的標準。史官所記是一樁一樁的事實，作爲史料文據，必定應該實錄；史家寫歷史，便要有文有義了。

紀述以義爲貴，義，第一是紀述的義理。紀述不是攝影，而是作文，作文應該有義理。而且就是攝影，攝影也有藝術。紀述史事之文，有紀述文的義理和作法，而不是堆積史事。因此作者對於史事有剪裁，有選擇，有佈置；並且還要自出心裁。

紀述以義爲貴，義，第二指的是思想，歷史作者爲能剪裁、選擇、佈置史事、應當有標準，沒有標準必定會亂。一篇或一本亂的紀述，不可以成爲一篇或一本歷史。作者的標準，就是自己的思想。作者的思想，不能和史事相脫離，而應是由史事的觀察而產生的。以懸空的思想，作爲寫作歷史的標準，則不免將強迫史事以合標準，便有改寫歷史的大過。共產主義即是用唯物辯證史論去改寫各國的歷史。

孔子著《春秋》，以自己的「義」爲標準。然而孔子作《春秋》的「義」，乃是中國人的生活義理，也就是史事的義理。孟子說「其事則齊桓晉文，其文則史，孔子曰，其義則丘竊取之矣。」㈣然而《春秋》一書，過於偏重義理，結果使史事不明。

歷史之所以爲人所重，不僅在於紀述了過去了的事件，使人得些智識，滿足人的好奇心；歷史之所以爲人所重，是在於歷史的解釋，足以使人由古人的經驗而知道現在處世之道，「仰古以治今」，是政治家的座右銘。因此歷史的紀述，不能是呆板的記事，卻應在紀述中表達出歷史的意義。這也就是歷史的另一種義理。假使歷史缺乏這種義理，歷史便不足貴了。

歷史的流傳，憑藉文章。文章使史事流傳後世。文章第一是用文字組成的，第二是有文藝的美術性。不用文字的史事紀錄，不足稱爲歷史。例如中國萬里長城，埃及古代帝王墓石，羅馬古皇城；這些乃是古蹟，不是一本歷史。文字和語言不相分離，有語言然後有文字；假使後代的人只用錄音帶紀錄歷史家對史事的講述，而不再用文字紀錄，錄音帶的紀錄也可稱爲歷史。但無論語言或文字的紀述，都應該有文藝的美。文章不美不足成爲文章，文章不美不能廣爲流傳。寫歷史雖不是作美術文，然既是文章，便應有文章之美。科學的文字，不必要有美術之美，因爲不是文章；歷史的文字則是文章。科學的文字，說明科學的學理，不要有情感；歷史的文章，帶有作者的感情，也應激起讀者的感情。歷史之文，便不能是呆板的科學文字了。司馬遷的《史記》乃成爲中國文學中的名著，又成爲流傳最廣的著作。古代羅馬凱撒的戰史和達啓篤(Tacitus)的羅馬史也列爲拉丁文字的名著。當代邱吉爾(Churchill)的第二次世界大戰史，將來可算爲英國文學的名著。因此大歷史家必兼爲大文學家。章實齋在《文史通義‧史德篇》說：「夫史所載者事也，事必藉文而傳。故良史莫不工文。」

3. 著作

鄭樵曾經分史與書，史爲官史，書爲史家著作。他在《夾漈遺稿》《與方禮部書》中說：

> 「有文有字，學者不辨文字；有史有書，學者不辨史書。史者官籍也，書者書生之所作也。自司馬以來，凡作史者皆是書，不是史。」

史書的分類，歷代沒有人注意。按鄭樵的意思，史爲史料，或稱記注，爲史官所記段段事實，沒有系統，不能稱爲著作。書乃是著作，爲史家所寫，有系統，有義理，有文筆，可以流傳後世。

司馬遷作《史記》，他的目的就在於寫成一種著作，代表自己對於歷史的思想，也代表自己的文筆。在「自序」裡說：

「略以拾遺補藝，成一家之言，厥協六經異傳，整齊百家雜語，藏之名山，副在京師，俟後世聖人君子。」(五)

史遷作書的思想，來自他的父親司馬談。談在去世的時候告誡兒子說：

「自獲麟以來，四百有餘歲，而諸侯相兼，史記放絕。今漢興，海內一統，明主賢君忠臣死義之士，余為太史而弗論載，廢天下之史文，余甚懼焉！汝其念哉。」(太史公自序)

太史司馬談說明自己有作《史記》的責任，《史記》的內容在於論載以往史事，史事則爲明主賢君和忠臣義士的事蹟。《史記》記載這些事蹟，還要議論這些事，使在諸侯相兼的時代，義理能夠顯明。司馬遷答說：

「遷俯首流涕曰：小子不敏，請悉論先人所次舊聞，弗敢闕。」（太史公自序）

《史記》的義理何在？司馬遷說：

「先人有言，自周公卒五百歲而有孔子，孔子卒，至於今五百歲，有能紹明世，正易傳，繼春秋，本詩書禮樂之際，意在斯乎！意在斯乎！小子何敢讓焉。」（太史公自序）

《史記》的義理，就是五經的義理。《史記》的作法，在於把五經的義理在事實上表現出來。

「子曰：我欲載之空言，不如見之於行事之深切著明也。夫春秋，上明三王之道，下辯人事之紀，別嫌疑，明是非，定猶疑，善善，惡惡，賢賢，賤不肖，存亡國，繼絕世，補敝起廢，王道之大者也。」（太史公自序）

司馬遷不敢自比於《春秋》，他作《史記》的義理，乃是爲述明主賢臣的事蹟：

「且士賢能而不用，有國者之恥。主上明聖而德不布聞，有司之過也。且余嘗掌其官，廢明聖盛德而不載，滅功臣世家賢大夫之業不述，墮先人所言，罪莫大焉。余所謂述故事，整齊其世傳，非所謂作也。而君比之春秋，謬矣。」（太史公自序）

司馬遷不敢自比孔子，取孔子「述而不作」的意思，以孔子作《春秋》，他自己則祇述故事。然在他的述事中，寓有論事。這種寫史書的原則，爲中國後代編纂史書的人所守的原則。

著作既代表一家之言，則不僅是述，而必有論。「論」不指史評，而指作書的理想。作史書的人必定應該明瞭史事變動的線索，說出線索的關係，使人明瞭民族和人類變遷的道理。歷史不是考據，考據祇是史料，考據是史學的科學研究，歷史是人類生活變遷的事實。

湯因伯批評現在史學界以考據爲歷史，乃受工業思想的影響。實際上是現代過於偏重科學的趨勢，重視考據的科學，輕視通史。

杜蘭(William F. Durant)說：

「編撰國史很明顯不是科學。它只能是事業、藝術和哲學，一種為事情煩惱的事業，一種在材料的雜亂中建立有意義秩序的藝術，一種尋求透視的哲學。」(六)

現代重視考據的人，嗤笑這種歷史思想爲妄想，就像嗤笑形上哲學爲烏煙瘴氣一樣。但是歷之能成爲歷史著作，必定應具有這些價值。

「以中國史學與西方史學相比較，中國史學以敘事為大宗，西方史學則以解釋為首要。中國史學中之編年，紀傳，紀事本末諸體，皆為適合於敘事之史學體例，中國史家亦斤斤墨守成規，直述往事，不著己見。西方史學則有一極適合於解釋之史學體例，其體為選題詳述，溯其淵源，明其發展，

而窮其究極，類似中國之紀事本末而實異其趣。……中國敘事之史學作品中，史家之解釋，寓於其中，為極自然之現象。」(七)

歷史爲史家的著作，爲不可否認的事。就是完全不加解釋，不加選擇，把所有的史料，完全照樣抄出來，也仍舊是寫史者的作品。照相可以祇用機器，不用人工；但是真正好的照相，必要經過人工的構造；因此現代乃有照相的藝術，而且可以有照相大家。歷史不能是照相，便更離不了人工，需要史家用心去寫；歷史的優劣，要看史家才力的高下。

二、歷史與科學

1. 歷史的科學方法

到了今天，誰也不能否認歷史是一種科學。歷史的研究，已經具有本身的科學方法。史料的研究，是一種專門的學術，沒有研究史學方法的人，不能從事這項專門工作。史料研究的第一步工作，在於搜集史料，翻看檔案，搜索圖書，開掘古物，不但要有科學方法，還要使用機械。第二步工作，在於考訂史料的眞僞，更要遵循科學的途徑，又要借重別的科學，如語言學、錢幣學、印鈴學、考古學……等等科學，都要爲考證所用。這些還是在考證史料的外形，對於史料內容的考訂，更有史學本身的方法，所有內證、外證、旁證，都是科學的方法。講論這種方法的專書，現代即有不少。

然而這些科學方法，祇是史料的彙集方法，是歷史的預備工作；至於歷史的本身，即是寫歷史和研究歷史，則和別的科學就不相同了，懷疑和反對歷史爲科學的人，他們所有的困難，就都在於這兩方面。

甲、史家寫史

史家寫史，不能像科學家寫研究報告。科學家在寫報告以前，或者搜集資料，如生物學家植物學家和礦物學家等等，搜集自己所研究部門的資料。或者舉行實驗，如化學家，物理學家，醫學家，就自己所研究的部門實行試驗。然後他們把資料和實驗，綜合比較，以成立合一的原則，或以證明已有的原則。自然界的資料，實驗室的經驗，是冷的，死的，隨便那個科學家來用時，它們常是一樣。資料間的關係實驗的結果，按照自然的規律也是一成不變的。因此自然科學家在寫報告時，祇述說客觀的事實，不要參入自己的意見。歷史家寫歷史，在考訂了史料以後，他要知道這些史料怎麼樣互相結合，他又要對於史料加以選擇。在這兩方面，沒有一定的科學原則；雖有心理學上的一些原則可以借用，但也不能呆守成規，一切都靠歷史作家自己的天才和學識。因此，在這一點，人家仍懷疑歷史的科學方法。不過，歷史的史料，既然經過科學方法的考訂，便不是歷史作家所造的或是前人所造的，是合符客觀的事實。事實中間的關係，在事實的當時也是一種事實，一事發生在先，一事發生在後，在當時已成定局。歷史作家便要根據這種關係以寫歷史，不過，這種作法並不是像自然科學的物理關係，呆板死硬；歷史作家很可以把事情先後顛倒，祇要不妨害事實本身的次序。許多時候，這種客觀的先後次序，後人並不知道；寫史的人，祇能臆測事實可能有的次序，撰寫歷史。在這些情形下，寫史的人無論若何，他所求的，在於史事的客觀情形據實寫出；歷史本是記述客觀的事實；因此歷史的目的已經達到，歷史作家所用的方法，不失爲一種科學方法。

另外一種困難，乃是史料的缺乏。我們對於古代事實所有的史料很少；這些史料裡又很難真正確定何者爲真，何者爲假。用這些史料寫成的歷史，是不是真正述說當時的事實，實在成爲疑問。這個問題雖是歷史上常有的問題，但不是歷史哲學上的問題。從理論方面說，古代的史料可以流傳下來，史料也可以辨別真僞，歷史在本身上是可以用科學方法寫成的。至於在事實上，條件不足，歷史的價值乃成疑問，那是在事實方面就實際情形去解決，而不是歷史本身的問題。

還有一個困難，在於歷史的主觀性。科學的方法，完全要客觀，不能參加主觀的成份。歷史作家在寫歷史時一定免不了要滲入自己的意見。於是便可以懷疑歷史的科學法。不過，歷史作家滲入主觀的意見，目的在於更能說明史事的客觀關係，並不是僞造或改造事實的客觀關係。研究每種科學的人，都要用自己的才力學識去解釋所研究的對象。解釋的方式按照各種科學的性質而不同，歷史是解釋人事的科學，歷史作家參加意見作解釋時，祇要不違背歷史的本質，也是合於科學方法。

乙、研究歷史

歷史哲學則是就歷史而研究歷史，就變遷不定的史事，追求公共原則。這種研究是不是合於科學方法，是不是學術？這個問題乃是歷史哲學的學術性問題。

研究歷史，不能使用生物學的研究法，生物界的現象有本身的客觀規律，按照這些規律可以解釋一切同類的現象。歷史所可用的方法，是心理學的一些原則。狄爾德講歷史哲學，特別提倡心理方法。大家都知道心理學上的原則，較比生理上的原則，較不穩定；而且心理常以生理爲根據，在實驗心理學上，生理的關係很佔重要。研究歷史我們是不能知道當事人的生理關係，也不知道他們的心理狀態，我們只能推想當時的情形，以爲理當如此而已。所以用心理學原則去研究歷史，功效不大。

現在普通研究歷史的方法，是比較研究法。施亨利說：

「大家已經知道，歷史是個解釋的科學。可能給歷史以解釋的便是比較法。而是解釋長久的共通的現象，並且藉以解釋各種變動與變化，換言之，即是進化。……皮海(H. Pirenne)先生在不魯塞爾歷史科學大會的開幕辭中，很精彩地說明比較方法的恩惠。惟有它能夠提高歷史學超過國家偏見；惟有它能夠解釋社會進化的意義，使歷史成為一個眞正的科學。……第一我們要知道，比較方法的應用有空間及時間的兩種方式。或是於一個時代之內，比較世界各國的政治社會狀況；或是比較不同時代的各種制度。當然，第一種方法最準確；但是為了解人類社會的進化，第二種方式也不可忽略。」(八)

比較研究法，把不同時代的各民族或一民族的同類事蹟，互相比較，例如研究各民族的文化，研究的人可以尋得一些普通的原則，顯示人類生活的意義。

例如因果關係的原則，在歷史上應用最廣。這項原則，一方面是心理學上的結論；因爲人做事總有一個意向，爲什麼緣故做這事。另一方面也是歷史史事比較分析所得的結論，因爲歷史史事，常有因果關係。

研究歷史所得的結論，當然不像研究自然科學所得的結論，歷史是人的行爲，人享有自由，自由則神妙難測，決不能以必然的規律去限制。因此每件歷史事實，不能常合於歷史原則；但是一個時代的史事聯合成一個階段，則必定合於歷史原則了，因爲每個人在行動上可以常有自由，一個社會的團體行動，則必定要受環境的牽制。環境或是天然的，或是人爲的，它對於人事的因果關係，則按客觀條件而定。雖然社會裡的人可以抵抗環境而自造時勢；但這種自動的時勢又變成影響人事的環境。因此，研究歷史的人捨掉英雄豪傑的個人行動，而研究文化變遷，這種研究可以常是客觀的研究，也就成爲科學的研究。

2. 歷史與自然科學：地理學、生物學、心理學

歷史所述說的史事，爲人類的生活。人類生活在自然環境裡，人類生活的進化，便不能不和自然界的事物有關。達爾文講生物的進化，以物競天擇爲原則，人類的生活是否也有同樣的現象？人類的歷史因而和自然科學發生很密切的關係。

甲、歷史和地理學

人類生活的環境，最重要的一種是土地。中國哲學常講天地人三才，天覆地載，人居中央。人居天地之中，並不是主宰天地，而是受天地的支配。天地的支配就是氣候和地理。古代民族的發展，依照土地和氣候而定。在原始民族沒有抵抗或改變自然環境的科學方法時，他們爲求生活的發展，必定尋找氣候和土地較爲更適合的區域，田獵的民族不會住在沙漠裡；耕種的民族不會住在高山或旱地。

杜蘭在《歷史的教訓》一書裡說：

「地理是歷史的發源，是歷史的乳母，是歷史的薰陶所。江湖、湖泊、綠洲、海洋吸引居民到岸邊居住，因為水是生物及城市的生命，且為運輸及貿易提供低廉的通路。」(九)

湯因伯則主張文化發生，不是因著適宜的地理而生，而是人對於地理和氣候的不適宜所行的反抗而生。湯氏以文明的主動力在人，而不在於天然環境。天然環境的影響，在於刺激人的理智，尋找應對的方法，文明因此而生。現代的科學便是人由抵抗自然力而進到利用自然力了。

杜蘭也說在科學發明以後，自然環境不再能控制人類的生活。

「當工藝技術興起時，地理因素的影響相對地消滅。一塊土地的本質和外貌，將可為農工商提供機會。並且只有在領導者的創造力，想像力，及追隨著的努力下，才能將這可能性變成事實。並且也只有在一種相似的聯合努力下，才能創造一種能克服數以千計天然障礙的文化。是萬物之靈的人，而非大地，創造了文明。」(十)

土地爲每種文化的發祥地，也就是歷史的搖籃；但要注意的是創造歷史的主體，是人，而不是土地環境。土地環境乃是人爲創造歷史所有的根據。

乙、歷史與生物學

《易經》的歷史哲學思想，來自宇宙變易之道。生物爲宇宙萬物的重要部份，人文是生物的一部份；《易經》的歷史哲學思想，便以生物的變遷法則爲法則。

杜蘭講生物學與歷史時，他說：

「生物的法則就是歷史的根本教訓。我們受進化過程的支配，受生存競爭的影響。」㈩

「歷史第一個生物學的教訓，生活即是競爭。競爭不但是交易的生活，也是生活的交易。糧食充裕時是和平的競爭，人多糧少時是暴力的競爭。動物相食，全不感覺內疚，文明人則依據合法的手續，相互絕滅。互相合作，所以隨著社會的發展增進，大部份是因為它是競爭的工具和形式。」㈪

「歷史第二個生物學的教訓是：生活即是選擇。在爭取糧食或配偶或權力的競爭中，有的成功，有的失敗。」㈫

杜蘭的思想是進化論的思想，和《易經》的思想不同。《易經》不以生物學的法則為歷史法則，祇以生物為宇宙的一部份，人為生物的一部份，人和生物以宇宙變易的法則為法則。這種法則為形上學的哲學思想，不是生物學的科學原則。《易經》以生物包括在天地以內，天地之道包括宇宙萬物之道，人生之道由天地之道而生，乃有天道地道人道三部相連之法則。

生物學的法則爲科學法則，不足爲歷史法則。生物沒有歷史，只構成生物學的科學。科學的法則是必然的，是一貫的，在同樣環境條件之下，必定產生同樣的事實。這種變化不是歷史，祇是自然界的轉變。歷史是人用理智和自由所創造的變化，變化不同出一軌，常有新的事實，常有前進。人和生物的不同，因爲人是萬物之靈，具有自由，具有理智，自己可以創造自己的生活，反抗周圍的環境。因此人的生活之進步，不在於依照物競天擇的定律，也不在於遵照弱肉強食的原則，而是在於人的自由奮鬥。人的自由奮鬥，不能常以物競天擇去解釋，應該以「人追求更完成的自我」爲目的。

國父　中山先生也反對人的歷史遵循物種進化原則。

「此期之進化（人類進化）原則，則與物種之進化原則不同，物種以競爭為原則，人類則以互助為原則。社會國家者，互助之體也；仁義道德者，互助之用也。人類順此原則則昌，不順此原則則亡。」(卌)

人類的生活和禽獸的生活不同，文明越高，人離禽獸越遠。生物學只祇有物種的進化，沒有同種的進化。人的進化則是人類的進化，人類的進化又不是人類生理的進化，乃是人的生活的進化。在生理上，野蠻人生出來的小孩，文明人生出來的小孩都是同樣的，而且也都同樣是愚昧無知。文明和野蠻的分別，是在文化環境的不同，小孩因著環境的不同，受的教育不同，因此生活也就不同。歷史是人類的生活史，就是人類用自由和理智所創造的，不是生物依照自然法則所有的變遷。

因此歷史的方法，也不是生物學的方法。

丙、歷史與心理學

人的生活既不是單獨的生理生活，而是一個整個人的生活；整個人的生活則稱爲心理生活。

人的心理生活，以生理生活爲根基。五官百肢爲人生活的器官，各種神經系統爲人生活的機構。器官有良鈍，神精有細粗，心理生活因此有不同。人類生活的遺傳常疊積在神經系統上，遺傳因著文化遺產而增加，人的心理生活也因文化的程度而分高低。

現在歷史哲學家乃主張以心理學方法去研究歷史，去解釋歷史。狄爾德曾反對以自然科學方法應用於歷史研究，首創歷史心理研究論。

以往的歷史大都是英雄豪傑或大奸巨惡的事蹟，這些人具有突出的個性，在言論和行動上，以自己的理想爲主。中國廿五史裡，所謂本紀和列傳，都紀述一個一個的人。爲懂得這些人的歷史，便應該先研究這些人的心理；從他們的心理上，可以解釋他們的言語行事。我們爲懂得別人的心理，心理學方法指示我們按我們的心理去推測別人的心理。人心在基本上是相同的。孟子曾經說過：「口之於味也，目之於色也，耳之於聲也，鼻之於臭也，四肢之於安逸也，性也。」（孟子 盡心下）彼此都相同。可是不同的則在於每個人有自己的個性，有自己的自由。個性可以用心理學方法去研究，自由則不能有已成的原則。因此，心理學方法可以作爲研究歷史的方法，但不能視爲絕對有效。況且用我們現代人的心理去推測古人的心理，錯誤的地方必定很多。

歷史當然也是社會民眾的生活史，爲明瞭當時民眾的生活情形，一定要明瞭當時的社會環境。明瞭了以後，纔可以推測社會民眾的心理。現代心理學裡有民眾心理學一科，研究這門科學便能夠推測各代社會民眾的心理。民眾是多數人，多數人的行動自由不能像一個人的行動自由那般大，常常受環境的影響，而且遵照社會心理原則。因此，用心理學方法去研究社會民眾心理，效果不令人失望。但是爲研究歷史上每個時代的社會心理，困難則在於確實知道當時的社會環境。沒有這種確實的歷史知識，遂去推測當時民眾的心理，對史事予以解釋，則不免武斷。

歷史家的著作，離不了心理學方法。時代創造英雄，英雄創造環境；事業的成就是外面的表現，事業的內部則為英雄的心理。歷史家能夠明瞭他們的心理，便可以解釋他們的事業。

歷史不是心理學，也不是心理學的實驗室；歷史乃是人心理的表現。心理學原則可以解釋許多心理表現，但有許多心理表現不能由心理原則去解釋；因為人是自由的人，歷史是人自由的創作。

從上面幾點我們可以對於歷史與自然科學的關係，有個明瞭的觀念。歷史和自然科學具有密切的關係，自然科學所研究的對象，和歷史的對象互相關連，人是在自然裡生活。自然的環境，人類的生理和心理，都直接參與人的生活，都直接進入人的歷史以內。因此，在歷史裡應該有自然環境的描寫，有個人的或群眾的生理和心理的敘述。歷史家越具有這些科學的智識，對於寫作歷史更能勝任。

但是歷史的本身不是自然科學，歷史的方法也不是自然科學的方法。兩者雖同是學術，具有學術的共同性質和方法；但各有各的特性，各有各的研究途徑。

堀米庸三在所作的《歷史與自然科學》一文裡，舉出了當代歷史學者對於這個問題的意見，特別看重牛津大學的學者依賽亞・柏林(Sin Isaiah Berlin)的主張，他說：

「據柏林說：科學對一般法則之信賴遠甚於個別事實。換句話說，科學在原則上較信任支配個別事實的一般法則，而不大敢相信個別事實。歷史則相反。歷史雖然信賴個別事實，但對支配它的一般法則或一般命題，勿寧是比較不信任的。」(十五)

自然科學和歷史在寫作和講說方面，都先有些假設，科學按照假設而講它的對象，歷史遵照假設而敘述事實。科學的假設是些法則，歷史的假設是作者的理想，這一點是相同的。在研究方法方面，科學的研究，利用個別事實作實驗，為發現一般法則，個個的個別事實沒有意義。歷史的研究，利用一般理想作法則，為解釋個別史事，個別史事乃是歷史的對象。在這方面，兩者性質不同，研究方法也不相同。

三、歷史的客觀性

在現代歷史哲學裡爭論最大的問題，莫過於歷史客觀性的問題。每一位討論歷史方法和歷史性質的學者，在這個問題上，都有所爭論。

這個問題可分兩方面去看：第一、從理論方面去看，歷史是否應該是客觀或是主觀的，這是歷史哲學的問題；第二、從實際方面去看，歷史作者在寫歷史時究竟可以有多少客觀性，這是歷史方法問題。問題的結果，影響到歷史的性質，也影響到歷史的學術性。

1. 從理論方面討論歷史的客觀性

甲、

「在中國的傳統，歷史的紀錄應當實錄，這一理想在中國史上一直垂為史官的高度標準。有不少史官為了要忠實記載一事而犧牲生命。」(六)

史官的職守在保存史據，所紀事實乃爲史據之一，爲後代的史料，而不是歷史，章實齋說：

「史守掌故而不知擇，猶府守庫藏而不知計也。……五史之於文字，猶太宰司會於財貨也。典謨訓詁，曾氏謂唐虞三代之盛，載筆而紀，亦皆聖人之徒，其見可謂卓矣。五史以卿大夫之選，推論精微，史則守其文誥圖籍章程故事而不敢自專。然而問掌故之委折，必曰史也。」(七)

史官爲保守史料，紀錄史事，理應實錄，不可自專。史家作文以成史書，跟史官的任務不同，章實齋看重史意。他說：

「吾於史學，蓋有天授。自信發凡起例，多為後世開山，而人乃擬吾於劉知幾。不知劉言史法，吾言史意；劉議館局纂修，吾議一家著述，截然兩途，不相入也。」(六)

史意是史事的意義，史事的意義有多方面的意義，有政治意義，有社會意義，有倫理意義。史意在歷史中能夠顯露出來，要靠作家敘述史事適得其法。因此，史家作史，不能呆板實錄事實，而要知道選擇連貫。於是史家的著作，乃能成一家之言。章實齋又說：

「吾於史學，貴其著述成家，不敢方圓求備，有同類纂。」㈨

纂修史書，和史家著作不同。纂修史書應當「方圓求備」，事事實錄。但是中國纂修史書也不能實現「事事實錄」的原則，一則有「正統」的觀念，再則有「尊王」的思想，纂修史官必要遵守這些歷史哲學思想，孔子更是策削史事。中國古史所論實錄，在於忠於修史法則，寓有褒貶，並不完全死守事實。

王船山論史，反對正統之說：

「論之不及正統者何也？曰：正統之說，不知其所自昉也。自漢之亡，曹氏司馬氏乘之以竊天下而為之名曰禪，於是為之說曰，必有所承以為統，而後可以為天子。……正不正人也，一治一亂天也，猶日月之有晝夜，月之有朔弦望晦也。……若鄒衍五德之說，尤妖妄而不經，君子闢之斷斷如也。」㈩

船山攻斥正統之說，然中國廿五史都遵守這種法則。因此，可見中國朝廷編纂史書在理論上並不完全實錄史事。

乙、

「從西方的史學字根看，史學中包含的不完全是記載，而且也是有系統的分析與敘述」。㈢但是這種史學主張，並不能免除歷史的客觀或主觀的問題；而且這個問題正是西方史學上爭論的焦點。

卡耳曾經在〈什麼是歷史？〉裡說：

「十九世紀是一個講事實的時代。格拉德格林(Grad-grind)在苦難時期裡曾經說過：『我要的是事實……生命上所需要的祇是事實。』這個時期的一般歷史家大都同意他的話。一八三〇年代時，為反對『說教性歷史』，蘭蓋(Ranke)提出歷史家的任務『僅在說明事實的眞相』，他這一語雖不是什麼了不起的名言，卻有意想不到的影響。百年來德國、英國，甚至法國史學家，都口唸著『說明事實的眞相』一語向戰場邁進，將這句話當做一種『咒語』，來減少他們思索的責任。實證論者為了促進『歷史是科學』的看法，更加重了『崇拜事實』的力量……在英國，這種歷史觀正好

符合從洛克到羅素哲學主流的實驗傳統。」㈢

十九世紀是歷史學派盛行的時代，歷史就是事實，事實就是在實際上所發生的事件。在基督教就產生了解釋聖經的歷史學派。以新約爲紀述耶穌言行的史書，便該按歷史紀述史事的原則去批評。四部福音的作者則都有作書的目的，都有解釋史書的傾向，歷史學派便否認福音的歷史價值。

歷史學派和實徵主義相聯繫，歷史學派重在考證，實徵主義重在實驗。實驗是客觀的事實，考證也是客觀的事實。十九世紀在哲學上，開始唯心論起來反抗實徵論的時代，歐洲大陸的哲學思潮都有唯心的傾向，即使唯物辯證論雖極力反對唯心主義，在基本上也是唯心的主張。因此，在廿世紀的歷史哲學裡，有一派唯心論的學者則主張歷史不是呆板刻劃事實，而是由人去述說古事。奧克雪托（Oakeshott）說：「歷史是歷史家的經驗。它是歷史家單獨所創造的；寫歷史是創造歷史的唯一途徑。」㈢柯靈烏(Colling Wood)說：「歷史研究的過去，並不是一個已死的過去，而是在某種意義下還生活於現在的過去。」㈣歷史因此不能是純淨客觀的述事，必要經過歷史作者的考慮，反映出作者的心理和觀點。然而也不能因此便斷定歷史是主觀的作品。

丙、歷史的客觀性是人文科學的客觀性

學術上的客觀性，和學術智識的確定性彼此相連，確定性越高，客觀性也越高；確定性越低，客觀性也越低。當然學術的客觀性和學術智識的確定性，並不是同一事，也並不絕對相等，因爲有的學術的客觀性很高，學術智識的確定性反而低；緣因是學術所研究的對象，本身不明顯，所有的客觀智識也就不定。例如天文家研究火星，對於火星所有的智識都不是確定的智識。但是普通說來，學術的客觀性和學術智識的確定性，是互相關聯的。

士林哲學常把智識的確定性分成四等：形上的確定性，數學的確定性，自然科學的確定性，人事的確定性。形上的確定性，根據事物的本性，應該是絕的確定性，但是有一個很難的條件，就是要真真知道事物的本性。數學的確定性，是絕對客觀的確定，不受主觀或客觀環境的影響。一加一等於二，在任何情形下都是確定的。自然科學的確定，也是客觀的確定，本來應該常不變，然而因爲自然科學的程度，沒有達到知道自然界的一切奧妙，便能夠有以往所謂確定的原理，後來發現錯了。現在自然科學便多數喜歡稱呼原理爲假設。人事智識的確定性，也應該是客觀性，可是因著三方面的原因，人事智識的確定性，祇能夠是可靠的確定性，而不是絕對一定的確定性。這三方面的原因：第一，人事的主體是人，一個人作事常有心理的動因，心理的動因在外面不常表現出來，便不容易被人知道。第二，人事智識

受時間和空間的影響，時間和空間離得愈遠的事，所可以有的智識愈少，人事本身又是一種獨有的變動，世界沒有兩種相同的事，不能用實驗去斷定。第三，人事智識的主體也是人，他爲了解別人的心理，常要用自己的心理去推測，推測則不能保一定對的。因爲這三方面的緣因，人事的智識所能有的確定性，乃是一種客觀可靠性，但不能保絕對不錯。這種可靠的確定性，是對於人事所能有確定性，在人類的生活中常被認可，每個人的生活也常以爲根據。

歷史的確定性就是這種人類的確定性，歷史的客觀性也就是人事智識的客觀性。歷史的客觀不是形上的客觀，不是數學的客觀，也不是自然科學的客觀，而是人文科學的客觀。

2. 從實際方面討論歷史的客觀性

從理論方面去看，歷史一定具有客觀性，而且應該具有客觀性，不然便不是歷史，而成爲小說或揑造。大家都知道小說不是歷史，揑造更是和歷史相反。因此普通一般人都承認歷史具有客觀的事實，也用客觀的眼光去敍述。但是若問在實際上，歷史究竟有若何程的客觀性？我們不能僅僅說歷史有人文科學或人事的客觀一句話來回答，因爲這句原則性的話實在太籠統。我們便也分析一下。

甲、歷史研究法是科學的客觀方法

歷史作法為寫歷史，先該收集資料，收集資料，現代有科學方法。現代的大學裡，所有的研究生，都該受過這種訓練。不單是研究寫歷史論文的學生，要學習收集資料；別的各系的學生，就連理化和工程等系的學生，為寫研究論文，都要知道收集資料的方法。收集資料是科學方法，是客觀性方法。從這一方面說，歷史和別的科學一樣，完全是客觀的。

收集了資料，第二便是考證，這種工作是寫歷史的人所有的特殊工作。現代的歷史方法，大部份都是關於這類工作的方法。在上面我們也曾經提到。

每一種史料，必定要經過一項考證，證明是可靠的史料。文字語言的考證，出土古物的考證，記載史料書籍的考證，述說史事的作者之考證，都要求精密的科學方法，絕對不能任憑一己的私意去推測或臆斷。從這一方面說，歷史的考證學，現在已成立為一種新的科學。

乙、史事的選擇，原則上該是客觀的，但在實際上受作者主觀的影響。

收集史事資料，為一種客觀的科學。收集資料以後，歷史作者的工作，則和自然科學研究者的工作不相同了。生物學或礦物學各科的研究者，收集了資料，便把資料按照客觀的方法分門別類，再用化學或別的科學方法，加以實驗，結果完全是屬於客觀的。歷史作者在收集了史料以後，他開始自己的寫作，第一，他要立下一個標準或是一個中心思想，作爲史事的線索，把不同時間和不同空間的事實聯絡起來。史事的聯絡線，本來是史事的因果關係；可是因果關係不一定就可以作爲全部史事的中心思想，因此寫歷史的人便要自己立定一個中心思想，作爲標準，去選擇史事，去排列史事。否則，歷史便會流爲一部流水賬，或成爲起居錄，全書或全文沒有系統，前後不連貫。

中心思想按理說，該當是客觀的，是全部史事的內在因素。例如寫八年抗戰時期的中國史，抗日是當然的中心思想。寫政府遷台以後的中國史，抗共復國又是當然的中心思想。運用這種中心思想來寫歷史，作者是按照客觀的環境去寫，在這一點上，他所寫的歷史是客觀的。

不過，有時歷史的史事並不明白表現所有的內在中心思想，歷史作者自己要去尋找史事的中心思想，所尋找出來的中心思想，可能不是史事的客觀線索；在這種歷史裡歷史的客觀性，便可減少。但祇要作者不是存有成見，歷史的客觀性並不會太低。

若是歷史作者具有哲學或別的派系的成見，他爲選擇中心思想常按自己的成見去選擇，例如共產黨人寫歷史常要從唯物史觀去寫，一切的歷史都是階級鬥爭。這種歷史便不成爲歷史，而成爲黨的宣傳品了。

丙、

史事的解釋，主觀的色彩頗重；但通常不影響史事的本身意義，歷史仍不失掉客觀性。在前一章我們講了史事的解釋，我們看到學者對問題的看法，意見不相同。有的主張歷史的史事不能用科學的共通律去解釋，有的則主張可以用。我們主張史事的解釋，有共通律，祇是共通律的應用，不能像在自然科上所有的必然性。但，這種限制並不使歷史失去客觀性的價值。

假使歷史作者寫歷史，不應用客觀的共通律，而運用自己所有的主義，如共產黨作者常用經濟生活和階級鬥爭的唯物史律，這種解釋影響全部史事的本身意義，歷史便成為主義的歷史。

再有一種解釋，也使歷史成為主張的歷史，即是有色彩的歷史。例如歐洲的中古史，由改革宗教派的人去寫，則解釋為黑暗時代的歷史，為羅馬教會的墮落史。因為寫歷史的人，戴了改革宗派的有色眼鏡，把歷史也加上這種色彩。

雖然，一般的歷史作者，不常帶有色彩；然而每個人有自己的思想，有自己的抱負，對於史事上的人物，不免懷著同情或憎嫌，於是對於這些人的史事，就有同情的解釋或憎嫌的解釋。司馬遷的項羽本紀，明白表現司馬遷的同情；因為項羽沒有成就帝王的事業，司馬遷把他的傳列入本紀，故在高祖本紀以前，心中尊他爲帝。但是項羽本紀的史事則都屬實事，不是司馬遷所揑造；項羽本紀乃是客觀的歷史。

丁、史事的敘述

史事的解釋，爲寫歷史的第三步工作，屬於歷史的結構。寫歷史的第四步工作，在於執筆爲文，敘述史事。這種工作，則是作家本人的工作了，也可說是作者主觀的工作。中國的歷史作者，都願意「成一家之言」，把寫史看爲作文。作文爲一種文藝，文藝乃藝術家的天才表現，歷史的文筆便是作者的主觀工作。司馬遷的《史記》，不僅是一本很好的史書，而且也是一種很好的文藝作品。歷代的人研究《史記》，第一在研究文學，第二在研究歷史。

歷史的敘述是屬於主觀的，反映作者的心理，作者的想像，作者的文筆。但是史事的敘述，爲史事的外形，而不是史書的內容；史事的敘述雖可以影響史事的選擇和解釋，但通常不能改變史事。有時，作者敘述的方式可以使讀者對史事有誤解，因爲作者的文筆吸引或驅使讀者，對於史書，和他採取同樣的心理。同一椿事件，在各種報紙的報導上，所引起的反應可以不同，同情的報導引起同情，不同情的報導引起反感；報導的同情或不同情，就是報館記者的同情或不同情。但是所報導的事件，則同是一椿事件；這就是敘述的客觀性；同一事件的報導方式和筆法不同；這便是敘述的主觀性。

因此史事的敘述，雖是主觀的動作；但史事敘述的根據，則是客觀的事實。史事敘述固屬作者主觀的藝術，藝術若不淹沒或揑造史事，歷史仍不失爲客觀的歷史。

綜合上面各節的研究，我們的結論在於肯定歷史是客觀，具有客觀的確定性；然而歷史的客觀確定性，爲人事的確定性。

作者寫歷史是一種人寫歷史，不是一架機器製造產品，也不是科學研究者做科學實驗。一個人的學識有限度，歷史作者對於史事的智識也有限度；一個人看事時有自己的心理，歷史作者寫歷史也有自己的心理。然而普通一般人對於一件古代或近代的事，都想知道事件的真相，也願意把真相告訴他人；揑造事件或歪曲事件的人，乃是少數的不懷好心的人。寫歷史的人應該視爲普通的人，而不視爲不懷好心想欺騙別人的壞人；因此，歷史作者所敘述的史事，應該是客觀的事實，雖說不能絕對不會有錯，但在通常的情形下是可靠的。在通常的社會生活裡，我們要信旁人的話，要相信別人的敘述；若是一切的話都過經過像自然科學的實驗證明不錯以後纔相信，我們的社會生活便無法可以成立了。在社會生活裡，我們祇要對旁人的好心沒有懷疑的必要，又對旁人所說的事，知道他確實有所根據，我們就相信他的話可靠，認爲他的話具有確定性。這樣確定性便是歷史的客觀確定性。

歷史的客觀確定性有兩項要求，即是要求具有兩項條件；第一，歷史作者不懷惡意想欺騙人；第二，歷史作者使用史學方法去收集並整理史事資料。一位好的歷史家都可以滿足這兩項要求，一部好的歷史便也具有客觀的可靠性。

四、歷史的因果關係

1. 史事中的線索

甲、史事有因

佛教講人事爲因果報應，每一樁事絕對有它的因，也絕對有它的果。但這種理想祇是佛教的教義；在實際上人事不是自然現象，在物質方面不必常有因果。

歷史是人事，人事是人所做的事，每個人做事在心理方面，不能爲盲目的衝動，常有爲什麼做事的理由。做事的理由，從人做事的心理方面說，乃是事件的原因。士林哲學講原因時，分析原因爲四種：動力、理、氣（材）、目的。目的雖列在第四，然在人做事時，仍是最先的因素。

歷史所述的史事，常爲一個人或多數人所做的事。每樁史事的發生便常有發生的因由，即是說爲什麼那個人或那些人做了這樁史事。

天地間的人事多到不可勝數，就是拿一個人或一個國家所有的事也很多。歷史家爲選擇史事，爲敘述史事，要用什麼方法把史事連貫起來，使成爲有系統的歷史呢？最重要的方法就在於史事的因果。因果便是史事的線索，把一樁一樁的零碎事實連接起來，具有共同的意義。

一個人爲什麼做一件事，目的可能有幾個。目的的連屬，方法的選擇，做事的方式，則隨個人的性格才能和學識而定，又視當時的社會環境而變。

一個團體的行動也有它的原因。中國革命成功，固然由孫中山先生積極推動和指揮，但是當時許多青年都傾向革命，爲革命奔走。這輩青年也有他們工作的原因，這種原因不能是由每一個青年所有行動的原因而合成，而是由一個原因激動這般青年去革命。群眾活動的原因，普通是單純的；原因的形成雖和群眾的心理有關係，群眾心理的造成，則常由社會環境和民族傳統而結晶。

歷史事實的原因和自然界的原因，當然不同。自然界的原因是物理性的，一切條件也完全客觀，有了原因必有效果，效果相同，原因也相同；原因相同，效果也相同；所以可以用實驗去證明。史事的原因，主觀心理因素居多，心理因素以人的自由爲主。人有自由，人的行動便不相同；歷史上沒有兩樁絕對相同的史事，也沒有一樁史事，同樣重覆兩次。

但是史事仍舊有所以發生的原因，寫歷史的人也常常追求史事的原因。作者追求史事的原因，通常多用社會學的方法，由社會因素方面去追求。法國大革命的產生，中國大陸所以被共黨所竊據，以至於古代漢朝和宋朝明朝之所以亡，都因時勢所迫。時勢即是環境，環境包括空間和時間的趨勢。趨勢既然造成，個人的意志便不能成爲主動而衹是被動。例如法國大革命若不產生唐東和洛白思彼，也會產生別的革命暴動份子。這是所謂「時勢造英雄」。

然而史事的原因，究其實和社會學的原因還是不同。社會學的原因，雖因人事和天然環境結合而成；社會學所研究的原因，究竟仍舊屬於客觀，因而可以規定社會學的許多原則。即是在某種社會情形之下，可以有某種事件發生，宜用某種方法去預防或去推動。社會學的原則有似自然科學的公式，可以用之於許多不同時不同地的社會裡。歷史的史事因果，不能結成公式，因爲史事決不能重現。而且時勢可以由一個人去造，即是所謂「英雄造時勢」。

乙、史事的線索

歷史作者寫歷史時，追述以往的事實，在縱的時間方面，一樁事追著一樁事；在橫的空間方面，又是一樁事連接一樁事。這些零碎的事件怎樣可以接合在一起呢？若是僅按時間的關係或地域的關係，互相排列，事實不能成爲一冊歷史，祇可以成爲日記或地域誌，充作歷史的資料。在哲學裡，觀念的結合由中心思想作線索，哲學的中心思想是抽象的理論。在歷史裡，史事的結合也由中心思想作線索，歷史的中心思想雖然也可以是抽象理論，然而要由具體的因果關係去實現。史家作史，便用史事因果關係作線索，以聯綴零碎的事實。

史事的線索不是理則學的線索，在歷史上不能用理則學的推論方式，「有甲則有乙，於今有了甲，所以就有乙」。因爲大前提的「有甲則有乙」不能成立。因此也不能說：「於今有乙」因爲「有甲則有乙」，所以「便有甲」。

史事的線索乃是一種可能的線索，也是一種可靠的線索，就像史事的確實性不是絕對的確實性，而是人事方面可靠的確實性。不過史事的確實性，還有客觀的研究法去作保證；史事的因果線索，則多靠歷史作家從心理方面去推測。因爲「有了甲，可以有乙」。「可以有」雖然也是客觀的事實，但究竟有不有，還很難說，歷史事實的原因，都不明顯，研究歷史的人和寫歷史的人，經過一番研究以後，纔可以看到。(25)例如項羽本紀的鴻門宴，范增計殺沛公，召項莊舞劍。這種計劃是原因，原因的效果在於沛公的被殺；然而原因和效果之間，祇有一種可能的線索，沛公可能被殺也可能不被殺，張良所以認爲事情很危急。「樊噲曰：今日之事如何？良曰：甚急。今者項莊拔劍舞，其意常在沛公也。噲曰：此迫矣，臣請入與之同命。」結果因著樊噲進去了，沛公沒有被殺。樊噲進入鴻門宴會的地方，沛公乃得不死；兩者之中又是因果關係。這種因果關係，仍舊是可能的關係，因爲若是項羽要殺沛公，他可以殺沛公。范增因著項羽沒有殺沛公，氣得把張良代沛公所贈的玉斗打碎：「亞父受玉斗置之地，拔劍，撞而破之，曰：唉！豎子不足與謀！奪項王天下者，必沛公也，吾屬今爲之虜矣。」後來漢王被圍在滎陽，割地向項王求和。項王想允諾，范增不願意，乃勸項王說：「漢易與耳，今釋弗取，後必悔之。項王乃與范增急圍滎陽。」可是項王愚蠢中了漢王的反間計，疑范增與漢有私，范增大怒，捨了項羽歸鄉，因此死在路上。項王後來果爲漢王所敗。范增之去，可以說是項羽失敗的原因，可是即使范增在，項王不聽他的計謀，還是可以滅亡。太史公論項羽說：「自矜功伐，奮其私智，而不師古。謂霸王之業，欲以力征。經營天下，五年，卒亡其國，身死東城，尚不覺悟，而不自責，過矣！乃引天亡我，非用兵之罪，豈不謬哉！」太史公以項羽敗亡的原因，在於「奮其私智」，而不是項羽自己所說「天之亡我。」

現代研究社會心理學的人，特別注意因果關係。比國魯汶大學的實驗心理學家米蕭特(Albert Michotte)，在他一九四五年再版的《因果律的認知》(La Perception de la causalite')描述一種實驗，所得的結論：

「第一：人們解釋任何事物，都不免有一種『擬人化』的傾向，而且解釋的內容，往往受人們當時的情態的影響。

第二：實驗的過程中，人們有一種尋求因果關係的傾向。這種傾向部份來自個人方面，部份來自刺激方面。由於因果關係，即把刺激的各部份連成一體，做為一個有意義的解釋。……」(二六)

米氏認爲因果的關係在社會行爲中及社會事件裡，有很重要的意義。此種尋求因果關係的趨向也是我們形成認知系統的重要促成力量。在許許多多的認知中，我們自然會把互有關係的認知組織成爲一個體系。

「我們不妨升高一級來說：大凡眞正的知識，眞正的學問都是以因果關係做為基礎，把各種相關的事物連貫起來，系統化起來，從而建立起穩固的理論體系，使成為學問。」(同上)

「因果律」固然是牢不可破的哲理：有因必有果，有果也必有因。不過另一方面，在人際關係中，往往由於不正確的判斷而造成人爲的有偏見的因果關係。所以米氏在其書中說：

在複雜的社會關係中，因果律雖是牢不可破的天經地義，但能夠找出「真因」來 或找出「真果」來，卻又是極困難的事。

2. 歷史因果關係的意義

甲、心理的關係

爲更明瞭歷史的因果關係，我們再進一步研究歷史因果的意義。在形上學裡，因果的關係，是必然的關係，有果必有因，即是說果一定是從必然的因所生。「哲學的因有什麼意義？因，是對於一事一物的發生或變化，實際具有影響的根由。」㈢這種影響在於物的本體方面。自然科學的因果關係，也是必然關係，發生在物的物性方面。形上學的因果關係可以由實有體的本性去推論，例如朱子主張萬物由理氣而成，世間不能有沒有理或沒有氣的物，理和氣便是物的因素。理氣所以能相合成物，由於氣有動靜，動靜便是氣的成因。自然科學的因果關係，由物的物理性而產生，例如醫生研究病人害病的病症和原因，再研究治病的藥石。病因產生了病，藥石治好了病，都是物理性的因果關係。

史事的因果關係，則是心理方面的關係。一樁事的產生，是人所決定的。人在決定動靜時，使用自己的自由，自由爲人的心理活動。

人爲使用自由，有幾個先決的條件：第一，先要知道事情是什麼事，否則是盲目的衝動而不是自由選擇。第二，要考慮，不考慮而行動，乃是任性的衝動，也不是自由。第三，要有目的，考慮時是考慮爲什麼要做事，沒有目的，人心不會動，心不動便不想有行動。第四，要有選擇的自由，不能選擇，則是被迫。這些條件，都在於人的心理方面。在人決定一事以後，他要使用方法行動。方法乃是工具，工具和效果的關係，常是物理的關係。例如謀殺，或用鎗，或用刀，或用毒藥，或用手扼死，這些工具是物理性的工具；謀殺的計劃，則是心理活動。整個的謀殺事件，是人的活動，視爲人的自由活動，是心理上的動作，所用的物理工具，認爲心理活動的工具。

歷史的因果關係都是這種心理活動的關係。心理活動必定和物理的環境，社會環境和傳統文化有關連，例如希特勒侵佔捷克，是因爲德國的武力強，又因爲捷克境內有德國血統的人民，也因爲英國首相張伯倫怕戰爭。但是這些條件都不能決定發動戰爭，德國侵佔捷克的行爲，是希特勒所願意的，假使德國若不是希特勒當政，德國也不會侵佔捷克。歷史的事件由人的心理去發動。又如秦始皇併吞六國。築長城，雖然因爲當時有助成這些事件的條件，然而決定的人是秦始皇。

從客觀的條件方面說，歷史事件的發生。具有客觀的因素；這些因素總括起來，可以稱爲社會因素。社會因素包括有自然界的時間和空間的環境，又包括有人爲客觀環境。自然界的環境是客觀性的，對於在這環境內的人所有的影響，常是一樣。人爲的社會環境，對於一個人的行動也是客觀的，例如現在大陸的共黨獨裁統治，是人爲的環境乃是客觀的環境。又如美國目前的科學進步情形，也是人爲環境，也是客觀環境。這些客觀環境當然對於人的活動具有很大影響力；但是不能夠限制人的自由。自由完全是人心的活動。

但是人心的自由，很難有完全的自由，因爲自由的條件常不能完備。一個人任性的行動既不少，盲目的衝動也有。對於所要做的事，常不能了解清楚，更又不能常不受任何限制，可以由自己選擇。史事原因的複雜也就在這一點。

史事的原因既然是心理方面的原因，寫歷史的人從後代去研究前代人做事的心理，完全靠按自己的心理去推測。推測的標準當然要根據客觀的社會環境，也根據心理學的普遍原則。例如項羽和漢高祖爭天下，社會環境對於兩個人同是一樣，怎樣應付社會環境就憑兩個人的天性和才能。項羽天生爲勇力最強的人，天性卻很愚笨而自傲。漢高祖天生爲多謀的人，天性好用詭計而忌疑。司馬遷按照這些客觀條件去追求史事的前因後果，寫出兩雄爭取天下的來龍去脈，一篇本紀，前後含接很密，顯出大史家的作法，同時也表現大文豪的筆墨。

德國當代歷史哲學家狄爾德主張歷史的研究法，以心理學爲主，英美的唯心歷史哲學者奧克雪托和柯靈烏等都以歷史爲史事在歷史作者心中的重現。義大利唯心哲學家克洛車更以歷史爲作者的精神活動。這班學者都有所偏，過於強調歷史的心理因素，把客觀的社會因素棄而不顧。

乙、歷史的因果關係不是必然的絕對關係。

人事的變遷，悠忽不定，誰也不能預定，而且在事過境遷以後，當事人都很難明瞭爲什麼事實發生了，也很難了解事實經過的情形，因此述寫歷史的人，若不具有歷史的天才和寫作的天才，就不能寫出一本好的歷史。

歷史的因果關係，不是必然的絕對歷史，乃是一種人情之常的關係。人情之常，是按照普通一般人的心理去看，有了某某種因素，可以產生某些效果。例如以拿破崙的天性，加以法國人天性喜愛法國的偉大，便可以發生拿破崙征服歐洲的戰爭；以希特勒的天性，加以德人天性喜愛服從的紀律，就可發生希特勒併吞歐洲的大戰。兩者的原因是有了，兩者的效果也有了。然而這是戰後我們去看事實，由效果去看原因，兩者的關係密切相連，有效果必有原因。但是在事實發生以前，誰也不能絕對肯定兩次戰事必定發生；因爲至少拿破崙和希特勒都可以在發動戰事以前忽然死去。少了他們兩人，戰事當然發生不了。

歷史的因果關係，是設想的可能關係。一種（A）原因按常情說，要產生（B）效果，但也可以不產生。而且也可以產生（C）的效果。例如鴻門宴會項羽可以殺沛公，也可以不殺，而且也可以殺樊噲。因此歷史的連續時，不是必然的，而是可能的。但在研究歷史的人看來，史事已經在實際上發生了，則不是可能的事，乃是已然的事。在歷史哲學方面，研究歷史的因果關係，則不論事情發生了或沒有發生，兩者的關係都是可能的因果關係。

黑格爾的歷史哲學，主張歷史的必然性。歷史是絕對精神體的變動過程，變動的過程，按照正反合的辯證式進行。馬克思的辯證唯物史觀，也是主張歷史的必然性，歷史是物質的變化過程，變化過程也遵循正反合的途徑。共產黨遂相信社會的進化，由生產工具而發動，以階級鬥爭爲方式，必然地進到共產社會，可是按照馬克思的理論，社會按辯證方式進行不止，則由共產社會必然要變進另一社會，共產黨不敢說，也不敢想，卻想在共產社會裡以繼續鬥爭的方式去保存統治權力，一天不鬥爭，當天共產主義就要被淘汰。這種思想不是正確的歷史哲學思想，黑格爾和馬克思都是把人類社會和另一種形而上的社會相混，黑格爾把人類社會和絕對精神體相混，馬克思把人類社會和物理性的自然界相混。絕對精神體的變動是必然的，物理性的自然界變化，也是必然的，人類社會的變動關係則是可能性的。

由可能性的因果關係，不能走到偶然的因果關係。有人以爲歷史史事的連續，都是偶然性的；因爲歷史的因果關係既不是必然的，便是偶然的，在必然和偶然之間，不可以有第三者。何況每一個人所遇的事，都不能預先料到。這種主張從史事的外面去看，可以說是有理。一個人每天裡所有的事，都像是偶然遇到的。但是從事件本身上去看，則普通都是預先有計劃的。普通人們都把偶然的事和自己所計劃的事分得清楚，對於偶然發生的事不負責任，對於自己所計劃的事則負責任。這一點在法律方面，也有明文規定。因此歷史的因果關係，既是普通人們做事的關係，便不能認爲偶然的關係，而是真正具有因果的關係。我們計劃做一樁事，我不能說絕對做得成，但在事件做成了以後，事件便是我的計劃所發生的效果，計劃是因，所做的事件是果，絕對不能說所做的事是偶然發生的。有時候可以發生一事，在先我並沒有想到，也沒有計劃去做，這樁事對我說乃是偶然的事，不過，這樁事若是我做的，則是偶然的；若是別人做的，做這件事件的當事人，可能是有意做的。於是在人事關係裡，偶然的事祇有自然界偶然發生的事，在每個人所做的事裡，偶然的事很少，不足以構成歷史。歷史史事的關係，則都是因果的關係。

3. 歷史因果關係的普遍性

歷史的史事，前後左右，具有因果的關係，大家都可以承認。歷史因果的關係，不是絕對性的，而是可能性的；大家也可以承認。但因爲歷史因果關係的性質特別，於是在學術方面，就發生歷史哲學的學術性問題：歷史哲學究竟是不是一門科學？科學即是說客觀的學術；歷史哲學是不是一門客觀的學術？或者是一門主觀的文藝？

這個問題的產生，有兩個原因。第一，歷史史事靠因果關係去聯繫，史事的因果關係卻是可能性的關係；可能性的關係，怎樣可以構成客觀的學術呢？第二，歷史的因果關係，是處在各種單體事件中的關係，這些單體史事從來不會再現，因此史事的因果關係便不能成爲普遍的關係，也就不能構成科學。我們就這兩點，加以研究。

甲、可能性的因果關係，可否構成客觀的學術？

科學的原則，該當是必然性的。科學的推論，以原則爲基礎。科學原則的形成，或由演繹或由歸納。原則形成以後，便成爲科學構成的骨架和棟樑。科學的棟樑必定是堅固可靠的，必定是穩定不移的；假使科學的原則不可靠，科學怎樣能夠成立呢？

但是科學原則的必然性，並不完全是一樣的；因此科學的性質也不完全相同。在上面我們講學術原則的確定性時，已經講過確定性的不同程度：形上學的確定性，數學的確定性，自然科學的確定性，人文科學的確定性。確定性的程度不同，構成高低各級真理性的科學。各級科學對於真理的關係雖不同，然都不失爲客觀的學術。

社會科學爲人文科學，社會科學的因果關係，就不是絕對的必然關係，而是相對的必然關係；因爲在同樣條件的社會環境裡，不一定產生同樣的效果。

歷史的因果關係，並不是相對的必然關係，祇是預想的可能關係。這種預想的可能關係，有客觀的基礎；因爲預想的可能，是客觀的推論，而不是主觀的幻想。既然有客觀的理論或事實作基礎，這種預想的可能性關係，也能夠作爲客觀學術的原則。例如項羽因自恃武力而失敗，這種因果關係，是一項很可靠的原則，是客觀的原則，爲什麼不能作爲客觀學術的原則呢？

自然科學的原則，由實驗歸納而成，歷史的因果關係，由客觀的事實歸納而得。「自恃武力則失敗」，由項羽的失敗，呂布的失敗，拿破崙的失敗，希特勒的失敗，都可以證實這項原則的真實，而且可以說「自恃武力必失敗。」所謂「必失敗」的必然性，雖不是絕對的，然是可靠的客觀判斷。歷史哲學用這種可靠的客觀判斷作爲推論的根據，可以成爲人文科學。

中國歷史哲學思想裡有一條原則：「盛極則衰」，由《易經》的自然哲學原則「物極必反」，應用到人事，表示一種因果關係，有了「盛極」的因，便有「衰亡」的果。這種因果關係，在歷史的史事裡有許多證明，是一條確實的原則，即盛衰循環論。當然這條原則不像自然界的「物極必反」一樣絕對，然而它的可能性很大。誰敢否定這條原則足以成爲人文科學的原則呢？

乙、歷史因果關係的普遍性

「自恃武力必敗」，「盛極必衰」，這些因果關係，在歷史上成爲兩條原則。既然成爲原則，歷史的因果關係便具有普遍性。

歷史的史事常爲單體的事實，沒有兩樁完全相同的，也不重複。單體事實中間的關係，也常爲特殊的關係，而不是普遍的關係。因爲這些關係以人的心理爲主，每個人的心理狀態和每個自由選擇，都是獨特的；獨特的心理狀態和獨特的自由所造成的關係，當然也是獨特的。例如鴻門宴本來應該是沛公被殺的機會，沛公卻走脫了，原因是項伯偏袒沛公。項伯偏袒沛公和沛公走脫的關係，是一種獨特的關係，在全人類的事跡裡，沒有第二次鴻門宴。

但是鴻門宴雖不能重演，項伯偏袒和沛公走脫的事實不能有第二次；然而這樁事實可以有別的相似的事實，在各國歷史裡有許多次，因內部有偏袒敵人的人，使對敵人的攻擊計劃失敗。我們把這些相似的史事，除去外部的具體形色，抽出其中相似的抽象關係：「內部若有偏袒敵人的高級人員，則攻擊敵人的計劃必失敗」。這項因果關係的原則便成爲一條普遍的原則，可以應用於一切類似的事上；雖然不能常常一致地有因必有果，大致談來是不會錯的。

中國史論，常有史論的原則。例如：「君王近狎小人，遠賢人，國必亡。」「宦官操權，國必亡」。在中國歷代各朝的亡國君主身上，都應驗了這些原則。

司馬遷論夏桀、商湯說：「夏桀不務德，而侮傷百姓，百姓弗堪。……湯修德，諸侯皆歸湯，湯遂率兵以代夏桀。」（史記 夏本紀）「有德則百姓歸心，失德則百姓叛離。」，這種因果關係，成了歷史的原則。

祖伊諫紂王說：「維王淫虐，用自絕，故天棄我。」（史記 殷本紀）。「君王暴虐，獲罪於天，天必棄之。」這種因果關係，常爲中國經書所引用。

歷史的因果關係，所成的事實是獨特的單體事件，既不能重複，也不能有相同的事；這一點乃是歷史和自然科學以及形上哲學所不同之點，而且和社會學也有不同。從這一點說，歷史的因果關係不是普遍性的，不能作爲客觀學術的基礎。但是歷史事件中的因果關係從理論方面去看，則是抽象的，而且是普遍性的，例如上面所引的幾項中國歷史原則，是普遍的原則。

歷史因果關係的普遍性，跟前面所講歷史事件的因和果的關係，互相連貫。歷史事件的因和果的關係，不是絕對的必然關係，而是預測的可能關係，歷史因果關係的普遍性也是可能的普遍性。例如說在A和B相連的情形下，可以產生C的效果。A和B相連的情形，在許多事件上真真實現，譬如說宦官專權，在中國歷代的歷史裡有了許多次，是一種普遍性的事實。但是產生C的效果則不完全一定，譬如宦官專權；必亡國，「亡國」這個效果，不一定實現，但實現的次數，較不實現的次數要多。因此歷史因果關係的普遍性是一種可能的普遍性。

現代一般科學家對於自然科學的原則，都不敢相信有絕對的必然性，都寧願承認這些原則是假設，因爲怕有錯誤；然而雖相信爲假設的原則，仍舊可以作爲科學的原則，伸張自己的普遍性，歷史因果關係明明認爲可能性的原則，怕有時不能實現，更可以光明磊落地在學術裡佔一地位，保持自己的普遍性。

五、歷史與人生

1. 歷史是人類生活的累積

時間過去不復回，不留下痕跡；每個人的動作隨著時間而成過去，也不存留形態。一個人雖然可以靠著自己的記憶，回想以往的歲月；前人的工作雖是在土木鐵石的建築上，保留於後代，但是若是沒有文字的紀錄，後代人都不能明瞭前代人的生活和事業，每一代人都要重新另起爐灶，文化便不能繼續有進步。人類生活的紀錄乃是「歷史」，因此可見歷史對於人生的重要。

歷史的紀錄，是已經過去的事件。廣義說來，石刻銅刻的文字，都是歷史：土木鐵石的建築，也算歷史；因爲凡是史料，都包括在歷史範圍以內。一個人或一個政府的工作，在這各方面沒有留存一點遺跡，那些動作便同時間一起過去了，像沒有過一樣。人生的活動怎樣可以累積起來，可以繼續下去？怎樣可以使後人和前人連合起來，彼此在生活上互相連貫？完全靠歷史。

人類的生活和禽獸不同，禽獸各管各的，不相連接。百年前的牛和百年後的牛，生活完全相同。人類則能夠互相連接，一個人的生活和另一個人的生活可以累積起來，生活的累積便成爲文明，野蠻人進爲文明人，人類文明乃繼續往前進。人類的文明便是歷史造成的。「惟史主義」的學者乃主張人類所有的，祇有歷史。這種主張雖然過於偏急，然也有一部份真理。

甲、歷史與個人

人類的生活和禽獸還有一點不同；禽獸祇有單體，沒有社會團體生活，十頭牛的生活和一頭牛的生活沒有分別，人的生活則有個人的生活和團體的生活，一個人單獨在荒島上的生活，和在人群社會裡的生活，完全不一樣。同時，在社會裡生活的人，每個人的生活，和整個社會的生活，也並不完全相同。在生活方面，每個人都靠社會團體的協助；在社會團體的生活裡，每個人的生活，失去意義。所有的，是大家所造成的各色各樣的生活。

但是爲認識社會團體的生活，我們便要就個人的生活去研究，就是不能就每一個人的生活去研究，我們至少也要把足以代表社會生活的個人生活去作研究。同時，我們若要講社會團體生活，我們就要出例說明，所舉的例必定是個人的生活。

從此，可見個人生活在社會生活裡的意義。社會團體生活是個人生活所積成的，個人生活又是社會團體生活的代表。

社會團體生活而且是個人生活所創造的；社會生活的衣食住，那一樣不是由幾個有意創造的人所造成的呢？服裝由服裝設置師所造，或由一兩個自好新奇的人所創。住屋由工程師所設置，食物由廚師所烹調。這一切又都隨從科學發明家的發明而進化。從這方面去看，個人生活在社會團體生活裡，更有意義。不過，這些個人的生活，不是普通的每一個人的生活，普通每個人的生活隨著社會生活而變成一色，既沒有創造性，又沒有代表性。

社會團體的生活還有超出單獨每個人生活的部份，政府的政治超出每個國民的生活，社會的制度超出每個私人的生活。國民的生活當然包括在政府的政治和社會制度以內，但是政治和制度不是私人生活所積成的，乃由社會團體予以特別的意義。

政府的政治和社會制度由誰設置？還不是由私人去設置嗎？越是一個私人能代表一個私人，用自己的天才和學識去創造政治和制度，而不是用普通一班人的心理去設置，政治和制度更能有新的發展和成就。政治家和民族國家的英雄，對於國家民族的貢獻，就在於創造新的社會團體生活。

黑格爾的歷史哲學乃崇拜英雄，以歷史爲英雄所造。黑氏本是國家主義者，尤其是日爾曼主義者，他卻崇拜英雄；這也是日爾曼人的心裡，日爾曼人最重服從國家領袖。

我們中國人也常說：「英雄造時勢，時勢造英雄。」英雄創造時勢的時候，他創造一個新的社會；時勢英雄的時候，英雄創造適合時勢的社會。我們中國人承認社會是英雄所造成的。在社會沒有英雄的時代，社會團體的生活沿著舊時的習慣往前走；社會出了英雄，社會乃有改革。社會的英雄，並不祇是戎馬戰場上的英雄，而是各方面有新創造的傑出人物。

因此，各國的歷史，都是個人生活的紀錄。中國廿五史，都是本紀，世家和列傳。本紀紀錄每位皇帝的生活，世家紀錄每位王侯的生活，列傳紀錄每位特出人物的生活。所紀錄的人都是私人，不是團體。一部廿五史便是私人的歷史。

崇拜英雄的心理，每個人都有，大家都喜歡知道英雄的事蹟，也願意歌誦他們的功德。中國廿五史的紀錄也可視爲這種心理的表現。但是中國廿五史並不稱爲英雄們的傳記，而是稱爲中華民族的歷史，這些傳記所記錄的生活，代表中華民族的生活。可見私人的生活和歷史的關係很密切，私人的生活成爲歷史的構成素。我們也常恭維一些特出的人，說他們在造中國的歷史，或者說他們的事業是在寫歷史。

但是歷史所記述的私人生活，不以他的私人資格而被錄入歷史，而因爲他們是民族的代表。皇帝在古代當然代表全國的人民，他的歷史成爲全國的歷史；而且皇帝頒佈法令，規定國家制度，他是國民生活的定型者，即是說全國人民生活的形式可以由皇帝去規定。因此皇帝的生活，不能看爲私人的生活，而屬於國家的歷史。

國家的功臣，社會的賢達，學術界的名士，他們的生活，對於社會團體生活，曾有影響；因此史家把他們的生平，寫成傳記，流傳後世。惡人和敗類，也代表國家民族的另一方面，人類生活裡常有罪惡，惡人的事蹟，也因歷史流傳給後人。

研究歷史的人，不會滯留在這些傳記的事實上，他們要從這些傳記的事實裡，研究當時的社會團體生活。

因此，私人的生活，不足以成爲歷史，祇足成爲歷史的構成者。各級學校講授中國歷史時，雖然講許多私人的事蹟，然而所講的中心，是中華民族的歷史，而不是文、武、禹、湯、武帝和唐太宗清康熙的事蹟。

古代人寫歷史，無論中外都以個人生活爲主要資料。中國廿五史固然是篇傳記，敘述個人的生平，以個人生平歲月作爲敘事的經緯，國家和社會的事件包含在個人傳記以內；西洋的歷史，雖然以國家的經歷作爲史事的經緯，史中所敘述的事蹟，仍然多是君主和文武官員的事跡，祇有近代的世界史和文化史，纔以民族爲主體。但是研究歷史的人，要從這些個人和國家民族的事蹟裡，尋求民族生活和人類生活的通則。這就是歷史哲學，也就是歷史的意義。歷史作者盡量描寫所傳人物的個性，要描寫得栩栩如生；這是傳記文學的作法。但是歷史哲學則不看所傳的人的個性，而注意所傳的人所代表人性的共同點。

乙、歷史與民族

歷史的對象不是個人，而是民族。人們崇拜英雄和發明家，不因爲他們每個人的單獨行爲，乃因爲他們的行爲造成了民族的一段歷史。民族的生活和盛衰，纔是歷史的對象。歷史所記載的，幾乎都是個人的行爲和思想；這些人的行動和思想，都和共處的人有關。另外是一些被認爲民族英雄的人，他們的思想行動可以看作民族的代表。

但是我們說：歷史的對象是民族，真真的理由在乎歷史的本性。歷史是什麼呢？歷史是人類生活的紀錄。人類是指的誰呢？是指的每個人呢？是指的每個民族呢？是指全人類呢？歷史記載人類的生活，不是記載每個人的生活；因爲這是絕對做不到的事，而且就是做到了，爲研究歷史的人，又是不能做到的事。所有各國歷史上所記載的人物，祇是極少數人的生活，而這些人都是有代表性質的人。歷史的記載是記載每個民族的生活，每個人的生活記載稱爲傳記，不稱爲歷史，歷史乃是民族生活的紀述。第一因爲歷史有連續性，上下古今相繼續，一個人的歲月有限，一個民族的生命則可以延長許多世紀，民族的生活乃成爲歷史的對象。第二因爲民族是人類的代表。人和人相結合有家族、有部落、有國家、有民族。歷史記載這些團體的生活，都以這些團體代表人類；而最能代表人類的團體，乃是民族，因爲人類不是抽象的空名，而是具體的民族。

歷史哲學所要研究的對象，不是每個單人的生活，應是人類的生活，從人類的生活裡可以研究生活的意義和趨向。因此歷史所記述的對象，也應該是人類的生活，人類的具體生活，在民族的生活裡可以表現。

真正的歷史不是國家的戰爭史，也不是王位的爭奪史，真正的歷史是一個國家或民族的生活史。因此，現在的歷史家，主張民族文化史爲民族的歷史；因爲民族的文化，包括民族生活的各方面表現，民族的文化也是活的歷史。歷史不是考古，不是考證，考古和考證是種種死靜的描述，是些文據的堆積，歷史則是活的，是繼續動的。英雄和君王，死了就成爲過去；民族文化常常延綿，常常活動。文化雖然也有死亡，民族也有滅絕，在這種死亡和滅絕裡，就包含著歷史的意義。

但是我們以歷史的對象爲民族文化，我們沒有意見參加歷史學家對民族與文化的爭論，他們中間有的人主張文化由民族所造成，有的人主張文化由環境所造成，民族由文化所造，我所要說的，祇是說歷史所記載的是民族的文化，而不是私人的事跡，雖然我是主張文化由民族所造。

2. 歷史顯示人類生活的意義

歷史的意義就是人類生活的意義。

研究人類生活意義的學術，有人生哲學，有神學：人生哲學從人性方面探索人生的意義，擬定倫理道德的規範，評論人生各層的價值；神學則更從神的啓示，解說人生的究竟，繪出人生的整個圖案。但是人生哲學和神學的解釋，都是抽象的人生，屬於原則性的問題，使用演繹的方法。爲研究具體的人生，則祇有歷史。從歷史研究人生，使用歸納的方法，從人生的經歷和人生的成就，研究人生的意義；從人生的因果關係，歸納出來人生的原則；從歷史的趨勢，推知人生的遠景。若再加上神學的指示，我們更能知道歷史的結局，也就是人類生活的結局。

甲、歷史顯示人類生活的經歷

歷史所紀述的事件，都已過去。已經過去的事對後代的人，對於現在我們這一代的人有什麼關係？我們讀歷史難道祇爲著好奇心的衝動，知道一些有趣的故事嗎？

歷史所述的往事，一件一件地連接起來，因果相續，縱橫相聯，結成一個國家民族的生活。這種生活在時間上已經過去，但在後代人的心目中，在我們現在研究歷史者的心目中，卻立在眼前，看似目前的事。歷史把民族生活的經歷，都擺在我們的面前，過去的事成了現在的事，死去的人成了活人。我們乃從民族已經生活的經歷，理會出來人生的意義。例如羅馬帝國的一統歐洲和非洲，中國的一統亞洲，在人類生活上意義很大。秦始皇的一統中國，對於中華民族的生活也有重大的意義。

乙、歷史顯示人類生活的成就

民族文化稱爲歷史的對象，文化乃是民族生活的合理方式。這種生活方式包括人生的各方面表現，而且變動不止，常往前進。歷史紀述民族的文化，便紀載著文化的進展。在文化的進展裡，歷史給後代人顯示出來前代人的成就。前代人的成就，不僅是機械工業的成就，也不僅是科學發明的成就，還有人文科學的成就，社會制度和人格尊嚴的成就。

民族文化所有的成就，結成了當代社會的生活方式，或好或壞，範圍了社會裡一般人的生活。我們爲明瞭當代社會的生活方式，我們便要研究民族的歷史。從以往的史事，和史事的轉變裡，我們纔可以探索到當代社會人生問題的意義。例如爲明瞭現在自由中國政府公務員的舊習慣和心理，我們一定要研究中國古代官員的心理和作風。現在貪污的風氣，雖然由於生活環境所促成，但也是中國歷代官場的習氣，又例如爲明瞭爲什麼現在自由中國的家長都想要子女入大學，也就要從歷史上研究中國歷代讀書爲做官的習氣。又例如目前民意代表改選問題，以「法統」爲中心焦點。爲什麼「法統」在中國這樣重要呢？原因是中國歷代編修歷史，都以法統爲綱要，合於「法統」者爲王，不合者爲賊爲匪。

歷史是連續的，所以能夠連續的線索，就在於人類文化的繼續不斷。

丙、歷史的因果，顯示人生內涵的意義

佛教主張人生一切，都由因果的關係所成，斷了因果，萬法都滅。歷史講因果，不同於佛教的因果報應；但是歷史必定承認有因果關係。一樁事，沒有因，便不會產生。若是沒有塞北的匈奴作亂，秦始皇不會築長城。若是當時皇帝不要運漕糧，運河也不必開。歷史述說因果關係，不在於自造原因和效果，也不在於說明原因和效果的理論，祇在於述說事件的真相。研究歷史的人，從事件的連續中看到了因果的關係，而且也探索出來因果的意義。

歷史哲學特別注意歷史事件的因果意義。這種意義是事件本身的意義，又是人們心理的意義，也就是人生的意義。因著這種意義，後代人纔可以從前代人的歷史裡取得教訓。

秦始皇因獨尊而亡，拿破崙也因獨尊而亡，希特勒又因獨尊而亡，我們便有一種教訓；獨尊的人必要敗亡。獨尊和敗亡，有因果的關係。

歷史的因果關係，都根據人的心理；即使中間夾雜有自然界的物理關係，這種關係也要

從人心理方面反應出來，而後成爲歷史的因果關係。例如天旱而有飢荒，又如颱風而生水災，都是自然界的現象：這些現象爲成爲歷史的事實，就要看受災的人所有的反應。張獻忠和李自成因著天旱饑荒而作亂，歷史的因果關係，在於張、李兩賊乘機起事，又在於明廷應付無方。

歷史的心理關係，所以能爲後人的教訓和殷鑑，則因爲人心有相同之理。人都是人，人都有人性，人的人性相同，心理的反應也相同。因此在前人已有的因果關係，在後人也可以產生因果關係。但是，俗語又說：「人心之不同，如其面焉。」人心之理雖相同，人心之反應則因人之個性而有不同。每個人有自己的個性，個性限制人性的表現；因而每個人對一樣的事，所有的反應並不完全一樣；況且人有自由，意志還可以支配心理的反應。歷史的因果律乃不像自然界的因果律，含有必然的關係，而祇是大概可以發生的關係。

在本來可以產生而不一定產生的因果關係裡，歷史的記述，充份顯示出來人生方面的意義。例如日本明治天皇變法而強，清朝光緒帝變法卻失敗，兩者之中，顯示出來許多人生的意義。研究歷史的人，深深了解這些意義的所在。

一個沒有歷史的民族，就像一群生活在黑暗的人，都是暗中摸索，又都像小孩一樣，對於人生沒有絲毫的瞭解。歷史給人帶來光明，使人認識人生，使人瞭解自己。

丁、歷史顯示人類的遠景

歷史的事實不再重現，歷史一去永不回來，歷史上沒有兩樁相同的事。然而我們爲知道將來，我們卻要讀歷史。歷史顯示人生的遠景。

歷史記載以往的事，不能預言將來的事；歷史家不是預言家。最近我在雜誌上看到一位德國朋友葉丁神父(H. Jedin)的一篇講演詞，題目是〈由教會歷史看教會危機〉㈥他是教會歷史專家在這篇講演的結論裡說：「現在再讓我重新伸明一句，聖教史無法給今日的教會一個萬靈丹，服了之後，就可以去戰勝今日的危機；但是歷史的教訓倒可以幫助教會對今日的情況作一個正確的判決，因而也幫助教會勝過目前的危機。」

歷史哲學所懸的理想，在於從歷史事實研究人類歷史的趨勢，以顯示人類生活的遠景。歷史的事件，雜亂無章，沒有必然的規律。但是在雜亂無章之中，人類的生活在各民族裡都趨向同一的路線。平等自由，雖然在第二十世紀裡纔在各民族裡成爲生活的理想，但以往各民族的歷史都向這條路上走。將來怎樣呢？將來一定更向這條路走；因此我們可以推測集權專制的共產政權必有崩潰或改頭換面的一日；沒有一個人爲的制度，可以抵抗歷史的趨勢！

中華民族的歷史，分而復合，合而復分，合爲通常狀況，分爲非常情景。非常情景有時延長半世紀或一個多世紀。因此我們觀察大陸和臺灣的分治，祇是非常的情況，中華民族將來仍舊會回到一統的通常狀況。

一個民族的歷史，在世紀中繼續演變，絕不能如同一個單人的生活，受本人意志的約束，容易改絃易轍。民族歷史的演變，有自己的路線；這條路線由民族歷史所造成，雖然在非常時期可以被少數強權的執政者，或特出的改革家所改變，但是在基本點還是繼續前代的歷史。一個民族的將來遠景，在基本的路線上，可以由歷史去顯示。

3. 歷史在人生上的運用

我的案頭現在排著三冊書：一冊是尼采所著的《歷史之用途與濫用》㈩另一冊是威爾・杜蘭夫婦所著的《歷史的教訓》㈩，第三冊是洛思所著的《歷史的用途》。㈢

甲、尼采的消極論調

尼采說，人生的不幸福就在於不知道忘記過去，不能像獸一樣只有現在，而沒有過去。獸不在歷史裡生活，人卻背著歷史的包袱。普通人被這包袱壓住，抬不起頭來，彎著身向前走。祇有一代最偉大的人，纔能有非歷史的感想能力，單獨創造生命，超出於歷史之上。歷史本是爲人生服務的；但若歷史之份量過重，生活就被傷殘而退化。

尼采卻又承認歷史對於人生有三方面的益處：歷史的榜樣鼓勵和安慰偉人的奮鬥；歷史的傳統使富於保守而虔敬的人，在心靈上得有支持；歷史的事實供給不滿足以往的人，一切批評的資料。這三方面的歷史，第一是紀念的歷史，第二是懷古的歷史，第三是批評的歷史。

不過，歷史的份量若是過重，人生便遭摧殘。尼采說：「歷史之過量，對於一個時代之生活，似乎是一個敵人，而且在五方面生危險。第一，內裡與外間之對照被看重，而個性乃弱化了。第二，時代會想像它具有最難得的德行、正義，比其他時代要高得多。第三，一個民族的本能被阻截了，個人之成熟，亦如全體之成熟，都停止了。第四，我們得到人類舊時代的信念，這信念在任何時候都是有害的，就是相信我們是降生也晚的生存者，有忝乃祖的苗裔。最後，當一個狡滑的自我主義的行動理論已臻成熟，以傷害而終毀滅那生機的力量時，一個時代就達到涉及本身的一個危險的譏諷之狀態，和那更危險的輕世主義之狀態。」

㈢ 尼采主張「超人」，超人自己創造一切，否認上帝，否認歷史，否認環境，以自我爲一切的主宰者。在這種主張裡，歷史當然失去了意義。

乙、從歷史認識人類發展的因素

威爾·杜蘭的《歷史的教訓》一書裡，從各方面講到歷史的教訓。這些教訓就是我們從歷史各方面所得到的智識。

威爾曾問說：「對於人性的了解，研究歷史的人，比不看史書的人所知道的又多幾何？研究史書之後，是否對我們當前的情況就多一層認識？對我們的判斷及決策是否有所指導？對意外事件可以有所防範？」（踟躕 第一頁）

「地理是歷史發源，是歷史的乳母，是歷史的薰陶所……當工藝技術興起，地理因素的影響相對地消滅。一塊土地的本質和外貌，將可為農工商提供機會。並且只有在領導者的創造力，想像力，及追隨者的努力下，才能將這種可能性變成事實，並且也只有在一相似的聯合努力下，才能創造一種能克服數以千計天然障礙的文化。是萬物之靈的人，而非大地，創造了文明。」（歷史與大地 第六—八頁）

「所以，歷史第一個生物學的教訓，生活即是競爭，競爭不但是交易的生活，也是生活的交易。……歷史的第二個生物學的教訓：生活即是選擇。在爭取糧食或配偶或權力的競爭中，有的成功，有的失敗。……歷史第三個生物學的教訓：生命必須滋生……」（生物學與歷史　第十—十二頁）

「種族的角色，在歷史中最較初級的，而不是創造性的。在不同的時間，從不同的方向，進入某一地區。他們的血液，傳統與習慣，互相混合融和，幾百年後，這種混合融和產生了新的型式，甚至新的民族。……」（一種族與歷史　第二十三頁）

「在有紀錄的歷史中，人的進化，是社會性的，而非生物性的，它不是因種族中遺傳的不同而進化的，而大部份是因藉著模仿習俗或教育，將經濟的、政治的、智慧的、和道德的進化傳遞給個人或後代。……在這裡那些積極奮發的人，如偉人、英雄、天才，在歷史又重振其地位，而為一形成的力量。」（心理與歷史　第二十七頁）

「對歷史涉獵不深的人，會認為道德不足重視，因為道德隨時代和地域而異，有時甚至大相逕庭。但深通歷史的人，就會強調道德的普遍性，和它的重要。道德律各有不同，是因為要適應其歷史及環境的條件。……」（倫理學與歷史 第三十一頁）

「就是懷疑論的歷史學家，對宗教也有很高的評論，因為他看見宗教是有功能的，並且顯然地是不可缺的。在每一個地方和時代中，對那些鬱悶不樂者、苦難者、遭受損失者，年老者，它帶給上百萬的靈魂超自然的慰藉，比任何自然的幫助更珍貴，更有價值。它曾幫助過雙親和教師們，來訓練青年人循規蹈矩。它對最謙卑的存在賜予了意義和尊嚴，並且藉轉移人際契約為神間的莊嚴關係，它的洗禮，對社會的穩定做了許多貢獻。……當宗教沒落時，共產主義必乘機猖獗。……」（宗教與歷史 第三十七頁）

「英國詩人波普(Alexander Pope)認為，只有傻子才會爭論政體問題，歷史對所有政體，和政府，均有美辭。因為人愛自由，但在社會中個人的自由，需要一些行為規範，自由的第一個條件是它的限制。如果全不受限制，那他的自由必在動亂中喪失。所以政府首要之務，乃在建立秩序。有組織的中央權力，是對那些掌握在私人手中，不可勝數的和腐敗的力量之唯一的改變方法。……今天，世界性的政府是在發展中，就好像工業、商業和財政是擴越國境，並且採取的是國際性形成。」（政府與歷史 第六十七—六十八頁）

「歷史上何以有許多文明的殘蹟？是否像雪萊(Shelley)的歐濟曼地亞斯(Ozymandias)所指，『凡事不免一死』？在這種興亡過程中有無任何定律，可使我們根據過去各種文明的經驗，推測我們自己的前途？有些富有想像力的人認為可能，甚至對將來有詳細的推測。……歷史是會重演的，但只是輪廓，只是大略。……所以我們不能確言，將來即為過去的重演。每年皆是新奇的嘗試。」（昌盛與衰微 第八十九—九十一頁）

「歷史最可貴的地方，是創造及紀錄這種傳統。傳統的充實、保存、流傳、及使用，就是進步。我們研究歷史，不僅要認識人類的愚蠢及罪惡，也緬懷先賢而獲得鼓勵。……研究歷史的人不會悲傷哀痛。因為他認為，人生的意義在各人自己在生活中造成意義。我們應以能使生活具有意義為榮

，而且使這意義永垂不朽。」（進步的真實性 第一〇六頁）

從上面所引《歷史的教訓》一書中各章的重要點，我們可以知道歷史的運用和價值。歷史紀錄人類文明的發展和衰落，也顯示人類文明在將來的途徑。

歷史所顯示的有自然環境的影響，有種族遺傳的根據，有英雄和偉人的創造，有人類心理的反應。歷史是人生的紀錄，人生是人的心理生活。人的心理在基本上相同，對於外來影響力所有的反應，大致一樣；這一點就是歷史運用的基礎。研究歷史的人，根據人心相同的理論，運用歷史已往的事例，去推測將來的境遇，而指示應付之道。因爲在同樣的境遇中，人心的反應大致相同，但是歷史的運用範圍很有限，因爲將來的境遇和已往歷史上的境遇絕對不能完全一樣，又且因爲人有自由，可以自由決定自己所有的反應；因此歷史不是預言，更不是自然科學的定律，乃是人生的經驗，人生的教訓。人類的智識是堆積而成的，人類要用智識去生活，不用智識的人是愚蠢的人，也是野蠻不開化的人。人既要用智識去生活，便不能不運用歷史。

丙、歷史的趣味

洛思在《歷史的用途》一書裡，第二章講歷史的趣味。他說歷史不單有益處，也有趣味，而且趣味很多。歷史使我們對於眼所見到的宇宙，增加認識，增加評價。普通我們所不注意的事物，例如城鎮鄉村、古代建築、宗教、廟堂、房屋橋樑，以及四週的景物，都因著歷史的智識，多一層意義。我們知道了以後，心中感到快樂。

我們的故宮博物院，每天常有千百的遊客；他們都留連忘返。遊客們所感覺到的，不單單是所收藏的古物之美麗，而也是它們所代表的歷史。但若是遊客中有懂中國歷史和古物歷史的人，他們參觀博物院更感覺興趣。

歷史的趣味雖和藝術的趣味不相同，但也可以說是一種美感。若說中國的歷史著作，本是文藝作品，讀司馬遷的《史記》，乃是欣賞文藝的美。就是不是文藝作品的歷史，也能使古代的人物和事蹟，重現在我們心裡。又使我們所看的遺跡，重新套上昔日所有過的生命。一塊破舊的石頭，能夠因著歷史而成爲活的東西；我看這塊石頭，不是看著一塊冷硬的死物，而是一連串的活動事件。這就是歷史給我的趣味。

古代的歷史，無論東西，都是文學作品，都可以作文藝欣賞。中國古來讀書的人，讀歷史大都是爲讀文章，而不是爲研究歷史。

現在寫歷史的人注重考據，以歷史爲科學，不再屬於文字。考據的文章，成千成萬的字，枯乾晦澀，讀起來趣味全無。可是研究考據的人，自己則興趣盎然，以研究廢紙廢銅爲樂。

不過，現在真正的歷史家，寫作歷史，仍舊有文豪的筆墨，考據祇供應資料。歷史不是考據，考據之文也不是歷史的文章。

若研究歷史哲學，趣味更高，在幾千年的事蹟中，在全球或興或亡的文化裡，追求全人類以往生活的意義，再向無限的將來，憧憬著人類的前途，而且不在幻想中週旋，而是在事實上推論，心中的快樂，更不是洛思所說欣賞歷史的快樂所可比擬了。

註：

(一) 章學誠　文史通義　史篇別錄例義。

(二) 許倬雲　歷史學研究　臺灣商務印書館　民國五六年版頁一—二頁。

(三) 章學誠　文史通義　史德。

(四) 孟子　離婁下。

(五) 史記　太史公自序。

(六) 杜蘭夫婦者　鄭緯尼譯　歷史的教訓　大江出版社　民國五八年。

(七) 杜維運　王夫之與中國史學。

(八) 施享利著　黎東方譯　歷史之科學與哲學　人人文庫頁一〇七—一〇九。

(九) Will and Ariel Durant著 鄭緯民譯 歷史的教訓 大江出版社 一九五八年版頁 六。

(十) 仝上 頁八。

(十一) 仝上 頁十。

(十二) 仝上 頁十。

(十三) 仝上 頁十。

(十四) 胡漢民編 總理全集，頁四八四。

(十五) 見歷史與思想 李永熾譯 水牛出版社 民國五十九年版頁一三九。

(十六) 許倬雲 歷史的研究 臺灣商務印書館頁一。

(十七) 章學誠 文史通義 史釋篇。

(十八) 章學誠家書二 見章氏遺書 卷九 頁六八。

(十九) 章學誠家書三 見章氏遺書 卷九 頁六九。

(二十) 王夫之 讀通鑑論 敘論一 見船山全集 臺北華文書局第十一冊 卷三十末。

(廿一) 許倬雲 歷史的研究頁二。

(廿二) 愛德華．卡耳(Edward H. Carr) 歷史論集(What is history)王任光譯 幼獅叢書 頁一一二。

(廿三) Michael Oakeshott. Experience and its Modes.(Cambridge University Press.1933.) P.99 見歷史論集 頁一六。

(二四) Calling wood. The Idea of History. 見歷史論集 頁十五。

(二五) Raymond Aron. Introduction'a la philosophie de l'Histoire. Editions Gallimard. P. 201-318.

(二六) Albert Michotte Lapeception de, la causalite.

(二七) 羅光 理論哲學 下冊，頁二四八。

(二八) 葉丁著 趙慶源譯 恒毅月刊（臺北）第二十一卷 第八期 民六十一年三月。

(二九) 尼采 歷史之用途與濫用 淦克超譯 水牛出版 民五十九年版。

(三十) 威爾・杜蘭夫婦著 歷史教訓 鄭緯民譯 大江出版社 民五十八年版。

(三一) A. L. Rowse. The use of History 人人歷史叢書 文星書局。

(三二) 尼采 歷史之用途與濫用，頁三〇。

第五章 歷史的創造者

歷史的哲理

研究了「史事」和「歷史」的意義之後，我們就要進入歷史哲學的中心部份，研究歷史所有的哲理。

歷史在人事中，會有許多奧妙的秘密部份，我們不能了解。歷史爲人所創造，但是人們自己又在歷史以內；創造歷史的人，同時又受歷史的創造。歷史由人的自由行爲所演成，沒有必然的規律；但是自然界的規律，給人類歷史加以範圍，同時人生的規律也限制歷史。歷史爲時間的變易，但是歷史的真正價值超出時間以上。歷史爲人類在空間和時間以內的過程，但是超出時間和空間的造物主，這位絕對的神靈，卻掌握著人類的歷史，自己加入人類歷史以內。因此人類的歷史，在史實的事件看來，都可以明瞭，都可以提出証據；但是在史實的連貫和史實造成的演變裡，尋求真正的意義，即是在歷史的哲理方面，則有許多奧妙秘密，我們不能明瞭認識，只能虛心研究，尋找合理的解釋。

一、歷史的創造者

1. 民族歷史的主人

歷史為民族或人類在生活中的過程，這種生活的過程由歷史紀錄下來。我們閱讀歷史，知道以往的事實，有些可喜，有些可驚，有些可怕，有些也可恨。我們閉了眼睛，深加思索：這些以往的事實對於我有什麼關係？這些往事若是非洲國家的事，我們覺得和自己一點沒有關係；這些往事若是歐洲和亞洲國家的事，我們覺得和我們有時有關係，有時沒有關係；這些往事若是中國的歷史，我們就覺得和我們的關係很大，而且是我們自己的事。雖然秦始皇、漢武帝、唐太宗、武則天、清康熙、慈禧太后、或好或壞他們都過去了，他們的史事卻影響了我們的生活，因為若沒有他們，或者他們的事業和當日所作的事業不一樣，我們今天的生活可能就是另一樣的生活。例如若是沒有慈禧太后或是慈禧太后接受變法圖強，今天的中國可能不是這般模樣。

甲、從這裡，我們可以看到歷史的兩項意義：第一，歷史是活的而不是死的，活的歷史是民族的生活，在民族裡繼續活動，因此歷史的主人是民族。我們中國人知道中華民族的歷史是我們自己的歷史；所謂我們的歷史並不是和「唯史論」一派的人所說歷史的史事重現在我們的腦中，而且中國的歷史乃是我們的生活。我們今天的生活，和以往中華民族的歷史互相連接，好比一道江河，繼續在流。第二，歷史的主動者，是少數的人。秦始皇、慈禧太后可以改變中國的歷史，這些人是掌握中華民族命運的人，孔子也是給中華民族歷史一定模型的人。

民族為歷史的主人，因為歷史應該是活的，應該是延續的生活；否則，歷史不是歷史，祇是考古的文據。考古和歷史的不同點就在這裡，考古是研究靜止的和死的文據；歷史則是紀錄延續的生活。

乙、生活的延續不在每個私人的身上，每個私人的生活自成一個單體；要把這些單體生活連接起來，生命纔可以延續下去，單體生活的連接線，是民族。因此歷史的主人乃是民族。

民族的生活所以能夠延續下去，首先，當然靠著血統的延續；這是一種生理條件。生理的血統在延續時帶有許多別的條件，即是生命所有的遺傳。生命的遺傳構成民族生活的基礎。在這種基礎上先人建造了生活的方式；這種生活的方式，乃是民族的文化。民族的文化是民族生活的延續所需要的第二種條件。因此，民族文化是歷史的對象。(一)

民族文化雖是民族的生活方式，或者也可以說是民族的生活；但是兩者並不相合爲一，民族不是文化，文化也不是民族。民族常是一個，或是分，或者混雜，民族在延續的生活理常是一個，文化則可以變換，也可以死亡。就是因爲文化有變遷，歷史纔有許多的變遷事蹟可以紀述。

民族和國家也不完全相等，民族爲血統和文化的團結，國家爲政治的團結，兩者可以相等，一個民族組成一個國家，也可以不相等，一個民族分成多數國家，或者多數民族合成一個國家。普通編寫歷史的範圍，常以國家爲單位，一者因爲在實際上對於編寫歷史有所方便，再者也因爲文化的具體表現常受政治團結的限制。然而在現在的歷史家裡，已經趨向以民族爲歷史的編寫範圍，漸漸趨向世界史，以全人類爲歷史的主人。(二)

丙、世界史的趨勢，愈來愈強；因爲人類的變遷也是趨向世界大同，在幾百年或一千年以後，國家的界線將擴到洲的界線，漸漸進爲一個地球國家，或者進爲一個世界聯邦。

然而，編寫歷史的困難也愈來愈多；歷史已經成爲一門科學，編寫歷史需要用科學方法蒐集史料；因此，編寫民族通史或世界通史，決不是一個人或兩三個人所能做到的事。現在寫通史的人很少，歷史家都祗專門研究一種局部的個別的史事或史料，歷史遂成了考據之學。中國古代朝廷設有歷史編輯館，館裡設有許多位編輯的人。中國的廿五史從漢以後都是史館編寫而成。將來爲寫歷史還是要用這種方法。

到了世界大同的時代。歷史便以人類爲主人，以人類的各種文化爲對象。

2. 創造歷史的人

歷史的主人雖是民族，歷史的對象雖是民族歷史；可是歷史在紀述民族文化的變遷時，常是紀述一些個人的事蹟。這些個人成了歷史的主幹，成了歷史的材料，也成了歷史的色彩。不用說中國廿五史，都是本紀，世家和列傳。本紀、世家、列傳都是一些個人的傳記；西洋歷史裡又何曾不是用一些個人的事蹟，作爲歷史的經緯呢？祇有專門講文化的人，纔以文化集團作紀錄的經緯。

個人的行動爲什麼成爲歷史的經緯呢？㈢

甲、歷史是民族或人類生活的紀綠，民族或人類的生活常有生活的方式，生活方式的形成，常以一個人或少數人爲主動，大多數人爲被動。小的方式如婦女的時裝，以時裝設置者爲主動，婦女們跟著響應，時裝的風氣便成立了。大的生活方式，如生活的電化：電燈、電爐、冰箱、電視等等，也由於科學家的發明，大眾接受這些便利，電化工具便成了現代生活的工具。

歷史是民族或人類生活的紀錄，人的生活是自由的生活，人的自由歸於理智和意志去指揮，我們古人說：心是一身的主宰。孔子曾經說：「君子之德風，小人之德草，草上之風必偃。」（論語 顏淵）這是人類的一種普通心理，人在社會裡生活，每個人不會也不能都去創造自己生活的方式，而是常受強者的影響，理智力高的人，意志力活的人，威權大的人，他們爲自己又爲別人創造生活的方式。一種文化的開始，常是少數人的創造，少數人的提倡；一種文化的成立，也是由少數人制定制度，由大多數人去接受；大多數人接受了，文化便告成立。

乙、文化成立以後，制度便成爲傳統，在傳統裡生活的人要想改換生活的方式，必定又要由少數理智力高，意志力強的人去倡改革，並不是像馬克思辨的証唯物史觀，以爲生產的工具改變了，社會經濟便起來革命，民族的文化就變了。因爲生產工具的改變，需要科學家的發明，工具的應用又需要合理的計劃，這些都是應用少數人的智慧。因此少數人的智慧，是歷史的創造者。

不僅是少數人的智慧，創造歷史，使人受福。歷代也有許多少數人以自己的愚昧，創造了歷史，使人受苦。舉個最近的例：日本軍閥的愚昧，製造了亞洲的大戰，我們中國人現在還受災害；德國希特勒的愚昧，製造了第二次世界大戰，德國人現在還吃著虧。這種人在歷史上多得很，中國歷代的皇帝有智慧的並不多，愚昧的卻真不少，他們的事蹟成了中國的歷史；因爲他們的事，影響了全中國人的生活。

丙、人的生活在社會以內，社會的生活是團體生活，團體生活天然地要求組織，這些組織無論是家族的，是政治的，是倫理的，都必然地有主持的人和主動的人，主持的人和主動的人都是少數人，這些人創造社會生活，統制社會生活，也可以敗壞社會生活。人類的歷史，因此常操在少數人手裡。

獨裁的社會，固然由少數人操縱；民主的社會，又何嘗不是由少數人擺弄。民眾的心理，不加思索，不用智慧，不知道創造，祇知道被動。民眾的歷史是一種制度史，是一種色彩的歷史，沒有創造性。少數智慧的人或好或壞，用理智創造制度，用意志強人奉行。這就是一切民族的歷史。

但是，人都是自由的，民眾也都有自由，大眾人服從少數人，若不願意服從時，可以摧毀少數人所造的歷史而與以改造，中國人常說不要失民心。最簡單的例，婦女的時裝風氣變換很快，也是因爲種種時裝以新奇爲主，容易失去社會人士的支持。又如共產黨的制度無論怎樣嚴厲，在人民消極抵抗不願意接受時，必定要改變制度，這一點表示少數人或個人創造歷史，在事實上不是絕對的成就，而是相對的成就。

歷史的創造是個人，歷史的成就則是民族。

3. 前代的累積

誰不知道歷史在於紀錄以往的事蹟呢？讀歷史，就是談已往。歷史便是一堆的往事。

甲、一堆往事，卻不是一堆雜亂的垃圾。歷史的往事看來都是偶然發生了的事，一件一件的堆積起來，彼此中間沒有關係，更沒有線索系統；因爲歷史往事是人所做的事，人有自由，一個人做事和另一個人做事可以互不相關，各按各自的意願去做。有一些事雖是發生在自然界，自然界有必然性規律，但如水災、地震、蝗災、瘟疫等事，都不能事前預測。又如每天報章所登載的新聞，連篇都是不相關連的事，這些事在後來成了往事，也就成爲歷史。

但是實際上並不是這樣。報章上所登載的事實，在後來並不能都成爲歷史，祇能成爲歷史的資料。歷史的紀錄，是有系統的紀錄，歷史選擇史料，是有嚴密的標準；歷史記錄的系統和選擇史料的標準，最重要的一點在於因果關係。人有自由，自由的應用受理智的支配，雖說許多人做事糊里糊塗，創造歷史的人則做事常有目標。歷史的史事便前後連續，彼此相關。

乙、歷史的史事，互相關連，連成一部活的歷史。歷史所有的史事，便不能看爲一堆死的往事。這些往事在時間上是已經過去了，不能重新再現；但往事前後相連的線索，即是民族的生命則仍舊繼續活著，因此這些往事也都是活的而不是死的。

所說歷史的史事是活的，並不是像有些歷史哲學家所說歷史的史事在我們的心中重現。他們以爲我們爲紀錄或研究歷史，要把歷史的事蹟表演在我們腦中，歷史的事乃常是當前的活事，而不是以往的死事。㈣這種主張祇是一種認識論的主張，西洋的近代哲學集中在認識論上，把形上學和人生哲學都拋棄了，祇有當代的存在論纔回到形上的存在和人生的苦悶。以歷史爲往事在腦中的重現，祇注意認識歷史的方法，而沒有注意歷史的本身。歷史的事蹟一定是已往的事，絕對不能重新實現，我們認識這些往事在腦中應該有的觀念，和我們認識其他事物應該有的觀念一樣，我們並不能以所認識的一切事物，都同時存在我們的腦中，否則，我們便成爲唯心論者。

歷史的史事，在時間上是過去了；然而和現在我們的生活互相連結。我們的生活是民族的生命，民族的生命不僅是我們現一代人的生活，也是以往和將來所有每代中華民族的人的生活，因此歷史因民族而生活，而是一道繼續長流的活水。

丙、歷史的史事，既然是活的，既然是民族的生命，歷史的史事便不是一堆陳舊的廢物，而是和現在及將來民族生活相連，是民族生活的一部份。這一部份民族生活並不是因爲在時間上過去了，便不和現在及將來的民族生活不相關，而是現在及將來民族生活的構成部份，好比一條江河，河裡的水由上源流下，塞斷或乾枯上源的水，下面便沒有河流了。

歷史的本性是連續的，前面的歷史是後面歷史的基礎。拋棄民族的歷史，一切從頭做起，興起一次革命鏟除民族文化的全部傳統，民族的歷史便要中斷，民族的文化也要全變，可是民族的人仍舊存在，這是不可能的。所以歷史哲學家所倡文化盛衰學說，(五)以文化有生有死，這種學說不能說是正確的學說，祇能在歷史上已經消滅的民族裡發現。民族被消滅了，民族的生命斷了，民族的文化也就死了。若是民族不滅，民族的生活可變，民族的文化也可以改，民族的歷史也就仍舊繼續不絕。然而民族生活的改變，必定要以舊有的生活爲基礎，在基礎上改革，因此，歷史常是民族在現在和將來的生活之基礎；普通所說歷史的教訓也就是這一樁大道理。

4. 新事件的產生

甲、一條江河，從發源地流入海，沿途併入許多的支流，江水便愈遠愈大，長流不竭。若是沒有支流加入新水，僅靠發源地的水源，河水不能長流，必要自形乾枯。民族的文化，常需要新的成份，予以充實，加以革新，民族的生命乃能發揚。因此歷史常有新事件的發生。

進化論的學者以宇宙萬物的進化，常有突變或躍進的現象，使每種新物種可以出現，而宇宙的進化全靠這些新物種繼續成立。人類的歷史不能和自然界的進化史相配合，自然界具有必然性的規律，人類則具有自由。因此人類的歷史所有新事件，發自人的自由，不發自必然的規律。

中國的歷史哲學和儒家的人生哲學相連貫，儒家的人生哲學則以人道和天道相連，天道的自然法用之於人事倫理，因此《易經》的宇宙循環變化規律，構成了歷史上的盛衰循環律。

王船山反對這種盛衰循環律：

「以天下治亂，夫人進退而言之，泰極而否，堯舜以後，當即繼以桀紂，而禹何以嗣興？否極而泰，則永嘉靖康之餘，何以南北瓜分，人民離散，昏暴相踵，華夷相持，百餘年而後寧？畜極而通，則苟懷才抱德者，憤起一旦，不必問時之宜否，可以欲所欲為，而去無不快。以天化言之，則盛夏災風酷暑之明日，當報以冰雪。山常畜而必流，水常通而必塞矣。故泰極者當益泰也，否極者當益否也，泰上之復隍，否上之傾否，自別有旨，而不可云極則必反也。極則必反者，筮人以慰不得志於時者之佞詞，何足以窮天地之藏，盡人物之變，貞君子之常乎？」(六)

物極必反，在中國人的心理上已經成了一條人生規律；但是在客觀事實上，祇能稱爲一種可有可不有的現象。歷史不循環，繼續往前走，是好是壞，是進步是退步，中間問題很多。然而歷史的事件，不能常是一律的，如同自然界的現象一樣。歷史的事件許多都是新的，都是意想不到的。我們讀歷史常常從頭到尾，不能讀了一部份，以其餘的事可以類推。

乙、歷史新事件的發生，根之於人的自由。人雖然有很強的惰性，容易隨著習慣去行動；但是凡是含有歷史性的事件，必定不是普通日常習慣的事件，而是經過人所自由決定的事。每一樁歷史史事都可以說是新事，都是人用自由而做的事。人做的事，沒有兩樁事相同。中國廿五史上的事蹟，每樁事自成一事。

不過，這些自由所成的事，雖每樁事不相同；可是性質則大部相同；因爲都是按照傳統的成規而做的。所謂歷史的新事件，則是性質和傳統成規不相同，或者是在成規以外。這些事件真是新的事件，也是創造新的歷史的事件。在中國歷史上秦始皇的一統，漢高祖定朝儀，漢武帝征服西域，佛教傳入中國，蒙古人建立元朝，明末西洋人來華傳授西學，滿清入關，民國成立，抗日戰爭，共匪竊據大陸。這些事件乃是中國歷史上的新事件，或好或壞，使中國文化起了轉變。

文化是在空間和時間以內的民族生活方式，一定受空間和時間的限制，沒有一種文化能夠永遠長存。爲使民族文化長存，民族的生活方式應當有新的事件，即是有民族生活的新原素，和生活方式改新而適應時代。而且民族的生活方式，在時間變遷了以後，自然要求新的事件，以便加以充實和改新。否則生活方式成爲陳舊的死水，不能發展民族的才能，民族便要衰頹，甚至於要被強的民族所毀滅。民族被毀滅了，文化也斷了，歷史也停止了。因此，可見歷史新事件的重要，歷史需要繼續創造，歷史的創造者是人的自由。

二、人的自由在歷史上的地位

人有自由所以能夠創造歷史，禽獸沒有自由，就沒有歷史。然而人的自由是不是歷史的主人翁？人是否享有絕對的自由，能夠自由地創造歷史？我們從哲學方面研究這個問題，以歷史的事件來佐證。

1. 人的自由居在歷史創造者的地位

甲、有自由纔有新事件發生。歷史的連續和革新，常靠著新事件；新事件的發生，根之於人的自由。人有自由，在於有心思之官。人心能思，便能追求新的計劃：人心能思，便能自作主宰，決定要作的事。而且歷史的創造，和個人運用自由的方式很有關係，一種歷史的造成，常出之於某一個人的自由，若換一個人，這種歷史便不會成，會有另一種歷史。世界的第二次大戰，完全由希特勒所造，沒有希特勒，第二次大戰不會爆發，即使爆發也不會和歷史上所有的第二次世界大戰一樣。

但是歷史許多事蹟，不由一個人或少數人，而由大多數人或群眾所造成，例如中國的五四運動，又如法國的大革命。在這些事件裡，個人的自由爲群眾的自由所淹沒，所驅使。然無論群眾的感情衝動若何大，有時甚至於有盲目的衝動，但也不失爲人的自由行動；因爲都是人在做事。

乙、歷史不能由生產工具的變遷而創造。馬克思的唯物史觀，以社會內生產工具起了變化，社會裡的生產關係跟著也起變更，社會基礎便起動搖，上層的法律，政治和倫理制度也就要變。這不是人的意志去決定變更，而是社會變更決定人的意志。歷史的創造者不是人的自由，乃是支配人的意志之經濟變更。

在人數歷史裡生產工具的變更，常引起生產方式的革新，社會生活也隨著起變化，如由石器進入銅器，由銅器進入鐵器，都成爲歷史上的新時代。由遊牧進入農業，由農業進入工業，由手工業進入機械，由用煤進到用電，由用電進到用原子力，也劃成歷史上新時代。生產工具的改進，使生產關係當然起變化，因而引起社會生活各方面的改變。但是在這些各方面的改革，不能常是經濟變化去決定人的意志，而是人的意志去決定經濟條件。

第一，新生產工具的發明，不是自然而生的，乃是發明家的自由所造的。我們現在雖不知道石器、銅器和鐵器的發明家，我們相信一定有過一位或多位的發明人。後代各種機械的運用，科學史上都有發明的人。

第二，新工具發明以後，人們要接受，然後纔能參加社會的生產。例如臺灣現在運用農業機械去耕地，先要指導農民願意使用這些機械。雖說時勢已經逼迫農民運用機械，可是運用與否還是在於農民。

馬克思祇承認有物質，不承認有精神。人類社會的變遷和自然界相連。自然界物質的發展，由物質的能與力，發動量的變化，而躍進到質的變化。人類社會的歷史也由物質力而發動，進到社會上的高層質的革命，即是文化的革命。馬克思乃主張辯證唯物史觀。(七)

然而人類的歷史若是這種辯證唯物史，則已經不是人類的歷史，而是自然界的變遷史。

《易經》雖然也主張人類的生活應按照天地之道，天地之道爲宇宙的自然規律；但是《易經》也承認人心爲靈，神妙莫測，人心之動能夠由自己主宰。

2. 個人的自由和群眾的自由

個人和歷史的關係，非常重要；我雖不崇拜英雄主義，然而我承認歷史的創造者乃是一些傑出的人，而不是群眾。我不必從歷史的實例去講，祇從哲學去看，也就看到歷史的創造者是個人的自由。

甲、人是有理智的動物，又是合群的動物，雖然人人可以自己擬訂生活的方式，但是群居的生活不能無秩序，無和平。因此人自小就習慣安於環境的生活，也自小就善用適應環境的能力。每樁事當然是自己所願意的事，可是爲什麼願意這件事，爲什麼願意這樣做，則常受傳統的文化和目前環境的影響。每個人當然也可以反抗這些影響，但是在實際上不會這樣做，因爲要求很大的犧牲和毅力。這就表示民眾常是被動的，不會創造新事；也就是馬克思唯物史觀所說社會經濟決定人的意志。

然而到了相當的時期，便有傑出的人物，奮身而起，與環境奮鬥，開創新的生活方式，改革民族的生活。傑出人物的個人自由，乃是歷史的創造者，民眾則被傑出人物所吸引，所引導，而從事改革。民族改革常要求新的強大動力，發動的人必定是理智力和意志力超出平凡的傑出人物。

所以歷史上的事，必是不平凡的人所有的事，或者是平凡的人所有的不平凡的事。

乙、歷史是活的歷史，在民族和人類的生活裡繼續前進，歷史的事便不是一個單獨個人的事。這一點是不是和前面所說的一點，互相矛盾呢？

歷史的事是關係大眾的事，發動這些事件的人，則常是傑出的個人；這是歷史上的實例。

現在所有的歷史，都是政治和戰爭史，戰爭由一個人決定，由多數人去鬥；政治由一個人選擇，多數人去執行。民主時代的歷史，似乎是多數人的抉擇，美國人的政治和戰爭，是議會的決定。可是究其根，仍舊是一個人或極少數人的主動，多數人還是被動。

研究歷史的人，因此要研究歷史的主動人，研究他的個性，研究他做事的目標；然後纔能明瞭歷史的事蹟，纔可以給予合理的解釋。現代主張以心理學解釋歷史的人，理由也在於承認個人的自由為歷史的創造者。當然，我們也不贊成有些歷史哲學家的心理解釋，他們堅執歷史是在作者和讀者的心理重現，乃是作者所創造。(八)歷史不是主觀的揑造物，是客觀的實事。

位。

3. 創造的自由，受客觀條件的限制

甲、在歷史哲學家中，有一個很大的問題，即是自然環境的影響力，在歷史上有什麼地位。

歐洲古代的哲學，都認爲自然界的規律可以用之於人事，人類的歷史可以按照自然界的規律去解釋。柏拉圖以先天觀念的世界作爲人類社會的標本，人類社會由哲學家去治理，因爲哲學家纔可以認識先天觀念的理想世界。(九)

中國的儒家哲學也是以宇宙變易之道，作爲人生之道，宇宙的變化循環不息，人類的歷史也常盛衰相繼續。儒家的政治爲人治和德治，最好是有聖人統治天下；聖人能明天道，能順天道以治人。

假使自然界的規律成爲人類社會的規律，人的自由在歷史上便不能有位置，馬克思所以說：生產的關係決定人的意志，而不是人的意志決定生產的關係。那就是說自然界的規律決定人的歷史，而不是人的自由來創造歷史。

命運論或宿命論，在東西的思想裡，都曾受人的崇拜。唐君毅先生說：「中國先哲言命之論，初盛於先秦。孔子言知命，孟子言立命，莊子言安命順命，老子言復命，荀子言制

命，易傳、中庸、禮運樂記言至命、俟命、本命、降命。諸家之說，各不相同，而同遠原於詩書中之宗教性之天命思想。下至秦漢以降，學者言命之理論尤繁。然挈領振衣，則能明先秦諸家言命之說，由源溯流，則後儒或異或同之論，皆可對較而知。」㈩程伊川說：「在天曰命，在人曰性，貴賤壽夭，命也；仁義禮智亦命也。」（遺書二十四）命是人生的遭遇，人不能自爲其力，祇有知命順命。明末王船山則反對盛衰循環，也反對命運，主張人「自致其德命，而不自困於吉凶之命。」㈩

歐洲的宿命論也有了很長的歷史，從希臘哲學一直到現在。在最近出版的輔仁大學人文學報裡有一篇〈論宿命論〉，作者是一位波蘭哲學教授，他在結論裡說：「我可以聲明我是擁護非宿命論的。我可以假定非全部的未來，都是預先確定了的。如果有一些因果的連鎖，只在未來才開始，那麼便祇有部份的未來事件，即那些最靠近現在者，才在此時此刻有因果的假定。根據現時的知識，即使有一全知的心靈，它越是深入未來，則所能預言的事就越少；因爲現在唯一確定的是事件發生的情境越廣，則在其內之可能性越多。大宇宙這齣戲，不是一部從永遠之前便完備了的影片：我們越是遠離剛才映出的影齣部份，這影片之中所包含的空句和空隙就越多。這事必須如此才好。因爲我們可以相信，我們不僅是戲裡面的被動觀眾，而且還是主動的參與者。我們多少能依照自己的計劃去塑造未來宇宙的型態。我不知道如何是可能的，但我信它是如此。」㈩

乙、宿命論當然不是真理，可是在歷史上人的自由並不是絕對的。在人生的各方面，自由所受的限制很多。在上面一章，我們曾經討論過關於這個問題的幾點，例如民族與歷史，自然環境與歷史。

民族的遺傳對於人的生活，製造了模型。普通一般人在這個模型內活動，在這個範圍以內運用自己的自由。中國幾千年的歷史在君主制度的皇帝極權下繼續進行，民間的生活在家庭制度下延續不斷。中國人是自由的民族，寫在廿五史的人物都自由地造了自己的歷史。但是他們的自由，都要和君主制度和家庭制度相調協。直到清末纔出現了民主革命，使中華民族的歷史分成了兩段，前一段是君主，後一段是民主。民國的歷史今年還祇有六十二年。

民國成立是　中山先生創造的歷史，然而　中山先生創造民國，必定要在清末的時代；因爲一方面在歐美已經有了民主的國家，民主的思想已經盛行；一方面因爲滿清腐敗，中國飽受列強的侮辱，因此，　中山先生創造民國也受時代的影響。時代的環境對於人的自由，影響非常之大。

可是民族遺傳和時代環境，限制人的自由，但並不能使人失去自由。這種限制都是可能的限制，而不是必然的限制。因爲人的自由可以衝破這些限制，也可以利用這些限制。孫中山先生以自己的自由，衝破了民族的君主傳統，建立了民國。同時，在清末的時代裡，若不是孫中山先生提倡民主共和，民國可能不會成立，可能出現滿清皇帝的立憲制度。自由受環境的限制，自由也能衝破這些限制。

在歷史上，環境的限制和人的自由，同時存在；人的自由則是歷史的主人，環境限制是自由的行使方式。我們決不能夠說：在某種環境以內，一定產生某種事件。環境可以是因，自由的行使可以是果；然而在歷史上，因果關係不是必然關係，而是可能關係。爲什麼緣故呢？就是因爲有人的自由。

歷史上的偉人，創造歷史，他們的自由意志便能衝破這些限制。湯因伯在他的《歷史研究》一書裡，主張文化的成立和前進，常是對自然環境的克服。(十三)

4. 歷史在神的預定計劃中進行

甲、命運的意義　我們雖不贊成宿命論，主張人有自由；但是人的自由並不是全能的。在許多機會裡，人祇能向所有的遭遇低頭，承認這些遭遇的能力超過我們的自由。

「伯牛有疾，子問之，自牖執其手，曰：亡之，命矣乎！斯人也，而有斯疾也！

斯人也，而有斯疾也！」（論語 雍也）

「子曰：天生德於予，桓魋其如予何？」（論語 述而）

「子畏於匡，曰：文王既沒，文不在茲乎？天之將喪斯文也，後死者不得與於斯文也！天之未喪斯文也，匡人其如予何？」（論語 子罕）

「樂正子見孟子曰：克告於君，加為來見也，嬖人有臧倉者沮君，君是以不果來也。曰：行或使之，止或尼之；行止，非人所能也。吾之不遇魯侯，天也！臧氏之子，焉能使我不遇哉！」（孟子 梁惠王下）

「孟子去齊，充虞路問曰：夫子若有不豫色然。前日虞聞諸夫子曰：君子不怨天，不尤人。曰：彼一時也，此一時也。五百年必有王者興，其間必有名世者。由周而來，七百有餘歲矣，以其數則過矣，以其時考之，則可矣。夫天，未欲平治天下也，如欲平治天下也，當今之世，舍我其誰哉？吾何為不豫哉！」（孟子 公孫丑下）

孔子和孟子，都承認有些遭遇，超出自己的自由以上。這些遭遇由有超乎人力者所安排，超乎人力者爲天。

中國歷代帝王都稱「承天啓運」，朝代的興亡常有天命。王船山極力反對「時極則反」的史論，也反對「正統」的史論，但是他的史論仍主張帝王受命。他在《宋論》的第一篇說：

「宋興，統一天下，民用寧，政用乂，文教用興；蓋於是而益以知夫命矣。天曰難諶，匪徒人之不可狃也。天無可狃之故常也。命曰不易，匪徒人之不易承也，天之因化，推移斟酌而曲成以制命，人無可代其工而相佑者特勤也。帝王之受命，其上以德，商周是已。其次以動，漢唐是已。詩曰：鑒觀四方，求民之莫。德足以綏萬邦，功足以戡大亂，皆莫民者也。得莫民之主而授之，授之而民以莫，天之事畢矣。」(十四)

在一個人的生命中，在民族的生命中，有許多事件，很明顯地超出人的自由以上，人也無法作主。但又不完全脫離人的意志，事件之成，還是出於人的自由。

歷史上的事件，在當事人的心目中，都不是在先就預知的事，雖然有許多事在事前有計劃去做，可是計劃的進行和成敗，也不是當事人所可以預先知道。一切的事似乎都是偶然的事；然而歷史上的史事不能夠說都是偶然的事，也不能說都是宿命的事。人們承認這是歷史的奧妙，也就是人事的奧妙，人沒有辦法可以解釋。

有些相信科學萬能的人，不相信人生中有不能解釋的奧妙，現在不能解釋，因爲科學的智識沒有達到解釋的程度，將來幾千年或幾萬年以後，科學可以解釋人生的一切遭遇。例如，爲什麼這個人短命而死呢？因爲他害了這種病？爲什麼他害了這種病，一半因爲環境的影響，一半因爲他身體的結構。爲什麼對於他環境有了這種的影響？是因爲各種因素的結合。爲什麼因素有這樣的結合？又因爲別的因素的影響。但是這種追上去，是不是有一個終點？又問爲什麼他的身體有這樣的結構呢？因爲他在母胎中得有父母的遺傳。爲什麼他有父母的這樣遺傳，他的兄弟姊妹沒有呢？因爲還有別的因素加在中間。爲什麼別的因素加在中間呢？這樣一直追上去，有不有終點呢？

對於歷史的每一樁事，我們都可以追問爲什麼？例如爲什麼光緒變法沒有成功呢？因爲袁世凱出賣皇帝。爲什麼袁世凱出賣皇帝？因爲他想在太后前討功。爲什麼他想討功呢？因爲他想升官。爲什麼他想升官呢？因爲他有野心。爲什麼他有野心？……假使那時沒有慈禧太后，袁世凱可不可以出賣皇帝？……假使光緒皇帝不用袁世凱，變法可不可以成功？爲什麼光緒帝相信袁世凱呢？

對於以上的許多問題，我們認爲沒有一個充份解釋，可以答應一切的問題。假使科學可以完全答覆這些問題，人事便變成了自然界的現象，科學可以準確地預言人的一切事件。就如自然界的物理現象，在某種情形之下，一定有這樣的一件事出現。王船山曾經指責邵康節的《先天易圖》說：

「如邵子之圖，一切皆自然排比，乘除增減不可推移。則亦何用勤勤於德業為邪！疏節闊目，一覽而盡天地之設施，聖人之所不敢言而言之，如數家珍，此術數家舉萬事萬理而歸之前定，使人無懼，而聽其自始自終之術也，將無為偷安而不知命者之勸邪？於象無其象，於文無其序，於象無其理，文王周公孔子之所不道，非聖之書也。」㈤

一切都是必然性的科學解釋，我們絕對予以否認。因爲人事有人的自由，人的自由雖受自然因素的限制，但卻不受決定性的拘束。因爲自由是理智的動作，或稱爲心的動作，心則是精神體。因此人生的奧妙仍舊存在。

乙、人類的歷史，有神（天主）的計劃

中華民族五千年的歷史，一切都是偶然的嗎？世界各種民族的生活，今天到了眼前的狀況，一切都是偶然而成的嗎？馬克思的辯證唯物史觀把社會的人事分成兩部份，一部份爲人事的內在聯繫，一部份爲人事的外在聯繫，內在的聯繫和自然界現象的內在因果關係一樣，關係是必然性的；外在的聯繫則有偶然性的關係。人的自由，在於以自然界和社會的客觀規律之智識爲行動基礎，在這種基礎之上，去表現自己的生活。表現生活的各種事件，外面看來可以不同，是自由的；但是骨子裡都合於自然界和社會的客觀規律，而成爲必然的事件。按照馬克思的主張，中華民族的歷史都是依照唯物辯證的規律而演變的。馬克思的解釋，自以爲是一種唯物科學的解釋，實際沒有科學的根基，而是一種唯物哲學的解釋。

人類歷史的解釋不能是唯物哲學的解釋，唯物哲學否認人有精神，人類歷史便祇是一種生物學史。

人有精神，人的生活是精神生活。當然，人也有物質的身體，人的生活又是物質的又是精神的；但是人以精神爲主。精神和物質結成一個我，集合億萬的我結成人類，我的生活以精神爲主，人類的生活也以精神爲主。精神爲主的生活是自由的生活。

自由的生活是不是亂的生活？亂不是自由。自由是在合理的範圍以內。合理的範圍，是

倫理的範圍，是人與自己、與人、與社會、與自然界、與天主（神）該有的各種正常的關係。可是這種關係祇是一些抽象的規律，在實際上我守不守這些規律，我有自己的自由，我雖然該當遵守，實際上我卻有時沒有守。

因著我在實際做事時，有時遵守規律有時不遵守，集合億萬的這樣的我，大家在實際上都有自由，那樣人類的生活不要太亂嗎？因此為使人類的生活不完全成為一團亂絲，能夠有一點次序，整個人類的生活便該有一種最基本的計劃，無論我怎樣的自由，無論億萬的我怎樣自由，總出不了這個最基本的計劃。這可以稱為宿命。

這個最基本的計劃，既然是為整個人類定的，整個人類卻從來沒有自己規定這個計劃，而且也不能規定這種計劃，因此便應該是創造人類的造物主，天主、若是不承認有造物主，人類歷史的奧妙便不能解釋。

丙、人的自由和宿命

人類的最基本計劃，由造物主所定，這種計劃稱為宿命，然而我們所稱的宿命，和普通所說的宿命論不同，我們主張創造主對人類所預先規定的，祇是最基本的計劃，而不是預先規定每個人所有的遭遇。

人類的最基本計劃乃是人類生存的最終目的，人類為什麼生存呢？人類的生存有不有目的，有不有意義？我們認爲人類的生存一定有目的。人類生存的目的，由造物主而定。既然規定了目的，便應該規定走向目的之路線。但是人類享有自由，不一定走向目的之路線，造物主便規定無論人類怎樣運用自由，走向任何方向，最終還是要走到這個目的地。例如我無論怎樣生活，總要走到「死」的終點。人類的目的地不是死滅，但也就是人類的歸宿。人類願意不願意一定是向歸宿一點走。

規定了人類的歸宿點，凡對於這個歸宿點具有重要性的聯繫，也要預先規定，這就是人類生活的最基本計劃。這些重要的聯繫可以在民族的歷史裡實現，也可以在一個人的歷史裡實現；因此，對於民族，對於個人，可以有預先註定的事；但是這些註定的事絕對不會太多。因爲一個民族，另外是一個人，所有和人類生活的最基本計劃具有重要聯繫的事一定相當少。

普通一個人的一生，所有遭遇，都是自己的自由和旁人的自由所造成的。孔子、孟子也祇是在重大的事情上，纔承認「命」的存在。孟子以「五百年必有王者興」爲人類歷史最基本計劃的一點，孔子以「天之未喪斯文也」爲人類歷史最基本計劃的一點，這種事便屬於天命。其他的事件並沒有必然性的規定，也不能根據一種標準，事先就能前知。王船山曾說：

「當位之吉，不當位之凶，其恆也？應之利，不應之不利，其恆也？使有恆可執而據之為典要，則火珠林一類技術之書，相生相剋之成局，足以與聖人之道義，天地之德業矣。故有不當位而吉，當位而不吉，應而不利，不應而利者……得失豈有定哉。」(十六)

得失既沒有前定，由人自己去定，人可以運用自由。但王船山也承認有天所前定的命，對於這個命，人的自由便祇在順命。

「知天者，以俟命而立命也。樂天知命而不憂以俟命，安土敦仁而能愛以立命。」(十七)

三、造物主在人類歷史上的地位

1. 造物主註定人類歷史的歸宿

甲、人類的歷史爲人所造，受造物主的普照

歷史是人類的歷史，不是造物主，天主的歷史。歷史的經緯是時間和空間，天主乃是絕對的精神實體，超出時間和空間以外，在自己本體上絕對不能有變動。道家的道，儒家的太極，由不定而變爲定，由無形象而變有形象，可以有道和太極的變動史，天主則不能有歷史。

歷史爲人所造，是人的生活史。天主祇註定歷史的歸宿，註定基本的計劃，歷史的一點一滴，是人所積成，人對於歷史負全部責任。

負責和由自，彼此互相聯繫，沒有自由也就沒有責任，但負責並不要求有全部的自由。人對於歷史負全部責任，人對於歷史並沒有全部的自由。在日常生活裡，每個人對於自己的行爲負責，每個人也體驗到運用自由時所受的限制，有自然環境的限制，有人事環境的限

制；然而在這些限制裡，人還是有自由，對運用自由而負責。例如：我今天願意乘飛機到高雄，可是今天沒有飛機，我便搭火車去，我的自由雖受了限制，搭火車仍舊是我自願的事。

在自然環境和人事環境以上，還有一種天命，天命也限制人的自由，但也不奪去人的自由。在一上節我們已經講了天命的意義，造物主註定了人類歷史的歸宿和基本計劃，造物主便監督註定計劃的實現，我們稱這種監督爲普照。因爲造物主的監督是愛的監督，如日光的普照。

造物主的普照，不僅限於所註定的命，也普照每個人和每個民族的日常生活。對於「命」的普照，含有決定性，使人類遵照計劃行動，對於日常生活的普照，則是一種助祐。決定性的普照和助祐的普照，都不剝奪人的自由，而是使人的自由向這一方面運用。例如孟子以自己不遇魯侯乃是天命，然而實際上則是魯侯聽了臧倉的壞話，臧倉說話是自由的，魯侯聽他的話也是自由，所不能解釋的事，則是那時臧倉恰好在那裡，那時沒有另一位賢臣在魯君身傍，以致魯君聽了他的讒言。孟子稱這種巧合爲天所註定的命。

「子曰：獲罪於天，無所禱也。」（論語 八佾）

「子疾病、子路請禱。子曰：有諸。子路曰：有之。誄曰禱爾上下神祇。子曰

丘之禱久矣。」（論語 述而）

禱以祈福免災，不能禱於鬼神，祇能禱於造物主。造物主當然可以助祐人類，祂的助祐也仍舊保存人的自由。

人類的歷史由人自造，但人類不能說自己完全統制歷史；因爲人類的自由是有限制的相對自由。

乙、造物主啓示人的歸宿

人類歷史有不有歸宿呢？這是歷史哲學上的大問題。有的人當然說這並不是問題，說人類歷史有歸宿乃是宗教迷信，在科學昌明的時代，怎麼可以談迷信呢？可是在科學昌明時代，講不講進化呢？宇宙間的進化，是不是有規律，有路線呢？我相信進化論的學者都主張宇宙進化有規律有路線。在科學昌明時代講不講社會進化呢？社會進化也是有路線的進化，馬克思還主張社會進化遵守唯物辯證史觀。既然宇宙和社會的進化，都有路線，這些進化的經歷也是人類的歷史，那麼人類歷史便有路線了。既然有了路線，是不是可以有歸宿呢？主張宇宙物質永遠長存的人，不主張歷史有歸宿。但是科學家也有主張宇宙不永遠長存，若不永遠長存，人類歷史便會有一終點，以終點爲歸宿，誰說不合於科學而是迷信呢？

祇是再進一步，科學便難爲力了，人類歷史若有終點，終點是怎樣？人類將有怎樣的結局？結局對於人類有什麼意義。這些問題，不是科學所能答覆。

人類的結局不是人類自己所能註定的事，每個人不能預定自己怎樣結局，人類又怎樣可以預定人類的結局呢？人類不能預定人類的結局，創造天地人物的造物主當然可以註定宇宙和人類的結局；而且也祇有造物主纔能夠註定這事。不信有造物主的人，便不信造物主註定宇宙和人類的結局；信不信是人的自由，但不信的人不能詆毀信的人是迷信，因爲這種信仰是合理的事，比不信還更合理。

宇宙和人類的結局，由造物主註定，人們當然不能知道，要由造物主啓示給人們。命所以不能前知，祇可以由相聯繫的事實去推知。孟子由自己之不遇魯侯，推知天註定他不遇魯侯。古代的卜筮，則願藉自然之物理以預知天命，這是不可能的事，做不可能的事所以稱爲迷信。

然而人類的結局對於人類的生活，非常重要，因爲人類要向這個歸宿走，人類卻不認識自己的歸宿，那不是盲目摸索，或者說在黑暗中摸索嗎？若是人類的歸宿和每個人的歸宿互相聯繫，人類歸宿既不能知，便使個人的歸宿也茫然不知了。

有許多人說，千千萬萬的人中，有誰知道自己的歸宿，人們照舊可以生活，生活得也有趣。人類有不有歸宿，或是知道不知道自己的歸宿，對於人類的歷史又有什麼關係？這一點正是人類的悲劇！生活而不知道生活的目的，生活還有什麼意義呢？

我們相信人類有造物主所註定的歸宿，我們也相信造物主把歸宿啓示給人類。怎樣啓示給人類，則是宗教問題。

丙、人類歷史的歸宿

聖經有天主啓示，新經聖保祿說：

「使天地萬有，在基督內合為一體，而統於一尊。」（厄弗所書 第一章第十節）

「宇宙也，生也、死也、現在也、將來也、一切之一切，皆屬於爾等，爾等則屬於基督，而基督屬於天主。」（格林多前書 第三章第二十二—二十三節）

人類歷史的歸宿，在於宇宙的一切全歸屬於人，人則要都歸屬於基督，由基督而都歸於天主。

但這種次序，不是人用自己的自由可以達到的。人類的進化，並不是都越向基督；在人類的歷史上並不是到了結局時，人類都成了虔誠的基督信徒，反而也可能歷史越向前，對於基督的信仰越冷淡，但總不會消滅。

人類歷史的歸宿將怎樣實現呢？在於基督再次要降來世界，用祂的神力，分別善人惡人，以成一新天地；那時，一切屬於人，人屬於基督，基督屬於天主，時間的變換終止了，歷史也完結了。

「大難以後，太陽昏暗，月亮無光，眾星墜落，天德動搖；那時要看見人子（基督）乘雲而降，遣派天使到四方，從天涯到地角，召集祂的選民。……至於說這些事實現的時候，沒有人知道，天使不知道，人子也不知道，祇有聖父知道。」（馬爾谷福音 第十三章第二十四－三十二節）

基督審判了善惡，召集了選民，人類歷史到了歸宿，選民將有永久的昇平。聖若望默示錄在結束時說：

「爾時吾見新天新地；蓋舊天舊地已逝，海亦杳然。我若望親覩聖邑新耶路撒冷發自天主，降自雲間，儼若新人，凝裝而待其夫婿。」並聞巨音自寶座而發曰：『覩哉！覩哉！天主之幔帷降世，主將長留人間；世人當得為其子民，天主自願為其所天；天主必親為拭其目中之淚。此後不復有死喪、哀悼、悲泣、憂愁等事，舊緒已成過去。』坐於寶座者曰：『覩哉！覩哉！吾已再造萬物，煥然一新。』（吳經熊譯 默示錄 第二十一章第一—五節）

默示錄的啓示，既是象徵，又是預言，我們不能明瞭真真的意義。但是造物主所啓示歷史的結局，在於基督的重臨，善人的德果，永享昇平的新生。

2. 造物主進入人類的歷史

甲、人類自由的禍亂

造物主創造天地，天地非常美好，在美好的天地裡，一切都有次序，萬物彼此互相聯繫，互相協助以發育生命。人則受造以統御萬物，人又誠心傾慕造物主天主。

然而這種次序在歷史上並沒有實現，自然界的萬物可以稱爲美好，人類的社會則充滿罪惡。人有自由，人有自我意識；人便以自我爲中心，追求自我的享受，既排除「非我」，也有意排除造物主天主，人乃造成罪惡。

造物主所啓示的人生目標，原是使人和造物主天主密相結合，分享真美善的神性生活。這樣整個人類真正成爲造物主天主的子民，人類是一個善良無罪的人類。原始的人亂用自由，破壞了造物主天主的計劃，使人類的歷史善惡相混，每個人和造物主相脫離，人類也就沒有成爲善良無罪的人類。

舊約聖經在第二章記載人類原罪亞當、厄娃犯罪的經過，構成基督信仰中的原罪。舊約的記載雖不是史實的紀錄，但也不是揑造的神話；乃是以當時猶太人所可以懂的故事方式，述說一樁人類歷史的事件。

人性和萬物的物性一樣，應該是完善的，萬物沒有自由，順性而行，所行都常合理。人卻因有自由，便能不率性而行，以致於作惡；這一點對於造物主天主來說，似乎不合理，因爲天主怎麼可以造些不率性而行的人呢？人的理智力雖然有限，但也不至於常把惡事當作善事？這一點是人生的一個昏暗不明點，我們不能解釋。舊約聖經的啓示，告訴我們這是因爲原始的人亂用了自由，離棄了造物主，於是罪惡牽引罪惡，人常有向惡的傾向。

罪惡使人脫離造物主天主，人類便失去了生活的目標，盲目地在生活的歷程中亂衝。同時，整個人類的歷史也失去了歸宿，歷史的事件都由人的自由造出來的遭遇，看來沒有一點意義。例如秦始皇築長城，對於中華民族有什麼意義？又如勾踐和夫差相爭，對於中華民族又有什麼意義？人類的歷史若都是這些事，歷史有什麼價值？

乙、造物主重整人類的計劃

人類因著罪惡脫離了造物主天主，人失去了生活目的，歷史失去了意義。造物主對於人類的愛，不忍人類因而喪亡，乃定了重整人類的計劃，使原始的計劃還能局部實現。

造物主天主規定遣派天主聖子降生成人，親自教誨人們生活的真道，又甘願捨生作爲贖罪祭祀的犧牲，以補償人的罪惡，再賜給人們向善的力量，引人和造物主天主相結合，組成天主的子民。這就是聖保祿所說的玄妙計劃，使萬物屬於人，人屬於基督，基督屬於天主聖父。

爲實行這種重整人類的計劃，天主聖子乃進入人類的歷史。天主聖子既降生成人，便進入時間和空間以內，祂有降生的年代時日，有降生的本鄉。天主聖子既成爲人，有人世的生活，便進入了人類的歷史裡，在歷史上有記載。

造物主天主爲神，不是人類歷史的對象，不能在歷史上有記述。人的言語文字也不能記述絕對精神體的神。老子曾說：「道可道、非常道。」「道」且不可記述講論，何況絕對精神體的神呢？歷史上所有鬼神的記載或傳記，都不是談論真的尊神。

但是天主聖子既降生成人，作人類的救主；造物主不是人類歷史的對象，救主則成爲人類歷史的對象了。因此歷史上有關於救主耶穌的記載，記載救主言行的福音，也具有歷史的性質。

救主耶穌不僅是人，且也是天主；救主既被記載在歷史上，則可以說天主被記載在歷史上了。當然，天主被記載在歷史上的事，祇是關於救主的事，除此以外，天主仍舊處在人類歷史以外。

丙、救恩史

救主在人類歷史上有記述，這種記述便是救主的歷史。但是救主降生不是一椿單獨的事件，乃是一樁有前有後的大事。救主的使命，在於救拔整個的人類；整個人類的得救，都在造物主天主的計劃裡。因此救主的使命，便延伸到整個的人類，於是救主的歷史成了救恩史，救恩史的長度，和人類歷史的長度相等。聖奧斯定講歷史哲學時乃按救恩史劃分人類的歷史。

救恩史的劃分最簡單地分為兩個時期：救主降生以前，救主降生以後。第一段時期為預備時期，第二段時期為實行時期，最後的結局則為救恩的完成。

第一段時期又分為兩大段：遠預備時期，近預備時期。遠預備時期為各民族在接受基督福音以前的時期，在這個悠遠時期裡各民族都有追求脫離罪惡的企望，又都有行善避惡的教育，且有對於唯一尊神的稀微信仰。近預備時期則為舊約裡的以色列民族歷史。造物主天主為預備天主聖子的降生，選擇了以色列民族為自己的子民，為建立信奉唯一尊神即信奉天主的信仰，又為啓示人類罪惡的流毒和天主救恩的重要，且為天主聖子降生成人的列祖，天主聖子降生，將是以色列人，將降生在猶太國內，將被猶太人釘死，猶太人因而喪失天主子民的身份，而由信仰救主的人重新組織一個天主子民的團體。這個時期稱為舊約時期。

另二個時期則為新約時期，救恩已到臨，向人類傳播，人類各民族逐次接受福音的救恩，但也隨時離開，隨時再回來。這樣直到歷史的結局。

救恩和人類歷史有什麼關係呢？救恩給人類歷史真正的意義。整個宇宙若不是偶然亂湊而成，又若不是盲目地自有自成，則應該有一個意義。宇宙結構的精密，超出人的理想以上，決定不能是偶然亂湊，或盲目自成之物，必定有造物的上主天主，予以非常美好的安排。在美好的宇宙裡，人爲最秀最靈，人的生活怎樣可以是瞢瞢地、盲目地沒有目的，沒有意義呢？一個人的生活有意義，有歸宿，整個人類的生活，怎麼可以是一片混亂，一切偶然，絕無意義的歷史呢？救恩史便是講解人類生活的歸宿，使人類歷史含有高度的意義，而且也給歷史事件很好的解釋。

《易經》以宇宙的變易在於使萬物生生，生生之理乃是天地和萬物共有之理。一切的物體都有求生之情，也有生生相助之理，孔子稱呼爲仁。人爲萬物之靈，能夠把求生之情發展到最高度；可是人生的痛苦也隨之加多，社會罪惡阻止人生的享受。救恩史解釋這種不幸現象的原因，指示人生幸福的所在，使人的生活發揚成爲永久的欣賞真美善。

從人類開始出現在宇宙中，人類的命運就開始向這歸宿走，救恩的歷史也就開始了。救恩史便是人類的歷史。這種救恩史和人類的歷史一同前進，同伴同行，到救恩達到完成時，人類的歷史也到了結局。

人類的歷史和救恩史不完全相等，人類的歷史包含的事件很多很雜，很多和救恩沒有關係，或者甚而和救恩背道而馳。救恩史是人類歷史中的一部份；但是這一部份，乃是人類歷史的中心部份；因爲救恩史從人類開始到結局，一直流下，給人類歷史一條聯繫的線索。這條線索也就是造物主天主對人類歷史所預定的計劃，人類的歷史在這條計劃的洪流裡滾來滾去。

馬克思的辯證唯物史觀，企圖給人類歷史一種路線，一種意義。共產政權改修各國歷史，都按這種史觀去寫。然而辯證唯物史觀並沒有指出歷史的歸宿，祇給歷史的變遷加一種解釋，所給的解釋又不合於人性。

狹義的正式救恩史，是舊約聖經和新約聖經，以及各民族的接受基督福音的經歷史。廣義的救恩史則是各民族的文化史，因爲各民族文化的發展，都爲求民族生活的提高，都爲求民族生活更有意義；民族生活的提高和意義，乃是來自救恩。

丁、基督爲人類歷史的中心

救恩史既然成了人類歷史的中心，救恩史以基督爲中心，基督便成了人類歷史的中心。從人類歷史的劃分說，應以基督爲中心。救恩大事爲人類生活裡的中心事件，重新訂立人類歷史的歸宿，重整人類的生活。在天主聖子降生成爲耶穌基督以前，都是期待和預備的時期。天主聖子降生了，完成救贖大業，給人類歷史訂立了歸宿，人類各民族有意或無意地都向這個歸宿走。

人類歷史的意義，以基督爲中心。歷史的意義即是人類生活演變的意義，人類生活演變的意義在於追求生活的幸福，人類生活的幸福在於和絕對的真美善相結合，絕對的真美善乃是絕對的精神體造物主天主，和天主相結合即是人的救恩。人類歷史的意義便是在追求救恩。救恩之來，來自救主基督。基督便是歷史意義的中心。

人類歷史的主動者乃是基督。歷史的創造者當然是人類，當然是人類的英雄偉人，但是整個人類的歷史具有預定的計劃，英雄偉人都在這種計劃之內創造歷史，孔子、孟子都承認有天命，人應該知命達命。主持人類歷史計劃者是造物主天主，基督是天主，基督便是歷史的主動者。

基督爲人類歷史的主動者，尤其因爲祂是救主。人類的救恩由祂而來，由祂而完成。

人類歷史的歸宿，在於基督，由基督而引歸天主聖父。基督曾經說過：「我是路，真理和生命。誰願意達到聖父，必要經過我，在我以外沒有別的路。」（若望福音 第十四章第六節）聖保祿宗徒曾論基督說：

> 「夫基督者，乃無形天主之肖像，而造化之乾元也。萬有皆本乎基督而受造焉；無論在天、在地、有形無形之物，以及一切爵位權德諸品天神，未有不因基督，為基督而受造者也。基督先萬有而生，為萬有之綱領，

萬有賴以維繫，而各得其所焉。教會體也，基督其首也。渠實無始之始，亦首先自死中復活者也。宜其於宇宙萬有中，基督位居乾元；天主無窮之蘊藏，欣然於基督是寓；而天地萬物，皆藉基督咸得與天主重相契合，而歸於太和；而其所以致太和者，則十字架上所流之寶血耳。」（歌羅森書第一章第十五—二十節）。

人類歷史的結局，由基督重來予以結局，基督分析人類的善惡，集合善人而完成天主的神國，祂爲神國的首領，祂率領神國而服膺天主聖父。

在不信仰基督的人看來，這種歷史哲學或更好說歷史神學，有似乎神話，有似乎迷信，有似乎幻想。在中華民族的五千年歷史裡，基督並未有一份的地位，在將來的中國歷史裡，基督也似乎沒有成爲中心的希望；那麼中華民族的歷史就沒有歷史的意義嗎？

但是我要反問一句：請你說明中華民族歷史的意義在那裡？你必定說中華民族歷史的意義在於顯示中華民族生存的能力綿延不絕。於是我再問一句：中華民族延綿不絕究竟有什麼意義？你是不是要答說：民族生存綿延的意義即是民族繼續向前向上發展。這種答覆我認爲很好。可是民族繼續的發展，一定在求生活的提高，生活的提高在於使生活更充實更有意義，這不是在追求救恩嗎？你可以否認這一點，你認爲民族生活的提高，是以科學和道德爲主。但是我問你科學和道德是不是可以給人生一個充滿的意義，使人知道生命的歸宿呢？又問你在科學發達的時代，是不是道德隨著提高，人生更爲幸福呢？事實決定不是如此。這又證明人憑自己的能力逃不了罪惡，人憑自己的能力也達不到幸福，人是需要有超乎人力的救恩。

中華民族的五千年歷史，既是這救恩的歷史，基督雖然沒有明明進入中華民族的歷史以內，隱隱地祂是在中華民族的歷史裡。

戊、教會與人類歷史

救主基督在十字架上獻身行祭，結束了在人世的生活，完成了救人的使命。但是人類的得救是每個人的自由選擇，每個人要考慮自己歸向天主的問題，基督要把救恩捧給每個人，每個人自己決定接受不接受。因此基督應該常在人世，常和世人接觸。爲滿足這項要求，基督乃創立了自己的教會。教會是基督的化身，基督在教會內活動，教會乃成爲救恩史的主動者。

教會和人類歷史的關係，是在歷史以內又在歷史之外。教會在人類歷史以內，因爲教會是由信友所組成的團體，是人的組織；教會宣傳救恩，將救恩交給人，也是用人爲聖職員。教會的活動便是在歷史以內，和人類的歷史相聯繫；而且也就是人類歷史的一部份，受時間和空間的限制，而且也有人類歷史的共同性，表示人的弱點。

教會在人類歷史以外，則是所傳的救恩。救恩爲天主的事業，由天主聖子交給教會，同時又由聖子藉著聖神的工作而進行，聖神的工作無形無像，靈妙莫測。教會所有屬於救恩本身的部份，超出時間和空間以外，也就超越人類的歷史。

教會在人類歷史裡，具有推動的任務，歷史的意義取自救恩，教會則是救恩的宣傳者，也是執行者。教會對於人類歷史便具有予以意義的任務。教會向各民族宣傳救恩，在各民族裡提倡道德，振作精神，就是爲使歷史體驗自己的歸宿。人類是自由的，每個人對於救恩可以自由選擇；教會便不能希望一切的民族都接受救恩，都受自己道德力的影響。而且一個民族也能拒絕救恩，也能迫害教會。基督自己曾經說過：「既然猶太人拒絕接受祂，就是拒絕接受遣祂來的天主聖父」。（若望福音 第十五章第二十三節）

但是教會不是人類歷史的中心。基督自己說過：祂來到世上，不是爲審判世人的罪，乃是爲救世人。（若望福音 第十二章第四十七節）基督現在以教會爲妙身，存留在教會以內，繼續施放救恩。因此，教會在人類歷史的地位，是繼續爲世人服務的地位，使世人能夠領取救恩。因此，歐洲中古時代，教會在各民族中的政治地位很高。教宗所擁有萬王之王的權勢，那種地位並不是教會的通常地位，而是歷史環境所造成的特殊地位。那種政治地位，在歷史上不會重新出現，教會也不以這種喪失而自悲，更不會用這種喪失而不履行自己的使命。

教會所代表的基督，不僅是爲人類服務的基督，而且還是受苦受辱的基督。基督臨危時曾向門徒說：「你們要常記著我的話！僕人不能大於主人，人若迫害了我，也必定迫害你們。」（若望福音 第十五章第二十節）教會在歷史上將常有被迫害的事蹟，受苦的日子將多於受光榮的日子。

當人類的歷史結束的一刻，基督重新降臨；重新降來的基督則是得勝的基督，審判萬民的基督。得勝的基督，不用教會去代表，而是自己親自出現，以完結人類的歷史，完成天主子民的教會。

教會因此也不是人類歷史的歸宿，歷史的歸宿乃是第二次降來的勝利者基督。在歷史上的教會，和人類歷史同行，共同趨向同一的歸宿。教會的使命，就是在人類歷史同行時，指示人類的歸宿。

教會不想在人類爲王，不想操持統治各民族的主權，也不想在國際上居於首位，祇是想在人類歷史上成爲一盞燈。因爲基督曾經說：祂是光明，祂是真理。（若望福音 第一章第四節 第十二章第三十五節）

但是教會也並不自視爲絕對不會錯的團體，也絕對不把自己所有的規律和命令，都以爲是天主的聖言；否則可能使基督自相矛盾。教會既然有人的因素，有歷史的實際面目，便也有壞的和錯的一面。

然而，教會為基督的妙身，具有人類的救恩，助人以得勝，指示人類歷史趨於自己的歸宿；則是一項超於時間，超於歷史的真理；教會因此在歷史上是一盞明亮的燈。不過，人類因有自由，自由曾作禍，將來仍舊繼續作禍。「光照冥冥，冥冥不領。」（若望福音第一章第五節）

註：

㈠ 見上章　史事的意義　及上編湯因伯的歷史哲學思想。

㈡ 見上編　當代天主教的歷史哲學。

㈢ 見上編　黑格爾的歷史哲學。

㈣ 見上編　廿世紀歷史哲學。

㈤ 見上編　廿世紀歷史哲學。

㈥ 王船山　周易內傳發例，頁十一。

㈦ 張君勱著　辯證唯物主義駁論　左聯出版社　一九五八年　頁一六七。

(八) 見上編　廿世紀歷史哲學。

(九) Plato. Republica 484.

(十) 唐君毅　中國哲學原論　上冊，頁五〇一　人生出版社　民五十五年。

(十一) 王船山　周易外傳三困卦。

(十二) 武加西維茲著　論宿命論　錢志純譯　輔仁大學人文學報　第二期　民六十一年二月　頁九九。

(十三) 湯因伯　歷史哲學思想。

(十四) 王船山　宋論　卷一　太祖。

(十五) 王船山　周易內傳發例　頁十二。

(十六) 王船山　周易內傳發例　頁十四。

(十七) 王船山　周易內傳發例　頁十五。

第六章　歷史變遷的原則

一、人性在歷史上的地位

人有自由，自己決定行動；但是人是人，人的行動是人的行動，而不是禽獸的行動。人的行動以人性作基礎，也以人性爲標準。

造物主創造人類的計劃，使人趨向真美善，以和絕對的真美善相結合作人的歸宿，整個人類的歸宿也是在和造物主相結合，成爲天主的子民。但因人類濫用自由，背離造物主，喪失了造物主賜給人類趨向歸宿的援助。可是人在本性上保留著趨向真美善的目標，憧憬著向這目標走；然而祇能靠著本性的能力，又有罪惡的誘惑，人祇能在暗中摸索，等候天主救恩的來到，這就是人類的歷史。

1. 人類理智力和歷史的聯繫

甲、先民的愚昧

從民俗學和民俗考古學去研究，我們知道先民是愚昧無知的。現在的進化論雖不能證明人類一定是獸類進化而來的，但是人類的歷史顯示越古的人類越是愚昧，越是野蠻。最初的先民，在生活上幾乎和野獸相似。人類的歷史若是稱爲人類的文化史，則可以說是人類理智的發展史。

人類理智發展的出發點，就在於人性。人若是一個人，人就有理智，人有理智就和禽獸不同。禽獸的生活完全由「自然衝動」去支配，千萬年常是一樣，絕對不能自己想法改善自己的生活。雖然有時因著環境的關係，禽獸的某項技能可以特別發育，機官也可能有所改進；然而牠們不會自己設法改良。

人類的理智則逐漸發展，在最古遠的洪荒世紀，人就知道製造日常生活的工具。地球上幾時有了人，就有人的製造品。而最奇特的事，就在於理智力的運用，繼續進步。人類歷史所記載的事蹟，便是這種進步的狀況。

先民雖是愚昧無知，但有兩點顯然和禽獸不同：第一，有語言，第二，有倫理。禽獸雖然知道製巢造穴，但不能把自己的心情告訴同伴，先民則在開始生活時，就知道設法把自己的心情告訴他人，彼此可以有交流。語言當然是團體生活的工具，然也是人類進化的途徑。人是社會性動物，人的生活是社會性生活，生活的進化便靠團體，語言既是團體生活的重要原素，語言便是人類生活進化的途徑。沒有語言，沒有進化；語言變成了文字，進化便可以開始。因爲文化是累積而成的，有了文字，纔可以累積前代的經驗和發明，使後代人繼續前進。初民在野蠻的生活裡，有最簡單最基礎的倫理，以維持團體生活。

乙、造物主的啓示

舊約聖經的創世紀雖不是通常的歷史書，然也不是普通的神話。舊約創世紀所記載的事，含有象徵的意義，所象徵的事爲一實有的事，實事所發生的情形則不是創世紀所記載的情形。

在舊約創世紀中，有天主造人的事，這是一樁實事。至於天主怎樣造了人，則並不和創世紀所說的相合。創世紀記載天主造了人，名叫「亞當」，他是非常聰明，知道鳥獸草木的性情，給它們起名字，又常聽天主的教訓，得有啓示，敬拜真主。但在犯罪以後，驟然變成愚昧。這一段記載究竟象徵什麼實事呢？象徵罪惡的惡性，使人失去理智的聰明？或是象徵人類在開始時曾得有天主的啓示，知道有一造物主，應誠心欽崇？我以爲這兩種象徵的意義都有。天主造人，予人以理智，理智本身是很聰明，祇須人好好發展。我們祇要看臺灣高山族和非洲的土著，祇要能進學校，他們的成績並不比歐美和中國人差。但是罪惡則使人變蠢，做自己不願意和不該當做的事。再者，民俗考古學的研究，顯示古遠的未開化民族，都有宗教信仰，信仰的對象雖多不合理，然都信仰有神。這必定在開始時，先民曾有造物主的啓示，後來時間愈遠，流傳越失真，僅僅保留了對神靈的信仰，而不知道神靈是誰。有的學者說宗教信仰來自迷信，迷信來自人心的恐懼，先民不知道解釋自然界的現象，遂以一切都有神靈。但是就是因爲先民愚昧，不知道解釋自然現象，更不知道設立許多神靈。神靈不是人所日常可見可接觸的事，不在人性的自然要求之範圍內，我們看現在的文明人，越發揭人文主義，越排擠宗教信仰。所以，宗教信仰不是愚昧的先民所可造成的，乃是因著造物主原始的啓示，代代流傳，知道該當敬神，但不知道該敬什麼神，於是造出許多的神靈。舊約聖經記載以色列人曾經親自聽見造物主天主訓導他們敬禮唯一的真主；可是後代的以色列人卻敬禮各色各樣的神。

倫理是人生關係的規矩，人既然是群居的動物，一有人就有人生關係，便就有倫理。初民無論怎樣愚昧，從開始就有語言，從開始也有人生關係的規矩。因此倫理也是人類歷史的要素，中國史家常以倫理原則評論歷史。

丙、理智和歷史互相創造

人類有歷史，在於人類生活有進化；人類生活的進化，來自理智，人自己運用理智，創造生活的工具，創造生活的享受，創造生活的組織。歷史所記載的事蹟，都是人類理智力的成效。從石器到銅器和鐵器，從手工業到機械工廠，從蒸汽到石油，又到原子力，一切都是人類理智力的創造品。又從部落到封建，從君主到民主；從詩歌到散文，從小說到戲劇；從草房到宮殿，從彫刻到繪畫，這各方面的進化，也完全是理智的產物；因爲禽獸絕對不能創造這些制度和藝術。有了理智的這一些創造品，人類纔可以有歷史；歷史所以是由理智所造。

就如歷史上所記載的戰爭，算爲古代歷史的重要部份；這些戰爭或好或壞，也都是人所造的。爲打仗，要用理智；因著理智的運用，戰爭由木棒進到鋼刀。由弓箭進到鎗礮，由炸彈進到原子彈，越進越凶。

但是理智的運用，需要具體的條件。人不能憑空幻想，有所發明。人類的發明，都和發明的時代所有科學環境相關，有了若干程度的科學基礎，纔能有相等的發明。一個天才的人，爲發明一件新的事理，他要利用以往的學術基礎。原子彈的發明，祇能在第二十世紀裡，因爲第二十世紀的學術已經有了發明原子彈的基礎。太空的旅行，也是要第二十世紀的學術基礎纔能夠建立。因此，我們常說文化是累積性的，學術也是累積性的，一步一步往前走。後一步的發明，看來和原有的一步沒有關係，發明越高越顯新奇。但不論發明是怎樣新奇，也離不了原有的基礎。學術的累積乃是歷史的工作，一切的發明便要在適當的歷史環境裡。中國的醫學和別的實用科學沒有得到應有的進步，就是中國人忽略了學術的歷史性。中國古人都講秘方，一個人有了發明，從不公開告訴別人，更不願意寫下來以流傳後世。於是科學的智識從不加多，也從不能繼續發展。所以歷史對於理智力的運用，影響很大。

丁、理智在歷史上的發展

世界各國的學術史和藝術史，顯示人類理智在歷史上的發展。第二十世紀的人類，在理智上的運用，範圍既廣，設備完好，基礎很深，因此能迅速地造成大小的發明，現在的人類已經自信可以運用理智駕駛自然。「科學萬能」，雖不如第十九世紀時受人崇拜；但是「理智萬能」，則是第二十世紀的人的信條。有了理智，人不必要有神靈，現代人的宗教信仰乃一落千丈。人們要求一切都理智化，連宗教信仰也都要理智化，人們不願意有超乎理智的信仰。

理智在歷史上怎樣進展到這種地步呢？

理智的進展可以從兩方面去看；一是對外，一是對內。黑格爾曾談絕對精神的變化，先由我而到非我，然後由非我到一個新我，即是黑格爾所講的正反合辯證論。我們當然不贊成也不採取「正反合」的辯證方式，但是對於理智在歷史上的發展，我們可以說先有對外即對「非我」的認識，然後有對內即對「自我」的認識。不過，到了相當的時期，即是近世紀以來，這兩方面的理智發展，同時並行。

對「非我」的認識，乃是對我的外面所有的一切事物，追求認識，一切的科學智識，都屬於這一方面的發展。人的理智，開始在於認識「非我」，如同小孩的理智開始動作時，便追求認識自己周圍的事物，但對於自己則不知道反省，也不知道自己有什麼長處或有什麼短處，初民也是一樣。初民對於外界事物所有的認識，都是具體的智識，抽象的學理很少。他們不用理智去思考，而是用感官去接觸，小孩的智識也是如此。因此理智在歷史上發展的第一個共同現象或者稱為第一原則：先有具體性的藝術作品，然後有抽象的學術理論。

當然，這種時間先後的順序，並不是絕對的，也可以有例外。到了學術遺產已經高了的時候，藝術和學術理論可以同時發展。在普通的一般情形之下，則先有藝術，然後有科學。孔德曾分人類的歷史為神學時代、哲學時代、科學時代。西洋的上古為神學時代，西洋的中古為哲學時代，西洋的近代為科學時代。這種區化就是理智在歷史上的發展。中國的歷史，則可以春秋戰國為哲學時代，漢以後則是藝術時代。民國以來則為科學時代。

理智在歷史上發展的第二個公共現象或原則，理智的發展成累積性的直線形，但有時也可成爲飈躍的形式。理智力的運用需要有基礎，前代累積的學術智識，即是運用理智力的基礎。在以往交通不便的時代，人們祇能運用本地的學術智識爲基礎，累積地往前進，進步很慢。在今天交通發達的時候，人們則可以拿他處的學術智識，作爲基礎。因此，非洲民族的學術和工業，可以不經過歐洲民族所經過的階段，從穴居飈躍到摩天大廈，從徒步躍進到汽車和飛機。從沒有科學智識飈躍到最新進的的科學智識。但是這種躍進的現象，祇是一時代的非常現象，到世界各國的學術水準相平時，躍進的現象就不會出現了。沒有躍進，便有累積，人類理智的發展，常是前進。歷史的事蹟不常代表人類的前進，有時還可以代表退步；然而在理智方面，人類則常是直線地向前。直線向前，有時很快有時很慢，但不會退化。

理智在歷史上發展的第三個共同現象或原則，理智力的追求是無限的，進展也是無限的。「學問無止境」乃是一句俗話，大家都知道，這就是代表理智的追求是無限。人類生活的演變，便可以繼續無窮。但是宇宙的物質，並不是無限的，而且一個人在世的生命也不是無窮的，人便要抱著無窮的追求而死，人類也要沒有達到目標而盡。造物主卻啓示我們，每一個人和全人類，都可以達到無限的完全真理，無限完全的真理，就是絕對的精神體天主。

二、人生享受的追求

1. 人的自然傾向

老子曾提倡人生以自然爲原則，人性的自然傾向祇食求飽，寒求衣，一切的文飾和享受，都是人所自造的罪惡。假使人性的自然傾向，真像老子所說的歸真返樸，棄聖絕智，人類的歷史也就消失了，人類也就常留在初民的穴居野處，最低級的生活中，再沒有其他事件可述，人類變成了禽獸。

人類的自然傾向，按照意志的要求，人要求無限的美和無限的善，以供享受；人類的文化，便因此繼續前進。當然，人類並不因此而變成了更好，更高尚；但是人類因求享受所創造的藝術品，則具有很高的價值。

考古學家和人類學家，在所尋獲的最古初民的用具裡，已經有藝術的裝飾。一柄粗糙的石斧上，刻有粗陋的花紋。後來陶器發明了，陶器的精美，有超過現代的作品者，這都是證明人性的自然傾向，絕對不會以食飽衣暖爲足，人是天天在求更多更好的享受。衣食住行的歷史，在各民族中都顯示繼續往美、往精、往方便舒服裡走。衣食住行所用的東西，常不斷有新的模型和材料。人的感官，喜新厭舊；人的意志更是追求無限的美善，一生沒有滿足的一刻。「得隴望蜀」，代表人心的慾望沒有止境。因著人心的追求享受，人生乃有層層的新事出現，歷史乃能有成。理智固然是歷史的創造者；人心的慾望，便是歷史的完成者。

2. 人心的欲望完成歷史

所謂人心的欲望完成歷史，乃是說歷史的史事由理智計劃，由人心欲望的推動而得完成。

在歷史上最顯著的實例，萬里長城是因秦始皇的決心而建築，運河是因隋煬帝的願望而鑿開，西域的開通是因漢武帝的雄心而實現，羅馬帝國統一歐洲是因凱撒的大志而成功，希臘的發展是因亞立山大帝的雄才遠略而出現，羅馬聖彌德大殿是因文藝復興時幾位教宗的心願而造成。拿破崙和希特勒的野心，使歐洲改變面目。這些都是歷史上的大事，這些大事及其他各種史事，都是有心人所作成的。

史事是人的事，人作事常因心中有所願望；沒有願望，人心不會動，人心不動，則事必不成。

人心的願望常謀自己的福利，常願使自我加以成全。人心的自由，就是因爲「今日之我」并不完全，常須追求「更完善的我」。人心自由選擇，便常選擇爲我多加一份成全的事。假使人是一個絕對完全的我，一無所缺，他就無所追求。人既然不完全，便常追求所沒有的美善，以完成自我。一個人絕對不會做一件事而不是爲自己有利。所謂爲藝術、所謂爲道德而行善，絕對不求利益，實則不求利益即是求自己精神的滿足。

不過，爲自己有利之事，則由理智去認識，人的理智力相當薄弱，看事看不清楚，能夠把有害的事看成有利；因此，人纔作出許多壞事，社會裡乃罪惡叢生。人犯罪並不是願意害自己，他還是以爲對自己有益。

歷史由於英雄去造，英雄都是志氣高，欲望大的人。學術上的發明家也是英雄，他們一生的奮鬥史，也是爲了一種學術的願望。天才高的人，意志若是薄弱，決不會有成就。

一個民族的歷史也和民族的天性有關，民族性強，欲望大；民族的歷史便多有冒險創作等史事，史事的記述也多彩多姿。民族性弱，安於閒散簡樸的生活，缺乏進化精神，民族的歷史便平淡無奇，事事保守。

中華民族的歷史，是一種保守的歷史，民族習於安居樂業，生於簡素，一生勤苦，不求享受。中國的科學乃不發達，爲滿足人生享受的學術，受人輕視爲小技。但是中國古人已經以「食色性也」，追求食色的享受。中國的烹調，乃在全球成爲最發達，最精美的藝術；國人最講究吃。中國人也很追求女色的享受，幾千年來妻妾制度盛行，娼妓之風至今猶存。妓女雖在歐美各國也都存在，然而招妓陪宴，歌詠妓女而成艷詞情詩，則是中國歷史所獨有。中國另一種高尚享受，爲文人騷客所追求者，則爲琴書字畫；這些藝術，在中國歷史上也佔有重要位置。

樸素的生活固然是社會的優良風氣，使民心敦厚，但對於學術的發展，則不能予以鼓勵。歐美人士追求人生的享受，爲衣食住行肯多花費，生產者乃日求精品，以供社會需要，工商業於是繼續發達。中國人乃詆毀歐美文明爲物質文明，中國文明爲精神文明，實際上祇是兩方面的人所追求的享受不同，造成的生活方式也就不同，固無所謂物質文明或精神文明之分，中國人更不宜自我陶醉！

3. 科學的發展

科學的發展，本是理智力的發展；可是科學的成就，則是人生的享受。

理智向外發展，研究「我」周圍的事物，以增加對於「非我」的認識；這種認識便是科學的智識。這種認識，雖然看來應該是最早就有的智識，小孩子一開始用明悟，就向媽媽問長問短，這個東西是什麼，那個東西爲什麼那樣？科學的發展卻是最近幾個世紀的事實，哲學的研究反倒走在科學以前。原因在於科學的研究要有適當儀器作爲工具，在機器不發達的時候，就不能製造科學儀器。現在在自由中國科學的研究還不能發展，也就是缺乏科學研究的設備。

科學的研究發展在後，因爲人的分析力，發展在後，人開始用的官能是感覺，其次便是想像。初民對於外面的事物，都用想像去描繪，神話詩歌開始最早。哲學雖是用理智的分析力，但是哲學的理論大半也借助於想像。惟有科學，則就客體而論客體，把客體層層予以分析。這種研究要求冷靜的頭腦，精密的觀察和細心的分析；所以便發展在後。但這一點並不證明初民沒有科學頭腦，現今我們的高山族青年和非洲剛開化的民族之青年，一旦進了大學，他們也可以研究高深的科學。不過，在通常的環境裡，先民既沒有科學的基礎，又沒有研究科學的設備，當然不能發展科學的研究。

科學的研究是一滴一滴地累積起來的，前人的研究遺產，乃是後人的研究基礎。現在交通發達，傳播的工具很迅速，科學研究的機會將成爲普遍的現象，科學必定將迅速地發展。

科學研究的成果已經提高了人類的享受，同時又刺激人們的享受慾，追求更高的享受。有了黑白的電視，人們又要求彩色的電視；有了噴射的飛機，又要求超音速的飛機。這種追求享受的慾望，乃是科學研究的推動力。

戰爭的科學武器，本不是爲增加人的享受；可是人們爲什麼戰爭呢？還不是追求享受的欲望在作祟嗎？

科學研究的成果所給予人的享受，普通稱爲物質享受，都是關於衣食住行各方面的東西。這些東西在本身上都是美和善，祇因人用的不得其當，纔造成罪惡。一個人的享受很難也幾乎不可能分爲物質享受和精神享受，因爲人是一個完整的單體，結合身體和精神而成，人的動作常是精神和身體一同操作，祇有純粹的生理活動，不必有精神的合作。人的享受，一定要求人的精神參加，否則心不在焉，沒有自我的意識，有享受也等之於沒有。何況衣食住行的享受，也是爲使人的精神舒適愉快。所以我們不能說科學是物質的文明。至於說科學所製造的享受，使人重視感覺的小體，而忽略精神的大體，因而造成社會的不道德風氣，這不該歸罪於科學，應該歸罪於人自己，因爲是人心不正。

從歷史上去看，人心雖然也受科學的影響，在現在科學昌盛的時代，人心複雜淫亂，但是原因，祇是因爲科學所造的享受刺激人的享受欲望，人心因而不單純。然而這種刺激，可以使人向惡，也可以使人向善。向善的表現，在於增加人們的同情，增加作事的效率，推動學術的研究。

因此，在歷史發展上，科學增加人的享受，人的享受欲推動科學。科學的發展是直線式上升。

4. 藝術的發展

科學的發展，在歷史上常常阻礙藝術的發展。科學和藝術，兩者的成果都供人們的享受；但是爲創造科學和藝術所用的才能不同，藝術用想像，科學用理智分析。習慣用想像的時代，不多用理智分析；習慣用理智分析的時代，不多用想像。希臘時代的彫刻，文藝復興時期的繪畫，唐代的詩歌，宋朝的散文，元代的戲劇，都不能重現。現代科學昌盛，藝術則很低落，現代的藝術成了機械藝術，失去了藝術的精髓，沒有想象，祇是一些理智分析所流下的渣滓！

藝術的發展不是累積而成的，也用不著前人去打基礎。藝術乃是天才的創造，是個別產生的。社會風氣祇是一種刺激，刺激天才去發展，屈原、杜甫、李白、莎士比亞、但丁、都是各有特性的天才，他們不是依靠前人的藝術而創造藝術，也不需要儀器設備，他們祇運用自己的天才。

藝術是人性的要求，人有興享藝術的本性。人的生活要有藝術的美化。老子說五色令人目盲，五聲令人耳聾；實際上眼睛要求看美的顏色，耳朵要求聽美的聲音。在人類的初期，藝術品已經出現，初民便開始自己的文化。

藝術的欣賞，乃是人的精神享受；可是人爲欣賞藝術必要藉著五官，所以藝術的享受由五官交流到精神，由精神交流到人的全身。我們欣賞一件美的藝術品，感到全身都舒服。

藝術的欣賞令人滿足，假使欣賞一件藝術品時，而生一種追求更美的藝術品以供欣賞，則當時並沒有美感，也沒有藝術的欣賞，那件藝術品根本就是不美。藝術品的享受不刺激追求更美的享受，但刺激常有美可供欣賞的希望。這一點也和科學的研究不同，科學製造品的享受刺激追求更好的享受，使科學的研究成直線形上升；藝術的創造則是斷續地出現，無所謂直線或曲線的上升。一種藝術的形式，雖有成長的經歷；但是藝術之美並不在於所用的形式，而在於作者的表情。我們不能說五言詩和七言詩何者更美，我們也不能說古典派的畫和印象派的畫何者爲更美，我們祇能說那位作家的藝術品爲美。因此藝術史不能前後連貫，每位藝術家自成一章。在藝術史上，雖常有後人模仿前人，形成派系；然既是模仿，已不是藝術。

藝術的發展，和歷史究竟有何關係。藝術之美超出時間和空間以上，藝術的發展又不隨時間的順序而進；然而藝術也在時間以內，受時間的磨鍊；同時藝術也是歷史的構成素。因爲藝術是人的作品，人的作品雖用天才，然總是在一定的空間和時間以內完成。因此，爲研究藝術作品，且爲欣賞藝術作品，也應該研究作者的生活環境。

藝術和歷史的關係是相互的關係，歷史影響藝術作品，藝術作品影響歷史。唐代的環境影響了李白和杜甫的詩，李白和杜甫的詩又影響了唐代和後代人的生活。

5. 宗教發展

人心除科學作品和藝術作品的享受外，還有一種追求，即是追求宗教的善。

宗教在歷史上的發展，在未開化的時期，人民敬拜多種神靈，雖然在神靈中常有一位尊神，但並不很顯明。自然界每種物體都有一神靈：日月星辰山川鳥木，各有神靈的照顧，日常的事務也有主管的神靈，家族和部落也供奉主保的神。圖騰崇拜，精靈崇拜，神鬼崇拜在未開化的民族裡，乃是他們生活裡的主要部份。民族的文化進步，智識水準提高，鬼神和精靈的崇拜逐漸減少，原先相信的精靈和鬼神被遺棄了。到了科學昌明的時代，宗教信仰愈見低落，以至於對於更高的尊神，創造天地的上天，也不信了。從中國歷史去看，屈原曾作

「九歌」，歌讚鬼神精靈，佛教道教盛行以後，崇拜鬼神之風也盛。儒家則敬皇天上帝，少敬其他鬼神。中國歷史上的宗教，沒有圖騰崇拜，沒有精靈崇拜，乃是鬼神崇拜，崇敬一尊之天。民間雖然也信精靈，如樹精，狐狸精等，但並不受敬禮。民國以來，宗教信仰漸衰，普通都認為受歐美科學研究的影響。歐美的宗教，以基督的信仰為主，稱為天主教，崇拜造物主天主，也即是中國的皇天上帝，崇拜基督為救主天主。文藝復興後，路德與加爾文等倡革新教派，繼承的人四分五裂，宗教繁多。然在近兩世紀，歐美社會生活已脫離宗教，人文主義支配人生，一切都由理智去解釋。他們相信人是宇宙的主人，人以上沒有天主。若按照歷史的趨勢，宗教似乎逐漸消失，將來的社會似乎是沒有宗教的社會。

民族學者和宗教心理學者解釋宗教信仰，他們認為宗教起源於初民的兩種心理：一是對於自然現象愚昧無知，不能解釋；二是對於人力所不能控制的事，心生畏懼，不知怎樣應付。於是想像出有超乎人上的神靈，統治自然界的事物，人們對他們敬禮以祈福免禍。到了後代，科學發明，人們對於自然界事物已經瞭解，便不再信鬼神。將來有一天，科學能夠解釋整個宇宙的構造和由來，當然就要消除一切宗教信仰了。

我們則認為宗教信仰的解釋，並不是這樣單純，宗教信仰也不會因科學的發達而消失。宗教信仰乃是人性的一種要求，從初民一直到現在，沒有一個不信宗教的民族。或是不開化的野蠻人或是開化的文明人，都體驗到自己生命的脆弱，自己的生命不由自己作主，必定有生命的主人。造物主天主曾經啓示初民：生命的主人乃是祂，人應該崇拜。從來人類因罪惡而失去尊神的信仰，以宇宙萬物都有生命，都有生命主人的精靈鬼神。

宗教信仰爲人求自心安定的要求。對著自然現象，人無能爲力，因此心生畏懼而求神，這不是宗教信仰的本來意義。人心需要宗教信仰，乃是爲求自心的安定。人無論在什麼時候，都有心中不安的現象，人心的不安不能由人世任何事物去解決，金錢勢力愛情遊樂都無濟於事，而且還更增心中的苦悶。這些苦悶，祇有適當的宗教信仰，可以予以定安。初民的心有不安的時候，開化的文明人也有心中不安的時候，現代享受最高的人，以及將來可以周遊太空的人，還是有心中不安的時候，宗教的信仰便常爲人類所需要。

古代的人爲什麼宗教情緒很高，喜歡參加宗教典禮，現在的人，宗教情緒低，不僅是因爲古人愚昧，現代人智識很高，而是因爲人心的娛樂享受。古人所有的娛樂很少，歐美古人便以參加宗教儀禮爲樂；現在，他們的娛樂增多了，週末都不在家，他們便不參加宗教儀禮了。

宗教信仰在歷史上是一個重要的成份，各民族的文化都是以宗教信仰爲中心，初民的文化是這樣，歐美中古的文化更是這樣。中國的文化似乎是以人爲中心，但是作中國文化中心的忠孝和仁，都以宗教信仰爲基礎。科學不是文化的中心，因爲科學祇是人生的方法；宗教信仰則是人生的途徑，乃是文化的中心。

天主教的信仰，超乎歷史，不受時空的限制；天主教的教會，則在歷史以內，可以有歷史的變遷。

三、人性的發展

我們從歷史上去看，人類理智力向內的發展，逐漸認識自己，知道自己有人格，爭取基本的權利，進而到人類大團體。這種發展，是人性的發展，人認識自我，人更成爲一個人。這不是追求外物供給我們享受，而是追求把我們人性所有的，更能表現於外。現代人較比古代的人，看來更像一個人。就如女人，在幾百年以前，真不像一個人，祇是男人的附屬品，現代的女人則成了一個獨立的人。男人也差不多，在古代乃是君王的所有物，在今天則是世界的主人。

1. 人格的尊重

佛教反對「自我」，以自我爲「我執」，「我執」乃是迷惘。人類歷史的發展，則是由渾沌的人，進到一個清晰的人，進到一個「自我」。人類的歷史可以說是爭求自我的歷史。

在學術一方面說，「自我意識」是現代哲學的研究成果。以往的哲學討論「人」，是討論一個抽象的人，討論人的人性。現代哲學進而討論「我」，提倡「自我意識」。

「自我意識」爲一種反省作用，我反觀自心，我知道有我，同時我體驗出一切動作，都是以我爲主體，我對行動負責。陸象山和王陽明曾主張反觀自心，以心爲行動的標準；但祇在行動的善惡方面，人心有主動的價值。現在的哲學則是以我爲宇宙的中心，宇宙一切都歸之於我。在歷史上，以往有部落，有家族，有國家，在先後的階段裡作爲宇宙的中心，每個人或爲部落，或爲家族，或爲國家而生存，他一個人沒有獨立的意義。天主教的教義認定每一個人有永生的靈魂，每一個人爲著靈魂的永生而生存，給每一個人有獨立生存的意義，改革了希臘羅馬人的生活觀念，使歐洲產生了新的文化。

但是歐洲從法國大革命以後，「自我」的思想逐漸發展，人在一切活動中，都求「自我」的地位。「我」對「非我」的關係，常常以我爲主。對於權威，對於父兄長上，對於法律，都要以我主動。服從權威長上和法律，是我願意服從，而不是被強迫。對於禮教，對於風俗，對於傳統，也要以我爲主，我認爲追從禮教，風俗和傳統爲好，我就追從。

在我與「非我」的關係裡，無論「非我」是人或是事，（命令、法律、傳統……）都應該尊重我的人格。人格的尊嚴，現在已就成爲不可侵犯的神聖。在歷史上，越往上溯，越不見人格的尊嚴，在古代媳婦在翁姑前，子女在父母前，弟子在師長前，臣民在皇帝前，誰敢談自己人格的尊嚴？奴隸更沒有人格的可言，奴隸乃是可以轉賣之物。在歷史的進展裡每個人逐漸發現自己是人，又逐漸發現自己有人格，不容人家侵犯。

將來的歷史，必定在這條路上向前進。我們要問在將來的歷史上，還有不有權威？有不有長上？祇要有團體，有社會，一定需要有次序，有次序便有長下，長下關係所採的方式，則隨時代而異。若任何上下的形式都不要，那時便會出獨裁。

因此，歷史上的一種共同現象，也可稱爲原則，乃是人逐漸爭取自我人格的尊重。

2. 自由的發展

黑格爾曾經說，人類的歷史是一種爭取自由的歷史，他說的自由，不過是絕對精神向外表現成爲「非我」時，可以有自我的意識。現在的存在哲學，主張自由爲「自我可以追求一個更成全的自我。」這些觀念都是從形上學談自由。我們也可以從形上學方面去研究自由的理由，人有自由，是因爲人是一種相對的有，應該繼續成全自我，又因爲宇宙的一切事物都是相對的美善，不足以限定我的意志。因此，我有自由選擇爲我有益的美善。對於眞理，我沒有選擇自由，眞者，我就以爲眞，不可以爲假。

在生活方面，自由則表示自己負責，不被人強迫或驅使去動。自由和「自我意識」相關，「自我意識」強，對於自由的要求也強。

在歷史上，人類對於自由的追求，逐漸加高。在初民社會裡，部落的酋長指使部落裡的群眾；在家族社會裡，族長和家長對於家族的人，有很高的權力，在君主的制度裡，君權乃是絕對的威權。君主立憲的制度出現，人民的自由稍爲加多；民主制度成立，國民乃有相當的自由，將來的歷史必定要把更多的自由給予國民。

歷史上所有的革命，多是爲爭自由而爆發。羅馬帝國的崩頹，是因奴隸和蠻族爭取羅馬國民所有的自由。歐美歷史上的戰爭，有爲爭取民族的獨立，有爲爭取宗教的自由。中國歷史上的戰爭，則少有爲自由而戰，而是爲皇位而戰，因爲中國人從有史以來，就是自由的人，沒有農奴，沒有貴族，沒有階級，皇帝的權威雖是絕對的君主專制，對於普通百姓，多是無爲而治。民國革命，武昌起義，則是爲自由而戰，推翻了君主專制，建立民國；奪取了滿清政灌，使五族平等；改革家庭制度，使兒女婚姻自由；取消纏足，使婦女有受教育的自由；廢除不平等條約，使中華民族與列強平等。北伐的戰爭，勦匪的戰爭，抗日的戰爭，復興民族的戰爭，則都是爲自由而戰。

在人類歷史上，自由的發展，一般說來是隨文明的程度而進步，因爲民族意識和自我意識，要在人類進到文明較高的階段時，纔能實現，自由的追求隨著這些意識而加強。第二次世界大戰以後，列強放棄了殖民地的統治權，亞洲的各種民族都成立了自由的國家。可是在高度的文明社會裡，自由的限制在法律上卻反而加多，以往許多可以隨便做的事，現在都受法律的限制，建築要有執照，營業要有執照，駕駛要有執照，入學校有學區限制，考試有聯考的限制，生了兒女要報戶口，養條狗也要登記。而這些限制，卻視爲文明國家的象徵，因爲在文明國家裡，交通便利，工商業互相競爭，若沒有法律規定次序，社會就要紊亂，自由便沒有保障。

在第二十世紀裡，人類高呼自由的時候，卻又出現反對自由的獨裁政體，義大利有法西斯政府，德國有希特勒的國社黨，蘇聯和東歐遭受共產黨的統治，中國大陸更慘遭殘暴的毛共壓迫，這豈不是對文明的人類一種嗤笑！從歷史方面去解釋，人民因爭社會的自由而起革命，野心的獨裁者利用民眾反抗原有社會制度的心理，假冒自由的名號，奪取政權。這些獨裁者的口號，不沿用以往君主專制時代的「富國強兵」，而是用現代語：「爲人民爭自由」。

自由在歷史上的發展，最先祇有統治者個人的自由，後來有少數人的自由，再後有階級的自由，以後有全民的自由。統治者和特殊階級的自由，是犧牲多數人的自由以供自己的享受，全民的自由，則是群居互助的法定自由。

3. 人權的伸張

隨著自由的發展，人權也被人承認，而獲有法律的保障。

人權是每個人的基本自由，不能受人的剝削，否則不能有適宜於人的生活。人有生存權，每個人不單有權利保護自己的生命，也有選擇生活方式的自由，爲著生活，人要職業，對於職業每個人有選擇的自由。在生活的方式裡，有兩種是最基本的方式；即是宗教信仰和婚姻，每個人便有信仰宗教的自由和結婚的自由。衣食住行爲人生的基本表現，在這四方面，每個人有選擇衣服、飲食和住所的自由，也有旅行的自由。人是社會動物，大家合群而居。人便有言語、寫作和結社的自由。因著合群而居，乃結成國家，人便有從事國家政治的自由。這一些都是人的基本自由，也就是人的基本權利。在現在各國的憲法裡，都有承認基本人權的條文，聯合國也有人權宣言。

從歷史上研究，人權的爭取，可分爲五個階段：第一，奴隸爭取人權；第二，子女爭取人權；第三，婦女爭取人權；第四，階級爭取人權；第五，弱少民族爭取人權。

奴隸的制度，開端最早，在人類有歷史文據的時代，已經有這種制度。羅馬帝國的法律和中國的法律，都認奴隸是主人的財物，可以任意變賣或贈送。天主教傳入羅馬，即開始解放奴隸，以奴隸和自由人，同是基督的兄弟，後來卒能改革羅馬社會的奴隸制度。新大陸發現後，地主需要大量的人工，於是造成敗賣非洲黑奴的風氣，美國林肯盡力爲解放黑奴而奮鬥。中國歷代沒有奴隸制度，僅有少數書僮和婢女，並不造成一種社會問題，到了民國，民法上也沒有奴婢的名詞，售賣子女則觸犯刑法。

子女在家庭裡，不和奴隸平等，地位較高，爲自由人。但並不能享受一般人所有的權利。子女服從父母，諸事由父母作主。古羅馬法給予家長很大的權利，中國古代法律也給予家長管理子女之權，在貧窮不能養家時，父母可以出賣子女。子女的婚姻，子女的職業，子女的財產，都操在父母手裡。現代的法律則承認成年的子女，享有一般人所有的權利，未成年人也可以自由選擇配偶和職業。

婦權運動爲近世紀的社會革命。越在古代，婦女越沒有權利。中國古代的風俗，以婦女有三從之道：在家從父，既嫁從夫，夫死從子。婦女沒有受教育的權利，也沒有財產權。但若是成了母親，對於兒女要求孝順。歐美的婦女運動早於中國，目前男女平等，已經成了國際慣例，各國的法律都予以承認。

階級爭取人權，不是共產黨所主張的階級鬥爭。工人階級在各國社會裡素來不是奴隸階級，祇是在經濟上所得利益輕微。真真缺乏人權的階級，乃是像印度所有的下層階級，在社會裡缺少許多權利。還有在一些國家裡，農人變成農奴階級，受貴族地主的壓制。在現在主張人權的時代，階級的制度漸漸廢除，一國的國民，俱爲平等。

弱少民族的奮鬥，乃是近一世紀的國際大事。殖民地的民族爭取獨立，一國內的弱少民族爭取平等待遇，歷史的趨勢將承認每個民族享有同等的權力。

還有一些不平等的現象，由於社會經濟所造成，貧窮人應有適當的住所，應有適當的享受，也應有適當領受教育的機會。弱小的國家，在國際上應有發展經濟的適當機會，不爲強國的附庸。

人類的歷史，在有歷史文據以來，就有爭取人權的趨勢。雖然強者爭權奪利，以穩固自己的權力，可是弱者不停止奮鬥，有流血的革命，有不流血的革命，每個人的人權現在都被承認，都有國法的保障。

共產黨摧殘人權，實在是反對歷史的共同趨勢。歷史的趨勢，乃是人類的趨勢，沒有一黨或一國的力量可以擋住。

4. 大同

在上古的時代，人民老死不相往來，行動的範圍，祇在自己的鄉裡，所認識的人只是自己的家人。當時的團體祇有家族。鄉土的觀念很深，血肉的系統也很緊。家族的社會是人類合群的初步表現，而且也是人性的自然成就。

初民的生活漸漸展開，田獵的活動越過本鄉的限界，所接觸的人有屬於家族以外的人，家族的組織不足以保障一切活動，於是乃聚齊近地近族的人組成部落，部落有酋長，有誓約，有刑罰。由家族的血統組織，進到有政治性的部落組織。

部落漸多了，問題更複雜，相爭的事也多了，有的部落再結成更大的組織，於是諸侯的列國出現了，國家的名詞成了很重要的名詞。小國又相爭，戰爭更烈，於是大併小，強吞弱，大家知道諸侯小國的弊病，因此乃有大一統的國家，中國從秦始皇以後，二千多年江山一統，雖有時分裂，終又合一。國家的組織乃代表人性合群的趨勢到了最高峰。

第二次世界大戰以後，雖有國際組織的聯合國，並不代表也不象徵各國互相團結；反之目前許多小國與大國分離，自成獨立國。國家的觀念雖強，民族的血統更深。現在是國家至上或民族至上的時代。這種時代已經是人類合群的最進步時代，已經經過幾千萬年的人類歷史之發展。

將來的歷史怎樣？

將來的歷史必定繼續發展人類的合群性，而不會停止在民族和國家的組織上。將來國際的交通，必定會便利到以數小時而繞地球一週，將來人類生活的享受，必定不能由一個國家去供給和保障，現在已經有組織歐洲聯邦的企圖。歐洲聯邦若出現，中南美洲必定要成聯盟纔能生存，非洲目前出現的許多小國有什麼意義呢？祇有組成非洲聯邦纔能夠保持獨立；亞洲有中國、印度和俄國的大國，可能是在最後組織亞洲聯邦。人類的歷史若是沒有被原子或他種更殘暴的武器所毀滅，將繼續前進，人類將升入太空，或將覓得可以容人生活的星球，而開始移民，整個的地球，將趨向結成一個國家，或一個聯邦，或一個另外組織，使人性合群的天性發展到極點。

這種趨勢是人類歷史的趨勢，進行很慢，每一階段有一階段的價值，而不可亂跳。由部落到民族國家，經過幾千年的歷史，由國家到洲際的聯邦再到世界聯邦，進知道需要一千年或兩千年或更多？在民族國家的組織裡，家族的組織而保持餘跡，因爲家庭是天性的團體，將來在洲際聯邦或世界聯邦時，民族的組織必定仍要保持餘跡，因爲民族也是天性的血統組織。再者，一個民族建立了一個民族的文化，文化的溶化和毀滅，不像政治組織那般容易。

由小團體進入大團體，乃是人性的趨向，而構成歷史的傾向。在明清的時代，還可以談閉關而居，在半世紀以前美國尚可以談獨立自尊，第二次世界大戰以後，無論那個國家，那種民族採取閉關和獨立的政策，不單是反對歷史的趨勢，而且等於自殺。

這種趨勢是人發現自己是人，也發現凡是人都是人，人和人要合群安居。基督的福音是第一種思想，告示人類是同一的人類，人類的歷史是同一的歷史，基督的福音並不打消民族的組織，並不摧毀國家的組織；但在民族和國家的組織中，不能忘記人類是同一的。中國古人早有大同的思想，早有四海皆兄弟的博愛，但是中國古人是以中國爲天下之中心，周圍野蠻的民族可以和華夏的人同化。歐洲的亞立山大、凱撒、拿破崙、希特勒都有征服世界的幻夢。共產黨的陰謀，也在以武力統治全球。然而，歷史的洲聯邦和世界聯邦決不能由任何武力去實現，而是要由人的自然趨向，到了成熟的時機，乃自然而成立。

第七章　歷史與進化

在上面我們討論了歷史的許多現象，使我們由以往人類的歷史，可以推知將來歷史的途徑。這些現象是人類歷史的公共現象，因此我們歸納爲歷史的幾項原則。這些原則雖不是必然性的，因爲不知道這些原則到了什麼時候就有這個現象出現，但是這些原則表現人類歷史的途徑，人類歷史是往前進，而不是往後退，人類的文化是進步，而不是退步。可是「進化」這種現象，可是一種社會學的大問題，就好比「發展」一樣。什麼真正是進化或發展呢？這個問題也是歷史哲學的問題。我們現在由歷史的各方面去研究，以便尋出相當的答案。

歷史若是進化，進化當然不是生物學的進化；因爲人類的人種，從有史以來，並沒有生理上的變化。人類的進化，是心理方面的進化，是人漸漸認識自己，漸漸要求度人的生活，漸漸發展人生的要求。這種歷史進化是人之所以爲人的進化，是文化的進化，是歷史的文明。但是這個進化的路途，則不是一致的，不是直線的，中途的遭遇很多，我們把這條進化的路途，作爲人類歷史的經歷。

一、文明與歷史

1. 文明是歷史的作品

「文化」是人類生活的合理方式，每個民族無論是野蠻的，或是開化的，都有自己的生活方式，這種方式在他們看來都是合理，便就是他們的文化。

文化不是自然界的現象，也不是自然律的產物，文化是人所創造的。朱謙之說：「因爲文化實在是人類的特殊產物，所以只有人類纔有文化；然而文化是活動不是死的，所以不但如一般學者所說人類應付環境的『總成績』，而卻有永遠創造永遠進化的文化史。我甚至可以說，人類生活自始即是文化的生活，人類生活的表現自始即是文化史的表現；簡單來說，只要叫做人類，不論文明民族或爲野蠻民族，都自然而然有他本身的文化，不過文化的程度不能相同罷了。」(一)

文化最具有歷史的意義，因爲文化是歷史的產物，一個時代的文化和另一個時代的文化不同，一個民族的文化，和另一個民族的文化不同。文化既是國民生活的方式，生活的方式，受自然環境和社會環境的影響很大。周朝武王周公時代的思想和戰國時代的思想不同；戰國時代的社會環境和漢朝的環境不同。周初的文化便和戰國的文化不是一樣，秦時的文化和漢時的文化也有差異。鐘鼓文變成了篆字，篆字又變成了隸字，服飾也變了，風俗也變了。現代考古的人，發現了什麼古跡，就可以鑑定是屬於那一個朝代的遺物。文化乃是時代的產物，認識了時代，纔認識文化；但也要認識文化，纔可以認識時代。

但是，我們不贊成所有的真正文化都應是現代化。朱謙之追隨克洛齊的歷史心理化理論，以一切歷史都要經過研究歷史的人在心理上予以重現，同樣文化也要在現代人心理上或想像上重現。㈡我們知道歷史是過去的客觀事實，事實的存在不存在我們心理，過去的文化也不存在我們心裡，有它自己的客觀存在。

不過，真正的文化，是活動的文化，不是僵屍。這項原則是說文化常留在現代人的生活中。文化雖然是時代的產物，隨著時代而變而進化，但有許多基本點已經成爲一個民族生活的特點，在變和進化之中，常能存在。中華民族的文化，從商周及到民國，五千年的變化和進化，卻更鍛鍊了中華民族的特點，這些特點常是活的，常是現代化的。這種存在，不是存在於現代人的腦子回想裡，而是存在於客觀的現代生活中。

講文化史的人，不但把文化按民族的地域，分成文化大系，而且也歸納各文化大系的歷史，把整個人類的文化，分成幾個階段，尤其是講歷史哲學或文化哲學的人，喜歡這種分類。

孔德曾將人類進化分爲三個階段：

知識的進化：神學時代，形而上學時代，實證科學時代。

物質的進化：軍事時代，法律時代，產業時代。

但是社會學者普通喜歡由生產經濟狀態去分段，例如：

原始時期，游牧時期，農業時期，手工業時期，機械生產的農工商業時期。

學者劃分文化階段，各有各的理由；但不能拘守一成的規則，去劃分各系的文化。中華民族的文化，無所謂神學時代，也無所謂形而上學時代，孔德所講的是西洋的思想史，而且就在西洋思想史上也不恰當。

朱謙之以乎願把世界文化史分爲四個階段：

宗教的文化，演譯的哲學的文化，科學的文化，藝術的文化，

「現代無疑乎就是科學的時代了，所以一切宗教哲學藝術莫不帶著歸納法的色彩；但是文化進化卻不是到了科學時代就完事的，依照歷史的階段發展，科學時代也不過有時代的價值，將來是要代之以新的藝術時代的。這就是說：將來一切的宗教哲學科學，一定會有一個時候，都帶著直覺的色彩

，這並不是什麼理想，是由文化史的經驗所能推測得來的。」(三)

文化演變分成階段，是歷史上的一種普遍現象；但是要把一個區域內的階段完全適用到全球各區域內，則就不適合了。現在民族學，社會學，文化學的分段，都是拿歐洲的文化區作分段標準。我們看中華文化的演變，有什麼宗教文化呢？又有什麼哲學文化呢？若硬要拿西洋學者的分段用之於中華文化，勉強或者可以說是在哲學文化階段；可是實際上也不相符合。我們若講非洲文化史，那就要說也沒有宗教文化階段，也沒有哲學文化階段，現在一步就躍進科學文化了。這又和西洋學者的分段不相符合。

我們從文化史去觀察，我們的結論應該是文化的演變，隨著民族的理智程度和生產程度而變，中華民族的文化，由周到清朝，變化很慢也很輕微，這就是因爲中華民族理智程度和生產程度沒有大的變動。民國以來，歐美的哲學，宗教和科學傳進中國，使中國人的理智程度由安於實踐倫理而躍入了對宇宙對萬物的探索程度，使中國人的手工農業躍進了原子力機械生產程度，中國社會生活變了，中華民族的文化起了大變化。以往在五胡亂華，在元朝蒙古人和清朝滿人入主中國，中華民族的文化似乎要起一大變化，然而結果這種大變化並沒有出現，那是因爲胡人、蒙古人、滿人，都沒有使中國漢人的理智程度和生產程度起變化。民國以來，中華民族文化的變化，則將是有史以來最大的一次。

藝術用直覺，所以藝術發展最早，初民和未開化的人都不會思索而祇憑直覺。可是宗教和哲學的思索發展以後，又幫助藝術家有高尚的理想，創造非常美的作品，科學的經驗卻閉殺藝術家的玄想，使藝術作品成爲機械作品。未來的藝術將更變爲機械的裝飾品，理想的藝術更形稀少。第二十世紀初葉，曾有人幻想人類的生活將日趨美術化，美術的心理可以代替宗教的信仰。然而，科學的人生，將日趨機械化而不是日趨藝術化。就是娛樂生活和享受自然美景，也都日加機械化。因此，今天的人，心理很空虛、緊張、生硬；這乃是機械文化的結果。而且這種現象將日漸加深。

2. 文明與歷史

文明和文化兩個名詞，意義很混亂，我不想在這裡討論。在我看來，文明（Civilization）乃是文化（Culture）的一種類型，即是文化達到相當高的程度，社會生活在精神與物質兩方面都有相當美好的享受。

文化是生活的合理方式，文明則是使生活能有美好享受的方式。文明的重點，注重在享受。史賓格勒（Spengler）以文明爲歐洲的科學文化，爲文化演進的終點。別的一些社會學者也常以歐美的物質進步爲機械文明，以印度和中國的倫理生活爲精神文明。這樣的分類都不免過於勉強。中國的文化在周朝秦漢的時代，已達到文明時期，當時的中國人，稱爲文明人而不能稱爲野蠻人。希臘和羅馬帝國的文化也達到了文明時期，但是第四世紀以後，羅馬東西帝國都被野蠻民族所滅，歐洲乃有野蠻的時期，到了第十一和第十二世紀，羅馬文化，希臘文化和亞拉伯文化在歐洲使野蠻民族成了文明人，造成了歐洲的新文化，也造成了歐洲的文明時期。歐洲的文明在中世紀的神學哲學，在文藝復興時的藝術，已經很顯明地表現出來，並不要等待近世紀的科學和機械的發明。不過科學和機械的發明，卻造成了近代歐洲文明的特徵，但在科學和機械的發明時，歐洲的文明也有很豐富的哲學思想。

文明既是文化的一種類型，文明和文化相聯繫，文化是文明的構成素。文明在構成時，應有的文化因素都已達到相當高的程度。程度的高低，祇是相對的程度，不能有一定的審核。一個民族的文化程度在精神和物質的享受上，已超過簡陋粗鄙的狀況。中華民族在周朝時代，社會組織已有制度，日常生活已有禮儀，住屋已有宮室，衣服已有冠袍，倫理思想和政治計劃已經主張天道人性，一切文物器皿，有泱然大國之風，中華民族便已號稱文明之邦，對於鄰近民族則稱之爲蠻夷。文明的構成，便是文化在歷史累積的成績。

但是文明也不能僅是歷史所累積的成績，因爲和中華民族同時代的民族也很多，有些住在中國還比中華民族更早，中華民族到了文明的程度，同時代住在在中國的民族則仍舊留在野蠻的生活裡。再從世界史去看，非洲的民族較比歐洲的民族並不算是發生在後，有的非洲民族可能比歐洲民族更古老，爲什麼歐洲的民族早已進入高度的文明時期，非洲的民族則留爲未開化的民族。若說非洲民族的天性較比歐洲民族的天性低，現代的非洲人則表現有高度的天份。這種歷史事實乃是人類歷史奧妙之一，很不容易得到充分的答案。我們可以答覆的話，則是文化的提高和新文化成份的產生，都靠特出的聖賢偉人，中華民族的文化史上有教導人民建屋、耕田、養蠶、織布、造器、製禮、定法、造字、教學的聖賢，民族出了這班聖賢，人民的生活提高，文化迅速前進。沒有產生這般聖賢的民族，則常留滯在野蠻的生活裡。

文明的構成，主要的因素在於文字。一個民族祇有語言而沒有文字，他們便不能有歷史，文化也就不能累積；而且更不能有思想，不能有詩歌藝術，一切都用簡單的語言去表達，一切都隨著言語而消失，因此文化便沒有進化的可能。世界上最大和最古的文明，都是因爲具有最古和最大系統的文字；巴比倫、埃及、中國，都是實例。

所以文明的興亡和文字的關係很密切；語言是共同生活的人互相傳達的必要工具，沒有語言必沒有共同生活，便不能創造文化。文字則是相當距離的人互相傳達的工具，相當距離有空間的距離和時間的距離，人的思想之傳達，若不能打破距離，思想既不能聯繫，更不能累積，文化便不能進化。文化不能進化，文明便不會實現。

文明既是文化的類型，文化類型的成因雖然多，最重要的成因當是民族性。然而民族性也不是一短時期內就能形成，血統的遺傳固然延續民族的特性，然而民族性的形成最需要有自己的文字。一個民族的文字，表現民族的思想，也表現民族的思想方式，而且也記載民族生活的成果。民族的文字乃是民族文明的重要構成因素。

一個民族的文字滅了，這個民族的文明也隨著要滅亡。文明不是一種有機體，雖然它有發祥，興盛和衰老的經歷；然而這些經歷並不遵守時間的順序。中華文明在五千年的年代中，有了興盛，有了衰微，又有復興，再又衰微，兩者的時代，可長可短，漢唐乃是中華文明最興盛的時期，其餘的時代都或稍盛稍衰，而最衰的時期，則是清末和民國。文明是文化的類型，文化類型是民族生活在各方面所有的一定形式。民族的生活，在自然環境和人事環境不發生重大的變化時，則可以用遺傳方式適應一切，中華民族在五千年裡所以常保持了一樣的文明。從清末民國以來，中華民族的自然環境因著機械生產而起了大變化，人事環境因著和歐美人士相接觸也發生空前的變化，中華民族原有的文明，即文化類型已經不能適應新的生活，便發生衰頹的危機。

歐洲的文明現在也處在一種衰敗的危機中，傳統的宗教信仰和儀式，傳統的人生倫理，在已經發展到高度科學和機械的社會裡，都不能範圍現代歐洲社會生活。

這是文化的危機呢？或是文明的危機？文化是有歷史性的，常可隨歷史而變，因此也能有進化。中華民族的文化和歐洲的文化，現在居在一種大變化的時期，變化是進是退？眼前不能評價，但中華民族的文化和歐洲的文化並不因此而中絕。

文明則不含歷史性，文明超越歷史以上，這是說文明不隨著歷史而變，而是歷史在文明以內去變。中華民族的五千年歷史，常罩在中華文明之下，在中華文明以內而演變。在他方面，人世的事也不能完全超越歷史，也受歷史的影響，中華文明在中華民族的歷史上有盛有衰。

文明的盛衰究竟有沒有自己的原則？文明不是有機體，不以生物的有生必有發育必有衰亡的原則爲原則。文明盛衰的原則在於文化類型能否吸收新的因素。一種文明，即是一個民族的文化類型，這種類型在歷史的演變裡若能吸收新的因素，使類型隨時改新而不失其性質，文明則興盛；若是文化類型吸收新因素的能力很少，或甚至不能吸收，則文明必衰而甚至滅亡。新的因素可以是民族內部新起的生活方式，也可以是外來的生活方式。中華文明的或盛或衰，隨照這個原則而生，目前中華文明和歐洲文明的危機，就在於這兩種文明對於內在和外來的新因素，是否能夠吸收而予以溶化。吸收和溶化的程度，都表現在文字上，文字的內容，將決定文明的盛或衰亡。

我不相信在科學文明以後，將有藝術文明。科學文明必定繼續發展，因爲人類的享受慾即是科學發展的主動力。但是因爲科學的發現不能滿足人們所要求的享受，使人們過於受物質的牽累，人們的享受慾將使人類在科學發展之外和科學發展之上，另求宗教精神的發展。科學的初步發展，使人和宗教脫離，造成偏於物質享受的奇形發展，科學發展的第二期，應該使人回到宗教信仰，以平衡物質的享受，使人心不因物質享受而機械化，失去了生活的意義。

二、倫理與歷史

1. 倫理超越歷史

在歷史的經歷中，倫理算爲一件重大的經歷，歷史紀錄人類的生活，人類的生活是群居的生活，群居的生活發生彼此的關係，群居的關係便是倫理。

從人類開始以來，原始人就開始同居，也就開始有倫理道德。原始人同居，馬上和禽獸不同；人和人同居不是獸和獸同居，原始人已經有人心，原始人的人心也和現代人的人心，有根本相同之點，在根本相同之點上，建立人與人的關係。這根本相同之點，可以稱爲人性的相同點，人與人常常相同，超越歷史的時間。因此，倫理道德超越歷史。

威爾・杜蘭（Will and Ariel Durant）說：「對歷史涉獵不深的人，會認爲道德不足重視，因爲道德隨時代與地域而異，有時甚至大相逕庭。但深通歷史的人，就會強調道德的普遍性，和它的重要。」(四)

道德的普遍性，不僅是倫理哲學由理論方面可以證明的事，而且也是由歷史的史事可以證明的事。中華民族五千年的歷史，處處證明中華民族的倫理道德古今相同。《書經》和《論語》所謂的善德，在今日中華民族裡仍稱爲善德。孟子曾說：「孩提之童，無不知愛其親者。」（孟子 盡心上）

別的民族，無論古今，他們也知道愛自己的父母。除父母一倫的關係外，其他各倫的道德，也是中外古今相同：臣對君要忠，夫妻要和好，朋友要信，兄弟要相愛。這種基本的倫理道德，不受歷史的影響。

中國的史書，無不以倫理道德爲重。孔子著《春秋》，完全注重在於倫常之道，按照倫理以寓褒貶。後代廿五史，沒有一冊不是按照倫理道德而編纂。正統的原則，成了廿五史的德，中國歷史稱爲亂世。

綱要。忠孝的節義，也是各代歷史的圭臬。中國的歷史哲學以倫理道德爲基礎，沒有倫理道

但是現代的學者和一般人，卻認爲不是倫理評斷歷史，而是歷史創造倫理道德。社會學者和倫理哲學者主張沒有共通的人性，更沒有一成不變的性律，他們以爲人性乃是人們對於人的認識，每一時代的人對於人的認識都不相同，初民對於人的認識是粗野的，上古對於人的認識是宗教迷信的，中古對於人的認識漸進於人文，現代對於人的認識是科學的，因此每一時代人對於自己該有的倫理道德也就不同。

這種主張在歷史上找不到適當的證據，人對人的認識，歷代雖有淺薄和深入的不同；但是從考古學所發現的化石，從中國甲骨文的文據，以及到中國歷代的史書，人對於自己總知道與禽獸有別，總知道人與人的關係有適當的規律，總知道應當行善避惡。兒女和父母的關係，一定是敬愛，敬愛的表現方式可以不同，敬愛的心情則是一樣。

倫理的關係，父慈子孝，兄友弟恭，夫唱婦隨，君禮臣忠，朋友相信，不是由歷史所造成，乃是出自人心的自然傾向，人從而加以教育，歷史而加以文飾。這是歷史哲學的一重點：有歷史時已有倫理，歷史在倫理中演變。

2. 倫理在歷史之中

倫理和歷史還有第二方面的關係，倫理雖是超越歷史，評斷歷史；然而倫理道德又是在歷史之中，受歷史的影響。

狩獵時代的道德和遊牧時代的道德不同；狩獵時代以粗暴爲好，追逐格殺爲主，男女易於相遇；遊牧時代以遷移爲生，居無定處，好閒好鬥。由遊牧再進於農業時代，家族同居，勤勞耕作，忍苦耐勞，節儉平和。工業時代的道德又和農業時代不同，喜愛享受，營利好錢。前一時代以爲美德，後一時代可以爲罪惡；人的智識越高，生活越複雜，道德的觀念便更廣泛輕微；人以自我的自由作倫理標準。

希臘人的神人戀愛神話，放縱男女的關係，裸體的刻像爲藝術的美。羅馬人以法律爲重，自由和奴隸有鴻水爲溝，奴隸爲供使用之物。蠻族入主羅馬帝國，建立封建制度，受封貴族爲封域的主人，域民都是臣僕以供驅使。列國相爭，騎士成爲特殊階級，開女子追求騎士之風。法國大革命，把貴族、教士和平民，一律平等，取消君權，人民選舉政治。共產黨在俄國革命，吞沒私有財產，以工人無產階級專政，進行階級鬥爭，殺戮地主富人。歐洲三千多年的歷史，社會道德觀念，常隨歷史而變。

中華民族的歷史，也有不少不同的道德觀念。三年之喪，有的以爲太久，後代實際上不滿兩年。兵不厭詐，怒斬敵國來使，下令刀洗城民，仁者以爲不可，霸者以爲理所當然。《禮記》以君命不俟駕，孟子則以爲有不召之臣；古以爲不孝有三，無後爲大，佛教則以佛門弟子，僧尼最清淨；儒家以不重則不威，儀容要莊重，道家主張放浪形骸，不修邊幅；儒家習於厚葬，墨子提倡薄葬；皇帝後宮數百或甚至三千女子，庶人不可棄糟糠之妻；儒家看重飲食之慾，佛教戒殺生；元朝蒙古人以戰爭殺伐爲善，中原漢人愛好和平；滿清興文字之獄，民國大唱言論自由；昔日婚姻由父母之命和媒妁之言，現在男女自由戀愛；歷代以數世同堂爲善德，工業時代看重小家庭。中華民族由周到清末，道德觀念沒有大變，清末民國則一反傳統道德，今昔可以完全對立。

因此，現在，有人主張倫理道德隨時而變，道德爲歷史的製造物。

我們深深研究倫理哲學，再細心觀察世界歷史，我們看到倫理和歷史的兩方面：一方面，倫理的基本觀念超越歷史，在各民族的歷史裡都存在，都實現；另一方面，倫理的實踐節目，隨時代和地域有變異。倫理的實踐節目，和文化相連，也可以說是文化的一部份，中國的孝道，乃是中華文化的特點，廿四孝成了中華民族生活的象徵：孝的節目，便是中華文化的內容之一部份，由歷史而造成。歐洲和非洲的民族也有孝，他們當然也孝愛父母；可是他們的孝道則和中華民族的孝道不同。歐洲子女親吻父母，直呼父名，這在中國則爲大逆不孝；中國子女在家中面見父母，必恭必敬，應對祇有諾諾低首，這在歐美則爲不親不愛。孝的道德相同，孝道節目各地相反。

倫理道德在文化上的意義，便是道德的節目；節目不同，造成文化的異彩，也造成文化的精髓。民族的生活方式，五分百門，衣食住行，家庭社會政府，都各有傳統方式，進而結成民族的文明。但是生活各方面的方式，能夠互相結合，互相調協，中間的原因則在於倫理道德。倫理道德予人以生活的意義。揭開人生的底蘊，直接和宗教相連，使生活的方面，都有一層較高深的意義，在高深的意義上互相連貫。中華民族的歷史，不外乎修身齊家治國平天下，而這些各方面的事的連貫線索，則是《大學》所說的明明德，親民，止於至善，也就是倫理道德。

3. 歷史受倫理道德的評價

因此，我們便有一項歷史史哲學的原則：即是歷史受倫理道德的評價。

歷史所紀錄的人生，雖然都是單體的事件，但前後相連結，成爲一個民族的歷史。一個民族不能沒有倫理道德，不能沒有生活的規律。以往的道德律來自宗教，現在的道德律來自人們的需要。既然現代科學時代的人尙需要有生活的規律，則人類的生活不能沒有倫理道德。既然民族生活有倫理道德的規律，則歷史事件的評價，是要以當時以倫理道德爲評價的標準。

孔子作《春秋》，寓褒貶，以中華民族的倫理道德律爲標準，後世，中國修史的人常遵循這個原則，中國作史論的人更是以這個原則爲準繩。有的學者認爲中國歷代修史的這種作法錯了，不合歷史的客觀性。實際上，歐洲歷代的史學名著，從羅馬的達啓社（Tacitus）的羅馬史，魏奇里（Virgilius）的艾奈雅（Enea）的史詩，以及到最近湯因伯的《歷史的研究》以及魏爾的《文化史》，沒有一本史書，不表現作者的倫理道德觀念。共產黨統治天下的政府，改寫本國及世界史，完全本著唯物史觀的倫理寫歷史。

我決不贊成按照作者的哲學或宗教倫理改編歷史，編寫歷史應該以客觀事實爲主，可是客觀事實是人的動作，人的動作不能沒有倫理道德，歷史的倫理道德，是史事當時的倫理觀念，我們決不能拿今日民主和自由的觀念，去評判一千年或兩千年前的君主和家庭婚姻。祇有在基本道德觀念上，千古如一，史事都不能逃出基本道德的規律。

歷史的作者，雖然抱著「不批評」的原則，尊重史事的原跡，但在述說的文筆中，自然流露自己的道德觀。主張沒有道德觀的作家，所說「沒有道德觀」就是他的道德觀。有如老子的「棄聖絕智」，摧毀道德，就是他的倫理主張。

歷史按歷史說，是人生的紀錄，便不能超越倫理道德以上，而要按倫理道德予以評判。歷史按照史書說，作者都有自己的倫理道德觀，史書也脫不了作者的觀點。歷史便受倫理道德的評價。

三、宗教與歷史

現代的作者看來，似乎歷史和宗教已經可以脫離關係，現代的人生不是已經和宗教分手了嗎？宗教信仰在現代人的生活裡還保持甚麼地位呢？似乎已經沒有地位可保了。但是研究歷史的人，瞻前顧後，知道宗教在人生常要保持重要的地位。在歷史哲學裡，我們不是談人生哲學或宗教哲學，我們不從宗教本身去談宗教與人生的關係，我們是從歷史事實去看宗教與人生的關係，這種關係也就是宗教和歷史的關係。

1. 遠古的歷史

遠古的歷史，現在存在考古學和民族考古學以內，現在寫文化史或文明史的人，根據這些資料去寫歷史。在遠古史裡所可以講的史事，大部份是關於宗教信仰的事。遠古初民的生活，一切都由宗教信仰所支配，社會的秩序也操在宗教人士的手裡，這種現象在上世紀時，還可以在非洲的原始民族裡看得到。因此，社會學者或是考古學者，稱呼遠古的時代爲神權時代，爲宗教迷信時代。他們推測初民的心理，因不能抵抗自然現象的摧殘力量，因著畏懼而產生敬拜神靈的心理。宗教在歷史上起於初民的畏懼心和祈福免禍的心。

圖騰崇拜，精靈崇拜，尊神崇拜，各種信仰，我們在遠古民族的歷史裡，常可以找到一二，遠古的歷史，顯示沒有一個不信宗教的民族。這稱普遍的歷史事實不能單純地由畏懼的心理去作解釋。我們也可以推測初民的心理，好比一般兒童的心理，以爲一切都有生命，一切都是活的，一切都和人一樣的生動，這也是藝術家的心理，把宇宙萬物都加以人格化。又因爲對於那一班被人格化的物體，它們的人像不可見，祇見到一些不可抵抗的力量，便怕它們，心生敬畏；這種心理也是很自然的事。但是超於人物的神靈，相信牠是造物者，這種信仰則不是自然的事，也不是初民單純而粗陋的頭腦，所可以想像得出來的事。我認爲應該是原始的人，受有造物主天主的啓示，知道有造物者的尊神，也知道人對於尊神應該敬仰。後來愈傳愈遠，加以初民頭腦的簡單，心理的畏懼乃失去了原始的啓示，產生了精靈以及圖騰各種信仰。

以色列人的歷史，紀錄在舊約聖經裡，已經不是遠古野蠻初民的歷史，而是具有相當程度的文明人的史實。他們由一位尊神得有啓示，應當信祂是唯一真主，禁止敬拜其他偶像神靈；他們卻在得有啓示以後，流入多神的崇拜。因此我們想像在原始的民族裡，唯一尊神的信仰，應當是原始的宗教，多神崇拜是後代產生的信仰，而尊神的信仰還仍舊流傳在各民族中。

因著原始的尊神啓示，原始民族知道尊神的可敬可畏，當時既沒有社會組織，便沒有社會的權威，唯一可有的權威，就是祭祀尊神的司祭。以色列人在有國王以前，一切都由尊神天主所選的民長先知來治理，開國君王也常由天主所選。這種史蹟也可以反映遠古民族由司祭或巫祝來統治。一切權力直接操在神靈的手中。

多神的信仰是遠古歷史的產物，產生於初民的想像；但是原始的尊神信仰，則不由歷史所產，不來自原始人的想像，直接來自尊神。這種信仰雖然遭受歷史的淹沒，然而仍舊能浮出歷史的變亂以上，在歷史的洪流裡漂蕩著，一直到舊約聖經予以肯定，新經再予以完成。

2. 歐美的歷史

歐美的歷史沉溶在教會的歷史裡。羅馬帝國瓦解了以後，蠻族入主歐洲中原，歐洲的文化，歐洲的統一，歐洲的社會安全，都靠天主教會來維持。天主教從公斯當定大帝給予自由，又崇爲國教以後，在羅馬帝國裡已經取得指導社會生活的地位，蠻族既入據帝國，有如匈奴和蒙古人入主中國，他們的文化程度低，定居中國以後，改變了好殺的蠻性，習於華夏的風俗，加入了中華文化以內。歐洲的蠻族進了羅馬帝國，所遇到的勢力，乃是天主教在社會上的指導力，他們就領受洗禮，接受天主教的教育。天主教的修會，專心抄寫古本，創設書院，以羅馬法和基督教義教化蠻族，使拉丁文成爲歐洲的一統語言，建立了拉丁文明。

拉丁文明容納了希臘文化，古羅馬帝國文化和亞剌伯文化，加以溶化；溶化的火爐則是基督教義，天主教把這三大系的文化，合一爐而冶之，結果在第十二世紀創造出歐洲中世紀的神學和哲學，以聖多瑪斯（Santus Thomas Aquinas）爲代表。

歐洲社會中古時代，都在宗教氣氛濃厚之下進行，內有神聖羅馬帝國王位之爭，外有十字軍的東征，又有聯軍抵抗蒙古人和回族的入侵，在這些政治戰爭之中，羅馬教宗因著在蠻族入侵後擁有歐洲文化維護者的地位，乃成爲歐洲的盟主，可以選立或廢棄神聖羅馬帝國，又能發動組織十字軍和抵抗回族的盟軍，歐洲中古的社會爲封建制度的社會，受封的貴族中，多有教會的主教和院長，於是政教相混，乃引起教宗和國王間對於任命主教的爭執。社會的生活都以教會的教規爲規律，一切學術都有神學和哲學的支配。後代人乃稱呼這段時期爲黑暗時期。實際上所稱的黑暗，乃是科學萬能的時代，反對宗教神學的表現，而不是學術以及文化各方面的成就。

教會的權力過高，政權和教權不分，教士充任封建諸侯，教士的生活清規遂被破壞，政治的氣味和色彩瀰漫教廷，路德遂倡改革，攻擊羅馬教廷，北歐諸侯藉以脫離羅馬教宗的政治羈絆，遂庇護路德，脫離天主教會，創立新教，號稱誓反教，瑞士加爾文繼起，別創新派。於是歐洲乃有舊教新教之爭。

文藝復興運動早已開始，開始和興盛時的大藝術家如彌格安琪洛（Michelangelo）和拉法厄洛（Raffaello）等所用題材都取自宗教的故事。但是文藝復興的思想，則以人文爲主，在哲學和藝術上乃造成以人爲中心的趨勢。

科學在近代日漸發展，人的理智力日高，人便有自我意識，以人和神對抗，人自視能控制宇宙，成爲宇宙的主人。歐洲近代的思想由中古的神學思想，轉入人文思潮，再進入科學萬能的唯理性主義。

美洲發現時，教士和探險家同行，又和殖民政權共同治理社會，南北美洲的人民都是信從基督的信友。社會思想以歐洲的思想爲模範。

現代歐美的社會，已成爲非宗教的社會，雖不反對宗教，但已脫離宗教，生活的各方面表現，都以人的享受爲前題，不再顧慮教會的規誡。但是最近美洲青年人厭惡科學的實際呆板生活，嚮慕各種神秘性的主義，他們學習印度教的玄想，信從佛教的禪觀，又自創形形色色的神秘宗教儀典。他們的宗教熱忱，不感於歐洲中古時代的信徒，但是他們要求理性可以理解的神靈，不願接受超於理智的教義。

在另一方面，天主教在最近二十年內，已蘊釀了一種很深很廣的革新運動，解除一些梏殺生氣的外面儀典，提高信友內心的信仰熱情，廢棄教權的專制形式，謀求與各新教派的合一。但天主教最重要的改革目標，在再進入社會生活以內，使社會生活再有宗教的精神。

3. 中國的歷史

中國歷史在五經的時代，爲宗教信仰濃厚的時代，五經或至十三經中所表現的思想，都以宗教信仰爲根基。《書經》的思想，是人君代天行道；《詩經》的思想，是「皇矣上天，臨下有赫」（大明詩）；《易經》的思想，是「天行健，君子以自強不息。」（乾卦）；《禮記》的思想，是祭祀天地鬼神。

古人對於上天尊神的信仰，在經書裡表現得很明顯，古人的倫理都以上天爲根由。孔子孟子的時代，雖已經是春秋戰國的紛亂時代，但是孔子、孟子都信天，畏天命，敬鬼神而重祭祀。

儒家的倫理標準，在《書經》和《詩經》裡即是天命，在《易經》裡即是天道，在孔子即是禮，在中庸乃是人性，在王陽明便是良知。這一切思想都歸結於「法天」。

儒家從漢以後，實際的倫理標準乃是孝，「孝爲德之本也，教之所由生也。」（孝經）孝的根本理由，在於以「父母配天」，子女的生命從上天由父母而來，子女的生命和父母的生命「合成一體」。

儒家的政治思想，以君主代天行道，治理國家，教養臣民，使每個人能夠發展自己的生命。人君爲上天的代表，政治爲教民教善。

儒家的人生理想，是中庸的盡人性而盡物性，盡物性而參天地之化育，天人合一，人心合於天心，人道合於天德。

儒家不是宗教，可是儒家的思想處處以上天爲出發點。發自上天而到人，儒家以「人」

爲主。然而儒家的「人」，不能和「天」相分離，抛棄儒家的「天」，便不能有儒家的「人」。儒家重禮，禮中以祭天爲最高，以祭祖爲最廣。祭天祭祖都有宗教信仰。

中國的歷史浸溶在儒家思想裡，社會生活各方面的表現，都由儒家思想予以提導。若說中國的歷史，由堯舜一直到清末，是一個沒有中斷也沒有根本改變的歷史，像是一個延續幾千年的一大家庭的歷史，原因便在於中國文字是一種文字，中國生活思想是一種思想。

但是中國人的歷史，也有別的宗教歷史，最重要便是佛教史。佛教在中國政治上沒有加入進去，中國廿五史可以根本不談佛教；然而在中國的文化史上，也就是在真正的中國歷史上，佛教的地位很重要。佛教的重要，不僅在於佛教影響中國的藝術，影響中國的文字，影響了中國的哲學而是在於佛教影響了中國人的生活。隋唐以後，中國老百姓沒有不信佛的人，也沒有不拜佛超渡亡人的家庭。而且佛教的僧尼寺院遍佈國中，幾百萬出家人造成了一種生活方式，雖和儒家思想不合，但也成爲社會人士所信從。

道家在中國歷史上，僅祇有唐朝皇帝的信從，和宋徽宗的信服，還有長生不老之術，曾經引誘秦始皇和漢武帝去尋求；可是仙人的思想，影響了中國的文字和繪畫，道教的神靈下凡，各種鬼神的敬拜，深深地進入了民間的習俗和信仰，也成了中國文化的一部份。

中國的歷史，雖不像歐洲的歷史，宗教和政治不相分離；但是中華文明則離不了宗教。

4. 宗教與歷史

研究歷史的學者，對於宗教和歷史的關係，首先感覺到的，是每一個民族的歷史中都有宗教，而且宗教在歷史上常居重要的位置。這一點，我們在上面兩段裡可以看到。上面兩段所沒有說到的亞洲其他民族的歷史，也都有同一的現象。印度民族稱爲宗教信仰很濃的民族，他們信仰印度教和佛教，印度民間的最嚴格的階級制度也和宗教信仰有關係。錫蘭和泰國民族，以佛教信仰爲民族生活的中心，亞剌伯民族則信仰回教，現在尙以回教爲國教。

宗教和歷史的第二種關係，在於古代歷史的宗教性很濃，往後逐漸減低，到了現代宗教在歷史上的地位，簡直無足輕重。

在遠古的時代，唯一尊神的信仰很普遍，以後多神信仰突興，初民信宇宙一切都有神靈，社會生活由巫祝領導。經過長遠的時期，各民族進入文化漸高的生活，文明時期已放曙光，各民族又回到唯一尊神的信仰，但是信條各不相同，同一信仰的人組成強大的宗教：天主教、誓反教、佛教、回教遂成了世界性的大宗教。

科學思想盛行以後，人類都看重理智，對於理智所不能解釋的教義都起懷疑；又因科學產品提高人生享受，人類對於來生的想望轉輕。宗教的信仰遂普遍降低，許多人變成了無信仰的人。加以共產黨政權極力摧殘宗教，宗教信仰似乎有一蹶不振的情形。

宗教和歷史的第三種關係，在於詢問將來人類的歷史上，還有沒有宗教？科學的發明一定會繼續前進，人類對於宇宙的秘密逐漸揭開，將來的人類是不是還信仰宗教？

不合於科學思想的宗教信仰，將來一定被淘汰；和科學思想相衝突的宗教，也會遭人類的摒棄；但是科學思想對於人類生活有兩點將無能為力：第一，解釋不了宇宙的源起和終結，第二，清除不了人類的罪惡。因此，對於這兩點有貢獻的宗教，將來必定繼續存在。湯因伯且在《歷史的研究》書中，預想將來的人類文明，需要一種新的大宗教，這種新的大宗教可由天主教、晋反教、佛教和回教結合而成。(五) 我們則相信天主教的信仰將長久繼續存在。

宗教和歷史的關係，最後一點則在於宗教雖在歷史以內，但應超於歷史。宗教隨著歷史而改變，這是歷史上的事實；但若一種宗教沒有超於歷史的教義和基本組織，這種宗教便可以被歷史所淘汰。天主教的信仰和基本組織來自一位超於歷史的救主基督，基督為人又為神，它所創立的教會也有兩方面的特性；有人性，便遂隨歷史而有變；有神性，便超越歷史而常存在。若是宗教的教議，完全來自人；人所創造的東西，必要常變，也有死亡。人所創的宗教，雖可常存，但必常隨歷史而變，甚至於澈底變換，前後繼續同一名稱的宗教，已經不是同一的宗教。

四、罪惡和進化

在歷史哲學裡還有一個最後的大問題。人類歷史是不是一直向前進呢？所謂前進，不是時間的前進；在時間上歷史當然是一直向前走，不能停止，也不能向後轉。歷史的前進問題，乃是問歷史所紀錄的人生，是不是隨著時間向前進步呢？也就是問人類是否繼續在進化呢？

在事實上看來，人類確實是繼續進化；把初民的生活和現代人的生活互相比較，顯然地表現出來後者比前者，好的不知幾百或幾千倍。可是，我們又常常聽到「一代不如一代」的嘆息，特別是對於第二次世界大戰以後的社會，大家都說「一落千丈」。可見「進步」一事便成了問題。

1. 罪惡與歷史

在歷史上，有一個從古到今常常存在的現象，即是罪惡。現在僅存而被信爲人類起源史的唯一史書，舊約創世紀，無論所紀錄的是史事或是象徵記述，必定代表原始人的生活。舊約創世紀關於原始人的生活，第一樁事便是罪惡，第二樁事在原始人生育子女以後，也是兄弟相殺的罪惡，以後罪惡繼續罪惡，一直到造物主天主開了洪水淹沒人類，以洗除罪惡的染污。但是人類從死中再生時，罪惡也重又出現。舊約的史書以後紀錄以色列人的歷史，所有的事實，乃是罪上加罪，一直到殺死救主天主聖子耶穌基督，以色列人或猶太人乃遭亡國的慘禍。

別的民族呢？在自己的歷史上也都是罪惡叢生。中華民族的歷史，在《書經》上就有桀紂的暴行，湯王和武王在誓師討伐桀紂時，歷舉他們的罪行。戰國時代列國諸侯的不仁不義？激發了孔子和孟子的救世仁心。漢高祖的墳土未乾，呂后就大發殘暴。文景雖屬仁厚的皇帝，前後有淮南王謀反廢死和條侯周亞夫獄。漢武帝謀求長生，信任巫蠱。元哀諸帝，外戚專謀，殺害忠良。後漢皇帝信賴宦官，廢正立庶。魏晉南北朝正人君子各自不安，乃有竹林七賢佯狂避世。隋煬帝冶遊好色，高宗中宗忍讓武后韋后專權，玄宗以後唐無明主。六朝皇帝專任殺伐，南都秦淮河表演女妓。宋朝雖無大惡之君，也沒有聖明皇帝，朋黨的爭鬥，冤屈了多少賢士。元朝蒙古人蹂躪百姓，性嗜殺戮。明朝皇帝猜疑無決，奸黨相爭，宦官專橫，亂殺忠良。清朝大興文字獄，皇帝以女色自殘。至於亂世的黃巢、張獻忠、李自成、洪秀全所過之處，殺人盈野。這些都是政治上的罪行，社會上的罪惡在歷史上也不少。

因此，罪惡在歷史上代所不免。

2. 罪惡不和歷史並進

但是罪惡并不隨著歷史代代加多，或「一代不如一代」。希臘和古羅馬帝國社會上的罪惡，據聖保祿所說，不比現代社會少。聖保祿致羅馬人書說：「放僻邪侈，荒淫無度，婦女以順性之行，變爲逆行之施。男與男之間亦然。當嗜慾中熾，乃棄婦女順性之行，而逆行穢褻無恥之事。……淫邪貪狠，不義充身，乃至鬥殺成性，嫉妒爲心，詭詐險毒，讒言詆行，目無天主，傲慢驕矜，敗風壞俗，不順其親，其無知、無信、無義、無仁亦已甚矣。」（第一章第二十六節—第三十一節）希臘當時竟有人以後母爲妻。聖保祿在致格林多人書說：「據報爾中竟有奸其繼母者：如此淫亂，即在異邦人中，亦未亡前聞。」（格林多第一書第五章第一節）。

在別的羅馬史書中我們也可以看到當時的淫亂奢侈。蠻族入侵時，燒殺奸淫，後代少見。但在中世紀社會安定以後，社會風俗習於教會誡律，較前嚴肅。近世自由風氣興盛，破壞教會規律，物質享受日增，慾情衝動更高，於是社會的遺傳道德，都遭破壞。以往青年嚴受管教，不在社會自由行動，現在青年事事自主，社會上乃有青年罪行日益增多的現象。

中國社會道德，曾經過戰國，南北朝和六朝的亂世，禮教崩潰，但在天下安定以後，社會風氣重又簡樸嚴肅，民國以來，舊日禮教頓遭廢棄，社會生活失掉倫理道德規則，乃顯出「人心不古」，「道德日下」的現象。

若是我們細心研究歷史，在一般的社會道德上說，我們不能說歷史上的後一代較比前一代更壞，也不能說後一代較比前一代更好，祇能在事實上加以分析。有些時代在歷史上可以稱爲道德較壞的時代，有些時代可以稱爲道德較好的時代。因爲善和惡常同時存在。再者，各時代對於有些倫理道德，觀念不同，前代以爲善者，後代以爲不善；前代以爲惡者，後代以爲善。例如中國的婚姻，原先以順父母之命爲善，違父母之命爲惡；現代以父母決定子女婚姻爲不善，自由戀愛爲善。

通常，在農業社會裡，風俗樸素，人心淳厚；在工商業社會裡，人心多詐，社會奢侈。第二次大戰後，在歐美，在日本，在自由中國，都因經濟的進步，社會淫逸，鄙棄傳統，禮儀不修，盜竊橫行，人心虛浮，專愛金錢。因之，現在社會道德，較比半世紀以前的社會道德，看來較壞。但是在許多方面，現代社會的道德較第十九世紀爲好：如天下有大同的思想，見諸實行；各種民族互相協助，社會各階層彼此照顧，大家注意公益事業，男女平等。

3. 善惡並存

歷史上所紀錄的罪惡，常多於善事；就如每天的報紙，不道德的新聞多於道德的善舉。通常都以爲善事乃是當然的事，罪惡顯爲稀奇；人都愛聽新奇的事，報紙記者和歷史作者便常以不道德的罪惡作爲題材。

在普通的社會裡，好人多於惡人。在政府的官吏中，有不少貪官污吏；可是廉潔奉公的官吏也不少。在社會裡，現在固然有許多色情的處所，有許多械鬥的青年幫，有販毒的奸人，有專事竊盜的慣犯；可是一般的人，都是守法的良民。善事沒有人傳說，惡事不脛走千里。

在各民族的歷史裡，都記錄有明君賢王的德政，忠臣義士的豪舉，烈婦貞女的德行。中華民族的歷史，在開端時，便有堯、舜、禹、湯的聖王，繼之有文、武、周公。孔子被尊爲萬世師表，弟子中顏淵以德行見稱。廿五史的本紀和列傳，泰半爲君子賢士的傳記。中國社會雖歷代見過兵荒馬亂的暴行，但平日都是安居樂業，家庭裡祖孫同堂，常多天倫樂趣。禮教雖然限制很嚴，但民心因此淳厚，舉止常有禮貌。男女授受不親，減殺了人情的溫暖，但也防止了邪淫穢行，保全了兩性的道德。

古希臘人愛好自由，古羅馬人尊重法律。基督的福音在歐洲訓練了千萬的聖賢，改造了蠻族的習慣。克己修行，愛人爲懷。尊重人格，婚姻自由。解放了奴隸，提倡了人權。還有各種男女修會，教人輕世絕財，以言以行，教導群眾向善。

善德在歷史上常常存在，可以因歷史而減少，也可以因歷史而加多。但善與惡並不互成比例，在罪惡多的社會裡，善德也可以多；在罪惡少的社會裡，善德也可以少。因爲社會裡若一旦罪惡橫流，好心人必定被激而起，互相砥礪，增加善行。若有時風平浪靜，生活安定，罪惡不多，善行也少，大家庸碌無奇，人心有如池溏死水。

善惡並存，乃是歷史的通例。沒有一個時期沒有罪惡，也沒有一個時期沒有善行。但是善不能絕惡，惡也不能絕善，從人類開始直到人類終結，善惡並行。這是歷史上的一種奧義，歷史家不能知道解釋。

4. 罪惡與歷史的關係

罪惡存在的問題，在人生哲學裡爲一個不得答案的問題。中國哲學從孟子主張性善開始，性善性惡成爲儒家思想的重點，朱子以爲用「氣質之性」解決了千古的難題，但是清朝學者認爲問題同樣存在。在西洋以及印度的古今哲學裡，惡的問題也是討論的焦點。祇有天主教的神學，予以答案。

我們從歷史方面去研究，檢討罪惡爲什麼不因文明而減少，反因文明而增多，原因在於每一個人出生，都是赤裸裸地沒有智識，沒有善德。智識的取得，因著文明而增多增速，現代青年人所有智識，較比前一代的青年人的智識增加幾十倍。因爲智識是文化的遺產，藉著歷史而累積，藉著文字語言而傳播，由一個人而傳授給另一個人。善德則是每一個人的行爲，爲人心所有，不能傳給後人；因此便不能成爲文化的遺產，不能累積起來以授給後代。善德要由每一個人去修行，每一個人要從頭做起，善德乃在歷史以外。

文明訓練了人的理智，但沒有訓練人的心。文明人的心，並不比野蠻人的心更好；反轉來說，文明人的心較比野蠻人的心，缺點更多。因此，罪惡常留在歷史上。這是罪惡與歷史的第一層關係。

罪惡與歷史的關係，雖不隨著歷史而加多，但也隨著歷史而變。工業和商業的文明，給人心帶來許多誘惑和困擾。既是文明，便是給人增加享受，現代文明給人的享受，第一在於使理智增多智識，第二在於使身體加高舒適。這兩者都不是罪惡，而且還是滿足人性的要求。但是人心被這些享受所包圍，所激刺，便傾於目前的現世生活，專以享受爲主。人心的享受慾是無窮盡的，越有享受越求享受，便在享受之中變出五花八門，罪惡便也就滲在中間了；因爲有許多享受，常破壞合理的限制，有許多享受又得之不以其道。而且文明人智識增多，尋求享受的途徑和方式，也隨著精工；在犯罪的享受中較比野蠻人也更高明。文明社會的罪惡，常是淫蕩、奸詐、傲慢、無情，以自我爲中心。因此罪惡和歷史的關係，是罪惡隨著文明變成更深沉、更技巧、更污染人心。

罪惡和歷史的第三種關係，在於罪惡隨著歷史而浮沉。有些罪惡隨著歷史而去，有些罪惡隨著歷代而來，並不是後一代常比前一代的罪多。古代有許多罪惡隨著歷史而消逝了，例如中國歷代皇帝的專橫，要殺就殺，不管正義，這種罪不再現了。又如十年寒窗，一旦奪取了功名，拋棄糟糠之妻，這種罪現在也沒有了。但是民國的民主制度也帶來新的罪惡；例如各愛自由，唾棄權威；企業家勾心鬥角，以大併小；色情公開，青年墮落。罪惡的產生，隨著環境而異。罪惡的根本乃在於人心，人心傾於享受，貪多無厭。這種罪根，並不來自人性；但是和人生相連；幾時有人，幾時有向惡的傾向，幾時便有罪惡。這一點和歷史沒有關係。

5. 歷史與進化

歷史上雖然常有罪惡，罪惡常翻新花樣，可是人類的生活，則隨歷史而進化。

歷史與進化，乃是一種顯而易見的事實。中華民族的歷史，可算爲世界各民族中最保守的歷史，因爲中華民族自入主中原以後沒有經過滅亡的危險，歷史常在更換朝代裡繼續前進，所有的生活環境始終如一。但是中華民族的生活由商周到清末，也有了改變，所有改變也是進化。

我們走進台北市外雙溪的故宮博物院，我們在甲骨文陳列室看陳列的甲骨文，以後看古抄本和古刻本，然後看清朝乾隆皇帝的文房四寶，我們便看到中國文字的進化。我們再到商周的銅器陳列室參觀，我們佩服銅器的精緻，但是又看玉器陳列室的各種玉器，又看宋明清的磁器，我們也就看到中華民族的用具有了進化。至於中華民族的繪畫呢？漢朝的畫，較比元明的畫，在顏色和表情上都要遜一籌。明清的畫雖多仿效古人的作品，但是在佈局和意景上，較比古人更豐富。

若是我們到德國慕尼黑博物館參觀歷代的機械，我們更容易看到歷史的進化。僅止汽車一類，就日新月異，半世紀以前的汽車，現在看來是呆笨可笑。火車不是也一樣嗎？由蒸汽車，到煤車，到最新式的電火車，進化了多少倍。最進化的機械，要算飛機，由汽球到兩擎機，由四擎飛機到一噴射的加拉握飛機，然後到四噴射飛機到超聲速飛機，進化的迅速，真真令人驚奇。戰爭的武器呢？從刀鎗到□彈，由火箭到原子彈，殺人盈城，殺人盈野。耕田的農具呢？祇要看犁耙和耕耘機，就可知道農具的進化。進室的傢俱呢？進化還更廣，從燒柴到燒煤，到燒瓦斯，利用電爐，還有洗衣機，縫紉機，吸塵機，以至於家中一切事都可用機器代勞。這一切當然代表歷史的進化。

研究社會學的學者，以及人類考古學者，都把人類的歷史，分爲洪荒時代，石器時代，銅器時代，鐵器時代，蒸汽時代，電器時代，石油時代，原子時代。這種分法，就是承認人類歷史的進化，每後一個時代，較前一個時代爲進化。

我們祇要進入臺灣的山區，觀看山胞的生活，我們覺得他們和我們似乎不是同一歷史時代的人，中間有隔著好幾千年的距離。我們知道我們的老祖宗曾經有過和他們同樣的生活，但是到了夏朝，中華民族已經脫離了那種生活方式。可是山胞下山，到了臺北，馬上習慣城市人的生活；他們一下跳過了幾千年的歷史，由不開化的時期一躍而進入文明時期。非洲民族也在實現同樣的美夢。他們真能體驗到進化的效果；祇是他們體驗不出歷史進化的意義。

他們的社會組織，由酋長制立刻變成民主共和，歐洲和亞洲人所經過的封建和君主，以及君主立憲和民主軍閥，他們都沒有經過，他們可以說是一步登天，歷史爲他們失去了意義。因此，歷史爲文明人纔有意義。

6. 進化的意義

歷史的進化，即爲人類的進化，進化究意有什麼意義？歷史有時進化了，有時退化了；有時在一些方面進化了，在另一些方面卻退化了。

例如說，現在文明人的身體，較比未開化人的身體，更爲羸弱，更少對疾病的抵抗力。現在人的理智生活和物質生活較比一百年前進步很多，然而對於生活的清閒福和對於情感的純潔，則較比一百年前爲差。就據社會的道德來說，現在的社會較比一百年前的社會也更壞。因此，歷史的進化，意義並不單純。

甲、歷史的進化，在時間上說，不是成圓周循環式，也不是成直線式。古來在希臘和中國，大家都以歷史的進化是取圓周循環式。中國古代不談進化退化，祇談盛衰，盛衰則互相循環，有盛必有衰，有衰必有盛，中華民族就在盛衰的循環裡製造自己的歷史，也可以說歷史的盛衰製造中華民族的生活。

但是歷史絕對不會重覆，以往的遭遇不會有第二次。所謂歷史的教訓，是因爲人心相同，有些處事的心理和原則，前後可以相同，並不是重彈故技，再去實現歷史上的事。歷史的教訓又在於教訓我們，社會的人事制度隨著歷史而變，我們絕對不能一意復古。即使是天主教會的禮儀制度，也逃不了這條原則。

歷史的進化，又不採取直線形，歷史的事實證明人類的社會，不是一直地前進；否則，中華民族有了五千年的歷史，較比歐洲的各種民族的歷史都長；然而我們中國人並不比歐洲人更進化。我們就祇看中華民族的歷史，就看到中華民族進化何等的慢。

歷史的進化，成一條曲線向前進，有時進了，有時停止了，有時在一方面進，在另一方面退。中華民族的進化，在周朝時，進化到了高度，在春秋戰國時就退後了，到了漢朝重復前進，不久以後便停止了。紙的發明和印刷術的發明，使中國文化流傳很廣很久。其他方面，除了服裝和食料有所改進外，中國人在清朝的生活和漢朝人的生活相差不多。

歐洲人的生活，在希臘和羅馬帝國時，進化到相當高度，蠻族入主以後，突然退化，到了十世紀又漸漸高升，一直到十二世紀和十三世紀的高度文化。突然北部有蒙古人入侵，東部南部有亞剌伯人的攻擊，歐洲社會又退化了。第十五世紀文藝復興盛期，重見社會的進化，以後又停滯了。近世紀科學發明日多，歐洲社會突然前進，現在已到了文明的高峰。但又有人倡說歐洲文明已到了衰頹的末期。

乙、歷史的進化，代表人類的進化。第一，人類的理智是進化的象徵，也是進化的動力。我們祇要看東西各民族的學術遺產，我們一定要說人類是繼續進化。第二，人類的物質生活享受，也是進化的表現。我們根據歐洲歷史，研究社會上的物質享受，我們可以看到一步一步地漸漸提高。這種提高當然是人類的進化。第三，精神生活的進退，使人類的進化不能達到完成點。假使人類的生活，一切都像理智生活和物質享受一樣地向前進，人類的社會已經早就進到和平幸福的境界。不幸，人類的感情生活，人類的宗教生活，人類的倫理道德則一個時代較好，一個時代較壞，惡與善常滲雜著一起存在。

人應是一個全人，人的生活也應是全的，因此物質和精神互相聯連，互相滲透。物質享受的進化，固然可以提高精神享受；但是，精神生活的罪惡，也就破壞了物質的享受。因著這種事實，歷史的進化常不是全面的，因而也不能使整個的人有進化。

丙、歷史的進化，不是人性的進化，也不是人種的演變。

天演進化論，在生物學上已成爲大家共同接受的學說，雖然在解釋上還缺少演進的物動化石以作證明。若是生物由無生物而來，高級生物由低級生物而變，人由猿猴進化而成；這種學說在生物學上雖可以成立，但是在歷史上則不能有例證。人類從有歷史以來，人種沒有變，人性也沒有變。所謂人性，我們不需和現在有些學者辯論，他們以爲人性乃是人對人之所以爲人所有的認識，這種認識隨著歷史而變，我們從歷史方面可以說歷代的人，都承認古今的人常是同樣的人，常以人心常是相同。歷史的初民和未開化的野蠻人，以及已經開化的文明人，大家都是人，雖說分成黃種，白種，黑種和紅種，大家也都同是人。在歷史的進化上，祇有人的生活在進化，人的本體則沒有變化。在這幾千年的人類歷史的紀錄，人沒有進化成爲另一更高級動物的傾向，人身的機官並沒有爲適應生活環境而漸加修改。不僅是人種沒有演變，就是別的生物也沒有在人類有歷史以來，演變進化。當然，生物學所談的天演，須有若干萬年以上的時期，纔能出現，不是人類有史以來的幾千年短時期可以實驗的事。若是以爲天演的進化，進到人類就止了，不再往前變，我們也可以接受。我們的接受，不是因爲天演論可以提出有理的證據，乃是因爲我們所有的哲學和神學，都主張人類不能變成另一種動物，也都認爲人類的歷史和人類同樣結局。

7. 歷史的結局

耶穌在福音上說：

「爾聞戰爭紛起，風聲鶴唳，毋庸驚惶；蓋此等事在所不免，而終局未至也。行見民族相攻，邦國文戰，飢饉地震，所在多有，然此猶為憂患之濫觴。……」

「大難甫平，日即晦冥，月失其明；眾星隕墜，天德動搖。至是人子之標幟，見於中天。時率士眾民，咸將哀泣，見人子威靈顯赫，駕靈而降，遣天神吹角，發音洪亮，集簡選之人於四方，自天此極，至天彼極。」（馬竇福音 第二十四章第六—八節 第二九—卅一節）

「至於彼時彼日，無人知之，天使不知，人子亦不知，惟父知之。」（馬爾谷福音 第十三章第卅二節）

若望的默示錄說：

「爾時吾見新天新地；蓋舊天舊地已逝，海亦杳然。我若望親睹聖邑新耶路撒冷發自天主，降自雲間，儼者新人，凝粧而待其夫婿。並聞巨音自寶座而發曰：『哉！ 哉！天之幔帷降世！主將長留人間；世人當得為其子民，天主自願為其所天；天主必親為拭其目中之淚。此後不復有死喪、哀悼、悲泣、憂愁等事，舊緒已成過去。』坐於寶座者曰：『哉哉！吾已再造萬物，煥然一新。』且告予曰：筆之於書！是語其實無語。」（默示錄 第二十一章第一節—第五節）

宇宙有終窮，人類有終局，造物主天主定了這種終結，誰也不知道在什麼時候將到。所以世界和人類的終結，不是自然的事，不是科學所可以推知的事；而是突然地實現。基督爲人類歷史的中心，基督將親自完結人類的歷史，重開新天新地。新天地將是新的宇宙呢？誰也不能預先知道，乃是造物主天主的秘密。

民六十一年六月廿五日

脫稿於天母牧盧

註：

㈠朱謙之 文化哲學 商務（人人文庫） 頁五―六。

㈡同上，頁一六。

㈢同上，頁一七五。

㈣威爾社蘭著 歷史的教訓 鄭緯民譯 大江叢書，頁三十一。

㈤湯因伯 歷史的研究。